Zeh Lo Nora

Zeh Lo Nora

Reference Book for Students of Hebrew

SECOND EDITION

Rutie Adler

WIPF & STOCK · Eugene, Oregon

ZEH LO NORA
Reference Book for Students of Hebrew, Second Edition

Copyright © 2012 Rutie Adler. All rights reserved. Except for brief quotations in critical publications or reviews, no part of this book may be reproduced in any manner without prior written permission from the publisher. Write: Permissions, Wipf and Stock Publishers, 199 W. 8th Ave., Suite 3, Eugene, OR 97401.

Wipf & Stock
An Imprint of Wipf and Stock Publishers
199 W. 8th Ave., Suite 3
Eugene, OR 97401
www.wipfandstock.com

ISBN 13: 978-1-62032-495-0
Manufactured in the U.S.A.

TABLE OF CONTENTS

User's Manual 1

1.0 History and Features of Israeli Hebrew (IH)
    1.1 Israeli Hebrew and the Family of Languages 5
    1.2 Notes on the Revival of Hebrew 5
    1.3 Illustrations of the Historical Layers of Hebrew 8
        1.3.1 Text Marking the Layers of Israeli Hebrew 8
        1.3.2 Biblical Hebrew (BH) – Genesis 11:1-9 9
        1.3.3 Post-Biblical Hebrew 10
    1.4 The Spelling of Israeli Hebrew 10
    1.5 The Morphology of Israeli Hebrew 11
    1.6 The Sound System of Israeli Hebrew 11
        1.6.1 The Five Audible Vowels 12
        1.6.2 The Four Diphthongs 12
        1.6.3 About the Consolidation of Diacritical (Vowel) Marks 12
        1.6.4 "רגע של עברית: סיפור מתח", אבשלום קור 13
    1.7 Remarks about IH Syntax 13
    1.8 IH Lexicon 14
        1.8.1 Verbs of the Root √ח-ש-ב 15
        1.8.2 Nouns and Adjectives of the Root √ח-ש-ב 15
        1.8.3 New Coinage in Israeli Hebrew 15
            1.8.3.1 From Root to Verb to Non-Verb 16
            1.8.3.2 From Word to Root to Verb 16
    1.9 What Do Israelis Think of their Language? 17
        1.9.1 "על מצבו של התנ"ך בישראל", יורם ברנובסקי 18
        1.9.2 "אני צוחקת עליך! ועל כל בית משטרת העברית", נתיבה בן יהודה 19

2.0 Agreement
    2.1 Agreement of Adjectives and Nouns 21
        2.1.1 Noun-Adjective Agreement with Animate Nouns 21
        2.1.2 Noun-Adjective Agreement with Inanimate Nouns 21
    2.2 Subject-Verb Agreement 22
        2.2.1 Agreement between Present-Tense Verbs and their Subjects 22
        2.2.2 Agreement between Past and Future-Tense Verbs and their Subjects 22
    2.3 Texts Illustrating Agreement of Nouns and their Modifiers 23
        2.3.1 "מי הוא יהודי?" 23
        2.3.2 "על נשים ונהיגה", אורי מור 24
    2.4 Texts Illustrating Subject-Verb Agreement 24
        2.4.1 "המלאך שלי", נומה שילה 24
        2.4.2 "על הציונות" 25

3.0 Pronouns
    3.1 Personal Pronouns 27
        3.1.1 Subject Pronouns 29
            3.1.1.1 Optional and Obligatory Use of Subject Pronouns 30

   3.1.1.2 Formal Alternatives to Subject Pronouns 33
  3.1.2 Object Pronouns 33
   3.1.2.1 The Direct Object Pronoun את... 34
    3.1.2.1.1 The Conjugation of the Direct Object Pronoun 34
   3.1.2.2 The Indirect Object Pronoun [-ל] 36
    3.1.2.2.1 The Conjugation of the Indirect Pronoun [-ל] 37
 3.1.3 Possessive Pronouns 38
 3.1.4 Reflexive Pronouns 38
  3.1.4.1 The Conjugation of the Reflexive Pronoun 39
  3.1.4.2 A Quasi Reflexive: במו 41
 3.1.5 The Non-Interchangeability of Pronoun Types 41
3.2 The Anaphoric and Cataphoric Use of Pronouns 41
 3.2.1 Anaphoric Use 41
 3.2.2 Cataphoric Use 42
3.3 Pronouns of Time, Place and Manner 43
 3.3.1 Time 43
 3.3.2 Place 43
  3.3.2.1 ?שם, שמה, או לשמה 43
 3.3.3 Manner 44
3.4 Text Illustrating the Use of Pronouns and Pronominal Suffixes: "חנה ארנדט", עירית זרטל 45

4.0 Determiners

4.1 Articles 47
 4.1.1 The Definite Article 47
 4.1.2 The Uses of the Hebrew Definite Article [-ה] 48
  4.1.2.1 Reference to Unique Entities 48
  4.1.2.2 Anaphoric Reference 48
  4.1.2.3 Generic Reference 49
  4.1.2.4 How Hebrew and English Differ in their Use of the Definite Article 50
 4.1.3 The Definite Article in Noun-Noun (סמיכות) Structure 50
 4.1.4 The Definite Article and Proper Names 51
  4.1.4.1 The Definite Article and Last Names 51
  4.1.4.2 The Definite Article and Names of Geographical Locations 51
 4.1.5 Words Functioning as Indefinite Articles: איזה, מין, אי אילו 52
4.2 Text Illustrating the Definite Article: "משחק מסוכן בהצבעה", הארץ, מאמר מערכת 54

5.0 Demonstratives

5.1 The Demonstrative זה 55
 5.1.1 The Various Functions of זה 56
  5.1.1.1 To Point at and/or Introduce a Person or Thing into the Scene 56
  5.1.1.2 Anaphoric, Cataphoric and Exophoric Reference 56
   5.1.1.2.1 Anaphoric Reference 56
    5.1.1.2.1.1 Comparing the Use of זה and הוא in Anaphoric Reference 57
   5.1.1.2.2 Cataphoric Reference 57

   5.1.1.2.3 Exophoric Reference 58
  5.1.2 זה or זאת as "The Former" and "The Latter" 58
  5.1.3 זה as Copula (Linking Subject and Predicate) 58
  5.1.4 Adjectival Use of הזה 59
  5.1.5 זה as "The Fact That" 60
  5.1.6 The Use of זה and זאת as a Pro-Clause or Pro-Sentence 61
 5.2 The Demonstrative אותו 62
  5.2.1 The Use of אותו to Express Sameness 63
 5.3 The Demonstrative ההוא and its Variants ההיא, ההם, ההן 63
  5.3.1 Marking Contrast 64
  5.3.2 Marking Temporal Distance 64
  5.3.3 Masking a Referent 64
 5.4 The Demonstrative הלז and its Variants הלזו/הלזאת and הלה 65
 5.5 Text Illustrating Pronouns, Prepositions and Demonstratives: "המלאך שלי", נעמי שילה 66

6.0 Nouns

 6.1 Noun Categorization 68
  6.1.1 Animate or Inanimate 68
  6.1.2 Count or Mass 68
  6.1.3 Concrete or Abstract 68
  6.1.4 Proper or Generic 69
 6.2 Gender of Nouns 69
  6.2.1 Animate Nouns 69
  6.2.2 Inanimate Nouns 69
  6.2.3 Feminine Noun Endings 70
  6.2.4 The Proper Title of a Woman-Rabbi: רב או רבה 75
  6.2.5 Gender Personification Waiting to Happen 76
  6.2.6 "עברית", יונה וולך 77
 6.3 Dual Nouns 77
 6.4 Verbal Nouns (Action Nouns) 78
 6.5 Diminutive Nouns 79
 6.6 Construct Nouns (סמיכות) 80
  6.6.1 Construct Nouns and Definiteness 81
  6.6.2 Plural Form of Construct Nouns 82
  6.6.3 Changes in the Form of Construct Nouns 83
  6.6.4 Semantic Relations between Components of Construct Units 84
  6.6.5 Modifying Construct Nouns 86
  6.6.6 Construct Nouns with Adjectives (Adjectival Constructs) 87
  6.6.6.1 The Definite Form of Adjectival Constructs 88
  6.6.7 Constructs with Numbers 88
  6.6.8 Construct Nouns as Titles or Epithets 88
  6.6.9 The Double Construct (סמיכות כפולה) 89
 6.7 The Structure of Hebrew Noun Phrases 90
 6.8 Common Prefixes 91

  6.8.1 Prefixes Followed by Nouns Only 92
  6.8.2 Prefixes Followed Only by Adjectives 93
  6.8.3 Expanding the Lexicon through Prefixes 94
 6.9 Texts Illustrating Full Nouns and/or Construct Nouns 94
  6.9.1 "צורן חדש בעברית ישראלית", יורם מלצר 94
  6.9.2 "על הוראת ההסטוריה בבתי הספר בישראל", אור קשתי 95
  6.9.3 "יצר ההתאבדות הישראלי", אהרון מגד 96

7.0 Possession and Possessives
 7.1 Marking Possession with של 98
  7.1.1 The Conjugation of the Possessive Marker של 98
  7.1.2 Obligatory and Optional Use of the Definite Article in Possessives 99
 7.2 Possessive Suffixes 100
 7.3 Expressing Quantity with של 103
 7.4 Expressions with של 103
 7.5 Marking Possession with יש and אין 104
  7.5.1 The Various Forms of יש and אין 104
  7.5.2 יש and אין with Full Nouns 105
  7.5.3 יש and אין with Pronouns 105
 7.6 Having and Not Having in Past and Future Tenses 107
  7.6.1 Past Tense 107
  7.6.2 Future Tense 107
 7.7 The Possessive Adjective שייך 108
 7.8 Expressing Ownership with בעל/ת 108

8.0 Adjectives
 8.1 Gender, Number and Placement of Adjectives 111
 8.2 Definiteness of Adjectives 112
 8.3 Adjectives and Construct Nouns (סמיכות) 112
 8.4 Attributive and Predicative Use of Adjectives 112
 8.5 The Adjective Pattern פעול 114
 8.6 Complements of Adjectives 117
 8.7 Using Adjectives as Nouns 117
 8.8 Adverbial vs. Adjectival Use of Adjectives 117
 8.9 Modifying Adjectives 118
  8.9.1 Repetition 118
  8.9.2 Negative Shading with [-ני] 118
  8.9.3 Diminutive and Approximate Effects 119
  8.9.4 Other Means 120
 8.10 Successive Adjectives 121
 8.11 Ordinal Numbers 121
 8.12 Texts Illustrating Adjectives 123
  8.12.1 "אוזו ומוזו מכפר קאקארוזו", אפרים סידון ויוסי אבולעפיה 123
  8.12.2 "פרספוליס, הרומן המאוייר", דניאלה לונדון-דקל 124

iv

8.12.3 בתיה גור, "על ספרו של עמוס אילון 'רקוויאם גרמני'" 125

9.0 Adverbs
  9.1 Adverbs Grouped by Form 127
    9.1.1 An Easy Way to "Create" Adverbs 127
    9.1.2 Adverbs of the Form [-ב] + Abstract Noun 127
    9.1.3 Feminine Plural Adjectives Used as Adverbs 128
  9.2 Adverbs in Formal and Written Contexts 129
  9.3 Adverbs Grouped by Meaning 130
    9.3.1 Adverbs of Manner 130
    9.3.2 Adverbs of Frequency 130
    9.3.3 Adverbs of Purpose and Goal 131
    9.3.4 Adverbs of Causation, Reason or Circumstance 132
    9.3.5 Adverbs of Place and Space 133
    9.3.6 Adverbs of Time 133

10.0 Verbs
  10.1 The *binyanim*–Verb Paradigms 134
    10.1.1 Processes Expressed by the binyanim (Verb Paradigms) 136
      10.1.1.1 Voice (Active, Passive and Middle) 136
      10.1.1.2 Transitivity 137
      10.1.1.3 Causativity 138
      10.1.1.4 Change of State 139
      10.1.1.5 Reflexivity 139
      10.1.1.6 Reciprocity 143
      10.1.1.7 What the binyan System Helps Make Explicit 143
      10.1.1.8 Passive Verb Paradigms 144
      10.1.1.9 "סונט הבניינים", יהודה עמיחי 145
      10.1.1.10 Exceptional Cases of Verb Paradigms 145
  10.2 Root and Root Type (גיזרה ושורש) 146
  10.3 Tenses and Inflections 148
    10.3.1 The Conjugation of Present-Tense Verbs 149
    10.3.2 The Uses of Present-Tense Verbs 151
      10.3.2.1 The Here and Now 151
      10.3.2.2 Near Future 152
      10.3.2.3 Up-to-the-Present Activities or Events 152
      10.3.2.4 Habitual Activities 153
      10.3.2.5 General Assertions, Truisms and Aphorisms 153
      10.3.2.6 Intentions or Future Plans 153
      10.3.2.7 Ultimatums and Threats 153
      10.3.2.8 Dramatic Narration 154
      10.3.2.9 In Advertisements 154
      10.3.2.10 Present-Tense Verbs as Nouns 154
  10.4 Past and Future Tenses 155

10.4.1 The Conjugation of Past-Tense Verbs 156
10.4.2 The Uses of Past Tense Verbs 157
    10.4.2.1 Over-and-Done-With Actions, Events and Activities 157
    10.4.2.2 Not and Not-Yet Events 157
    10.4.2.3 Conditional Sentences... 157
    10.4.2.4 Past Tense Narration with Projection into the Future (לימים) 158
10.4.3 The Conjugation of Future-Tense Verbs 158
10.4.4 The Uses of Future Tense Verbs 159
    10.4.4.1 Activities and Events Not Yet Begun 159
    10.4.4.2 Directives 159
    10.4.4.3 Prohibitions 160
    10.4.4.4 Suggestions 160
    10.4.4.5 Stating a Condition 160
    10.4.4.6 Wishing and Mal-Wishing 161
    10.4.4.7 Doubt 161
    10.4.4.8 Generalizations 161
10.4.5 Marking Future Events Lexically 162
10.5 The Imperative (ציווי) 162
10.5.1 The Conjugation of the Imperative 162
10.5.2 The Theater of Life 163
10.5.3 Alternatives to the Imperative Form for Expressing Prohibitions 164
10.5.4 Basic Training and the Imperative Form 165
10.6 The Infinitive Form (שם הפועל) 165
10.6.1 The Uses of the Infinitive Form 166
    10.6.1.1 Two (or more) Verbs in Succession 166
    10.6.1.2 Offering and Suggesting 166
    10.6.1.3 Formal Requests 167
    10.6.1.4 Giving Instructions 167
    10.6.1.5 Expressing Possibility, Prohibition, Permission, Necessity, etc. 168
    10.6.1.6 Expressing General Truisms with an Adjective + Infinitive 168
10.6.2 The Infinitive Construct and the Infinitive Absolute 169
    10.6.2.1 Infinitival Clauses 169
    10.6.2.2 More about Infinitive Constructs and the Infinitive Absolute................................. 170
10.7 Verbs of Being and Becoming 173
10.8 Verbs of Motion and the Alternation of [-ל] and אל 174
10.8.1 More about Verbs of Motion 176
10.9 Sentential Complements of Verbs of Wanting and Wishing 177
10.10 Sentential Complements Preceded by אם (If) 178
10.11 Verbs and their Objects 178
10.11.1 On the Terms "Direct Object" and "Indirect Object" 179
10.11.2 Verbs and their Direct Objects 179
    10.11.2.1 Definite Direct Objects 180
    10.11.2.2 Verbs with Two Direct Objects 181
    10.11.2.3 Odd but True 181

- 10.11.2.4 Internal Object (מושא פנימי) 181
- 10.11.2.5 Direct Objects not Mentioned but Implied 182
- 10.11.3 Verbs and their Indirect Objects...182
  - 10.11.3.1 Verbs with Two Indirect Objects 183
- 10.12 Verbs with Two Obligatory Objects 184
- 10.13 Omitting the Object 185
- 10.14 Lexical Expression of Reciprocity 185
- 10.15 Verbs in Coordinate and Embedded Clauses 187
  - 10.15.1 Who Controls the Show? Who is the Subject of the Infinitive? 188
- 10.16 Complex Verbs 190
  - 10.16.1 The Conjugation of Complex Verbs 190
  - 10.16.2 The Uses of Complex Verbs 190
    - 10.16.2.1 Habitual Activity in the Past 190
    - 10.16.2.2 Hypotheticals 191
    - 10.16.2.3 Polite Requests 192
    - 10.16.2.4 Regrets for Inability to do Something 192
    - 10.16.2.5 Mitigating, Hedging and Suggesting 192
- 10.17 Verbal Nouns...192
  - 10.17.1 Verbal Nouns and Infinitival Complements 195
- 10.18 About Verbs and their Satellite Nouns 196
  - 10.18.1 Agent 197
  - 10.18.2 Force (Non-Volitional Agent) 197
  - 10.18.3 Patient (Undergoer) 197
  - 10.18.4 Experiencer 198
  - 10.18.5 Source..200
  - 10.18.6 Goal 200
  - 10.18.7 Location...200
  - 10.18.8 Beneficiary 201
- 10.19 Time and Tense 201
  - 10.19.1 Time and Tense in Simple Sentences 202
  - 10.19.2 Temporal Sequence 202
- 10.20 Tense, Aspect and Mood/Modality 203
  - 10.20.1 Linguistic States of Affairs 204
  - 10.20.2 Inherent Meaning of Verbs 205
- 10.21 Habitual Aspect with Verbs of Motion as Auxiliaries 206
  - 10.21.1 Habitual Verbs with the Past Tense of the Verb "To Be" 207
- 10.22 Aspectual Meaning of Complex Verb Forms 208
  - 10.22.1 The Aspectual Use of כבר, כבר לא, עדיין, עדיין לא...209
    - 10.22.1.1 With Verbs in the Present Tense 209
    - 10.22.1.2 With Verbs in the Past Tense 210
    - 10.22.1.3 With Verbs in the Future Tense 212
    - 10.22.1.4 More Examples with כבר..212
- 10.23 Text Illustrating Verbs: "שישה ימים, שלושים שנה – היהירות", יונתן גפן 213
- 10.24 Texts Illustrating Verbs or Copulas and their Subjects 214

10.24.1 "שיעור מולדת", א.ב. יהושע	214
10.24.2 "פרוטקציה"	215
10.25 Text with Verbs and their Prepositions: "מכתב לגבר הישראלי", מתוך ידיעות אחרונות	216

11.0 Prepositions

11.1 The Conjugation of Prepositions	218
11.1.1 The Singular Noun Pattern	218
11.1.1.1 בשביל	219
11.1.1.2 עם	219
11.1.1.3 בגלל	220
11.1.1.4 אצל	220
11.1.1.6 עבור	221
11.1.1.7 מ-/מן	221
11.1.2 The Plural Noun Pattern	222
11.1.2.1 על	223
11.1.2.1.1 אל	223
11.1.2.1.2 לפני	223
11.1.2.1.3 אחרי	224
11.2 Basic Relations Expressed by Prepositions	224
11.2.1 Locality	224
11.2.2 Temporality	225
11.2.2.1 The Preposition [ל-] and Time Units	225
11.2.3 Causality	226
11.3 Governed Prepositions	227
11.4 Single-Letter Prepositions	228
11.5 Use of Prepositions with Wh-Question Words	230
11.6 Different Ways of Expressing "For"	232
11.7 Comparative Prepositions: [-כ] and כמו	236
11.8 Prepositions: Classification by Meaning	237
11.8.1 Prepositions Marking Spatial Relations	237
11.8.1.1 The Preposition לעבר in the Service of Obfuscation	238
11.8.2 Prepositions Marking Temporal Relations	238
11.8.3 Prepositions Marking Commercial Transactions	239
11.8.4 Prepositions Marking Beneficiaries	239
11.8.5 Prepositions Marking Causation	239
11.8.5.1 Neutral Meaning	239
11.8.5.2 Positive Shading	240
11.8.5.3 Negative Shading	240
11.9 The Alternation of the Prepositions [-ל] and אל	242
11.10 Text Illustrating Prepositions: "על תרבות הפרייאר", מיכאל פייגה	243

12.0 Negation

12.1 Basic Negation	244
12.2 Formal Forms of Negation	245

12.3 Use of Negation in Directives and Requests 246
    12.3.1 לא + Infinitive 247
    12.3.2 אין + Infinitive 247
    12.3.3 Aphorisms with אין 248
12.4 Expressions Denoting Negation 248
12.5 Particles and Words Denoting Negation 250

13.0 Questions
13.1 Yes / No Questions 253
13.2 Information Questions 255
13.3 Confirmation Questions 256
13.4 Snippy Rhetorical Questions 257
13.5 Text Illustrating Questions: "הלקט המעודכן של תשובות שאנשים משיבים ל'מה נשמע'", מאיר שלו 258

14.0 Direct and Indirect (Reported) Speech
14.1 Direct Speech 260
14.2 Indirect (Reported) Speech 260

15.0 Comparing
15.1 Comparing by Means of Comparison Terms 262
15.2 Expressing Sameness 264
15.3 As... As... Structures 265
15.4 More Than and Less Than 265
15.5 Superlatives 267
    15.5.1 Superlative Expressions 268
15.6 Comparing by Degree 269
15.7 "Too Much to ..." 269
15.8 More Ways of Comparing 272
15.9 Creative Ways of Comparing 272

16.0 Quantifiers
16.1 Numbers 273
16.2 Numbers and Gender 274
    16.2.1   The Oddity of Number 2 275
16.3 Non-Specific Amounts 279
16.4 "All," "All of," "Every" and "the Whole of" 279
    16.4.1 "All" and "All of" 279
    16.4.2 The Whole Such-and-Such Noun 280
    16.4.3 "Each and Every" 281
    16.4.4 כל and כל ה- with a Time Unit 281
16.5 Qualifying Quantifiers 282
16.6 Quantifiers Denoting Part of Something (Partitive Quantifiers) 282
16.7 Quantifying Time with Time Expressions 283

16.8 Two Types of "Only" 283

17.0 Modes of Emphasis
17.1 Exclamation 286
17.2 Repetition   287
    17.2.1 Using Similar Sounds 287
    17.2.2 Using Words of Similar or Identical Meaning 288
    17.2.3 Using the Same Root 288
    17.2.4 Using Syntactic Duplication 289
17.3 Accentuating Part of a Sentence 289
    17.3.1 Stressing by Adding a Subject Pronoun 289
    17.3.2 Accentuating by Lexical Means 289
    17.3.3 Accentuating by Pattern 290
    17.3.4 Accentuating by Duplicating the Possessive 290

18.0 Types of Hebrew Sentences
18.1 Two Ways to View a Sentence 291
18.2 Verbless (Nominal) Sentences 292
    18.2.1 Linking Words in Verbless Sentences 294
        18.2.1.1 The Use of Subject Pronouns as Linking Words in Verbless Sentences 294
        18.2.1.2 Linking Words and Grammatical Agreement 295
    18.2.2 A Formal Alternative to the Copula 298
        18.2.2.1 Verbless Sentences in Past and Future Tenses 298
18.3 Sentences Containing Verbs 299
18.4 Impersonal (Omni-Referential) Sentences 299
18.5 Topicalized Sentences 300
18.6 Passive Sentences 301
    18.6.1 The Distribution of Passive Sentences 301
    18.6.2 Passive Sentences with פועל and הופעל Verbs 302
    18.6.3 On Passive Sentences and Impersonal Ones 303
    18.6.4 Unusual Examples of Passivization 304
    18.6.5 צבי עצמון ,"יזכור" 305
18.7 Complex Sentences 306
    18.7.1 The Relative Particle כי 306
    18.7.2 Heads of Embedded Clauses 307
        18.7.2.1 Verbs as Heads 307
        18.7.2.2 Adjectives as Heads 307
        18.7.2.3 Nouns as Heads (Relative Clauses) 308
        18.7.2.4 Prepositions or Discourse Ties as Heads 308
    18.7.3 Syntactic Classification of Embedded Texts 308
        18.7.3.1 Full Sentence 308
        18.7.3.2 Infinitival Phrase 308
        18.7.3.3 Participle 309
        18.7.3.4 Verbal Noun 309

- 18.7.3.5 Gerund ... 309
- 18.8 Existential Sentences ... 309
  - 18.8.1 "משחק מילים: נאסף אל אבותיו", אהוד אשרי ... 312
- 18.9 Ambiance Sentences ... 312
- 18.10 Contrastive Sentences ... 314
- 18.11 Sentences with Relative Clauses (משפט זיקה) ... 317
  - 18.11.1 Relative Clauses Modifying the Subject of a Sentence ... 318
  - 18.11.2 Relative Clauses Modifying the Direct Object of a Sentence ... 318
  - 18.11.3 Relative Clauses Modifying the Indirect Object of a Sentence ... 318
  - 18.11.4 Can the Relative Particle be Omitted? ... 319
- 18.12 Cleft Sentences ... 320
- 18.13 Conditional Sentences ... 321
  - 18.13.1 Real Conditionals ... 321
  - 18.13.2 Hypothetical Conditionals ... 322
  - 18.13.3 Counterfactual Conditionals ... 322
  - 18.13.4 The Negative Conditionals: אילו לא, לולא, אילמלא ... 323
  - 18.13.5 Quasi-Conditionals ... 324
  - 18.13.6 "As If" Clauses ... 325
    - 18.13.6.1 A Word about כאילו ... 325
- 18.14 Word Order in Hebrew Sentences ... 325
  - 18.14.1 Subject-Verb and Verb-Subject Word Order ... 325
  - 18.14.2 Word Order of Objects ... 326
  - 18.14.3 Word Order in Noun Phrases ... 329
  - 18.14.4 Word Order and the "Packaging" of Information ... 329
- 18.15 Coordination of Clauses ... 330
  - 18.15.1 Adjective and Adjective ... 331
    - 18.15.1.1 Verb M. Sg. and Verb M. Sg. ... 331
    - 18.15.1.2 Infinitive+Object and Infinitive+Object ... 331
    - 18.15.1.3 Object of the Verb and Object of the Verb ... 331
    - 18.15.1.4 Coordinating Nouns of Different Types ... 332
- 18.16 Text Illustrating Coordinated Structures: "קולות הקצה ברורים וחזקים", רות גביזון ... 332

19.0 Modality
- 19.1 Frequently Used Expressions of Modality ... 334
- 19.2 Types of Modality ... 335
  - 19.2.1 Obligation and Necessity ... 335
  - 19.2.2 Ability ... 335
  - 19.2.3 Possibility and Probability ... 336
    - 19.2.3.1 "ביטוי מרגיז", רות אלמוג ... 336
- 19.3 More about Modality ... 337
- 19.4 Referential and Non-Referential Uses of Modality ... 337
  - 19.4.1 "צריך להחזיר את הכל", רמי סערי ... 339
  - 19.4.2 More Examples of Referential Modality ... 340
- 19.5 Use of Modality in Editorializing ... 340

20.0 Expressions of Politeness
    20.1 Asking Permission 341
    20.2 Making Suggestions 341
        20.2.1 "למה אי אפשר קטשופ", יורם מלצר 341

21.0 Ways of Expressing Vagueness and Approximation 343

Appendix I, The Israeli Hebrew Verb System 345

Appendix II, Discourse Ties 375

Bibliography 389

Index 390

User's Manual

Grammar books fall into two categories: reference grammars and student grammars. Student grammar books are part of the language learning process, while reference grammar books are long-term companions for people already acquainted with the language who seek more information and a more nuanced understanding of its architecture and design.

This book is an effort to combine the two categories. It was written with two types of readers in mind: (1) Hebrew language students looking for clear and informative explanations and memorable examples, and (2) readers who are familiar with linguistic concepts and terminology and are interested in more detailed information.

While the first type of reader need not be troubled with the shaded sections marked by the "dangerous curves" sign, the second type can indulge in additional information — short and long textual samples, more complex structural explanations, historical notes and occasional controversies regarding the Hebrew language. While all of the examples in the unmarked texts are translated, most examples in the sections marked by the "Dangerous Curves" sign are not.

The book does not assume any knowledge of linguistic terminology or jargon. All the terminology used is explained in the body of the text.

A few notes before you start leafing through the book:

- By the "grammar of a language" I refer to the systematic account of the structure of a language, its patterns and its use in different contexts. By "context," I mean things such as levels of formality or informality (register), medium — that is, written or spoken, face-to-face, by phone or e-mail — and the age of the speaker and addressee. There is no one form that fits all settings. Hence, knowing a language is more than knowing the meaning of words, the appropriate order of structural units, word order within those units, verb conjugations and noun inflections. Knowing a language means knowing what you can say, when you can say it and to whom. After all, you don't talk to the president or the dean of your college the way you'd talk to your poker buddy on a camping trip.

- When we use language, we organize what we want to say according to two basic criteria: structure and information. As far as structure is concerned, the order of units is largely dictated by the particular language. For example, English places adjectives before nouns but Hebrew does the reverse. There isn't much you can do about it, if you wish to speak in "allowable sentences."

- The information criterion is more general and pliable than the structural one. Generally speaking, "old information" (what is known and what the speaker presumes her addressee to know) comes first, and new information (comments about the old information, etc.) usually follows. Unlike the obligatory word order within units, the order of the units themselves is more flexible, and speakers can shuffle units, depending on which unit they want to accentuate: e.g., "I like chocolate" vs. "chocolate, I like."

- A sentence that contain a single clause is a simple sentence, and a sentence that contains multiple clauses is a complex sentence. A clause is a grammatical unit that includes, at a minimum, a predicate and an explicit or implied subject, and expresses a proposition. Clauses may be connected by coordination or by subordination. Coordinate structures contain two (or more) parts which are hierarchically equal (i.e. no part is subordinate to the other). Subordinate structures contain a main clause and one or more subordinate clauses.

- Hebrew is a highly inflected language,[1] which is a double-edged sword for students of Hebrew. On the one hand, one can almost always know whether the person spoken about is male or female, or whether there is one or more of him/her. This information is encapsulated in the verb, which reflects the gender and number of the agent and makes it easier to keep track of who does what to whom. On the other hand, one has to learn over 20 forms of each verb, four forms of each adjective and ten forms of the various pronouns and conjugated prepositions.

---

(1) Hebrew verbs have many forms (up to 26 different ones) conditioned by gender, number, person and tense.

Notations Used in the Book

 = dangerous curves, shaded texts for the linguistically astute

 = note

* =unacceptable form or sentence

√ = root of a verb

2.1# = example #1 of chapter 2

C as in "CaCoC" = a consonant which is part of a string of consonants and vowels.

NP = noun phrase

OM or DOM = (direct) object marker

PP = prepositional phrase

SO = someone

ST = something

VP = verb phrase

1.0 History and Features of Israeli Hebrew (IH)[2]

1.1 Israeli Hebrew and the Family of Languages

Israeli Hebrew (hereafter, IH) is genealogically a member of the Semitic language family. Yet typologically, IH is Semitic only in its basic vocabulary and morphology. IH is considered a fusion language because it uses its Hebraic and Semitic means of expression to convey implicitly European notions and categories — thus, it is a European language in Semitic garb. The fusion nature of IH can be seen in its semantics and macro-syntax, where the structure of complex sentences and paragraphs follows constraints and licenses developed in European and academic writing, political commentary and *belles-lettres*. In other words, although the language is still Hebrew, its "inner" form (cultural content) differs substantially from its biblical and post-biblical layers.

1.2 Notes on the Revival of Hebrew

The renaissance of Hebrew, which was one of the outcomes of Jewish modernity, had its beginning in the Jewish *haskala* (enlightenment) movement of the 19th century.

The narrative that celebrates the revival of Hebrew has been examined, re-examined and contested since the latter part of the 20th century, as has the question of what is meant by "revival," and whether this term implies that the language was dead. If the implication is that Hebrew died at some point, then this understanding is inaccurate.

Hebrew never ceased to exist — either in its spoken or written form. The main difference between Hebrew and other languages is that prior to the latter part of the 19th and the beginning of the 20th century Hebrew was a learned language, rather than the primary and native tongue of its users.[3]

Zionism drew its energy and ideology from a rejection of both diasporic culture and geography. It did not see itself as part of the continuum of Jewish life but rather as a break and a move away from

---

(2) The name Israeli Hebrew was chosen to describe the language spoken today by residents of Israel/Palestine and Israeli expatriates around the world. Others refer to the same language as "modern Hebrew" (עברית מודרנית) or "Israeli Hebrew" (עברית ישראלית).

(3) Modern Standard Arabic is a similar case.

diasporic languages and culture (*galutiyut*). The call for a break with the past resulted in an ideological investment in seeing Hebrew as a dead language that could be revived through re-territorialization.

However, Hebrew has always been rooted in the library of traditional religious texts, literature, poetry and poetic liturgy (*piyutim*); and though not freely spoken, it was always pronounced orally in prayers and in recitation of the weekly torah portion. Hence, its sounds were familiar and an integral part of Jewish life throughout the ages.

Hebrew's last step in becoming a native language for thousands and then millions was preceded and conditioned by a textual renaissance (literature, poetry and journalism) of the language in mid-19th century Europe. Thus, contrary to popular belief, this renaissance was not a product of the efforts of one individual or another, or of one event or another. Rather, it was due to a unique intersection of a number of factors related to the role of Hebrew in Jewish life.

The ideology of Zionism, which sought to link antiquity with the modern era, used the Bible as its textual bridge. Unfortunately, the text which was so helpful in providing the "historical right," or *kushan* (proof of ownership) was not pliable enough in its syntax, style, and topics for the modern world. Indeed, the first modern efforts during the *haskala* (enlightenment) to write secular Hebrew texts by emulating biblical style were cumbersome and artificial sounding. This shortcoming pointed to the need to develop a new style that would open up the language to modernity.

Hebrew prose took a few steps on its way to modernity: going from the mainly Biblical Hebrew prose of the *haskala* (enlightenment) to the Hebrew of Mendele, with its adherence to rabbinic norms at the end of the 19th century, and ending with the anti-nusax style at the beginning of the 20th century.[4]

These moves opened up the lexical treasure chest to all available Hebraic historical and stylistic strata: biblical, rabbinic, liturgical, philosophical and religious texts, which became sources for a more nuanced and enriched syntax and vocabulary. From a stylistic point of view, Hebrew prose moved away from a pastiche of biblical fragments to a language capable of representing modern realities in a variety of genres: prose, poetry, journalism, etc.

---

(4) See Robert Alter, Hebrew & Modernity, Chapter 3, and Benjamin Harshav, Language in the Time of Revolution.

According to Benjamin Harshav:

> The revolution [of Hebrew] could occur because of the unique intersection of three complex historical factors which supplied it with the necessary conditions: 1. The religious world provided a treasure of Hebrew texts and also vivid meanings of many Hebrew phrases and words, as well as habits of analyzing the meanings of words and phrases. 2. The secular world of the new Hebrew literature enabled the creation of new sentences and new texts in Hebrew [...] as well as the absorption of the European world in the language [...]; 3. The Zionist realization supplied new social cells of devoted idealists for whom [...] it was imperative to build a new society speaking a new language.

In time, IH fused all these historical layers into one language. However, its current speakers are not cognizant of the multi-layered nature of its vocabulary, let alone the textual source (biblical, post-biblical or medieval) of the particular words or expressions.

The domains in which IH manifests the greatest change, in comparison with its previous layers, are its lexicon (vocabulary) and syntax. For the revivalists of Hebrew, the lexicon, particularly the domain of word innovation, was crucial in their deliberate effort to turn Hebrew into a spoken language. The newly coined words and expressions, as well as the subsequent reinterpretation of old ones, contributed to the emergence of IH's stylistic variants. IH has unabashedly exploited the side-by-side, existing diachronic (historical) layers that offered an abundance of synonyms and enabled shifts in meaning. As a result, IH has developed a nuanced lexicon and a rich vocabulary.

The changes in the domain of syntax were no less important but not as conscious as those in the lexicon. Some typical characteristics of biblical syntax, such as *vav*-conversive and parallelism, were abandoned in favor of complex sentences with subordinate clauses, modeled on European languages.

Related to the issue of whether IH can be understood as part of an historical continuum, or as a break with it, are questions about the current nature of the language. Is there already such a thing as "standard Hebrew" akin to standard English, standard French or standard Arabic; or is the

language still in a state of flux? How does the interaction between the historical layers of the language and its registers affect and shape IH? Can we claim that the more formal the language is, the more biblical it is? Is the language of the law more post-biblical than biblical? Does the IH used by young people today show a preference for the spirit of Biblical Hebrew or for that of post-Biblical Hebrew?

Based on the path IH has taken thus far, can we predict future trends?

The answer to these and similar questions lies beyond the scope of this book. But we should note that it has taken a long time (until the 1980s!) for Hebrew speakers to realize that a living language means a constantly changing language, and that a living language is a language blessed with more than one register. Hence, in contrast to the literature of previous generations, contemporary literary Hebrew needs to incorporate a variety of spoken styles into the language of represented dialogue. The language spoken by literary characters emulates the language of the imagined speakers, rather than that of the "pundits" and so-called *shomrey ha-xomot* (the language guardians), or the prescribed or theoretical ideas of how a native speaker should sound. Indeed, Hebrew literature of the early 21st century has reached this point, much to the delight of its readers and practitioners.

1.3 Illustrations of the Historical Layers of Hebrew

1.3.1 Text Marking the Layers of Israeli Hebrew

מתוך: מגילת העצמאות של מדינת ישראל

From: Israel's Declaration of Independence

Biblical Hebrew	לשון המקרא
Mishnaic Hebrew	לשון חז"ל
Hebrew of the Middle Ages	לשון ימי הביניים
Modern Israeli Hebrew	עברית מודרנית

בארץ ישראל קם העם היהודי בה עוצבה דמותו הרוחנית הדתית המדינית, בה חי חיי קוממיות ממלכתית. בה יצר נכסי תרבות לאומיים וכלל אנושיים והוריש לעולם כולו את ספר הספרים הנצחי לאחר שהוגלה העם מארצו בכוח הזרוע שמר לה אמונים בכל ארצות פזוריו, ולא חדל מתפילה ומתקווה לשוב לארצו ולחדש בתוכה את חירותו המדינית.

מתוך קשר היסטורי ומסורתי זה חתרו היהודים בכל דור לשוב ולהיאחז במולדתם העתיקה, ובדורות האחרונים שבו לארצם בהמונים וחלוצים, מעפילים ומגינים. הפריחו נשמות, החיו שפתם העברית, בנו כפרים וערים, והקימו יישוב גדל והולך השליט על משקו ותרבותו, שוחר שלום ומגן על עצמו, מביא ברכת הקידמה לכל תושבי הארץ ונושא נפשו לעצמאות ממלכתית.

השואה שנתחוללה על עם ישראל בזמן האחרון בה הוכרעו לטבח **מיליונים** באירופה הוכיחה מחדש בעליל את ההכרח בפיתרון בעית העם היהודי מחוסר המולדת **והעצמאות** על ידי חידוש המדינה

היהודית בארץ ישראל אשר תפתח לרווחה את שערי המולדת לכל יהודי ותעניק לעם היהודי מעמד של אומה שוות זכויות בתוך משפחת העמים. שארית הפליטה, שניצלה מהטבח **הנאצי** האיום באירופה, ויהודי ארצות אחרות לא חדלו להעפיל לארץ ישראל על אף כל קושי, מניעה וסכנה, ולא פסקו לתבוע את זכותם לחיי כבוד, ועמל ישרים במולדת עמם. במלחמת העולם השנייה תרם **מיליונים** העברי בארץ ישראל את מלוא חלקו **למאבק** האומות השוחרות חירות ושלום, נגד כוחות הרשע **הנאצי**, ובדם **חייליו** ובמאמצו **המלחמתי** קנה לו את הזכות להימנות עם העמים מייסדי ברית האומות **המאוחדות**. בעשרים ותשעה **בנובמבר** אלף תשע מאות ארבעים ושבע קיבלה עצרת האומות **המאוחדות החלטה**, המחייבת הקמת מדינה יהודית בארץ ישראל. [...]

בהגשמת **החלטת** העצרת מיום עשרים **בנובמבר** אלף תשע מאות ארבעים ושבע, [...] תפעל להקמת האחדות הכלכלית של ארץ ישראל בשלמותה. אנו קוראים לאומות **המאוחדות לתת יד לעם העברי** בניין מדינתו ולקבל את מדינת ישראל לתוך משפחת העמים. אנו **קוראים גם בתוך** התקפת **הדמים הנערכת עלינו זה חודשים לבני העם הערבי תושבי מדינת ישראל לשמור על השלום** וליטול חלקם בבניין **המדינה** על יסוד אזרחות **מלאה** ושווה ועל **יסוד נציגות מתאימה בכל מוסדותיה הזמניים** והקבועים. אנו **מושיטים יד שלום** ושכנות טובה לכל המדינות השכנות ועמיהן וקוראים להם לשיתוף פעולה ועזרה הדדית עם העם העברי **העצמאי** בארצו. מדינת ישראל מוכנה לתרום חלקה במאמץ משותף **לקידמת** המזרח התיכון כולו. אנו קוראים אל העם היהודי בכל התפוצות להתלכד סביב **היישוב בעלייה** ובבניין ולעמוד לימיננו במערכה הגדולה על הגשמת שאיפת הדורות לגאולת ישראל.

1.3.2 Biblical Hebrew (BH) – Genesis 11:1-9

The most striking difference between BH and later strata of the language is the biblical use of the *vav*-conversive.

1.1 #

א וַיְהִי כָל-הָאָרֶץ שָׂפָה אֶחָת וּדְבָרִים אֲחָדִים: ב וַיְהִי בְּנָסְעָם מִקֶּדֶם וַיִּמְצְאוּ בִקְעָה בְּאֶרֶץ שִׁנְעָר וַיֵּשְׁבוּ שָׁם: ג וַיֹּאמְרוּ אִישׁ אֶל-רֵעֵהוּ
הָבָה נִלְבְּנָה לְבֵנִים וְנִשְׂרְפָה לִשְׂרֵפָה וַתְּהִי לָהֶם הַלְּבֵנָה לְאָבֶן וְהַחֵמָר הָיָה לָהֶם לַחֹמֶר: ד וַיֹּאמְרוּ הָבָה נִבְנֶה-לָּנוּ עִיר וּמִגְדָּל וְרֹאשׁוֹ
בַשָּׁמַיִם וְנַעֲשֶׂה-לָּנוּ שֵׁם פֶּן-נָפוּץ עַל-פְּנֵי כָל-הָאָרֶץ: ה וַיֵּרֶד יְהוָה לִרְאֹת אֶת-הָעִיר וְאֶת-הַמִּגְדָּל אֲשֶׁר בָּנוּ בְּנֵי הָאָדָם: ו וַיֹּאמֶר יְהוָה

הֵן עַם אֶחָד וְשָׂפָה אַחַת לְכֻלָּם וְזֶה הַחִלָּם לַעֲשׂוֹת וְעַתָּה לֹא-יִבָּצֵר מֵהֶם כֹּל אֲשֶׁר יָזְמוּ לַעֲשׂוֹת: ז הָבָה נֵרְדָה וְנָבְלָה שָׁם שְׂפָתָם אֲשֶׁר
לֹא יִשְׁמְעוּ אִישׁ שְׂפַת רֵעֵהוּ: ח וַיָּפֶץ יְהוָה אֹתָם מִשָּׁם עַל-פְּנֵי כָל-הָאָרֶץ וַיַּחְדְּלוּ לִבְנֹת הָעִיר: ט עַל-כֵּן קָרָא שְׁמָהּ בָּבֶל כִּי-שָׁם בָּלַל
יְהוָה שְׂפַת כָּל-הָאָרֶץ וּמִשָּׁם הֱפִיצָם יְהוָה עַל-פְּנֵי כָּל-הָאָרֶץ:

1.3.3 Post-Biblical Hebrew

The following is a sample of 10th Century Hebrew—Rashi's Commentary on the Text in #1.1 above.

1.2 #

שפה אחת. לשון הקודש: ודברים אחדים. באו בעצה אחת ואמרו, לא כל הימנו שיבור לו את העליונים, נעלה לרקיע ונעשה עמו מלחמה. דבר אחר, על יחידו של עולם. דבר אחר ודברים אחדים, (ס"א דברים חדים) אמרו אחת לאלף ותרנ"ו שנים הרקיע מתמוטט, כשם שעשה בימי המבול, בואו ונעשה לו סמוכות.

(ב"ר לח, ו.): (ב) בנסעם מקדם. שהיו יושבים שם, כדכתיב למעלה ויהי מושבם וגו' הר הקדם, ונסעו משם לתור להם מקום הלהחזיק את כלם, ולא מצאו אלא שנער: (ג) איש אל רעהו. אומה לאומה, מצרים לכוש, וכוש לפוט, ופוט לכנען: הבה. הזמינו עצמכם. כל הבה לשון הזמנה הוא, שמכינים עצמן ומתחברים למלאכה או לעצה או למשא. הבה הזמינו אפרקליי"ר בלעז (בערייטען צוריכטען): לבנים. שאין אבנים בבבל שהיא בקעה: ונשרפה לשרפה.

כך עושין הלבנים שקורים טול"ש (ציגעל דאכשטיינע) שורפים אותם בכבשן: לחמר. לטוח הקיר: (ד) פן נפוץ. שלא יביא עלינו שום מכה להפיצנו ז מכאן: (ה) וירד ה' לראות. לא הוצרך לכך, אלא בא ללמד לדיינים, שלא ירשיעו הנידון עד שיראו ויבינו. במדרש רבי האשה אשר נתתה עמדי, אף אלו כפו בטובה למרוד במי שהשפיעם טובה ומלטם מן המבול: (ו) הן עם אחד. כל טובה זו יש עמהן שֶׁעַם אחד הם ושפה אחת לכולן, ודבר זה החלו לעשות: החלם. כמו אמרם עשותם, ח להתחיל הם לעשות: לא יבצר מהם וגו' לעשות. ט בתמיה. יבצר לשון מניעה כתרגומו, ודומה לו יבצור רוח נגידים (תהלים עו, יג.): (ז) הבה נרדה. בבית דינו נמלך מענותנותו יתירה: הבה. מדה כנגד מדה, אמרו הבה נבנה, והוא כנגדם מדד ואמר י הבה נרדה: ונבלה. ונבלבל נו"ן משמש בלשון רבים, וה"א אחרונה יתירה, כ כה"א של נרדה לא ישמעו. זה שואל לְבֵנָה וזה מביא טיט, וזה עומד עליו ופוצע את מוחו: (ח) ויפץ ה' אותם משם. בעולם הזה, מה שאמרו פן נפוץ נתקיים עליהם, הוא שאמר שלמה מְגוֹרַת רשע היא תבואנו (משלי י, כד.): (ט) ומשם הפיצם. למד שאין להם חלק לעולם הבא, וכי אי זו קשה של דור המבול או של דור הפלגה, אלו לא פשטו יד בעיקר, ואלו פשטו יד בעיקר להלחם בו, ואלו נשטפו ואלו לא נאבדו מן העולם, אלא שדור המבול היו גזלנים והיתה מריבה ביניהם, לכך נאבדו, ואלו היו נוהגים אהבה וריעות ביניהם, שנאמר שפה אחת ודברים אחדים, למדת ששנאוי המחלוקת וגדול השלום:

1.4 The Spelling of Israeli Hebrew

Throughout the ages, Hebrew spelling has preserved the sanctified spelling of the Bible in its most minute details. Yet the pronunciation of this meticulously preserved system was affected by the wide dispersion of Jews, which exposed them to the influence of a variety of languages and language families.

1.5 The Morphology of Israeli Hebrew

Despite some alterations, the systemic image of the language has not changed, and Semitic morphological processes have been maintained. Thus, the morphological

system of IH goes along with that of BH in both inflectional and derivational mechanisms.

1.6 The Sound System of Israeli Hebrew

The sound system of IH represents a middle ground between the various traditions of its speakers. This system is a product of the neutralization of phonetic differences among the various Hebrew dialects spoken by Jews in central and eastern Europe (Ashkenazi Hebrew), in the Mediterranean basin and in Middle Eastern countries (Sephardi Hebrew). Thus the prevalent notion that IH adopted the Sephardi accent is quite misleading.

IH has five phonetic, audible vowels and four diphthongs (not to be confused with diacritical marks [vowel signs] of which there are 13). Vowel length is not phonemic in IH.

> A sound is considered phonemic when it serves to distinguish between meanings of words. For example, the sound difference between "ship" and "sheep" in English is phonemic.

Each of the five phonetic vowels has more than one written form. The use of a particular diacritical mark is motivated by several interacting, though arcane, criteria. The criteria include: (1) whether the associated consonant is א, ה, ח, ע, ר, traditionally called gutturals; (2) whether stress location is ultimate or penultimate; (3) whether the syllable is "open" or "closed"; and (4) whether the written vowels are considered short or long. The way the vowels are written has no concrete or conceptual function for current native speakers of the language. In fact, most current speakers of Hebrew have no idea what motivates the choice of one written form over another for the representation the same sound.

1.6.1 The Five Audible Vowels

	Similar English Vowels	Hebrew Vowels
A	f**A**ther, **A**rgument, st**U**tter, b**U**tter, sp**A**, c**A**fe	פָּשלָה, אַבָּא, עֲבוֹדָה, שָׁנָה
E	b**E**g, b**A**g, caf**E**	מְסִיבָּה, עֵמֶק, שְׁאֵלָה
EE or I	sh**I**ver, bel**IE**ve, gr**EE**d, sk**I,**	שירים, בִּרבּוּרים, קיבּוּץ
O	r**O**ck, h**AW**k,	צוחֵק, אוכֶל, גֹּדֶש/גודֶש
U	fl**U**, sh**OE**, gl**UE**, l**OO**p	שטויות, בֻּבָּה, שורָה

1.6.2 The Four Diphthongs

	Similar English Diphthongs	Hebrew Diphthongs
EY	m**AY**	אֵיפֹה, מֵילָא, בֵּיצָה, שנֵי
AY	g**UY**	כְּדַאי, עָלַי, צַיקָנוּת, שַׁי
UY	b**UOY**	רָאוּי, פָּנוּי
OY	pl**OY**	אוי וָאָבוי, נוי

1.6.3 About the Consolidation of Diacritical (Vowel) Marks

הקמץ יהפוך לפתח. נקודה.

בכנס של האקדמיה ללשון עברית שהתקיים בשבוע שעבר עלה לבמה אחד מחברי האקדמיה והציע מהפכה. מישור, חבר בוועדת הדקדוק של האקדמיה ומן העוסקים במפעל המילון ההיסטורי שלה, הציע "לאחד את הקמץ והפתח, ואת הסגול והצירה, ולפשט את כללי החיטוף". ההיגיון פשוט: ההגייה הספרדית, שאימצה העברית החדשה, מכירה חמש תנועות בלבד, וכיום אף אחד כבר לא יודע לבטא בקול את ההבדל בין קמץ לפתח או בין סגול לצירה.

מישור ציפה לתגובות סוערות, אבל זכה דווקא לתשואות רמות מקרב חבריו. אם האקדמיה תאשר את ההצעה המתגבשת, כפי שמעריך מישור, יימשך מימושה כ- 10-15 שנים, והיא תחול גם על תוכניות הלימודים, על ספרי הילדים ועל ספרי השירה.

ואולם ההצעה כבר הקימה עליה מתנגדים. "זו התעסקות בדברים מיותרים", אומר הסופר מאיר שלו. "על פי אותו היגיון היה צריך לבטל גם את ההבחנה בין קו"ף לכ"ף דגושה, בין טי"ת לת"ו. חלק מתרבותו של האדם היא להכיר את השפה שלו, והניקוד הוא חלק מזה" (הארץ, 4 ליוני 2004).

1.6.4 "רגע של עברית: סיפור מתח", אבשלום קור

יום אחד אמא **שורוק** קמה, וגילתה, ש**חולָם חָסֵר.**

היא קראה לאחיה **צֵירֶה** כדי לחפש את **חולָם**, כי אבא, **שוָוא, נָח,** לבש **צֵירֶה בגד כפת**, ויצא לדרך.

בדרך נתקל בשתי **אותיות בומ"פ.**

התפתחה תיגרה, ו**צֵירֶה חָטַף פָּתַח** בראש.

צֵירֶה ששם **דָגֵש חָזָק** על אומץ, זרק עליהם **חיריק** וברח.

בדרך פגש **קָמָץ קטן,** שסיפר לו ששמע ש**חולָם** מסתתר ב**קובּוץ שורוק.**

הלך **צֵירֶה** ל**קובּוץ** ואכן מצא את **חולָם** מסתתר במזכירות החדשה של המשק.

איזה **בִּנְיָין, הִתְפָּעֵל.**

וכשהגיע הביתה אמא **שורוק** הורידה לו כזה **מָקָף**, ש**חולָם** נהיה **סֶגול.**

1.7 Remarks about IH Syntax

The syntax of IH is closer to post-biblical (mishnaic) syntax than to that of Biblical Hebrew. IH favors subordination by means of the subordinating particle [-שֶ] in contrast to Biblical Hebrew, which prefers other means, such as the use of the so-called "infinitive construct." For example, **B**iblical Hebrew uses a construction such as בְּצֵאתו (upon his leaving), rather than כּשֶׁיָּצָא (when he left); and לְצַוות אותו לְהַגיד רשאי rather than IH לְצַוות עָלָיו שֶׁיַּגִּיד (both meaning "command him to say"); and coordinate clauses, rather than a main clause followed by a subordinate clause. In contrast to Biblical Hebrew's use of construct forms (compounds) to express possession, e.g. בֵּית המֶּלֶךְ (the king's house), IH (like Mishnaic Hebrew) uses analytic forms, e.g. הבַּיִת שֶׁל המֶּלֶךְ; ביתו שֶׁל המֶּלֶךְ . It also uses the marker שֶׁל in fixed-adjectival expressions such as יופי שֶׁל סֶרֶט (a great movie).

IH has three tenses: past, present and future. The biblical *vav*-conversive, the cohortative future-tense form and the jussive (short) future tense form are not attested in post-Biblical Hebrew and are almost nonexistent in IH (except in very formal or poetic texts). In addition, IH very rarely uses the infinitive absolute (examples below), except in fixed expressions.

In essence, the infinitive absolute became extinct as early as Mishnaic Hebrew. Both Mishnaic Hebrew and IH prefer the infinitive prefix [לְ-], as in לְדַבֵּר, לְבַרְבֵּר (to talk, to blabber/to BS), over other forms of the infinitive common in Biblical Hebrew.

ח **וְהִגַּדְתָּ** לְבִנְךָ בַּיּוֹם הַהוּא לֵאמֹר בַּעֲבוּר זֶה עָשָׂה יְהוָה לִי בְּצֵאתִי מִמִּצְרָיִם: (שמות יג,8)

יד **וַיְהִי** כְּבוֹא אַבְרָם מִצְרָיְמָה (בראשית יב,14)

כא **וַיָּבֹא** דָוִד אֶל-מָאתַיִם הָאֲנָשִׁים אֲשֶׁר-פִּגְּרוּ מִלֶּכֶת אַחֲרֵי דָוִד **וַיֹּשִׁיבֻם** בְּנַחַל הַבְּשׂוֹר **וַיֵּצְאוּ** לִקְרַאת דָּוִד
וְלִקְרַאת הָעָם אֲשֶׁר-אִתּוֹ **וַיִּגַּשׁ** דָּוִד אֶת-הָעָם **וַיִּשְׁאַל** לָהֶם לְשָׁלוֹם: (שמואל א, ל,27)

1.3 #

In matters of word order, IH, unlike BH, prefers subject-verb-object (SVO) order as its default and uses the copula (the third person subject pronoun or the demonstrative) as the link between subject and predicate more often than in previous layers of Hebrew, as demonstrated in the following examples:

A copula is a word which links the Hebrew subject to its predicate when no verb is used.

1.4 #

המִילָּה בּוּרגָּנוּת **הִיא** מִילַּת גְּנַאי בְּקוֹנטֶקסט הישׂרָאֵלִי (רוּבִיק רוזנטל, "הזירה הלשונית", עמ' 164).

The word "bourgeois" is a derogatory word in the Israeli context.

עַצלָנוּת **זֶה** מִין דָּבָר.

Laziness is kind of something.

For more on the Hebrew copula, see "Linking Words in Verbless Sentences," p. 294.

1.5 #

עַד כֹּה, אַנשֵׁי גּוּשׁ אֱמוּנִים **הֵם** מַמשִׁיכֵיהֶם הַלְּשׁוֹנִיִּים שֶׁל הרמב"ם הַרבֵּה יוֹתֵר מֵאֲשֶׁר שֶׁל כּוֹתבֵי הַמִּקרָא והתלמוד.

1.8 IH Lexicon

Most of the Hebrew lexicon (vocabulary) — including verbs, nouns, adjectives and adverbs can be characterized as the combination of two elements, as follows:

Root + Morphological Pattern

The morphological pattern consists of a discontinuous, consonantal sequence and may include prefixes and/or suffixes. The morphological pattern for verbs is referred to as a בִּנְיָין (verb pattern) and the one for nouns and adjectives is called מִשקָל (nominal pattern).

Many of the words in the language are thus structurally related by their common root, which often, though not always, produces semantic (meaning) relationships. For example, all the following words have the consonantal root ח-ש-ב in common:

1.8.1 Verbs of the Root √ח-ש-ב

computes, calculates	מְחַשֵּׁב	think	חושֵׁב עַל או ש-
is considerate of	מִתחַשֵּׁב ב-	be considered as	נֶחשָׁב לְ- או כְּ-

1.8.2 Nouns and Adjectives of the Root √ח-ש-ב

consideration (n.)	הִתחַשבות	thought (n.)	מַחשָׁבָה
calculation (n.)	חישוב	computer (n.)	מַחשֵׁב
arithmetic (n.)	חֶשבון	computational (adj.)	חישובי/-ת
invoice (n.)	חֶשבונית	important (adj.)	חָשוּב

1.8.3 New Coinage in Israeli Hebrew

The lexicon of IH (both function and content words) is built upon older Hebrew layers, plus a modern stock, which includes old words which have acquired new meanings, calques (loan translations) and neologisms.

In fact, IH is an amalgam of elements of former layers of the language in which all four historical strata of the language, each with its typical characteristics, can be distinguished.

Most of the words in IH journalistic, scientific or literary texts are new words in form or meaning. Most of the old stock of Hebrew vocabulary, as with other Semitic languages, is based on a root that consists of a sequence of three or four consonants augmented by consonantal prefixes, vocalic infixes and suffixes which can be both consonantal or vocalic.

In new coinages, IH creates new roots by extracting consonants from existing vocabulary. The extracted consonants become the base (new root) for new verbs and new nouns, as in:

חשב√ >> לַחשוב, חֶשבּון >> חשבנ√ >> לְחַשבֵּן, לְהִתחַשבֵּן עם, הִתחַשבְּנוּת

ROOT >> think, arithmetic >>NEW ROOT>>calculate>, settle accounts with, settling accounts.

1.8.3.1 From Root to Verb to Non-Verb

Root	>	Root into Words: Verbs	Root into Words: Non verbs
		לִזכּור remember	זִיכָּרון memory (n.)
		לְהַזכִּיר remind	זִכרונות memoirs (n.)
ז-כ-ר√	>	לְהִיזָכֵר recall	מַזכֶּרֶת souvenir (n.)
			לְזֵכֶר in memoriam (adv.)
		לִכתוב write	כתִיבָה writing (n)
		להיכָּתֵב be written	מִכתָב letter (n)
		להַכתיב dictate	כָּתוּב written (adj.)
כ-ת-ב√	>	הוּכתַב was dictated	תִכתוֹבֶת correspondence (n.)
		לְהִתכַּתֵב correspond	כַּתָב correspondent (n.)
		לְשַכתֵב rewrite	כתוביות subtitles (n.)
			כַּתבָן / -נית typist (n.)

1.8.3.2 From Word to Root to Verb

Word (Non-verb)	>	Extracted New Root	>	New Words from the Extracted Root: Verbs	New Words from the Extracted Root: Non-verbs
אֲתָר site (n.)	>	א-ת-ר√	>	לְאַתֵר locate	איתור localization (n.) איתורית pager, beeper (n.)

אֶפְשָׁר possible (adv.)	>	√א-פ-ש-ר	>	לְאַפְשֵׁר enable	
				לְהִתְאַפְשֵׁר be made possible	
מָקוֹם place (n.)	>	√מ-ק-מ	>	לְמַקֵּם to locate in space	מיקום location (n.)
				לְהִתְמַקֵּם settle down in a place	הִתְמַקְמוּת settling down (n.)

IH has a Yiddish-Slavic substrate which has contributed to the colloquial language in a variety of ways.

In terms of structural influences, we find in IH aspectual-like distinctions that are found in the Yiddish verb, e.g., שָׁתַק vs. הִשְׁתַּתֵּק ("was silent" as opposed to "became silent"), עָמַד vs. נֶעֱמַד ("stood" as opposed to "stood up"), etc.

1.6 #

היידיש השאירה עקבות בעברית, ובעיקר בעברית המדוברת, שהיא נמל הבית של השפה בדרכה אל הספר והעיתון. [...] היידיש היא המקור של הפתיח "שמ... " הנוסף למילים עבריות כדי להוסיף להן נימה של זלזול.

במקרים בולטים הוא שימש לנימת זלזול כמו "אום-שמום ", ""שלום-שמלום, אבו-נידאל-אבו-שמידאל". [...] יש מילים ביידיש שהגיעו אליה מהעברית (או הארמית). הכלבתא (כלבה) הארמית הפכה לכלפתא באידיש ובלבוש הזה חזרה אל העברית הישראלית.

הסיומות — צ'יק וניק — החביבות על דוברי העברית גם הן הגיעו אליה מן היידיש. [...] גם צורת השאלה שתחילתה ב "שֶ-" כמו ב"שאתן לך כוס קפה" — הגיעה לעברית מן היידיש והתאזרחה בה לבלי הכר (רוזנטל, "הזירה הלשונית", עמ' 37).

1.9 What Do Israelis Think of their Language?

In the article below, Yoram Bronowski discusses the unpopularity of the Bible among younger Israelis and the reasons for it. He maintains that, strangely enough, the main culprit is the language — Hebrew. While earlier generations were attracted to the Bible because of the elegance and precision of its classical Hebrew, the current generation is deterred from readig the Bible precisely because of its language.

1.9.1 "על מצבו של התנ"ך בישראל", יורם ברנובסקי

מצבו של התנ"ך בישראל ומקומו של ספר-הספרים בתרבותנו כיום הוא שהתנ"ך הוא ספר המעורר רתיעה בקרב הנוער, ובוודאי אינו נקרא על ידי המשכיל הכללי הבוגר. לקורא הישראלי הממוצע, הבעייה היא לשון התנ"ך, שהוא אמור להכיר אותה, אך היא רחוקה ממנו לגמרי. באופן סמלי מה שהיה קיסמו העיקרי של המקרא בשביל הקורא בן הדורות הקודמים — העברית הקלאסית המופלאה בהידורה ובדיוקיה הפיוטיים-הריאליסטיים - היא עתה לרועץ לספר.

תרגום של ספרי המקרא לעברית העכשווית — התופעה הלשונית האמורפית משהו, ובכללותה דלה מכדי שתוכל ללשון המקרא — הוא מבצע בלתי-אפשרי, שכן כל תרגום כזה עדיין חייב להיראות כפארודיה. מעין תרגום או מדרש. מה שזיכה לכאורה את התנ"ך בפופולאריות פתאומית לפני כעשור היה הספר "תנ"ך עכשו" של מאיר שלו. הסופר המחונן יצר מדרש פארודי של המקרא, ונדמה היה שזאת הצורה היחידה שבה יכול התנ"ך למשוך אותנו כיום.

אכן, באופן כללי לא היה מנוס — בשעת הבחירה הכמעט-לא-מודעת בין שתי הלשונות, לשון מקרא ולשון חכמים — מן הבחירה בכיוון התלמודי ("הגלותי", שהרתיע כל כך את בן גוריון).

זה היה הכיוון החוצה, לעבר היוונית והרומית, ולעבר המערב בכללו. כיוונה של לשון חכמים (יותר מן הלשון עצמה) היה הדגם, מפני שבלשון-חכמים התבצעה לראשונה אותה אנומליה יסודית שבעברית הישראלית, שפה "שבה אמצעי ההבעה שבאו בירושה (והם עבריים, שמיים) התבקשו להגשים מערכת-קטגוריות אירופאית" (רוזן) המערכת הקטגוריאלית הזאת היתה בתחילתה סלאבו-טווטונית וכיום היא אנגלו-סאקסית לא-טהורה.

לשם הסברת הפארדוקס שבבסיס העברית הישראלית נזקק [הבלשן חיים] רוזן למושג הגרמני, הפילוסופי-בלשני, "הצורה הפנימית" של הלשון, כשהכוונה בערך לתוכן התרבותי של הלשון. "הצורה הפנימית" של העברית הישראלית היא אירופית-מערבית, בחיצוניות שלה יש מאפיינים של שפות שמיות קדומות. הפרדוקס הזה מסביר במידת-מה את היחס המתוסבך שהיה קיים תמיד בתרבות הישראלית למקרא, יצירה ש"צורתה הפנימית" היא רחוקה ולא מובנת, בעוד צורותיה החיצוניות נראות כקרובות ומובנות.

ואומנם גם בזמנים שהמקרא היה בראש-גאוותה של הציונות והתרבות העברית המתחדשת, הוא הוצע לתלמיד ולקורא בעיוות ניכר בלי הדגשות הזרות והאקזוטיות של הטקסטים.

התנ"ך [...] כתוב בשפה ש"צורתה הפנימית" שונה לגמרי מזו של העברית הישראלית. למרבה הפרדוקס, הצורה החיצונית (כגון המילים לכשעצמן) היא קרוב למדי, כך שהקורא הישראלי עומד לפני תעתוע מתמיד: נדמה לו שהוא יכול להבין, ואינו מבין באמת. את היחס הציוני הקלאסי לתנ"ך, ובפרט את יחסו של בן-גוריון לתנ"ך, ניתן לשייך לקטגוריה שהסטוריונים שונים קוראים לה "אמצאת מסורת. העמדה הרואה בתנ"ך "מנדט פוליטי" וכספר המובן מאליו לעברי החדש — התגלגלה לעבודת האלילים נוסח גוש אמונים, ומצד אחר היא האחראית לירידת קרנו של המקרא בציבור החילוני, הרואה בו "ספר דתי", וממילא דוחה אותו בגלל זה, בעיקר. כך שהייתי תולה את ראשית ירידת הילתו של המקרא ביחס הבן-גוריוני הנלהב-הנבער.

הלעג ל"גירסה הבן-גוריונית" של המקרא, הגירסה הלאומית המחייבת, הופיע כבר בשיאה של תקופת בן-גוריון. אחר כך התחילה ההידרדרות עד לשפל המדרגה שבו מצוי התנ"ך כיום.

היחלשותם של ערכי הציונות, הטלת הספק בסיפֵּר הציוני, הולדת "ההיסטוריה החדשה", זניחת האתוס הקולקטיביסטי, "שיבת הגולה" — כל אלה מצאו ביטוי ישיר ביחס למקרא, שהחל להיחשב לטקסט אידיאולוגי, ולאו דווקא של אידיאולוגיה האהודה על האינטליגנציה שלנו. המחנכים שלנו לא ידעו מעולם, כמדומה, להציג את הספר הזה כיצירת-סיפרות מופלאה: קשה, רחוקה, זרה, אך קוסמת להפליא (יורם ברנובסקי, <u>הארץ</u>, 19 למרץ 1999).

1.9.2 "אני צוחקת עליך! ועל כל בית משטרת העברית", נתיבה בן יהודה

In the following text entitled "You and the Gatekeepers of Hebrew Make Me Laugh," Netiva Ben-Yehuda pokes fun at one of the numerous purist gatekeepers of Hebrew. The text is quite old, yet still valid.

 # 1.7

ב"דבר השבוע" מהשבוע שעבר כתב חיים אייזק המכובד במדור שלו "מילים, מילים" כתבה תחת הכותרת הזו: "על מה צוחקת נתיבה?"

אני לא הייתי עונה לו, מה יש לענות? הרי הוא יודע על מה אני צוחקת. בטח. אבל מכיוון שבסיום — <u>יַעֲנִי</u> <u>לַפִינָאלֶה</u> — הוא אומר שההיגיון שלי עקום. אז אי אפשר בלי תשובה:

אני צוחקת עליך! ועל כל בית משטרת העברית!

אנחנו בדרך-כלל רוצים לשמוע את החדשות — אנחנו לא רוצים לשמוע את העברית של החדשות. רק את החדשות. וזה מפריע לנו לתפוס מה יש שם ב"רצף" אם הקריינים טועים כל רגע, ואומרים "בִּכתיבה ובִכריאה", או "וחונצ'רטו לכינור", אפילו אם הם מתקנים תיכף, ההקפדות האלה אידיוטיות, מבלבלות לקריינים את המוח ומפריעות לנו לקלוט את המסר, והתיקונים שלהם לא מעניינים אותנו.

יש עוד פְּשלָה, שההיגיון שלך הישר עשה. הוא גם לא תפס, שהעברית התיקנית, היא לא "שנואת נפשי" (כמו שאתה כותב). אני דווקא כן אוהבת אותה, כשהיא במקום, ואני אוהבת, למשל, לקרוא את התנ'ך ואני באמת-באמת לא חושבת שצריך לתרגם אותו, נֹאמַר, ל"עברית גָשָשית".אז בכל-זאת, על מה אני כן צועקת? על אנשים כמוך, שלא נותנים לרבדים של השפה להתפתח באופן טבעי, על השומרים הקשוחים של משטרת העברית, שנהייתם איזה מין מַנְדָרינים סינים, איזה מין כוהנים גדולים של השפה הקדושה' שרק אתם שולטים בה, שכל החוקים והכללים שלה אצלכם ביד, ונוצר מצב שיש לכם שרירים, שאתם יכולים להכניס לכולָנו הרגשות אשמה, שכאילו אנחנו "לא יודעים" את השפה שלנו (אלא איזה שפה אנחנו כן יודעים?) והכי מצחיק זה, שאתם בעצמכם — גם לא מדברים לפי החוקים שלכם. להקריא עברית כזאת אתם יכולים, אבל לדבר? מה פתאום.

ואתם בדרך-כלל בטח לא יותר מאיזה 100 בכל הארץ, וכל השאר — כותבים, וקוראים, ושומעים, ומדברים , ואומרים, ומשוחחים, ומתווכחים, ומתבדחים, נואמים, ומספידים, ושרים, ומתדיינים, ורבים, מנבלים את הפה, בכל מיני סוגים של עברית — ויופי של עבריתות — רק לא בעברית שלכם, שרק קריינים יכולים לדבר בה, ורק כשהעיניים שלהם צמודות לטקסט.

אז יאללה קדימה. שמשרד החינוך, או האקדמיה, או מישהו, שישימו כסף, יושיבו מלומדים, ושאלה יחברו לנו דקדוק חדש, ושיהיה בבקשה יותר קרוב אלינו. וכאן הרי בטח יש מישהו, ששואל: "ומה אם בעוד כמה שנים זה שוב פעם יקרה?" אז לפני שהוא שולח מכתב למערכת, אני כבר עונה: אז בעוד כמה שנים יעשו את אותו תרגיל עוד פעם זה "קורה" לכל שפה בעולם וזה "יקרה" גם לעברית, תראו — אף על פי שהעברית היא שפה נורא "לאומית" ו"ציונית" ו"קדושה" ו"מתחדשת" ב"ארצנו" ו"שלנו", והכל, — בכל-זאת יקרה לה מה שקורה לכל השפות בעולם. זה הגורל של שפה שמשתמשים בה. ממש נורא. מה יהיה. לא יהיה לנו שום ייחוד. אז אולי נתחיל לחפש ייחוד רק במה שאנחנו אומרים ולא באיך שאנחנו אומרים את זה. [...] (נתיבה בן יהודה, מקור לא ידוע).

Further reading:

Robert Alter, *Hebrew & Modernity* (chapter 3).

Benjamin Harshav, *Language in a Time of Revolution*.

Ron Kuzar, *Hebrew and Zionism*.

Haiim Rosen, *Contemporary Hebrew*.

2.0 Agreement

What is Agreement?

Agreement refers to a formal relationship between elements, whereby a form of one word requires a corresponding form of another.

(http://www.sil.org/linguistics/GlossaryOfLinguisticTerms/WhatIsAgreement.htm)

One of the main differences between English and Hebrew is the central role of gender in all levels and facets of Hebrew. Indeed, the interplay of gender (masculine and feminine) and number (singular or plural) dictates agreement between adjectives and their nouns, between verbs and their subjects, and between pronouns and their referents.

2.1 Agreement of Adjectives and Nouns

Adjectives agree in gender and number with their nouns.

2.1.1 Noun-Adjective Agreement with Animate Nouns

2.1 #

(a) charming kid	יֶלֶד מַקסים.	(a) sweet boy	יֶלֶד מָתוק
charming kids	יְלָדים מַקסימים.	(a) sweet girl	יַלדָה מְתוקָה
(a) stupid girl	יַלדָה מְטומטֶמֶת.	The boy is sweet.	הַיֶלֶד מָתוק.
stupid girls	יְלָדות מְטומטָמות.	The girl is sweet.	הַיַלדָה מְתוקָה.

2.1.2 Noun-Adjective Agreement with Inanimate Nouns

2.2 #

The sidewalk(s) is/are wide.	המִדרָכָה רְחָבָה.	(a) red flower	פֶּרַח אָדום
	המִדרָכות רְחָבות.	red flowers	פרָחים אֲדומים
The table(s) is/are long.	השולחָן אָרוך.	(a) hard/difficult year	שָנָה קָשָה
	השולחָנות אֲרוכים.	hard/difficult years	שָנים קָשות
The book(s) is/are interesting.	הַסֵפֶר מְעַניין.	(an) interesting city	עיר מְעַניֶינֶת
	הַסְפָרים מְעַניְינים.	interesting cities	עָרים מְעַניְנות
		(a) good idea	רַעיון טוב
		good idea(s)	רַעיונות טובים

2.2 Subject-Verb Agreement

In the present tense, verbs must agree with their subject in gender. In other tenses, they must agree in gender, number and person.

2.2.1 Agreement between Present-Tense Verbs and their Subjects

2.3 #

Noma (f.) writes children's books.	**נוֹמָה כּוֹתֶבֶת** סִפְרֵי יְלָדִים.	The boy is asleep/is sleeping in the small bed.	**הַיֶּלֶד יָשֵׁן** בַּמִּיטָּה הַקְּטַנָּה.
Dan and Dina live near my sister.	**דָּן וְדִינָה גָּרִים** עַל יַד אֲחוֹתִי.	Varda (f.) studies Arabic.	**וַרְדָּה לוֹמֶדֶת** עֲרָבִית.
We go every year on vacation to Alaska.	**אֲנַחְנוּ נוֹסְעִים** כֹּל שָׁנָה לְחוּפְשָׁה בְּאֲלַסְקָה.	Arik (m.) sells pickles in the Carmel market.	**אָרִיק מוֹכֵר** חֲמוּצִים בְּשׁוּק הַכַּרְמֶל.

2.2.2 Agreement between Past and Future-Tense Verbs and their Subjects

2.4 #

Natan (m.) fell asleep very late last night.	**נָתָן נִרְדַּם** אֶתְמוֹל נוֹרָא מְאוּחָר.
Noma (f.) has already written four books.	**נוֹמָה כָּתְבָה** כְּבָר אַרְבָּעָה סְפָרִים.
Varda (f.) studied Arabic in high school.	**וַרְדָּה לָמְדָה** עֲרָבִית בַּתִּיכוֹן.
Arik (m.) will sell pickles in the Carmel market.	**אָרִיק יִמְכּוֹר** חֲמוּצִים בְּשׁוּק הַכַּרְמֶל.
Ilana and Naftali will live near my sister.	**אִילָנָה וְנַפְתָּלִי יָגוּרוּ** עַל יַד אֲחוֹתִי.
Last year we travelled to Alaska.	בַּשָּׁנָה שֶׁעָבְרָה **אֲנַחְנוּ נָסַעְנוּ** לַאֲלַסְקָה.

2.3 Texts Illustrating Agreement of Nouns and their Modifiers

2.3.1 "מי הוא יהודי"?

אחר חמש שנות דיונים, יכריע הבוקר הרכב של 11 שופטי בג"ץ בשתי עתירות שמטרתן לקבוע **הלכה חדשה** בסוגיית "מיהו יהודי". בית המשפט התבקש להכריע האם להחיל את חוק השבות על **תושבים ארעיים** בישראל שהתגיירו ב**גיור רפורמי** או **קונסרווטיווי** בחו"ל.

לצורך הכרעה יידרש בית המשפט לקבוע את עמדתו בסוגיית "מיהו יהודי" לפי הקריטריונים שבחוק השבות. במרכז לפלורליזם יהודי, שהעתירות הוגשו באמצעותו ב-1999, מקווים שבג"ץ יבטל בפסק דינו את **המדיניות הנוכחית** שלפיה אין הכרה לצורך חוק השבות ב**גיורים** שלא **מוכרים** על ידי הרבנות.

17 **העותרים** הם **תיירים** ו**עובדים זרים** ברישיון, שלאחר שהתגוררו בישראל כמה שנים ב**סטטוס** "**זמני**", ביקשו להתגייר. הם החלו בהליכי הגיור בישראל, אך סיימו אותם בבתי דין לגיור בבריטניה ובארגנטינה - חלקם ב**גיור רפורמי**, חלקם ב**גיור קונסרווטיווי** וחלקם ב**גיור אורתודוקסי** "**מתקדם**". השלמת ההליך בחו"ל נדרשה מכיוון שכיום בית הדין הישראלי איננו מכיר ב**גיור** לא **אורתודוקסי** שנעשה בישראל לצורכי חוק השבות.

המתגיירים ביקשו לקבל זכויות **עולה חדש** לפי חוק השבות, בטענה שהתגיירו בחו"ל, אך משרד הפנים דחה את בקשתם. עמדת המדינה היתה כי מדובר ב"גיורי קפיצה" וש**מבחינה מהותית** יש לראותם כאילו נעשו בישראל. (לפיכך טענה המדינה, כי המתגיירים ב**גיורים הלא-מוכרים** אינם זכאים לזכאות כעולים.)

לפני כחצי שנה הודיע שר הפנים כי הוא מתנגד למדיניות משרדו מכיוון שהיא מפלָה בין סוגי הגיורים. על פי עמדתו, יש להכיר גם ב**גיור רפורמי** או **קונסרווטיווי** לצורכי קבלת מעמד על פי חוק האזרחות. ואולם, המדינה מסכימה להכיר רק ב**גיור אורתודוקסי** לשם כך. לפיכך ביקש מבג"ץ להגיש את עמדתו בנפרד.

ב-1989 קבע בג"ץ כי לעניין קבלת זכויות **עולה חדש** לפי חוק השבות אין להפלות בין **סוגי גיורים שונים** שנערכו בחו"ל. ב-2002 [...] קבע בג"ץ ב**הלכה משפטית חדשה**, שלפיה יש להפריד בין שאלת ההכרה בגיור לצורכי חוק השבות לבין הכרה בגיור לצורכי רישום כ"יהודי" במרשם האוכלוסין. **העותרים** היו **אזרחים** ו**תושבי-קבע הרשומים** במרשם האוכלוסין, שביקשו להירשם בו כיהודים. בית המשפט

קבע כי כל גיור, בכל אחד מהזרמים, בין בישראל ובין בחו"ל — תקף לצורכי רישום כיהודי במרשם האוכלוסין. ואולם, **פסק דין זה** איננו עוזר ל**מי** שאיננו **רשום** מלכתחילה במרשם.

בג"ץ נמנע עד כה מלהרחיב את עיקרון איסור ההפליה בין **גיורים שונים** הנערכים בישראל גם לעניין קבלת זכויות **עולה חדש** או **תושב קבע**. **הרחבה כזו צפויה לתגובה חריפה** מצד **המימסד הרבני** ו**המפלגות הדתיות והחרדיות** בישראל (הארץ, תאריך לא ידוע).

2.3.2 "על נשים ונהיגה", אורי מור

מדהים כמה **חזקה** ו**בולטת החלוקה** בין גברים לנשים על הכביש. השלט "**נהגת חדשה**" מעורר מיד זעם, והנהגים-הנשים סובלים מבחינה זו מ**יחס מתנשא ומשפיל**. נשים נתפשות כקבוצת מיעוט במערכת הזאת, כמו **נהגים חדשים** (המסומנים ב"**נהג חדש**") ועל אחת כמה וכמה מתלמדים (המסומנים בלמ"ד), וכמו **נהגים מבוגרים** במיוחד. הקבוצות האלה, כמה קלישאתי, מפריעות ל**תנועה הגברית השוטפת**, הממהרת לפגישה, החוצה אוטוסטרדות כמו בפרסומות למכוניות, שהן התגלמות **הקלישאה הגברית** בעצמן. הן מעכבות, הן מכניסות **זמן אחר** ל**כביש הגברי המהיר והחד-סטרי**. מובן ש**זה** לא תמיד כל כך **מוחלט**. יש גם גברים שנוסעים לאט - אם כי בדרך כלל **באופן בוטח ואדיש** - ויש גם נשים שנוהגות היטב. שיודעות להשתלב בתנועה. שמרבות לצפור. שעושות כל מה שגבר עושה. אבל **הדימוי חזק** מכל מציאות. **הנהג האולטימטיווי** הוא גבר, ו**הגבר הטיפוסי** יודע לנהוג. וטוב.

מה הסיבה לכך? **נשים** פחות **טובות** עם מכשירים? **נשים** מטבען אינן **בטוחות** בעצמן? ההיסטוריה הרגילה אותן לחיות בין כתלים? יש להן **סוג שונה** של אינטליגנציה? הממממ.

נשים נוהגות פחות טוב אם הן זוכות ל**יחס משפיל ומתנשא** על הכביש. אם מצפצפים להן כשהן מנסות לחנות ועוקפים אותן כשהן נוסעות במהירות לא גבוהה ומפטירים בסביבתן "זאת בטוח נהגת, אחי, תראה איך היא נוסעת". ב**מקרים כאלה** כל **הקלישאות** שהזכרתי למעלה, ובטח עוד **רבות אחרות**, מצטברות לחוסר ביטחון. הקלישאה הופכת ל**משהו חי וממית**, ואז הדימוי משתלט על המציאות - כנראה שאני באמת לא נוהגת כל כך טוב. כנראה שאני באמת נולדתי ככה. אני מפריעה לתנועה. אולי אני בכלל לא אנהג, ככה יהיה יותר קל לכולם.

נשים נוהגות פחות טוב אם מספיק פעמים אומרים להן שהן נוהגות פחות טוב או שהן פחות טובות עם מכשירים, או לא משנה מה. ונשים נוהגות טוב אם הן פשוט לא נותנות לזה להשפיע עליהן (<u>הארץ</u>, אורי מור, תאריך לא ידוע).

2.4 Texts Illustrating Subject-Verb Agreement

2.4.1 "המלאך שלי", נומה שילה

כש**אמא** שלי **שאלה** אותי למה **אני רוצָה** להתחפש בפורים, תיכף ידעתי: **אני רוצָה** להיות מלאך.

— מה פתאום מלאך, **שאלה אמא**, יהיה לך מאוד לא נוח להסתדר עם הכנפיים. אולי תבחרי תחפושת נוחה יותר?

לא הסכמתי. תחפושת המלאך ש**אמא תפרה** לי היתה יפה מאוד, ובחגיגת פורים בבית הספר הייתי המלאך היחיד ואפילו זכיתי בפרס.

כש**נגמרה החגיגה**, חזרתי הביתה עם סיגל, החברה שלי, פתאום הרגשתי ש**מישהו מושך** אותי בחזקה מאחור ונפלתי על המדרכה. הסתובבתי לאחור וראיתי ילד רץ לעבר השדרה, והכנפיים שלי בידיים שלו. **סיגל עזרה** לי לקום ו**אמרה** בעצב: תמי, אין טעם לרדוף אחריו, **הוא רץ** נורא מהר.

הגעתי הביתה בלי הכנפים ועם מצב-רוח רע.

אפילו לא הספקתי להצטלם כדי ש**אבא וסבתא יראו** כמה ש**התחפושת היתה** יפה, אמרתי לאמא בבכי.

אמא ניסתה לנחם אותי ו**הציעה** לשנות במהירות את תחפושת החתול משנה שעברה ולהפוך אותה לארייה.

אבל אני כבר לא רציתי כלום, חוץ מלבכות (נומה שילה, "המלאך שלי", עמ' 8-7).

2.4.2 "על הציונות"

נוהגים להתייחס אל התנועה הציונית כאל תנועת-השיחרור הלאומי של העם היהודי, וככזו **היא רואָה** את עצמה. על פי דימוי זה **מבטאת הציונות** את "שיבתו" של העם היהודי לארצו לאחר אלפיים שנות גלות. אולם לא תמיד **ראתה התנועה הציונית** את עצמה כתנועת שיחרור לאומי. רק הזרמים הסוציאליסטים דגלו בזה תמיד, ואחרי מלחמת העולם השנייה, התנועה הציונית בכללותה.

ואכן **התנועה הציונית צמחה** על רקע עלייתה של האנטישמיות המודרנית ועל רקע המצוקה הגוברת ומשבר הקיום הכלכלי של יהודי מזרח אירופה. **הוגי הציונות ראו** ביציאתם של היהודים מאירופה והקמתה של ישות יהודית עצמאית בארץ את הדרך לפתרונה של מצוקה זו. **פעולת ההתיישבות**, ש**החלה** בשלהי המאה התשעה-עשרה ובעיקר במאה העשרים, **נתפשה** כביטוי לשיחרור לאומי. **הציונות** ש**קמה** כמה עשרות שנים לאחר ש**התגבשו התנועות הלאומיות** באירופה, **ראתה** את עצמה כתנועה מקבילה: כשם ש**האיטלקים, הגרמנים ועמים אחרים זכו או נאבקו** להשגת עצמאותם ו/או אחדותם הלאומית, כך גם **נאבקים היהודים** להשגת עצמאותם המחודשת בארץ שאותה **ראו** כארצם — ארץ ישראל.

על רקע זה **דחו הוגים ופרשנים** ציונים, ובפרט נציגיה של הציונות הסוציאליסטית, כל ניסיון להציג את הגירתם של היהודים לארץ ישראל כקולוניאליזם. (מקור לא ידוע).

3.0 Pronouns

What are pronouns?

A pronoun is a word which functions like a noun or a noun phrase and is used as a substitute for it. As such, a pronoun is a pro-form — a word substituting for other words, phrases, clauses or sentences — and has a meaning that is recoverable from the linguistic or extralinguistic context."

(http://www.sil.org/linguistics/GlossaryOfLinguisticTerms)

In the sentence, "Everyone talks about the weather but no one does anything about it," "it" substitutes for, or refers to, "the weather."

The Hebrew pronoun family includes subject pronouns, direct object pronouns, indirect object pronouns, possessive pronouns, demonstrative pronouns and reflexive pronouns.

Structurally speaking, Hebrew has two types of pronouns — stand-alone pronouns (which are the ones we deal with in this section) and attached pronouns, such as אָחִי and אֲחוֹתִי ("my brother" and "my sister," respectively), where the pronoun is attached to the noun, becoming its suffix.

Though pronouns are generally thought of as noun-substitutes (as their name suggests), many pronouns actually alternate with (or substitute for) linguistic units other than nouns. There are also pro-verbs, pro-adjectives and pro-clauses.

Pro-verb

Unlike English, Hebrew does not use a form of the verb "do" as pro-verb. Instead it uses an ellipsis or a coordinate structure in the conjoined part of a sentence .

He fell asleep immediately, and I did [fell asleep] too.	גַּם אֲנִי וְגַם הוּא נִרְדַּמְנוּ מִיָּד.	הוּא נִרְדַּם מִיָּד, וְגַם אֲנִי.
He was accepted into Berkeley, and so was I [accepted into Berkeley].	גַּם אֲנִי וְגַם הוּא הִתְקַבַּלְנוּ לְבֶּרְקְלִי.	הוּא הִתְקַבֵּל לְבֶּרְקְלִי, וְגַם אֲנִי.

Pro-adjective	
Unlike English Hebrew does not use the expression "and so is ...." to denote that an adjective which referred to someone or something in the first part of the sentence also refers to someone or something in the second part. Instead Hebrew uses a paraphrase of the adjective.	
She is very smart, and so is he [smart] (lit. she is very smart and he is not lacking either).	היא נורָא חֲכָמָה וְגַם לו לא חָסֵר.
Pro-clause	
They went to Israel last year, but I did not [go to Israel last year].	הם נָסעו בַּשָּׁנָה שֶׁעָבְרָה לָאָרֶץ, אֲבָל אֲנִי לֹא.
He knows very well what's going on, but it doesn't bother him.	הוּא יודֵעַ טוב מְאוד מַה קורֶה, אֲבָל זֶה לא מַטריד אותו.

3.1 Personal Pronouns

Personal pronouns are a subgroup of the category pronouns. As the name implies, they refer to persons — speaker(s), addressee(s) and other persons — or to things.

All personal pronouns mark distinctions of number (singular or plural), person (first, second or third) and gender (masculine or feminine).

The notion of first, second and third persons makes more sense if you think about them in functional terms rather than in meta-linguistic ones, such as: first person אֲנִי (sg.) and אֲנַחנו (pl.) are used to talk about myself, and myself and others. Second person אַתָּה, אַתְּ (sg.) and אַתֶּם, אַתֶּן (pl.) are used to talk to one or more persons. Third person הוּא, היא (sg.) and הֵם, הֵן (pl.) are used to talk about one or more persons or things.

Second and third person pronouns in Hebrew mark gender and person, but the first person does not. Rather, first person singular and plural use the same pronoun form for masculine and feminine. For example:

3.1 #

Personal Pronouns			
Plural		**Singular**	
we (m./f.)	אֲנַחנוּ	I (m./f.)	אֲנִי
us (m./f.)	אותָנוּ	me (m./f.)	אותי
with us (m./f.)	איתָנוּ	with me (m./f.)	איתי
to/for us (m./f.)	לָנוּ	to/for me (m./f.)	לי

The lack of distinction between masculine and feminine in the first person also holds true for a variety of other forms in the language. Thus, verbs in the past and future tenses[5], and declined[6] prepositions have one form only for first person singular and plural, regardless of the speaker's gender. For example:

3.2 #

Verbs		**Prepositions**			
First Person Singular and Plural		**Plural** (m. only, f. only, m. & f.)		**Singular** (m. & f.)	
We studied (m. & f.) Hebrew.	**אֲנַחנו לָמַדנו** עִברית.	for us	**בִּשבילֵנוּ**	for me	**בִּשבילי**
I will study (m. & f.) Arabic.	**אֲני אֶלמַד** עֲרָבית.	on us	**עָלֵינוּ**	on me	**עָלַי**
I bought (m. & f.) a computer.	**אֲני קָניתי** מַחשֵב.	toward us	**אֵלֵינוּ**	toward me	**אֵלַי**

Note that in written texts, the fact that the first person pronoun (both singular and plural) is optional in the past and the future tense often makes it impossible to know the gender of the speaker.

---

(5) See "Verbs," p. 134.

(6) Linguists use the terms "conjugate" and "conjugation" to refer to the various forms of a given verb and "decline" and "declension" for the various forms of all other parts of speech.

3.3 #

(אֲנִי) הָלַכְתִּי לְטַיֵּיל.   I (m. & f.) went (m. & f.) for a walk.

(אֲנִי) אֵלֵךְ לְטַיֵּיל.   I (m. & f.) will go (m. & f.) for a walk.

(אנחנו) הָלַכְנוּ לְטַיֵּיל.   We (m., both & f. only) went (m., both & f. only) for a walk.

(אנחנו) נֵלֵךְ לְטַיֵּיל.   We (m., both & f. only) will go (m., both & f. only) for a walk.

3.1.1 Subject Pronouns

Subject pronouns are a subgroup of personal pronouns. All Hebrew personal pronouns are marked for gender (masculine [m.] and feminine [f.]), number (singular or plural) and person (first, second or third person).

🎵 People who are learning a foreign language often start a conversation, narrative or written text with a third person pronoun (he, she or it), not realizing the "unfriendliness" of this act. Think of the blank look you draw from your addressee if you started your conversation with, "I didn't know her then," without making sure that the person you are talking to shares the same point of reference as to the date you refer to by "then," or the person you refer to by the pronoun "her."

Subject pronouns, as their name implies, occupy the subject position of sentences — their only permissible position. They refer to first person — the speaker (the English "I" or "we"), second person — the person(s) the speaker(s) talk(s) to (the addressee(s) the English "you"), third person — the person(s) or thing(s) the speaker(s) is talking about (the English "he", "she" or "it").

3.4 #

Subject Pronouns

	Plural				Singular		
F.	Both	Both	Person	F.	Both	M.	Person
	אֲנַחְנוּ		1st		אֲנִי		1st
אַתֵּן		אַתֶּם	2nd	אַתְּ		אַתָּה	2nd
הֵן		הֵם	3rd	הִיא		הוּא	3rd

-29-

As noted above, the first-person forms (singular and plural) do not mark gender, only number; thus, both men and women would refer to themselves by **אני** and/or **אנחנו**.

The third-person subject pronouns — הוּא, הִיא, הֵם, הֵן — can refer to both people and things. These IH pronouns correspond to the English subject pronouns he, she, it and they.

The following examples are all in the present tense, in which the use of the subject pronouns is generally obligatory.

3.5 #

He goes to work at **8:00.**	**הוּא** הוֹלֵךְ לַעֲבוֹדָה בשמונֶה.
They don't like studying.	**הֵם** לא אוֹהֲבִים לִלמוֹד.
We live in Tel Aviv.	**אֲנַחנוּ** גָרִים בְּתֵל אָבִיב.
Do you want coffee?	**אַתָּה** רוֹצֶה קָפֶה?
I like to sit at Samir's cafe.	**אֲנִי** אוֹהֵב/אוֹהֶבֶת לָשֶׁבֶת בַּקָפֶה שֶׁל סָמִיר.
She works in her father's store.	**הִיא** עוֹבֶדֶת בַּחֲנוּת שֶׁל אַבָּא שֶׁלָּה.
Do you know where Maya is?	**אַתְּ** יוֹדַעַת אֵיפֹה מָאיָה?
What do they want to eat?	מַה **הֵם** רוֹצִים לֶאֱכוֹל?

3.1.1.1 Optional and Obligatory Use of Subject Pronouns

The fact that first and second person verb forms in the past and future tenses contain person markings makes the use of subject pronouns generally optional in simple sentences. Most people, however, tend to use them in speech, in written dialogues and in informal texts. The more formal the written text is, the greater the tendency there is to follow the "tight style" of formal Hebrew and to omit these pronouns.

3.6 #

I saw a good movie yesterday.	אֶתמוֹל (אֲנִי) **רָאִיתִי** סֶרֶט טוֹב.
We'll go to a movie tomorrow.	מָחָר (אֲנַחנוּ) **נֵלֵךְ** לְסֶרֶט.

You won't be able to do the whole job in one day.	(אַתֶּם) לֹא **תוכלו** לַעֲשׂוֹת אֶת כֹּל הָעֲבוֹדָה בְּיוֹם אֶחָד.

Omitting the 1st and 2nd person in both main and subordinate clause(s) would render a quite formal sentence.

3.7 #

	A Bit More Formal (No Personal Pronoun)	Colloquial
I told Dani yesterday that I would try to change the committee's decision.	אֶתמול ø **אָמַרתי** לְדָני שֶׁø**אֲנַסֶה** לְשַׁנות את הַהַחלָטָה של הַוְועָדָה.	אֶתמול **אֲני אָמַרתי** לְדָני שֶׁאֲני אֲנַסֶה לְשַׁנות את הַהַחלָטָה של הַוְועָדָה.
Did you inform the university that you are going to take a sabbatical?	ø **הודַעתֶם** לָאוניבֶרסיטָה שֶׁø**תִקחו** שַׁבָּתון?	**אַתֶם הודַעתֶם** לאוניבֶרסיטָה שאַ**תֶם תִקחו** שַׁבָּתון?

However, when the verb in the subordinate clause is in the present tense form, a pronoun must be used, independent of the formality of the context. Omitting the pronoun results in an ungrammatical sentence, starred in the example below.

3.8 #

Did you inform the university that you want to take a sabbatical?	הודַעתֶם לאוניבֶרסיטָה שֶׁ**אַתֶם רוצים** לָקַחַת שַׁבָּתון?
Did ø inform the university that ø want to take a sabbatical?	* הודַעתֶם לאוניבֶרסיטָה שֶׁø**רוצים** לָקַחַת שַׁבָּתון?

3.9 #

The notion of "tight style" (above, p. 30) refers to the condensed syntax and morphology of formal Hebrew. The more formal the style, the less it uses analytic (stand-alone) forms, and the more the style prefers synthetic or attached forms (prefixes and suffixes). Moreover, formal styles prefer the use of the f. single form of the demonstrative — **זאת**, and not אֶת זֶה — to mark the clausal antecedent.

	Stylistically Formal	Stylistically Neutral
He said it in response to a question.	הוא אָמַר **זֹאת** בתשובָה לשְׁאֵלָה.	הוא אָמַר **אֶת זֶה** בתשובָה לשְׁאֵלָה.

In contrast to the optional nature of first and second-person subject pronouns in the past and future tense, third person pronouns are generally obligatory (if there is no other subject in the sentence).

In the following two examples, omitting the third-person singular subject pronoun renders the sentence unacceptable.

3.10 #

He went to the movies yesterday.	* אֶתמול ø **הָלַךְ** לְסֶרֶט.	אֶתמול **הוא הָלַךְ** לְסֶרֶט.
She went to London a week ago.	* ø **נָסעָה** לְלונדון לִפנֵי שָׁבוּעַ.	**היא נָסעָה** לְלונדון לִפנֵי שָׁבוּעַ.

Omitting a plural subject pronoun with a plural form of the verb retains the acceptability of the sentence but gives it a non-referential meaning.

In the following examples, the verbs under the rubric of "non-specific reference" refer to no one in particular, but rather to whomever or whatever fits the description contained in the sentence. The verbs on the right refer to specific people to whom the speaker refers by using הֵם.

3.11 #

Non-Specific Reference		**Specific Reference**	
The money will be brought to you tomorrow.	מָחָר **יָביאו** לך אֶת הַכֶּסֶף.	They will bring you the money tomorrow.	מָחָר **הֵם יָביאו** לך אֶת הַכֶּסֶף.
In Israel one listens/they listen to the news every hour.	בְּישׂרָאֵל **מַקשיבים** כֹּל שָׁעָה לַחֲדָשות.	They listen to the news every hour.	**הֵם מַקשיבים** כֹּל שָׁעָה לַחֲדָשות.
Dani didn't feel well; (he) was taken to the hospital, but (they) didn't find anything. He was kept there for two days	דָני הִרגיש לֹא טוב, **לָקחו** אותו לְבֵית חולים, אֲבָל לֹא **מָצאו** שום דָבָר. **הֶחזיקו** אותו שָׁם יומַיִים **וְשָׁלחו** אותו הַבַּיתָה.		

3.1.1.2 Formal Alternatives to Subject Pronouns

The first-person subject pronoun אני has a more formal alternative אנוכי, which comes to us from Biblical Hebrew. It is a cognate of the Akkadian *anaku*.

A few months before his death we went to visit him at his house — Shalom, my older brother and teacher, Nissim Kanfo, my friend, Avital Volman and I.

כמה חודשים לפני מותו [של ליבבוביץ] הלכנו לבקרו בביתו - שלום, מורי ואחי הגדול, ניסים כנפו ידידי, אביטל וולמן **ואנוכי** (מאיר בוזגלו, הארץ, 9.15.04).

In the book of Genesis, when God asks Cain where his brother Abel is, Cain answers half seriously, half jokingly: "Am I my brother's keeper?"

בְּסֵפֶר בְּרֵאשִׁית, כשאֱלוהים שואֵל את קַיִן אֵיפֹה אחיו הֶבֶל, קַיִן עונֶה לו חֲצי ברצינות חֲצי בצחוק: הֲשומֵר אָחי **אָנוכי**?

There is another alternative, found mainly in legal documents; it is a contraction of the various pronominal suffixes with the presentative הינה. This form, too, originates in Biblical Hebrew.

Subject Pronouns

Plural				Singular			
F.	**Both**	**Both**	**Person**	**F.**	**Both**	**M.**	**Person**
	הינֶנו		1st		הִינֵני		1st
הינְכֶן		הינְכֶם	2nd	הינֵך		הינְךָ	2nd
הינָן		הינָם	3rd	הינה		הינו	3rd

3.1.2 Object Pronouns

Object[7] pronouns are the symmetrical counterparts of subject pronouns. However, while subject pronouns do not require the presence of a verb in the sentence, object pronouns do. In fact, the term "object" is actually a shorthand for "object of a verb,"

---

(7) By "object" we mean that part of a sentence or a predicate which is involved in what the subject does to an entity (the object) by means of the verb. See page 174

and the presence of objects is a by-product of the use of a verb in a given sentence.

Grammatical objects and object pronouns, as their names imply, are "objects of something," and that something is a verb. In other words, if a given clause or sentence does not contain a verb, the nouns and other words in the clause are not considered objects.

3.1.2.1 The Direct Object Pronoun את

Direct object pronouns substitute for nouns that are used as direct objects of verbs. The following pronouns are related to the definite direct object marker אֶת.[8]

3.1.2.1.1 The Conjugation of the Direct Object Pronoun

3.12 #

Plural			Singular		
Direct Object Pronoun		Subject Pronoun	Direct Object Pronoun		Subject Pronoun
אותָנוּ		אֲנַחְנוּ	אותִי		אֲנִי
אותכֶן/אֶתכֶן	אותכֶם/אֶתכֶם	אַתֶם, אתן	אותָך	אותךָ	אַתָה, את
אותָן	אותָם	הֵם, הֵן	אותָה	אותו	הוּא, היא

The direct object (d.o.) pronoun has alternate forms in the second person plural: אותכֶם/אותכֶן and אֶתכֶם/אֶתכֶן. The former pair, which is less formal, belongs to the register of spoken Hebrew, while the latter is a written and more formal form.

The colloquial forms are usually frowned upon by language teachers and pedantic persons. This does not prevent most Israelis from using them in their speech. In your writing (e.g. official letters, term papers, etc.), however, you should adhere to the more pedantic, formal form.

---

(8) See "Verbs and their Objects," p. 178.

Note that the less formal form creates a consistency in the paradigm whereby the definite d.o. marker אֶת turns to [- אות] and acquires a suffix which indicates the various grammatical persons — אותי, אותָנו, etc.

The direct object pronoun is related to the definite d.o. marker אֶת by form and function. It may refer backward or forward to definite direct objects. Similarly to other Hebrew pronouns, the language marks gender, number and person for the second and third person but not the first. The first person is marked for number only, i.e., it is the same for male and female speakers. Only the second and third persons are marked for both number and gender.

The third person direct object pronouns אותו, אותָה, אותָם, אותָן refer to both people and things (animate and inanimate nouns); they are the same for "it" and "him" אותו, and "her" אותָה.

3.13 #

Where are my keys? Every morning I look for them.	אֵיפֹה **הַמַפתְחות** שֶׁלִי? כֹּל בוקֶר אֲנִי מְחַפֶּשֶׂת **אותָם.**
I haven't yet read Orli Castel Blum's new book, even though I bought it right when it came out.	עוד לא קָרָאתִי **אֶת הַסֵפֶר הֶחָדָשׁ** של אורלי קַסטֶל בלום, לַמרות שֶׁקָניתִי **אותו** מִיָד כשֶׁהוּא יָצָא.

3.14 #

Ronit, do you love me?	רונית, אַת אוהֶבֶת **אותִי**?
No, I don't love you.	לא, אֲני לא אוהֶבֶת **אותָךְ.**
But Maya loves you.	אֲבָל מָאיָה אוהֶבֶת **אותָךְ.**
How do you know that Maya loves me?	אֵיךְ אַת יודַעַת שֶׁמָאיָה אוהֶבֶת **אותִי**?
The whole world knows that she loves you.	כֹּל הָעולָם יודֵעַ שֶׁהִיא אוהֶבֶת **אותָךְ.**
OM[9] Who do you love?	**אֶת** מי אַת אוהֶבֶת?
I love [OM] Yonatan.	אֲני אוהֶבֶת **אֶת** יונָתן.
And does Yonatan love you?	וְיונָתָן אוהֵב **אותָך**?

(9) OM — Definite direct object marker.

Yes.	כֵּן.
[OM] Who else do you love?	**אֶת** מי עוד אַת אוהֶבֶת?
I love [OM] my parents and [OM] my brothers.	אֲני אוהֶבֶת **אֶת** ההורים שֶׁלי **וְאֶת** הָאָחים שֶׁלי.
I love them too.	גַם אֲני אוהֵב **אותָם.**
[OM] Who?	**אֶת** מי?
[OM] Your brothers.	**אֶת** הָאָחים שֶׁלָּךְ.

Note that in the last sentence in the above dialogue the אֶת is obligatory since it is the definite direct object of the preceding verb אוהֵב (love). Placing the definite direct object with its marker אֶת at the beginning of a sentence is very common in this kind of context in order to accentuate a non-subject by fronting it (putting it in the beginning of the sentence).

The rule which governs placing אֶת in the sentence-initial position is related to the systemic rule that prohibits ending sentences with prepositions. Thus, in questions which have a verb associated with a preposition, the preposition finds its way to the sentence's initial position, before the question word, e.g. על מה דני יושב (What is Dani sitting on?). The impossibility of ending sentences with a preposition also applies to discourse ties such as גַּם (also) and רַק (only). It seems that in both cases the referenced "item" must follow and never precede the discourse tie.

3.1.2.2 The Indirect Object Pronoun [-לְ]

The most common indirect object pronoun in Hebrew is a combination of:

The preposition [-לְ] + a pronominal suffix

The pronoun substitutes for nouns preceded by [-לְ], as in:

3.15 #

I called him yesterday, but he [David] wasn't home.	אֶתמול טילְפַנתי **לו** [לְדויד] אֲבָל הוא לא הָיָה בַּבַּיִת.

Dalit's mom always tells them [her children] not to worry.	אִמָּא שֶׁל דָּלִית אוֹמֶרֶת **לָהֶם** [לַיְלָדִים שֶׁלָּהּ] כֹּל הזמַן לא לִדאוג.
He donated his stamp collection to it [the museum].	הוּא תָּרַם **לו** [לַמּוּזֵיאוֹן] אֶת אוֹסֶף הבולים שֶׁלּוֹ.
The university helped them [the new students] find an apartment.	הָאוּנִיבֶרסיטָה עָזרָה **לָהֶם** [לַסטוּדֶנטים הַחֲדָשִׁים] לִמצוא דירָה.
I promised them [my students] to be there by five.	(אֲנִי) הִבטַחתי **לָהֶם** [לַסטוּדֶנטים שלי] לָבוֹא בְּחָמֵשׁ.
He gave the book to her [his mother].	הוא נָתַן **לָה** [לְאִמָּא שֶׁלּוֹ] אֶת הַסֵּפֶר.
When we arrived in Berkeley, they [Tsili and Gili] helped us find an apartment.	כְּשֶׁהִגַּעְנוּ לְבֶּרקלי **הֵן** [צילי וגילי] עָזרוּ לָנוּ לִמצוא דירָה.

3.1.2.2.1 The Conjugation of the Indirect Pronoun [לְ-]

3.16 #

Plural Pronouns			Singular Pronouns		
Indirect Object		Subject	Indirect Object		Subject
לָנוּ		אֲנַחנוּ	לִי		אֲנִי
לָכֶן	לָכֶם	אַתֶּם, אתן	לָךְ	לְךָ	אַתָּה, את
לָהֶן	לָהֶם	הֵם, הֵן	לָהּ	לו	הוּא, היא

In the above table we have a combination of the preposition [לְ-] and a pronominal suffix. The pronominal suffix replaces an object of a verb which is marked by the preposition [לְ-]. The use of the preposition [לְ-] may be obligatory — that is, required by the verb (these are called governed prepositions) — or motivated by meaning (a semantic, optional preposition).

In terms of word order, when both objects are pronouns, and no special emphasis or contrast is intended, the indirect object pronoun usually precedes the direct one.

3.17 #

When she finished reading the book, she gave it to me.	כְּשֶׁהִיא גָּמרָה לִקרוא אֶת הַסֵּפֶר היא נָתנָה **לי אותו.**

When she finished reading the book, she gave it to me (and not to anyone else).	כְּשֶׁהִיא גָּמְרָה לִקְרוֹא אֶת הַסֵּפֶר הִיא נָתְנָה **אוֹתוֹ לִי** (וְלֹא לְאַף אֶחָד אַחֵר).

The unmarked, regular word order in Hebrew is SVO (Subject-Verb-Object).

3.18 #

Object	Verb	Subject
אֶת הֶחָתוּל הַשָּׁחוֹר.	נָשַׁךְ	הַכֶּלֶב הַגָּדוֹל
OM the cat the black	bit	the dog the big.
The big dog bit the black cat.		

But, in more formal style — especially if the sentence opens with a prepositional phrase of time, place or circumstance — we get verb-subject word order.

3.1.3 Possessive Pronouns

The possessive pronouns שֶׁלִּי, שֶׁלְּךָ, שֶׁלּוֹ, etc. are derivations of the possessive marker שֶׁל which creates a relationship between two nouns or noun phrases as in הַסֵּפֶר שֶׁל נָתָן (Natan's book).

3.19 #

Plural			Singular		
שֶׁלָּנוּ		אֲנַחְנוּ	שֶׁלִּי		אֲנִי
שֶׁלָּכֶן	שֶׁלָּכֶם	אַתֶּם, אַתֶּן	שֶׁלָּךְ	שֶׁלְּךָ	אַתָּה, אַתְּ
שֶׁלָּהֶן	שֶׁלָּהֶם	הֵם, הֵן	שֶׁלָּהּ	שֶׁלּוֹ	הוּא, הִיא

See also "Possessive and Possession," see p. 98.

3.1.4 Reflexive Pronouns

Reflexive forms are co-referential with (have the same referent) the subject of their clause. Reflexive expressions in Hebrew may have two forms:

(a) An analytic form (consisting of separate words), in which the verb + the noun עֶצֶם[10] + a pronominal suffix serve as the reflexive pronoun and

(b) A synthetic form (consisting of one word prefixes and suffixes) expressed morphologically by means of the verb paradigm הִתְפָּעֵל.

3.20 #

	He loves only himself.	הוא **אוהֵב** רַק אֶת **עַצמו**.
Analytic Form	They only delude themselves in thinking that no one will notice what they are doing.	הֵם רק **מַשלים אֶת עַצמָם** שֶאַף אֶחָד לא יָשׂים לֵב לְמה שֶהֵם עושים.
Synthetic Form in התפעל	He undressed very fast.	הוא **הִתפַּשֵט** בְּצ'יק צָ'ק.

3.1.4.1 The Conjugation of the Reflexive Pronoun

3.21 #

Plural			Singular		
עַצמֵנוּ		אֲנַחנוּ	עַצמִי		אֲני
עַצמְכֶן	עַצמְכֶם	אַתֶם, אַתֶן	עַצמֵך	עַצמְךָ	אַתָה, אַת
עַצמָן	עַצמָם	הֵם, הֵן	עַצמָה	עַצמו	הוא, היא

The pronoun עֶצֶם + suffix is also used for emphasis, as in:

3.22 #

Even I myself did not understand a word of the story.	אָפילו אֲני **עַצמי** לֹא הֵבנתי אף מילָה מֵהַסיפור.
The chair of the department himself was the one who caused the whole mess.	רֹאש הַמַחלָקָה **עצמו** הוא שֶגָרַם לְכֹל הַבָּלָגָן.

See also "Reflexivity," p. 139

The preposition accompanying the reflexive pronoun — עצמי, עצמה, etc. — is determined by the main verb.

---

(10) The noun עֶצֶם, which is used as the reflexive pronoun "self," literally means "essence" or "bone."

3.23 #

He likes talking to himself.	הוּא אוֹהֵב לְדַבֵּר **עִם עַצְמוֹ.**
They love only themselves.	הֵם אוֹהֲבִים רַק **אֶת עַצְמָם.**
He takes himself too seriously.	הוּא לוֹקֵחַ **אֶת עַצְמוֹ** יוֹתֵר מִדַּי בִּרְצִינוּת.
Why do you always blame yourselves?	לָמָּה אַתֶּם תָּמִיד מַאֲשִׁימִים **אֶת עַצְמְכֶם?**

One of the uses of Hebrew reflexive pronouns is emphasis. In #3.24 the pronoun is used in apposition to the subject of the sentence.

3.24 #

He himself doesn't know what he's talking about.	**הוּא עַצְמוֹ** לֹא יוֹדֵעַ עַל מָה הוּא מְדַבֵּר.
She herself constantly forgets all kinds of things.	**הִיא עַצְמָהּ** כֹּל הַזְּמַן שׁוֹכַחַת כֹּל מִינֵי דְבָרִים.

Also, we do find on the internet colloquial alternates such as:

3.25 #

There is an operator and she herself is a professional makeup artist.	יֵשׁ מַפְעִילָה **וְהִיא בְּעַצְמָהּ** מְאַפֶּרֶת מִקְצוֹעִית.
She herself is not something [to write home about].	**הִיא בְּעַצְמָהּ** לֹא מָשֶׁהוּ...

3.26 #

הַמְקַטְרְגִים עַל סַרְבָנֵי הַמַּצְפּוּן טוֹעֲנִים כִּי אַל לוֹ לְאָדָם לַעֲשׂוֹת שַׁבָּת **לְעַצְמוֹ**, אַל לוֹ לְאָדָם לְהָנִיחַ לְקוֹלוֹתָיו הַפְּנִימִיִּים, גַּם אִם הֵם נִרְאִים לוֹ נַעֲלִים מִבְּחִינָה מוּסָרִית (הארץ, 27 למאי, 2004).

אֲנִי חוֹשֶׁבֶת שֶׁאֲנָשִׁים מִסְתַּכְּלִים עַל אֲחֵרִים וּמַעְתִּיקִים מֵהֶם אוֹ שֶׁהֵם מַעְתִּיקִים **מֵעַצְמָם** מיום אתמול או מימים עברו (קסטל-בלום, "רדיקלים חופשיים", עמ' 96).

"של מי אתם ילדים? מי ההורים שלכם?" והם ענו במקהלה:"של **עצמנו**" גיברת מרפסת, רק של עצמנו (אבשלום קווה, "המרפסת", עמ' 9).

רוביק רוזנטל, שמתייחס לשפת "הבורגנים" בספרו "הזירה הלשונית", מגדיר אותה כ"שפת דיבור ממוצעת", "פשוטה", "דלה", "שפה **המצמצמת את עצמה** לדעת (הארץ, 16 באפריל, 2002).

3.1.4.2 A Quasi Reflexive: במו

IH has some expressions containing the archaic form of בְּמוֹ. They all contain body parts and are used to accentuate what is said.

בְּמוֹ יָדָיו	with his own hands	הוא בנה את הבית הזה **במו ידיו.**	He built this house with his own hands.
בְּמוֹ אוזנַי	with my own ears	**במו אוזנַי** שָׁמַעתי אותו אומר שהוא מעדיף מלחמה על שלום.	With my own ears I heard him say that he prefers war to peace.
בְּמוֹ פִיהָ	with her own mouth	שָׂרָה הִקליטָה אֶת ההודָעָה **במו פִיהָ.**	Sara recorded the message herself.

בראשית שנות ה־50 של המאה ה־20 היה קיים מנהג הרפתקני בקרב צעירים נועזים מישראל לחצות את הגבול לשטח האויב, כדי לראות **במו עיניהם** את סוד פלאה של פֶטרה.

In the early 1950s, there was an adventurous custom among young, daring Israelis to cross the border in order to see the marvels of Petra with their own eyes.

3.1.5 The Non-Interchangeability of Pronoun Types

Hebrew speakers and writers are very particular about not mixing pronoun types. They use subject pronouns only in subject position and direct object pronouns only in direct object positions. English speakers are less particular about this, e.g.:

A: I loved the way she told him off.

B: Yeah, me too.

Strictly speaking, "me" only occurs in non-subject positions of sentences.

3.2 The Anaphoric and Cataphoric Use of Pronouns

3.2.1 Anaphoric Use

The term "anaphora" is often understood as an expression "referring back" to an antecedent. Anaphora means coreference of one expression in a sentence, or a larger text, with another — its antecedent. The antecedent — a noun, a phrase, a clause or a sentence — provides the necessary information "backs up" for the anaphoric expression.

The term anaphora is also sometimes used to include both anaphora and cataphora — to a reference forward.

In #3.27 the anaphoric pronouns refer backward to their antecedents, as in:

3.27 #

Ilana needs her glasses urgently and she's looking for them.	**אילָנָה** זקוּקָה לַמשקפיים שֶׁלָּה בּאופֶן דָחוּף **וְהיא** מְחַפֶּשֶׂת אותָם.
Yoram is looking for his glasses without which he can't see anything.	**יורָם** מְחַפֵּשׂ אֶת המשקפיים שֶׁלו שֶׁבִּלעָדָם/בִּלעָדֵיהֶם **הוּא** לא רואֶה כלום.

3.2.2 Cataphoric Use

Whereas anaphoric pronouns #3.27 follow the noun to which they refer, cataphoric pronouns precede the antecedent, as in:

3.28 #

Before he answered the question, the witness looked at the accused apologetically (lit.: as if asking for forgiveness].	לִפנֵי שֶׁ**הוּא** עָנָה עַל השְׁאֵלָה, **הָעֵד** הִסתַכֵּל בְּעֵינֵי הֶנֶאֱשָׁם כִּמבַקֵּשׁ סליחָה.
They put their books in that cave, the Jews of the Greek exile, who tried to join the Essenes in order to live amongst them and learn from them.	**הֵם** שָׂמו אֶת סִפרֵיהֶם בְּתוך מְעָרָה זֹאת, **הַיְהודים** מִגלוּת יָוָון אֲשֶׁר ניסו לְהִצטָרֵף אֶל הָאיסיים כּדֵי לִחיות בְּתוכָם וְלִלמוד מֵהֶם (מגילות מדבר יהודה והאיסיים, דוד פלוסר, עמ' 13).

3.29 #

החלה להיווצר התחושה שאפשרית איזושהי הידברות בין אלה שהם "מפה" ובין אלה שבאו "משם". הסתמנה איזו סימביוזה בין הגדם ובין הגוף. אולי שביב של התפייסות -- לא עם הכאב, עם העלבון.

אך לא נתבעה סליחה. לא נתבעה סליחה על כי בשעת מבחנ**ה** הקשה ביותר, הכבירה **הציונות** רטוריקה של גבהות-לב ואדנות המחשבה ("נעילה", ניצה דרורי-פרמן, אלפיים 16, 1998)

The anaphoric use of pronouns is much more prevalent in IH than is the cataphoric, especially in speech.

3.3 Pronouns of Time, Place and Manner

Pronouns can also serve as anaphoric (referring backward or forward) expressions denoting time or place. In this case, the pronoun must be (or is presumed by the speaker to be) anchored by an antecedent that is recoverable (can be picked up) by all addressees. The recoverability of a given pronoun is very important for the flow of conversation and for keeping track of what is being talked about.

3.3.1 Time

3.30 #

אָז לֹא גַרְתִּי בְּבֶּרְקְלִי. I didn't live in Berkeley then.   מֵאָז הֵם לֹא עִישְׁנוּ. They have not smoked since then.

The use of the pronouns below is called exophoric, since the antecedent stands outside the text itself; it is part of the real world, not the world created by the text. Such pronouns are often accompanied by a gesture.

3.3.2 Place

3.31 #

תָּשִׂים אֶת הַמִּכְנָסַיִם פֹּה/כָּאן. Put the pants here.

תָּשִׂים אֶת הַחוּלְצָה שָׁם. Put the shirt there.

דָּלִית שְׂמֵחָה שֶׁכֹּל הַמִּשְׁפָּחָה נִמְצֵאת אִיתָהּ פֹּה/כָּאן. Dalit is happy that the whole family is here with her.

תּוֹצִיא מִפֹּה/מִכָּאן אֶת הֶחָתוּל. Take the cat out of here.

The use of פֹּה and כָּאן above #3.31 is generally in free variation — namely some people tend to use פֹּה and others prefer כָּאן.

3.3.2.1 שם, שמה, או לשמה?

There is another word, שָׁמָּה, which, strictly speaking, is reserved for objects of verbs of motion. In such contexts, which are rather formal, the [ה] at the end of שָׁמָּה replaces the [-לְ] of direction, as in:

הֵם הָיוּ נוסעים **לְשָׁם** כֹּל שָׁנָה.	They used to travel there every year.
הֵם הָיוּ נוסעים **שָׁמָה** כֹּל שָׁנָה.	

Colloquial Hebrew has extended the use of שָׁמָה to other contexts, as in:

— אֵיפֹה הסיגָריות?	— Where are the cigarettes?
— **שָׁמָה**.	— There (pointing to the place).

Quite often speakers use both, as in:

תָּשימי את זֶה **שָׁמָה**.	Put it there.
תֵּלכי **לְשָׁמָה** ותָביאי לי את הסיגָריות.	Go there and get me the cigarettes.

3.3.3 Manner

3.32

אַל תְּדַבֵּר **כָּכָה**.	Don't talk like this.
כָּךְ לא עוֹשִׂים שָׁלוֹם.	This is not the way to make peace.
כָּכָה/כָּךְ לא מִתנַהֲגים.	That's no way to behave.
בארצות הברית אי אֶפשָׁר לָבוא סתָם **כָּכָה** בלי לְטַלפֵן.	In the U.S. you can't just show up like that without calling.

The sentences in #3.33 are examples from spoken Hebrew, where כָּכָה is used more regularly than כָּךְ; written and formal forms of the language use both.

3.33

בְּעֶצֶם, כֹּל פַּעַם שֶׁהַסֶּרֶט הוּקרַן הָיוּ אֲנָשִׁים שֶׁקָּמוּ וְהָלכו, ואֵלֶּה שֶׁעָשׂוּ **כָּכָה**, עָשׂוּ **כָּךְ** בְּעֵרֶךְ בְּאוֹתוֹ קֶטַע (קסטל-בלום, "רדיקלים חופשיים", 13).	Actually, each time the movie was screened there were people who got up and left, and those who did that did it at about the same part.

3.34

"**ככה** לא בונים פינוי. ישראל אינָה צריכָה לִהיות 'מְדינה נורמָלית' משום שפירוש הדבר, בעצם, נטישת ערכי היהדות." **כך** אמר באחרונה דניס רוס. לדברי רוס יש לישראל, ולעם היהודי כולו, תפקיד. עליה להציב לפני העולם מודֶל מוסרי נעלה, כיאה לעם הנביאים, ולהציע "תיקון" למצוקות שיוצרת הגלובליזציה.

כך, בכמה הערות-אגב כפר הדיפלומט, המיומן בניסוחים זהירים ומדודים, באידיאלים שעמדו במרכזו של האתוס הציוני; השאיפה לברוחַ מ"הגורל היהודי" עמדה מֵאז ומעולם בבסיס תפישתם של אבות הציונות, מימין ומשמאל. (הארץ, 12 ביולי, 2004).

כך , but not ככה , can acquire one of the בכל"מ prepositions, and in such cases כך is no longer an adverb of manner but a referential term.

אבל את התיקון של **העוול הסוציאלי** לא תוכל הממשלה הבאה לעשות אלא בהמרצה ובלחץ של שותפות חזקה ובעלת משקל של אלה שלמדו את הנושא הזה וחיו אותו בוקר וערב בשנים האחרונות. אלה שלא עייפו מלעסוק **בכך**, ולא רק כמצוות אנשים מלומדה אלא מתוך אמונה עמוקה בתיקון החברתי והכלכלי, ולשם **כך** הקימו צוות מקצועי מעולה המעבד פתרונות ריאליים ולא רק מפריח סיסמאות ריקות על חמלה (א.ב. יהושע, "הבחירה המוסרית", הארץ, תאריך לא ידוע).

3.4 Text Illustrating the Use of Pronouns and Pronominal Suffixes: "חנה ארנדט", עירית זרטל

מעטים הוגי המאה ה-20 שהשפע**תם** היתה רבה יותר **מזו** של חנה ארנדט, ושכתבי**הם** ואישיות**ם** עוררו הערצה ומחלוקות כמו**תה**. כבר עם הופעת ספרה הגדול הראשון על יסודות הטוטליטריות בשנת 1951 הוכרה כפילוסופית פוליטית חשובה בשדה דעת והגות ש**בו** לא היתה לנשים דריסת רגל.

תחילה אומנם נטו לראות **בו** חיבור של עידן המלחמה הקרה אך בעשורים האחרונים של המאה ובייחוד לאחר קריסת הקומוניזם הכיר דור חדש של פילוסופים מדיניים בחדשנות ובחריפות ניתוח**ה** של ארנדט את המבנה הפנימי ואת הדינמיקה של האידיאולוגיה של הטרור ושל פרקטיקות השליטה של המשטרים הטוטליטריים. פרקי הספר האחרונים המוקדשים למחנות הריכוז ולמחנות ההשמדה, בתי חרושת לגוויות, כהגדרתה כבר בשנות ה-40, ששוכני**הם** המיועדים למוות נכלאו **בהם** לא משום מעשה כלשהו שעשו, אלא רק משום שהיו מי שהיו, נחשבים עד היום למופעי ניתוח ותובנה פורצי דרך שלא נגרע דבר

מתקפותם. מאורעות המפתח בחייה גידול**ה** וחינוכ**ה** במשפחה יהודית גרמנית משכילה ומתבוללת: לימודי**ה** אצל הפילוסופים הגדולים של גרמניה בשנות ה-20 [...] מעצרה וחקירת**ה** על ידי הגסטאפו ב-1933 ובריחת**ה** מגרמניה ב**אותה** שנה; קימ**ה** השביר בפאריס כיהודיה עקורה וחסרת אזרחות ועבודת**ה** בשביל כל מיני ארגונים ציונים; מאסר**ה** במלחמת העולם השנייה וכליאת**ה** במחנה הריכוז הצרפתי גירס; בריחת**ה** מן המחנה והגירת**ה** לאמריקה עם בעלה הגרמני בעיצומה של המלחמה - כל **אלה** כיוונו ועיצבו את חיי**ה** האינטלקטואלים והאישיים.

עליית הנאצים לשלטון היתה "חבטת ההסטוריה" על ראשה, שגרמה **לה** להכיר באתגר ובאחריות הכרוכים בהיות**ה** יהודיה.

"כאשר תוקפים אותך משום היות**ך** יהודיה, **עלייך** להתגונן כיהודיה, לא כגרמניה, לא כאזרחית העולם, לא כבעלת זכויות אדם", כתבה. "השייכות ליהדות נהפכה לבעיה **שלי**, בעיה זו **היא** פוליטית".

בפאריס, ש**אליה** הגיעה מגרמניה, למדה עברית, "כדי להכיר את עמ**י**", חיפשה עבודה מעשית בתחום היהודי, ומצאה אותה בארגון "עליית הנוער".

ארנדט הוצגה כ"האויב מספר 1 של יהודי אמריקה" [...] והמחלוקת סביב**ה** לא שככה למעשה עד יום מות**ה**. הסיבה לזעם שעוררו דבר**יה** לא היתה נעוצה רק בתוכנ**ם**, אלא גם באופן ניסוח**ם** הפרובוקטיבי לעתים, בעמד**ה** המקורית והעצמאית בתכלית שהוצגה בה**ם** ובהתרחקות**ה** המופגנת מכל קולקטיבים ומאידיאולוגיות.

דוח המשפט שכתבה ארנדט לא היה מסמך תיאולוגי וטלאולוגי מנחם, גם לא חגיגת הלאומיות היהודית הישראלית החדשה בניצחונ**ה** על הנאציזם כפי שניסו לעצב מארגני המשפט, אלא ניתוח חריף ומעמיק על הפרוצדורה המשפטית עצמ**ה**, ועל מטרות**יו** ולקח**יו** החוץ משפטיים של המשפט (עירית זרטל, מקור לא ידוע).

4.0 Determiners

> **What is a determiner?**
>
> A determiner is a word or affix (prefix, suffix or infix) that belongs to a class of noun modifiers that expresses the reference, including quantity, of a noun. The category of determiners includes (among others) articles (p. 47), demonstratives (p. 55) and quantifiers (p. 273).
>
> (http://www.sil.org/linguistics/GlossaryOfLinguisticTerms)

Determiners are words associated with the category of nouns and with the notion of definiteness and specificity. They specify, restrict and narrow the focus of the nouns to which they refer. The language draws distinction between definite and indefinite determiners. A definite determiner points to a unique entity (linguistic or extra-linguistic), hence the term "definite." An indefinite determiner does not point to any entity in particular, hence the term "indefinite." The class of English definite determiners includes the definite article (the), demonstratives (this, those, etc.), possessives (his, John's), question words (which) and quantifiers (all, etc.). The indefinite article a(n) and numerals such as two, many, etc., are examples of indefinite determiners.

4.1 Articles

4.1.1 The Definite Article

The "definite" in the definite article refers to the fact that nouns accompanied by the definite article have a more restricted reference than those which are not accompanied by the definite article.

Some of the factors that play a role in using or not using a definite article are: the type of noun referred to (a count noun e.g. table, chair; or a non-count noun e.g. love, furniture); specific or generic reference (see below); first or second mention; semantic equivalences; number (singular or plural); and the syntactic role of the noun (subject or object position). All of these factors interact in complex ways that are not always clear cut.

In the following examples, Hebrew and English differ in their marking of definiteness.

4.1 #

We need to preserve nature (indefinite).	אֲנַחְנוּ צריכים לִשמור עַל **הַטֶבַע**. (definite)
Life (indefinite) is not a picnic.	**הַחַיִים** (definite) זֶה לא פיקניק.
All students hate exams.	כׇּל **הסטוּדֶנטים** (definite) שׂוֹנאים בחינות.
One can enjoy the beauty of nature.	אֶפשָר לְהֵינות מִיופיו של **הַטֶבַע**.
In Israel, women are allowed to inherit their husbands' pensions.	בְּיִשׂרָאֵל, **הָאִישָה** זַכָּאִית לָרֶשֶת אֶת הַפֶּנסְיָה שֶל בַּעֲלָה. או: בְּיִשׂרָאֵל, נָשים זַכָּאיות לָרֶשֶת אֶת הַפֶּנסְיָה של בַּעלֵיהֶן.

4.1.2 The Uses of the Hebrew Definite Article [-ה]

4.1.2.1 Reference to Unique Entities

4.2 #

the universe	**הַ**יְקום	the city council	**הָ**עירִיָה	the sun	**הַ**שֶמֶש
the congress	**הַ**קונגרֶס	the university	**הָ**אוּניבֶרסיטָה	the moon	**הַ**יָרֵחַ
		the country (Israel)	**הָ**אָרֶץ	the police	**הַ**מִשטָרָה
		the Knesset	**הַ**כְּנֶסֶת	the government	**הַ**מֶמשָלָה

4.1.2.2 Anaphoric Reference

Anaphoric reference refers to something previously mentioned in the discourse (anaphoric reference). This is done by adding the definite article *ha-* to the verbatim repetition of the noun (or noun phrase) or to its paraphrase. In this respect, the definite article tells the reader or listener that the noun or noun-phrase in question was previously mentioned in the text. It is an entity whose reference can be retrieved by the reader of the text or the interlocutor(s) in a conversation.

4.3 #

My parents bought a new apartment. The apartment is on Jabotinsky Street in Tel Aviv.	ההורים שֶלי קָנוּ ø **דירָה** חֲדָשָה. **הדירָה** נִמצֵאת בִּרְחוב זַ'בּוטינסקי בְּתֵל אָבִיב.

Note that a noun associated with the possessive marker שֶׁל is usually definite, i.e. preceded by [-ה].

See also "The Conjugation of the Possessive Marker של," p. 98.

4.1.2.3 Generic Reference

The term "generic" is used to refer to a a class or a group of things rather than to a specific member of a class or group. Sentences with a generic interpretation express a generalization of a habit or a state which are true not only at one particular moment but are true at any time. For example: "The sun rises in the East," or "Snow is white." Both sentences refer to a phenomenon (sun, snow) in a generic manner. They talk about what the sun always does and the way snow is in general, and not about a specific occurrence of sun or snow.

Hebrew generic reference is generally expressed by the singular definite form of the noun (הגבר הישראלי , the Israeli man) or the plural indefinite form of the noun (גברים ישראלים, Israeli men) In #4.4 the words מיטָה, טלוויזיה do not refer to any specific bed or TV.

4.4 #

Since he got back from the States, he lies in bed all day and watches TV.	מֵאָז שֶׁהוּא חָזַר מֵאַרצות הברית, הוא שוכֵב **בַּמיטָה** כֹּל היום ומִסתַכֵּל **בַּטֶלֶוויזְיָה**.

Generic reference can often be found in book titles, academic papers or articles:

4.5 #

The Elephant and the Jewish Problem[11]	**הפיל** וְהבְּעָיָיה היְהוּדית
Madness in Romantic Poetry	**השיגָעון בַּ**שירָה **הָ**רומַנטית
Compassion in Jewish Law	**הַחֶמלָה בַּ**הֲלָכָה **ה**יְהודית
Is Klimovsky his wife's heir [the heir of his wife]?	קלימובסקי הוא **היורֵש** של אִשתו?

(11) A parochial perspective on things which jokes about how Jews are always concerned about the Jewish angle of any problem.

4.1.2.4 How Hebrew and English Differ in their Use of the Definite Article

Both English and Hebrew have definite articles which are used to express determinacy and specificity, but there are a great many examples in which the two languages differ in their use or non-use of the definite article. The main difference between Hebrew and English use of the definite article is in the fact that Hebrew uses it for both generic and abstract reference, while English uses it for generic reference only.

Religion is the opiate of the masses.	**הדת** היא האופיום של ההמונים (קארל מרקס).
Religion affects the politics of too many countries.	**הדת** משפיעה על המדיניות של יותר מדי מדינות.

Words like הטבע (invariably in Hebrew, nature), החיים (life) and הדת (religion) could be definite in English, but are not when used abstract terms, as the examples in #4.1 and the ones below show.

ø Language mirrors its ø generation ... not only.	פני **השפה** כפני **הדור**, ו**הדור**, כידוע, הולך ופוחת.
Language changes constantly.	**השפה** משתנה ללא הרף.
ø Metaphor is	**המטאפורה** רחוקה מלהיות ניצוץ נדיר של גאונות ספרותית שכן היא ממלאת תפקיד הכרחי בתהליכי החשיבה של כל אחד מאיתנו ("גלגולי לשון", 124)

A related distinction is generic vs. specificity. We think of a particular reference as specific when the speaker refers to a specimen of a class, as in "The tiger in the children's zoo is really cute." If, on the other hand, we say, "Tigers are dangerous animals," the reference is considered generic, since we are thinking of the class "tiger" without reference to a particular tiger or set of tigers. Thus, when we speak about the class 'tiger', English often does not use an article to indicate generic reference. Hebrew, on the other hand, tends to use the definite article in such a case.

4.1.3 The Definite Article in Noun-Noun (סמיכות) Structure

In construct nouns (סמיכות), the definite article appears on the second (or last) noun of the construct.

4.6 #

	Definite Construct Nouns
(the) wine bottle	בַּקְבּוּק **ה**ָיַּיִן
(the) breakfast	אֲרוּחַת **ה**ַבּוֹקֶר
(the) lawyer	עוֹרֵךְ **ה**ַדִּין
(the) teachers of the school	מוֹרֵי בֵּית **ה**ַסֵּפֶר
(the) members of the government of the empire	חַבְרֵי מֶמְשֶׁלֶת **ה**ָאִימְפֶּרְיָה

See also "Construct Nouns (סמיכות)," p. 80.

4.1.4 The Definite Article and Proper Names

4.1.4.1 The Definite Article and Last Names

As in English, the definite article is usually not used with proper names. At times, however — mainly in colloquial Hebrew — the definite article can be used with the plural form of a proper name. The combination of a plural form and the definite article draws attention to the individuals as members of the group, rather than to the group as a whole.

4.7 #

It's well known that the Miganovs are a family of crooks.	יָדוּעַ שֶׁ**הַמִיגָנוֹבִים** זֹאת מִשְׁפָּחָה שֶׁל רַמָּאִים.
The Schimmels come to Israel for a visit every summer.	**הַשִּׁימֶלִים** בָּאִים כֹּל קַיִץ לְבִיקּוּר בָּאָרֶץ.

4.1.4.2 The Definite Article and Names of Geographical Locations

The definite article is also, at times, added to place names. In such cases, the name does not refer to the place as a whole but to a feature or features of it. Here, too, Hebrew and English are rather similar:

4.8 #

The Tel Aviv of the 1950s is not the Tel Aviv of today.	**התֵּל אָבִיב** שֶׁל שנות החֲמִישִׁים זאת/היא לא **התֵּל אָבִיב** שֶׁל היום.
Tel Aviv is the New York of Israel.	תֵּל אָבִיב זֹאת/היא **הניו יורק** שֶׁל יִשְׂרָאֵל.

4.1.5 Words Functioning as Indefinite Articles: איזה, מין, אי אילו

Indefiniteness allows for reference to a person or thing while leaving out its identifying characteristics.

Unlike English, which has both definite and indefinite articles, Hebrew does not have a special word that functions similarly to the English "a" or "an" does. Indefiniteness in Hebrew is expressed either by the absence of an article, or by words such as, אֵיזֶה (lit., which/what kind) or the noun מין (lit., type/kind), which are used as modifiers to render a vague, undetermined and indefinite referent.

4.9 #

kind of a, sort of a	מין	one	אֶחָד, אַחַת
some (kind of a)	אֵיזֶשֶׁהוּ	some (kind of a)	אֵיזֶה

4.10 #

Do you have any interesting book for me?	יֵשׁ לָךְ **אֵיזֶה/אֵיזֶשֶׁהוּ** סֵפֶר מְעַנְיֵן בִּשְׁבִילִי?
He has some kind of a strange idea.	יֵשׁ לוֹ **מִין** רַעֲיוֹן מְשׁוּנֶּה.

Note that due to their indefinite semantic nature these expressions exclude the definite article.

The quantifiers כמה and אחדים can also be used as indefinite expressions, but their meaning requires that they be accompanied by plural nouns only.

4.11 #

We were at their place for a few hours yesterday.	יָשַׁבְנוּ אֶצְלָם אֶתְמוֹל **כַּמָּה** שָׁעוֹת.
She was here a few minutes ago.	הִיא הָיְתָה פֹּה לִפְנֵי **כַּמָּה** רְגָעִים/רְגָעִים **אֲחָדִים**.
– How many shekels do you have on you?	– **כַּמָּה** שְׁקָלִים יֵשׁ לְךָ?
– A few.	– **כַּמָּה** אֲחָדִים.

Unlike the English indefinite article "a," מין and אֵיזֶה can accompany both singular and plural nouns. This use of מין and אֵיזֶה is optional. This is similar to the use of "some" or "any" in English.

4.12

הָיָה פֹּה איש אֶחָד שֶׁחִיפֵּשׂ אוֹתְךָ. — There was some guy here looking for you.

יֵשׁ לְךָ **אֵיזֶה** סְפָרִים מְעַנְיְנִים בִּשְׁבִילִי? — Do you have any interesting books for me?

יֵשׁ פֹּה **אֵיזֶה** הוֹדָעָה בִּשְׁבִילֵךְ. — There is some kind of a message here for you.

יֵשׁ **אֵיזֶה** הוֹדָעוֹת בִּשְׁבִילִי? — Are there any messages for me?

אֵיזֶה מִין רַעֲיוֹנוֹת משונים יש לוֹ! — What strange ideas he has!

אֵיזֶה מִין בֶּן אָדָם אַתָּה? — What kind of person are you?

יֵשׁ לוֹ **מִין** רַעֲיוֹנוֹת מְשׁוּנִים.
יש לו רַעֲיוֹנוֹת מְשׁוּנִים. — He has kind of strange ideas.

יש לו **כֹּל מִינֵי** רַעֲיוֹנוֹת מְשׁוּנִים. — He has all kinds of strange ideas.

4.13

ואבא של טירָאן יצא, וביקש את הפרָטים של השוטר, והשוטר לא הסכים לתת, ותוך חמש דקות כבר יצאו אולי **איזה** שלושים איש (אתגר קרת, "או-טו-טו").

בטיסה חזרה ישב על ידי **איזה** אחד שמן [...] הסתכלתי עליו [...] ואיכשהו עברה לי פתאום בראש מחשבה שאולי זה הוא שהיה המפקד שלה בצבא. יכולתי לדמיין אותו מחכה לה **באיזה** חדר מסריח [...] מנסה להמציא לעצמו **איזה** תירוץ למה זה בכל זאת בסדר [...] העיניים שלו היו עצומות כל הזמן אבל הוא לא ישן. ואז יצאה לו מהגרון **מין** אנחה קטנה **כזאת**, עצובה (אתגר קרת, "אניהו", עמ' 51).

The form אי-אלה, אי-אלו is generally limited to affirmative contexts and to written or formal registers of Hebrew.

4.14

יֵשׁ לִי **אִי אֵלֶה/אִי אֵלוּ** הֶעָרוֹת עַל הַהַצָּגָה. — I have a few comments about the show.

אִם מְחִירֵי הַבָּתִּים יַמְשִׁיכוּ לַעֲלוֹת בְּכָזֶה קֶצֶב רַק **אִי אֵלֶה/אִי אֵלוּ** עֲשִׁירִים יוּכְלוּ לְהַרְשׁוֹת לְעַצְמָם לִקְנוֹת בַּיִת. — If the housing prices keep going up at this pace, only a few rich people will be able to afford to buy a house.

4.15 #

אבל במובן רחב יותר, מפלגות אלה היו תולדה של התפתחות היסטורית בת אלפי שנים והרבה עדכונים אסטרטגיים וטקטיים, גם **אי-אלה** בחינות מחדש של רעיונות יישומיים (מתוך האינטרנט).

לא לחינם מתלוצצים **אי-אלה** סוציאל-דמוקרטים גרמנים, שאת קאוטסקי מרבים לקרוא ברוסיה ... או שתהיינה "וועדות-מומחים" או **אי-אלה** מוסדות אחרים, כל זה אינו חשוב כלל. (מתוך האינטרנט).

4.2 Text Illustrating the Definite Article: "משחק מסוכן בהצבעה", הארץ, מאמר מערכת

ראש הממשלה, ושר החוץ הודיעו השבוע כי יקדמו חקיקה שתאפשר לישראלים החיים בחו"ל להצביע בבחירות לכנסת במדינות מגוריהם. הרעיון אינו חדש; הוא מועלה מדי כמה שנים בידי פוליטיקאים מהימין, המקווים להשיג באמצעותו שתי מטרות: לערער את הטיעון הדמוגרפי, המחייב את חלוקת הארץ עם הפלסטינים כדי שישראל תשמור על זהותה היהודית

והדמוקרטית; ולהנציח את הרוב של מפלגות ימניות בכנסת, מתוך הנחה שרוב הישראלים המהגרים מחזיקים בעמדות לאומניות.

ראש הממשלה הצדיק את הרעיון בנימוק, שמדינות רבות מאפשרות לאזרחיהן החיים בחו"ל להשתתף בבחירות מרחוק. כך אמנם נהוג בדמוקרטיות כארצות הברית, בריטניה וצרפת, אך הנסיבות בישראל שונות. שיעור הישראלים שהיגרו מן הארץ גבוה בהרבה משיעור המהגרים בדמוקרטיות המערביות. קשיי החיים בישראל בגלל הסכסוך עם הערבים, המיסוי הגבוה והשסעים החברתיים יוצרים פער בין מי שבוחרים לחיות כאן ולשאת בעול למי שהעדיפו לחיות בצפון אמריקה ומערב אירופה, או חזרו לארצות מוצאם.

שיטת הבחירות הקיימת מבטאת חתירה לשוויון בין זכויות לחובות אזרחיות: מי שחי בישראל, משלם מסים וחייב בגיוס (או פטור ממנו כחוק) מצביע ומכריע בשאלות של שלום ומלחמה, או של המשטר הכלכלי. זכות ההצבעה שמורה גם היום ישראלים החיים בחו"ל; ביכולתם לבוא לכאן ביום הבחירות ולהצביע. הנטל הסמלי של נסיעה לישראל אמור לבטא את נכונותם להשקיע כדי להשפיע. בשיטה הנוכחית גלום אי שוויון בין שליחי המדינה, הרשאים להצביע ממקום מושבם בחו"ל, לבין סטודנטים או שליחי חברות מסחריות. אך ויתור זמני על השתתפות בבחירות, בזמן הלימודים או השליחות, נראה כמחיר סביר למען קיום העיקרון.

שום משחק בחוקי ההצבעה לא יציל את ישראל מההכרעה הבלתי נמנעת בדבר שליטתה בגדה המערבית. הישראלים לשעבר בלוס אנג'לס או במוסקווה אינם יכולים לאזן את המספר הגדל של הפלסטינים, המאיימים לדרוש זכויות אזרח שוות אם פתרון שתי המדינות ייכשל. הצעת ראש הממשלה ושר החוץ צריכה להיגנז (משחק מסוכן בהצבעה, הארץ, מאמר מערכת, 2.11.2010).

5.0 Demonstratives

What is a demonstrative?

A demonstrative is a determiner[12] that is used to indicate a referent's spatial, temporal or discourse location. It functions as a modifier of a noun or a pronoun, e.g. those, this, that.

(http://www.sil.org/linguistics/GlossaryOfLinguisticTerms)

Demonstratives, like all pronouns, agree with their antecedents in gender and number. The gender and number of the referring pronoun reflect the gender and number of the referenced noun.

The following are the forms of the demonstratives — ההוּא ,הזֶה and אותו in their singular and plural forms:

5.1 #

	Singular			
הלָז	ההוּא	אותו	הזֶה	הוּא
הלָזו	ההיא	אותָה	הזאת/הזו	היא
	Plural			
הלָלוּ	ההֵם	אותָם	האֵלֶה	הֵם
הלָלוּ	ההֵן	אותָן	האֵלוּ	הֵן

5.1 The Demonstrative זה

The demonstrative pronoun זֶה is the only pronoun which can refer to clauses, sentences and nouns (very much like the pronoun כָּך and its more spoken variant (כָּכָה)[13].

---

(12) See "Determiners," p. 47

(13) See "Manner," p. 44

The demonstrative זֶה has three forms that reflect the gender and number they point to.

5.2 #

Plural		F.		M.	
these	אֵלֶה/אֵלוּ	this	זֹאת	this	זֶה

5.1.1 The Various Functions of זה

The demonstrative זֶה can function in a variety of ways:

5.1.1.1 To Point at and/or Introduce a Person or Thing into the Scene

By pointing at someone or something we introduce him/it into the conversation or scene.

5.3 #

This is our teacher.	**זֶה** המורֶה שֶׁלָּנוּ.
This is Rami's car. It is really awesome.	**זֹאת** המְכונית שֶׁל רָמִי. היא מָמָּשׁ מַדהימָה.
These are Moshe's kids.	**אֵלֶה/אֵלוּ** הילָדים שֶׁל מֹשֶׁה.
These are the books I bought in Israel. They cost me a fortune.	**אֵלֶה/אֵלוּ** הספָרים שֶׁקָּנִיתִי בָּאָרֶץ. הֵם עָלוּ לי הון תועָפות.

5.1.1.2 Anaphoric, Cataphoric and Exophoric Reference (Backward, Forward and Outside)

5.1.1.2.1 Anaphoric Reference

5.4 #

I told you that a million times already.	אָמַרתי לךָ **אֶת זֶה** כּבָר מיליון פְּעָמים.
That's very funny.	**זֶה** מַצחיק מְאוד.
Big deal (lit. that's trivial/obvious.)	**זֶה/זֹאת** לא חוכמָה.
They know very well what's going on, but it doesn't bother them.	הֵם יודעים טוב מאוד מַה קורֶה, אֲבָל **זֶה** לא מַטריד אותָם.
He told me why the building was not done on time, but it didn't interest me.	**הוא** אָמַר לי לָמָּה לֹא סיימו אֶת הבּנִיָּיה בּזמַן, אֲבָל **זֶה** לא עִניֵין אותי.

5.1.1.2.1.1 Comparing the Use of זה and הוא in Anaphoric Reference

In both #5.5 and #5.6, the pro-form[14] refers backward to something already in the conversation or text.

In #5.5, both pro-forms are licensed; but as the English translations shows, they render two different meanings: While the use of הוא hints at a person or a thing (expressed by a noun), זֶה directs the hearer or reader to an event (expressed by a sentence or a clause).

5.5 #

He/it is getting on my nerves.	**הוא/זֶה** עולֶה לי עַל העֲצַבִּים.
He knows very well what's going on, but it doesn't bother him.	**הוּא** יודֵעַ טוב מאוד מַה קורֶה, אֲבָל **זֶה** לא מַטריד אותו.

In #5.6, הוא would be the regular choice, since the reference is to a noun, namely, Grossman's new book. Referring backwards with זה would force a different interpretation, in which the book is part of a phenomenon or an event.

5.6 #

–David Grossman's new book?	–הסֵפֶר החָדָש שֶׁל דָויד גרוסמָן?
–It's awfully tedious.	–הוא/*זֶה נורָא מְעַיֵּיף.

5.1.1.2.2 Cataphoric Reference

In cataphoric reference, the referent is marked first by a pronoun and then by the full noun. In this structure the word order is generally Verb-Subject. Cataphoric reference is quite rare in Hebrew and is restricted to formal registers of the language.

While he sat in prison, Daniel decided to become a religious Jew.	בִּזמַן יְשיבָת**ו** בְּבית הסוהַר, **דָניאֵל** הֶחליט לַחזור בִּתשובָה.

---

(14) As we said on p. 61, a pro-form is a word that substitutes for other words, phrases, clauses or sentences, and whose meaning is recoverable from the linguistic or extra-linguistic context.

5.7 #

The following is an example of a cataphoric reference in which the pronoun אלה precedes its referent הניצולים.

צלליהם של **אלה** שלא רק חייהם נמנעו מהם אלא נגזלה מהם גם אפשרות ביטוי של העוול שגרם להם 'הפיתרון הסופי' ממשיכים לתעות באיזור הדמדומים. בהקימָם את מדינתם הָפכו **הניצולים** את העָוֶול לנְזָקים ואת ה'דיפרנד' לתביעָה משפטית (זרטל, "האומה והמוות", עמ' 88).

5.1.1.2.3 Exophoric Reference

5.8 #

How do you open it/this?	אֵיך פותחים **אֶת זֶה**?
Get it/this out of here!	קחי אֶת זֶה מִפֹּה!
Give it to me!	תני לי **אֶת זֶה**!
This is not a fresh cake; give me that one.	**זֹאת** לֹא עוּגָה טרִיָּיה; תֵּן לי אֶת **ההיא**.

Note that the demonstrative זֶה is the only pronoun that can refer to sentences and clauses, i.e., to non-nominals.

5.1.2 זה or זאת as "The Former" and "The Latter"

5.9 #

The minister requested permission to speak, but it was not granted.	השָּׂר בִּיקֵּשׁ אֶת רְשׁוּת הָדיבּוּר אֲבָל **היא/זו** לא ניתְּנָה לו.
They invited Adir and Yossi to their party, the former said he couldn't come, and the latter simply didn't answer.	הֵם הִזמינו אֶת אַדִיר וְיוסי לַמְּסיבָּה שֶׁלָּהֶם, **זֶה** אָמַר שֶׁהוּא לֹא יָכול לָבוא, **וְזֶה** סתָם לא עָנָה.

5.1.3 זה as Copula (Linking Subject and Predicate)

In the following sentences, the demonstrative זֶה has an invariable form that is independent of the gender or number of the subject or predicate noun.

This lack of agreement is common in speech but still frowned upon in writing.

5.10 #

Tel Aviv is not what it used to be.	תֵּל אָבִיב **זֶה** לֹא מַה שֶּׁהָיָה פַּעַם.
Life is no picnic.	הַחַיִּים **זֶה** לֹא פִּיקְנִיק.
The Israeli Left is not what it used to be.	השְׂמֹאל הַיִּשְׂרְאֵלִי **זֶה** לֹא מַה שֶּׁהָיָה פַּעַם.
Israel's problems are not a simple matter.	הַבְּעָיוֹת שֶׁל יִשְׂרָאֵל **זֶה** לֹא דָּבָר פָּשׁוּט.
The Israeli left is something you can count on.	השׂמאל הישׂראלי **זֶה** לֹא מַשֶּׁהוּ שֶׁאֶפְשָׁר לִבְנוֹת עָלָיו.

5.11 #

החיים **זה** כדור שלג של אובדן משמעות (אורלי קסטל-בלום, "רדיקלים חופשיים", עמ' 141).

בית ספר **זה** לא קייטנה (הארץ, 7.1.2005).

5.1.4 Adjectival Use of הזה

The adjectival demonstrative הַזֶּה and its variants for gender and number — הזֹּאת, הָאֵלֶּה and הָאֵלּוּ, can be used while pointing at persons or items and commenting on them. In the following sentences, the reference may be to something mentioned previously in the conversation or text, or to an object present in the extra-linguistic context.

5.12 #

This story doesn't interest anybody.	הסיפור **הַזֶּה** לֹא מְעַנְיֵן אַף אֶחָד.
This car is very expensive.	הַמְּכוֹנִית **הַזֹּאת** יְקָרָה מְאוֹד.
This pizza doesn't taste good.	הפִּיצָה **הַזֹּאת** לֹא טְעִימָה.
This book isn't interesting.	הַסֵּפֶר **הַזֶּה** לֹא מְעַנְיֵן.
These/those politicians have no idea what they are talking about.	הפוליטיקָאים **הָאֵלֶּה** לא יודעים עַל מַה הֵם מְדַבְּרִים.
These books are not interesting.	הספָרים **הָאֵלֶּה** לא מעַנְיינים.

As its name suggests, the "adjectival demonstrative" resembles an adjective in its position (after the noun), and in its agreement of gender, number and definiteness with its head noun.

In cases where the noun is accompanied by one or more adjectives, the demonstrative pronoun הַזֶּה, and its variants הזאת, הָאֵלֶּה/הָאֵלּוּ, generally come after the last adjective, as in:

5.13 #

This new and wonderful car belongs to my uncle. — הַמְכונית הַחֲדָשָׁה וְהַמַקסימָה **הזֹאת** שַׁיֶּכֶת לְדוד שֶׁלִי.

In written forms of Hebrew, especially in highly stylized or formal texts, neither nouns nor demonstratives are accompanied by the definite article, as in:

5.14 #

The prime minister announced the renewal of the peace talks. This announcement signals a change in the policy of the Israeli government. — ראש הַמֶמְשָׁלָה הודיעַ על חידוש שיחות הַשָׁלום. **הודָעָה זאת/זו** מְסַמֶנֶת תַפנית בִּמְדיניוּתָהּ שֶׁל מֶמְשֶׁלֶת יִשְׂרָאֵל.

5.15 #

Note that the masculine demonstrative has only one form — זֶה, while the feminine has two forms — זאת, זו. The general distribution of the three forms is as follows:

If pro-clause, does it need אֶת?	Used as pro-clause?	Formal use?	Used in speech?	
no	yes	yes	yes	זה
generally not	yes	yes	yes	זאת
———	no	yes	not often	זו

5.1.5 זה as "The Fact That"

5.16 #

[The fact] that he didn't even answer you... — **זֶה** שֶׁהוּא אֲפילו לא עָנָה לְךָ...

[The fact] that this year too there is a budget cut... — **זֶה** שֶׁגם הַשָּׁנָה מְקַצְּצִים בַּתַּקציב...

Do you know when you say to a friend "I'm never going to talk to you again" and after five minutes you do.	מַכִּירִים אֶת **זֶה שֶׁ**אַתֶּם אוֹמְרִים לְחָבֵר "לֹא מְדַבֵּר אִיתְּךָ אַף פַּעַם" וְאַחֲרֵי חָמֵשׁ דַּקּוֹת אַתֶּם מְדַבְּרִים.

5.1.6 The Use of זה and זאת as a Pro-Clause or Pro-Sentence

The terms "pro-sentence" and "pro-clause" are analogous to the term "pro-noun" (pronoun). While in the latter what is substituted is a noun or noun phrase, in the former what is replaced is a sentence or clause.

The demonstrative זֶה, in its function as a pro-form, can refer back to things which have already been mentioned in the text, to an earlier sentence, to a clause that follows, or to other things in the context.

5.17 #

Referring Backwards (Anaphoric Use)	
He knows very well what's happening, but it doesn't bother him.	הוּא יוֹדֵעַ טוֹב מְאוֹד מַה קּוֹרֶה, אֲבָל **זֶה** לֹא מַטְרִיד אוֹתוֹ.
Referring Forward (Cataphoric Use)	
The fact that no one cares about what is really happening will one day backfire on us all.	**זֶה שֶׁ**לְאַף אֶחָד לֹא אִכְפַּת מַה בֶּאֱמֶת קוֹרֶה, יוֹם אֶחָד יִתְנַקֵּם בְּכוּלָּנוּ.
Pro-Adjective	
Her father is a cheapskate, and so is she.	אַבָּא שֶׁלָּהּ קַמְצָן גָּדוֹל וְגַם הִיא **כָּזֹאת**.
He is boring, and so is his book.	הוּא מְשַׁעֲמֵם וְגַם הַסֵּפֶר שֶׁלּוֹ **כָּזֶה**.
His brain is that small (as an accompaniment to a gesture – exophoric use).	הַשֵּׂכֶל שֶׁלּוֹ הוּא **כָּזֶה** קָטָן.

The use of זאת (this/that f.) as a pro-clause (=pronoun standing for a clause) in object position is usually limited to formal registers of Hebrew. The use of זאת as pro-clause precludes the use of the direct object marker אֶת, for example:

5.18 #

President Bush denied that he intends to invade Canada in the near future. He said this in response to questions by foreign correspondents.	הַנָּשִׂיא בּוּשׁ הִכְחִישׁ שֶׁיֵּשׁ בְּכַוָּונתו לִפלוש לְקָנָדָה בְּעָתִיד הַקָּרוֹב. הוא **אָמַר זאת** בִּתשוּבָה לִשְׁאֵלַת עִיתוֹנָאֵי חוּץ.

But in colloquial Hebrew:

5.19 #

What are you talking about? Bush said he's not even thinking about invading Canada soon. He said that when a journalist asked him about his plans.	מַה אַתָּה מְדַבֵּר? בּוּשׁ אָמַר **שֶׁזֶּה** בִּכְלָל לֹא בָּרֹאשׁ שֶׁלּוֹ לִפלוש לְקָנָדָה בְּקָרוֹב. הוא אָמַר **אֶת זֶה** כְּשֶׁעִיתוֹנאי שָׁאַל אותו מַה התוכניות שֶׁלּוֹ.

Note that in the more colloquial example (#5.19) the use of זֶה (rather than זאת) as an object clause requires the use of the direct object marker אֶת.

In #5.18 and #5.19., the choice of אמר זאת over אמר את זה results in a more formal sentence.

Using both in the same sentence is rather odd and quite unacceptable due to the mixing of stylistic registers.

הנשיא הכחיש שיש בכוונתו לפלוש לקנדה בעתיד הקרוב. הוא אמר *את זאת בתשובה לשאלת עיתונאי.

The non-use of אֶת with זאת as a pro-clause is related the general tendency of formal Hebrew to have a "tighter" style which often involves elimination of function words.

5.2 The Demonstrative אותו

The demonstratives of the type אותו and, as we shall see later, ההוא, are generally used to refer back to something which has been mentioned earlier in the conversation or text. They denote "that or those X's."

5.20 #

Those [aforementioned] problems would not have occurred if not for the government's failure to act.	**אותָן בְּעָיוֹת** לֹא הָיוּ נוֹצָרוֹת אִלְמָלֵא אָזְלַת הַיָּד שֶׁל הַמֶּמְשָׁלָה.

5.21 #

בבירור שערכה **פלונית** מהנגב המזרחי, שנושא המשרוקיות ואופן הטיפול של המדינה במה שיקרה [...] נראה לה לקוי, עולה כי לכל השרים יש משרוקיות [...] **אותה פלונית** מאזור הדרום, שנושא המשרוקיות מעסיק אותה מאוד, גם בדקה ומצאה [...] (אורלי קסטל-בלום, "רדיקלים חופשיים", עמ' 12).

באמצע המאה ה-19, כתב הרב הירש (בעקבות שפינוזה), כי האנטישמיות היא המכשיר שבאמצעותו אלוהי ישראל שומר על עמו. הירש עסק בסכסוך בין רועי יצחק לרועי אבימלך מלך גרר, שאפשר להגדירו כתקרית האנטישמית הראשונה שכן אבימלך דרש מיצחק לעזוב, בטענה שהצלחתו מעוררת קנאה. לדברי הירש, לולא **אותה** קנאה, היו יצחק ומשפחתו מתמכרים לחיי עושר ושוכחים את ייעודם הרוחני. **אותה** קנאה היא, לדבריו, "אחד ממכשירי ההצלה הגדולים. כדי להזהיר ולחזור ולהזהיר" את היהודים מפני התבוללות (הארץ, 3 ביוני, 2004).

In temporal expressions, אותו places the referenced time at a great distance from the speaker's point of view.

5.22 #

In those days, there was nothing to eat.	**בְּאותָם יָמים** לא הָיָה מַה לֶאֱכול.
Pharaoh, the ruler of a vast empire in those days, was arguing and bargaining with two old people: the 80 year-old Moses and Aaron the 83 year-old.	פַּרעֹה, השָׁליט של אימפֶּריָה עצומה **בְּאותָם יָמים**, עומֵד, מִתוַוכֵּחַ ומִתמַקֵחַ עִם שנֵי אֲנָשים זקֵנים, מֹשה בֵּן ה-80 ואַהֲרון בֵּן ה-83 (מתוך האינטרנט).

5.2.1 The Use of אותו to Express Sameness

Hebrew expresses the notion of sameness and resemblance of various objects by placing the pronoun אותו or its alternates אותָה, אותָם, אותָן before the noun. The pronoun agrees with its noun in number and gender.

5.23 #

The twins wear the same clothes.	התְאומות לובשות **אותָם בּגָדים**.
They always sit in the same cafe.	הֵם תָמיד יושבים בְּ**אותו קָפֶה**.

For the use of אותו, אותה, אותם to express sameness, see p.264.

5.3 The Demonstrative ההוא and its Variants ההיא, ההם, ההן

The demonstrative ההוא is common in written forms of Hebrew. Spoken Hebrew uses this form to mark contrast, mainly for the following three functions:

5.3.1 Marking Contrast

5.24 #

I don't want this shirt; give me the other one.	אֲני לא רוצָה אֶת הָחולצָה הַזאת, תני לי **אֶת ההיא**.

5.3.2 Marking Temporal Distance

Similarly to אותָם יָמים in #5.22 above, בַּימים ההֵם in #5.25 also refers to distant times or distant things.

5.25 #

In those days, no one had a car, not even a phone.	**בַּיָמים ההֵם** לְאַף אֶחַד לא הָיתָה מְכונית וְאָפילו לא טֶלֶפון.
In those days there was no king in Israel.	**בַּיָמים ההֵם** לא הָיָה מֶלֶך בְּישׂרָאֵל.

5.26 #

ג'מילה הזקנה, פניה הצטמקו ונתקמטו עוד יותר ושפתיה הרתחו והיא סיפרה בקול שבור וקטוע כאילו לא לפני ארבעים וארבע שנים אירעו **הדברים ההם** אלא זה עתה (דויד שחר, "סוכן הוד מלכותו", עמ' 20).

ההוא עם הכלב השחור הוא לא כל כך בסדר, [...]

ההוא, הלא בסדר עם הכלב השחור, יושב לו לבדו בתוך החדר (מתוך שיר של משה שכביץ, מתוך האינטרנט)

כל מי שהתחתנה בוודאי כבר הספיקה להכיר את **ה"הוא" וה"היא". ההוא**, זה **ההוא** שהיא התחתנה איתו. **ההיא** זאת אמא שלו... (מתוך האיטרנט)

מה שבאמת רציתי לספר הוא הקורות את אמי בכפרו של אבי בהסן, שהיה אז כפר נחשל למדי כמו רוב הכפרים בסביבה ההיא ואולי כמו כל הכפרים בגרמניה **בזמן ההוא** — אביב 1933 (רות אלמוג, הארץ, 2 לפברואר 2005).

כולנו ידענו כי מתהלכים בתוכנו אנשים מן **העולם ההוא** [...] ידענו כי יש בתוכנו אנשים ונשים מן **העולם ההוא**, אך דומה כי רק במהלכו של משפט נורא ונאדר זה ככל שהוסיפו העדים משם לעלות אחד אחד אל דוכן העדויות, נצטרפו בתודעתנו אותן ישויות נפרדות של אנשים זרים ואלמונים שעברנו על פניהם פעמים אין ספור, נתחברו והצטרפו זו לזו עד להכרה פתאומית וברורה כי ישויות אלה אינן רק ציבור של פרטים אלא מהות יסודית. (עירית זרטל, "האומה והמוות", עמ' 98).

5.3.3 Masking a Referent

Using ההוא in this way conveys the sense of an unmentionable or coded reference, as if to say: "You know the one I am talking about, but whoever is eavesdropping doesn't; nor do we want them to know."

5.27 #

What did finally happen with that guy? מַה קָרָה בַּסּוֹף עִם **הַבָּחוּר ההוא**?

5.4 The Demonstrative הלז and its Variants הלזו/הלזאת and הלה

The demonstratives הַלָּה, הַלָּזוּ/הַלָּזֹאת, הַלָּז are used as a distancing device; they are stylistically formal and not usually used in speech.

While הַלָּה is semantically neutral, i.e. it has no connotation, הַלָּז and הַלָּזוּ are used mainly to belittle the referenced person. Examples #5.28, #5.29 are Biblical Hebrew and IH, respectively.

Lately, there seems to be an increase in the use of הַלָּה in written forms of IH. Since there is no neutral female form, such reference is to males only, and females are referred to with ההיא.

5.28 #

וַתִּשָּׂא רִבְקָה אֶת-עֵינֶיהָ וַתֵּרֶא אֶת-יִצְחָק וַתִּפֹּל מֵעַל הַגָּמָל: וַתֹּאמֶר אֶל-הָעֶבֶד מִי-הָאִישׁ **הַלָּזֶה** הַהֹלֵךְ בַּשָּׂדֶה לִקְרָאתֵנוּ (בראשית כד, 64).

וַיֹּאמְרוּ אִישׁ אֶל-אָחִיו הִנֵּה בַּעַל הַחֲלֹמוֹת **הַלָּזֶה** בָּא: (בראשית לז, 19)

וַיֹּאמֶר דָּוִד אֶל-הָאֲנָשִׁים הָעֹמְדִים עִמּוֹ לֵאמֹר מַה-יֵּעָשֶׂה לָאִישׁ אֲשֶׁר יַכֶּה אֶת-הַפְּלִשְׁתִּי **הַלָּז** וְהֵסִיר חֶרְפָּה מֵעַל יִשְׂרָאֵל כִּי מִי הַפְּלִשְׁתִּי הֶעָרֵל הַזֶּה כִּי חֵרֵף מַעַרְכוֹת אֱלֹהִים חַיִּים: (שמואל א יז, 26)

וַתֵּלֶךְ וַתָּבוֹא אֶל-אִישׁ הָאֱלֹהִים אֶל-הַר הַכַּרְמֶל וַיְהִי כִּרְאוֹת אִישׁ-הָאֱלֹהִים אֹתָהּ מִנֶּגֶד וַיֹּאמֶר אֶל-גֵּיחֲזִי נַעֲרוֹ הִנֵּה הַשּׁוּנַמִּית **הַלָּז**: (מלכים ב, ד, 25).

5.29 #

הוא עורר בי את כל ההתרגשות **הלזאת** למרות התנהגותו המאופקת (דויד שחר, "סוכן הוד מלכותו", עמ' 15).

הנה פחד גדול עולה עכשו בליבי שהראי המקולל **הלז** יתן בי עין-רעה כפי שנתן בראוואדה הקטנה לפני ארבעים וארבע שנים, ואני אישרף חיים! (שם, עמ' 23).

יותר מכל הרגיז את אבא המבט הצונן האטום **הלז** של עיניו של דניאל קורן אשר אותן כינה בשם "עיני הדג" (שם, עמ' 33).

5.5 Text Illustrating Pronouns, Prepositions and Demonstratives: "המלאך שלי", נעמי שילה

אחר הצהריים[15] סבתא באה והביאה **לי** מתנה: מלאך תוקע בחצוצרה.

— כדאי **לך** לתלות **אותו מעל** למיטה, **היא** אמרה, ו**הוא** ישמור **עלייך** מילדים רעים ובכלל.

— **את** מאמינה שיש מלאכים? שאלתי **את** סבתא כשעזרתי **לה** לתלות את המלאך.

— ודאי ש**אני** מאמינה, אפילו בתנ"ך מסופר **על** מלאכים.

אחר הצהריים סבתא באה והביאה **לי** מתנה: מלאך תוקע בחצוצרה.

— למדנו כבר על שרה ושלושת המלאכים, עניתי, **אני** כבר בכיתה ד', שכחת?

— איך **אני** יכולה לשכוח באיזו כיתה לומדת הנכדה שלי, שאני כל כך אוהבת, ענתה סבתא קצת נעלבת.

— **אני** הנכדה היחידה שלך, אז זו לא חוכמה ש**את** כל כך אוהבת **אותי**, מעניין מה היה קורה אם היה **לי** אח והיית צריכה לבחור.

—לא תמיד צריך לבחור **את** מי לאהוב יותר, אפשר לאהוב **ב**אותה מידה, ענתה סבתא.

— **אני** למשל, כן בחרתי. יש **לי** סבתא נירה, אבל **אותך אני** אוהבת יותר ולא בגלל ש**את** גרה **ב**תל-אביב (סבתא נירה גרה **ב**אמריקה), אלא בגלל ש**את** באמת הסבתוש הכי נהדרת בעולם. זהו. ובאמת אף פעם לא אומרת **לי** "הכל שטויות", כמו שאמא תמיד אומרת. **היא** גם אף פעם לא עייפה ותמיד מוכנה לענות **לי על** שאלות או לשמוע כל מיני דברים ש**אני** רוצה לספר **לה**. וכש**אני** רוצה שנשחק **ב**אחד המשחקים שלי, **היא** אף פעם לא מציעה **לי במקום זה** לקרוא ספר. הכי **אני** אוהבת כשסבתא קוראת **לי** סיפורים. **אני** עוצמת עיניים, מקשיבה לקולה, ומיד הסיפור הופך **לי ב**ראש **ל**סרט מצוייר.

כשסבתא היתה צעירה, עוד **לפני** שהיתה אמא **של** אמא, **היא** היתה שחקנית **ב**תיאטרון ואפילו השתתפה **ב**שני סרטים. כש**אני** מבקרת **אצלה**, **אני** אוהבת להסתכל יחד **איתה ב**אלבומים **מ**ההצגות ש**בהן** השתתפה. אבל **אחרי** שאמא שלי נולדה, סבתא החליטה, כך **היא** סיפרה **לי**, לעשות **את** התפקיד הכי חשוב **ב**חיים שלה ולהיות אמא **של** אמא שלי והפסיקה לגמרי לשחק **ב**תיאטרון.

---

(15) For the purpose of the present discussion, the definite d.o. pronoun אֶת and the possessive marker שֶׁל are considered (semantic) prepositions.

הרבה פעמים סבתא מגיעה **ב**ערב להיות **איתי**, כשאמא ואבא עסוקים. לפעמים, בעיקר **ב**חופשות, **אני** הולכת לישון **אצלה**. ולישון **אצל** סבתא זו ממש חגיגה.

החדר שאמא גרה **בו** כשהיתה ילדה הוא עכשו החדר שלי. יש **בו** צעצועים שסבתא קנתה במיוחד **בשבילי**, גם ספרים, מגבות וסדינים מיוחדים **עם** ציורים ש**אני** בחרתי. בקיצור טוב להיות הנכדה **של** סבתא רותי.

בערב כשאבא חזר מהמילואים **ל**חופשה **של** כמה שעות, סיפרתי **לו** מיד מה קרה **ל**כנפיים שהוא הכין **לי** **ל**פורים.

—בכלל לא הספקת לראות **אותי** מחופשת, אמרתי **על** סף בכי.

— גם **אני** מצטער שלא הספקתי, אבל לפחות הילדים בבית-הספר ראו **את** התחפושת ואפילו זכית **ב**פרס. גם זה משהו, לא?

— נכון, אבל אין **לי** אף תמונה אחת **בשביל** האלבום למזכרת, התעקשתי.

אבא ליטף **לי את** הראש, חשב רגע ואמר: יש **לי** הצעה. כשאני אגמור **את** המילואים, אכין **לך** כנפיים חדשות ונצטלם כולנו **עם** התחפושת.

— אבל אז כבר יהיה כמעט פסח, אמרתי.

— אין דבר, לא נכתוב באלבום **את** התאריך **וזה** יהיה הסוד **שלנו** (נומה שילה, "המלאך שלי", עמ' 9).

6.0 Nouns

What is a noun?

A noun is a member of a syntactic class that includes words which refer to entities, people, places, things, ideas, or concepts. A noun may act as the subject of a verb, an object of a verb, an indirect object of a verb or an object of a preposition.

(http://www.sil.org/linguistics/GlossaryOfLinguisticTerms).

6.1 Noun Categorization

6.1.1 Animate or Inanimate

6.1 #

Inanimate Nouns				Animate Nouns			
computer	מַחשֵב	book	סֵפֶר	fox	שוּעָל	dog	כֶּלֶב
thought	מַחשָבָה	cake	עוּגָה	girl	יַלְדָּה	cat (f.)	חָתוּלָה

6.1.2 Count or Mass

6.2 #

Mass Nouns				Count Nouns			
desire	חֵשֶק	milk	חָלָב	table	שולחָן	meal	אֲרוּחָה
youth	נוער	money	כֶּסֶף	idea	רַעיון	shekel	שֶקֶל

A count noun (as opposed to a mass noun) is a noun that refers to an object or entity that can be enumerated. In English, "table" is a count noun since you can say "I bought two tables." Money, on the other hand, is a mass noun since you can't say "*I need five monies" (although you may need a lot!).

6.1.3 Concrete or Abstract

6.3 #

Concrete Nouns				Abstract Nouns			
concrete	בֶּטוֹן	ice cream	גלידָה	nonsense	שטויות	self-righteousness	צדקָנות
book	סֵפֶר	table	שולחָן	love	אַהֲבָה	hatred	שִׂנְאָה
computer	מַחשֵב	car	מְכונית	compliment	מַחמָאָה	health	בריאות

6.1.4 Proper or Generic

6.4 #

Proper Nouns		Generic Nouns	
Martin Buber	מַרטין בּוּבֶּר	chocolate	שוקולָד
Julia Roberts	ג'וּלְיָה רוּבֶּרטס	coffee	קָפֶה

6.2 Gender of Nouns

All Hebrew nouns are marked for gender, i.e., they are either masculine or feminine.

The gender of Hebrew nouns is very important, because adjectives and verbs get their form based on the nouns with which they are associated.

6.2.1 Animate Nouns

Hebrew animate nouns generally have four forms:

6.5 #

	F. Pl.	Pl.	F. Sg.	M. Sg.
actor(s), actress(es)	שַׂחקָנִיוֹת	שַׂחקָנִים	שַׂחקָנִית	שַׂחקָן
[tom] cat(s), [fem.] cat(s)	חֲתוּלוֹת	חֲתוּלִים	חֲתוּלָה	חָתוּל
policeman (-men), policewoman (-women)	שוטרות	שוטרים	שוטֶרֶת	שוטֵר
painter	צַיָּירוֹת	צַיָּירִים	צַיֶּירֶת	צַיָּיר

6.2.2 Inanimate Nouns

The gender of inanimate nouns, whether concrete or abstract, is inherent to the noun and fixed. Dictionaries mark the gender of inanimate nouns as part of their listings.

6.6 #

		F.			M.	
		Pl.	Sg.		Pl.	Sg.
Concrete Nouns	cake(s)	עוּגוֹת	עוּגָה	cucumber(s)	מְלָפְפוֹנִים	מְלָפְפוֹן

Abstract Nouns	love	אֲהָבוֹת	אַהֲבָה	peace	—	שָׁלוֹם
	nonsense	שטויות	שטות	health	—	בריאות

6.2.3 Feminine Noun Endings

As we have seen, all inanimate nouns have a fixed gender; they are either masculine or feminine.

The gender of the noun is, to a large extent, determined by the final sound of the word.

The following are five feminine noun endings:

6.7 #

pizza, recess, a drink, tomato	**פיצָה, הַפְסָקָה, שתִיָה, עַגְבָנִיָה**	**—ָה**
door, towel, notebook	**דֶלֶת, מַגֶבֶת, מַחבֶּרֶת**	**—ֶת**
truck, grapefruit, skirt	**מַשָׂאִית, אֶשכּוֹלִית, חֲצָאִית**	**—ִית**
store, nonsense, health	**חָנוּת, שטוּת, בריאוּת**	**—וּת**

Nouns with other endings are usually masculine nouns.

For a list of nouns which do not follow the above generalization, see p. 72.

There are feminine nouns such as קָרַחַת and שַׁפַּעַת which seem to deviate from the above rule. However, their -a'at ending is actually a variation of the -e'et ending. The variation occurs whenever the penultimate syllable is one of the ה,ע,ח guttural letters, for example.

bald head(s)	קָרַחַת, קָרָחוֹת	plate(s)	צַלַחַת, צַלָחוֹת
flu	שַׁפַּעַת	brimmed hat(s)	מִגבַּעַת, מִגבָּעוֹת

Many dual body parts are feminine, though they do not have feminine endings:

6.8 #

beautiful shoulder(s)	**כָּתֵף** יָפָה כּתֵפַיִים יָפוֹת	big ear(s)	**אוֹזֶן** גדוֹלָה אוזנַיִים גדולות

עַיִן יָפָה עֵינַיִים יָפוֹת	beautiful eye(s)	**בֶּרֶךְ** יָפָה בִּרְכַּיִים יָפוֹת	beautiful knee(s)
יָד עֲדִינָה יָדַיִים עֲדִינוֹת	delicate hand(s)	**אֶצְבַּע** אֲרוּכָּה אֶצְבָּעוֹת אֲרוּכּוֹת	long finger(s)
רֶגֶל אֲרוּכָּה רַגְלַיִים אֲרוּכּוֹת	long leg(s)	**שֵׁן** רְקוּבָה שִׁינַּיִים רְקוּבוֹת	rotten tooth (teeth)

Here is a list of common feminine nouns which do not have feminine endings:

6.9 #

עִיר יָפָה, עָרִים יָפוֹת	beautiful city	**נֶפֶשׁ** אֲצִילָה	noble soul
נַעַל יָפָה, נעלַיִים יָפוֹת	beautiful shoe	**כָּף** קְטַנָּה, כַּפּוֹת קְטַנּוֹת	small spoon(s)

Here is a list of common masculine nouns which have feminine endings:

6.10 #

לַיְלָה בָּהִיר, לֵילוֹת בְּהִירִים	clear night(s)	**מָוֶת** נוֹרָא	awful death
שֵׁרוּת מְעוּלֶה, שֵׁרוּתִים מְעוּלִים	superb service(s)	**עָמִית** נֶאֱמָן, עֲמִיתִים נֶאֱמָנִים	loyal colleague(s)

The majority of masculine nouns have their plural marked with [ים—], and many — but not all — feminine nouns have their plural marked with [ות—].

6.11 #

סֵפֶר חָדָשׁ, סְפָ**רִים** חֲדָשִׁים	new book(s)	כִּיתָּה גדוֹלָה, כִּית**וֹת** גדוֹלוֹת	big classroom(s)
סַנְדָּל יָפֶה, סַנְדָּ**לִים** יָפִים	beautiful sandal(s)	דֶּלֶת חֲדָשָׁה, דְּלָת**וֹת** חֲדָשׁוֹת	new door(s)

But, as the following examples indicate, adjectives agree with their nouns in gender, not simply in sound or plural ending.

6.12 #

שׁוּלְחָן גָּדוֹל, שׁוּלְחָנ**וֹת** גדו**לִים**	big table(s)	לַיְלָה יָפֶה, לֵיל**וֹת** יָ**פִים**	beautiful night(s)
חַלּוֹן גָּדוֹל, חַלּוֹנ**וֹת** גדו**לִים**	big window(s)	שָׁנָה טוֹבָה, שָׁ**נִים** טוֹב**וֹת**	good year(s)

blue skies	שָׁמַיִם כחולים	new curtain(s)	וילון חָדָשׁ, וילונות חֲדָשִׁים
nice glasses	מִשקָפַיִים יָפִים	big street(s)	רְחוב גָדול, רְחובות גדולים
good idea(s)	רַעיון טוב, רַעיונות טובים	hard-boiled egg(s)	בֵּיצָה קָשָׁה, בֵּיצִים קָשות

It is therefore a good idea to judge the gender of a noun by its singular form. It is a more consistent and reliable indicator of gender than the plural form.

A great number of masculine Hebrew nouns of the CiCaCon, CiCCon[16] pattern (words with ון— or ן— endings), or ones of the CiC or CoC paradigm, have the plural ending ות— rather than the more common ים—.

6.13 #

window	חַלון, חַלונות	disgrace	בִּיזיון, בִּיזיונות	palace	אַרמון, אַרמונות
failure	כִּישָׁלון, כִּשלונות	curtain	וילון, וילונות	cabinet	אָרון, אֲרונות
hotel	מָלון, מְלונות	regime	שִׁלטון, שִׁלטונות	depression	דיכָּאון, דיכּאונות
experience	נִיסָיון, ניסיונות	deficit	גֵרָעון, גֵרעונות	drawback	חִיסָרון, חֶסרונות
will, desire	רָצון, רְצונות	curtain	וילון, וילונות	sheet of paper	גִילָיון, גיליונות
madness, whim	שִׁיגָעון, שיגעונות	bill	חֶשבּון, חֶשבּונות	insult	עֶלבּון, עֶלבּונות
generation	דור, דורות	deficit	גֵרָעון, גֵרעונות	flood	שִׁיטָפון, שיטפונות
leather, skin	עור, עורות	pencil	עִיפָּרון, עֶפרונות	abode	מָעון, מְעונות
pit	בּור, בּורות	ideas	רַעיון, רַעיונות	memory	זִיכָּרון, זיכרונות
place	מָקום, מְקומות	wall	קיר, קירות	light	אור, אורות
river	נָהָר, נְהָרות	pair	זוג, זוגות	source	מָקור, מְקורות
entrance	מָבוא, מְבואות	voice	קול, קולות	debt	חוב, חובות
				secret	סוד, סודות

---

(16) The "C" stands for any consonant.

6.14 #

Most the nouns in **#6.13** originate in former layers of Hebrew while the ones in **#6.14** are all modern. It seems that the plural form of masculine cognate nouns, and later neologisms, are more in line with the common [ים—] ending of masculine nouns.

walking stick	הֲליכון, הֲליכונים	lipstick	שׂפָתון, שׂפָתונים
watch	שָעון, שְעונים	class (as in "the class of 1960)"	שנָתון, שנָתונים
leaflet	עָלון, עֲלונים	million	מיליון, מיליונים
glacier	קַרחון, קַרחונים	baloon	בָּלון, בָּלונים

There are Hebrew nouns which only have a plural or dual form; they are generally masculine nouns.

6.15 #

funny face(s) (both are used)	פָּנים מַצחיקים/מַצחיקות	hot water	מַיִים חַמים
blue skies	שָמַיִים כחולים	tough life/lives	חַיִים קָשים
new bike(s)	אופַנַיִים חֲדָשים	long pants	מִכנָסַיִים אֲרוּכִּים

Many (but not all) body parts that come in pairs are feminine even though their singular form does not have a feminine ending. These include:

6.16 #

good eye(s)	עַיִן טובָה, עֵינַיִים טובות	beautiful hand(s)	יָד יָפָה, יָדַיִים יָפות
good ear(s)	אוזֶן טובָה, אוזנַיִים טובות	skinny knees	בֶּרֶך רָזָה, בִּרכַּיִים רָזות
broken nails(s)	ציפורֶן שבורָה, ציפורנַיִים שבורות	long leg(s)	רֶגֶל אֲרוּכָּה, רַגלַיִים אֲרוּכּות

For more on dual nouns, see p. 77.

There is more to the morphological differences between masculine and feminine, and singular and plural, than meets the eye. Gendered practices are often behind the use of the feminine, rather than the masculine, as the default for certain terms as in the following:

	Feminine	Masculine
secretary	מַזכִּירָה	מַזכִּיר
kindergarten teacher, gardener	גַּנֶּנֶת	גַּנָּן

The word מזכיר comes to us from Biblical Hebrew מַזכִּירָה is a modern derivation. The difference in connotation, though, is not historical but rather cultural.

טז וְיוֹאָב בֶּן-צְרוּיָה עַל-הַצָּבָא וִיהוֹשָׁפָט בֶּן-אֲחִילוּד מַזְכִּיר: (שמואל ב, ח וגם דבה"י א' יח)

In the last few years, a new coinage, בריתה, had appeared in counter-distinction to (מילה) ברית (circumcision) to designate a celebration of the birth of a daughter. Oddly enough, ברית (covenant) is a feminine noun which has a typical feminine ending.

At times the difference between singular and plural involves a change in meaning:

	Plural	Singular
government vs. authorities	שִׁלטונות	שִׁלטון
attitude vs. relationship	יחסים	יחס

There are also plural-only nouns and singular-only nouns.

Nouns with No Plural Form		Nouns with No Singular Form	
youth, honey	נוער, דבש	water, yeast, fact, grits, skies	מים, שמרים, פנים, גריסים, שָׁמַיִם

There are cases in which the plural forms mark individual count, and the singular marks generic nouns:

	Generic Nouns	Individual Count Nouns
people vs. humanity	אנושות	אנשים
pieces of furniture vs. furniture	ריהוט	רהיטים

Quite often, when it is the nature of things for human beings (or other entities) to have only one of something (e.g. a head, nose, heart or house), the singular form is used even though the reference is to many people or entities. Although similar phenomenon occurs in English, many learners of Hebrew tend to overgeneralize and pluralize these nouns.

Erroneous or Odd Form		
* כאבו (pl.) להם הראשים (pl.).	They had a headache (sg.)	כאב להם הראש (sg.).
* איך לא כואבים (pl.) להם הפיות (pl.) מרוב דיבור?	How come their mouths don't hurt from so much talking?	איך לא כואב להם הפה (sg.) מרוב דיבור?
* יש להם אוזניים טובות (pl.).	They have good (musical) ears.	יש להם אוזן טובה (sg.).
	All students remained at their homes.	כל הסטודנטים נשארו בבית (sg.) שלהם. כל הסטודנטים נשארו בבתים שלהם (pl.).

6.2.4 The Proper Title of a Woman-Rabbi: ?רב או רבה

הרוב גדול של הרבות בארץ מעדיפות שיכנו אותן הרב, אבל כחצי מהרבות ששפת אמן עברית מעדיפות את המלה רבה. כולן נגד התואר רבנית. ב-1983 פנתה הרב כנרת שריון, האשה הראשונה שכיהנה בפועל כרב בארץ, לאקדמיה הישראלית ללשון ושאלה איך בעצם מכנים את תפקידה.

התשובה שקיבלה היתה ש"המונח הנכון הוא רבנית, אבל מאחר שמשתמשים בו כאשת רב, אנחנו ממליצים לאמץ מונח אחר". עשר שנים חלפו והרב עינת רמון-אשרמן, הצברית הראשונה שהוסמכה לרבנות (בחו"ל), פנתה בשאלה דומה. הפעם האקדמיה היתה החלטית יותר וקבעה ש"צריך להיות רבנית כמו חזנית, ומעתה תהיינה שתי משמעויות לאותה מלה".

עוד חמש שנים חולפות וב-2003 נותנת האקדמיה תשובה ברורה יותר לרבה ד"ר דליה מרקס וכותבת בכנות ראויה לציון: "אילו היינו מכריעים, היינו מכריעים לטובת רבה, אבל אז היו מאשימים אותנו בכך שאנחנו מכירים בתופעה הזאת... כך קרה לגבי פלסטינים או פלשתינים". בעקבות עמדת האקדמיה אשתמש ברשימה הזו בתואר רבה, אלא כאשר מדובר במישהי שידוע לי שמעדיפה להיקרא רב (שחר אילן, הארץ, 6 לדצמבר, 2005).

6.2.5 Gender Personification Waiting to Happen

Hebrew, unlike English, does not have the equivalent of the neuter pronoun "it." Thus, all nouns are either masculine or feminine. The gender of inanimate nouns is fixed, namely it is inherent to the noun itself, and is orthographically and phonetically motivated. Dictionaries mark the gender of inanimate nouns as part of their listing.

Not all animals have forms for both sexes; nor is the masculine form always the default; nor is there necessarily a connection between gender and phonetics (as reflected in the spelling).

They raise chickens (fem. pl.) in their backyard. הֵם מְגַדלים תַּרְנְגוּלוֹת בחָצֵר.

Chicken (עוף) is morphologically masculine, but the reference is more likely to a hen. In the case of ציפור (bird), there are no masculine and feminine forms, only one ציפור which grammatically is the female of the species ציפור יָפָה (beautiful bird). In everyday speech, a male bird will be referred to as ציפור זכר (literally, a male bird). נָחָש (snake), also has only one form (masculine), but here it is taken to be the male of the species נָחָש אָרוך (long snake). A female snake will be referred to as נָחָש נְקֵבָה (literally, a female snake).

Note however that in metaphorical reference to a woman as a snake, the word נחש would be used without any further modification:

Amela (f.) is simply a snake. עֲמֶלָה היא פשוט נחש.

The omnipresence of gender not only enhances and motivates personification in the use of Hebrew nouns, but potentially turns all of its "it-nouns" (inanimate and abstract nouns) into sexual beings. As the poet Yona Wollach says: עברית היא סקסמניאקית (Hebrew is a sex maniac). Although the main motivation behind Hebrew gender is phonetic, not all nouns reflect this fact. "לשון" (tongue, language), though morphologically devoid of a feminine ending, is a feminine noun.

The question arises as to whether this fact affects the Hebrew mindset. How does the fact that place names and especially terms for the land אדמה, ארץ, מולדת, מכורה (land/soil, country/land, homeland, native land, respectfully) are all feminine affect the semantic relationship between speakers and places? How are collocations such as אמא-אדמה, אמא-מולדת, אמי-מכורתי (mother-land/soil, mother-homeland, my mother-my homeland, respectively) constitutive of the way Hebrew speakers relate to their country? The answer to this question will have to wait for another date and platform.

6.2.6 "עִברִית", יונה וולך

בִשמות מִין יֵש לְאַנגלִית כָּל הָאֶפשָׁרויות
כָּל אֲנִי—בְּפועַל
הוא כָּל אֶפשָׁרות בְּמִין
וְכָל אַת הִיא אַתָּה
וְכָל אֲנִי הוא בְּלִי מִין
וְאֵין הֶבדֵל בֵּין אַת וְאַתָּה
וְכָל הדבָרִים הֵם זֶה—לֹא אִיש וְלֹא אִישָׁה
לֹא צָרִיך לַחשוב לִפנֵי שֶׁמִתיַיחֲסים לְמִין
עִברִית הִיא סֶקסמַנִיָאקִית
עִברִית מַפלָה לְרָעָה או לְטובָה

עִם חֶשׁבּון אָרוך מֵהגָלות
בְּרַבִּים יֵש זכות קדִימָה לָהֶם
עִם הַרבֵּה דַקות וְסוד כָּמוס
בְּיָחיד הסִיכּויִים שָׁוִוים
מִי אומֵר שֶׁכָּלו כָּל הַקִיצִים
עִברִית הִיא סֶקסמַנִיָאקִית
רוצָה לָדַעַת מִי מְדַבֵּר
כִּמעַט מַראָה כִּמעַט תמונָה
מַה שֶׁאָסור בְּכָל התורָה
לְפָחות לִראות אֶת המִין [...]

6.3 Dual Nouns

Some nouns in Hebrew have a special form for "two of a kind." This is particularly true of calendar nouns, body parts and objects that come in pairs.

6.18 #

Calendar Nouns	Plural (More than Two)	Dual	Singular
a day, two days, days	יָמִים	יומַיִים	יום
a week, two weeks, weeks	שָׁבועות	שבועַיים	שָׁבועַ
tomorrow, the day after tomorrow (lit., two tomorrows)	——	מׄחרׄתַיִים	מָחָר
a year, two years, years	שָׁנִים	שנָתַיִים	שָׁנָה
a month, two months, months	חודָשים	חודשַׁיִים	חודֶשׁ
an hour, two hours, hours	שָׁעות	שָׁעָתַיִים	שָׁעָה
once, twice, more than twice	פְּעָמִים	פַּעֲמַיִים	פַּעַם

Paired Nouns	Plural (More than Two)	Dual	Singular
one leg, a pair of legs, legs	זוגות רַגלַיִים	רַגלַיִים	רֶגֶל
one hand/arm, a pair of hands/arms, hands/arms	זוגות יָדַיִים	יָדַיִים	יָד
one ear, a pair of ears, ears	זוגות אוזנַיִים	אוזנַיִים	אוֹזֶן
one breast, a pair of breasts, breasts	זוגות שָׁדַיִים	שָׁדַיִים	שַׁד
one eye, a pair of eyes, eyes	זוגות עֵינַיִים	עֵינַיִים	עַיִן
eyeglasses, pairs of eyeglasses	זוגות מִשקָפַיִים	מִשקָפַיִים	——
a bike, bikes	זוגות אופנַיִים	אופנַיִים	——

An argument could be made that, strictly speaking, only calendar nouns are duals, since they are the only terms which have both a dual form and a plural one. This claim is supported by the fact that paired nouns require a classifier such as זוגות (pairs) in order to denote more than two of a given item.

Namely, while calendar months have three forms—singular, dual and plural (שנה, שנתיים, שנים year, two years, years), many paired nouns, such as אוזנַיִים (ears) do not. Therefore, we can't simply add the plural morpheme ות—/ים— in order to talk about many paired nouns, rather we need to use an extra noun—a classifier—to mark morphological plural. Since the classifier זוגות (pairs) is a masculine noun, the number modifying it must be masculine too.

seven pairs of eyes	שבעה זוגות עיניים	five bikes	חמישה זוגות אופניים
three pairs of glasses	שלושה זוגות משקפיים	three pairs of shoes	שלושה זוגות נעליים

6.4 Verbal Nouns (Action Nouns)

Verbal nouns (action nouns) are nouns which originate in verbs. They may function similarly to English gerunds and are often best translated into English as "V-ing," "the activity of doing the V," or "the act of doing the V."

6.19 #

Constructs with Verbal Nouns		Verbal Noun		Verb
speech impediments	בְּעיות דיבור	speaking	דיבור	לְדַבֵּר
learning disorders/difficulties	קשַׁיי לְמידָה	learning	לְמידָה	לִלמוד
reading (of) newspapers	קריאַת עיתונים	reading	קריאָה	לִקרוא
enlarging (of) pictures	הַגדָלַת תמונות	enlargement	הַגדָלָה	לְהַגדיל
eating (of) sweets	אֲכילַת מַמתָקים	eating	אֲכילָה	לֶאֱכול
children's singing	שירַת הַיְלָדים	singing	שירָה	לָשיר
the destruction of the city	הֲריסַת העיר	destroying	הֲריסָה	לַהֲרוס
breaking (with) conventions	שבירַת מוסכָּמות	breaking	שבירָה	לִשבור

For a detailed discussion of verbal nouns, see p. 192.

6.5 Diminutive Nouns

The following are ways in which Hebrew creates diminutives. All forms involve a vowel change, and/or the addition of a suffix or "duplication" of the last syllable.

Some diminutive nouns, especially those referring to humans, are used as terms of endearment.

6.20 #

Diminutive		Base Form		Diminutive		Base Form	
silly goose	טיפשון	stupid	טיפֵּש	booklet	סִפרון	book	סֵפֶר
pimple	פִּצעון	wound	פֶּצַע	little kid	יַלדון	child	יֶלֶד
statuette	פִּסלון	statue	פֶּסֶל	vial	בַּקבוקון	bottle	בַּקבוק
short film	סִרטון	movie	סֶרֶט	imp	שֵׁדון	devil	שֵׁד

Not all nouns of the יָדית pattern are diminutives. Only nouns that could stand alone if the suffix is removed are diminutives.

The gender of the ית—ending diminutives follows the guidelines listed on , p. 70.

6.21 #

Diminutive Form		Base Form		Diminutive Form		Base Form	
cushion	כָּרִית	pillow	כַּר	handle	יָדִית	hand	יָד
label	תָּווִית	mark, sign	תָּו	teaspoon	כַּפִּית	spoon	כַּף
number plate	לוּחִית	board	לוּחַ	napkin	מַפִּית	tablecloth	מַפָּה

6.22 #

Morphological reduplication of the last syllable of nouns and adjectives is a common and productive way in which IH coins diminutives of all kinds.

6.23 #

Duplicated Form		Base Form	
a tiny bit	קֻמצוּץ	handful	קוֹמֶץ
adolescent (condescending)	גְּבַרבָּר	man	גֶּבֶר
flip-flop person	הֲפַכְפַּךְ	reversed, inverted	הָפוּךְ

For examples of morphological reduplication of adjectives, see p. 120.

דעת הקהל שלנו היא ביסודה פטריוטית, אך גם ידועה ב**הפכפכנותה**. בוקר אחד היא עלולה פתאום לשאול שאלות מביכות בסוגיית עלות-תועלת. האם תוצאות המבצע שיזמה הממשלה שוות את הפיכת קרית שמונה למגרש חניה? שהגליל היפהפה יעלה באש? שמיליון וחצי תושבים יהיו על תקן פליטים ויושבי מקלטים בארצם? (הארץ, תאריך לא ידוע).

As previously observed, diminutives are often used as terms of endearment. There is, however, at least one exception: יְהוּדוֹן (little Jew) which is used as a derogatory term, conjuring up every negative Jewish stereotype.

6.6 Construct Nouns (סמיכות)

Nouns in construct state are noun-noun or, more rarely, adjective-noun units. They are part of the larger umbrella term "compound noun." Such nouns join together to create a new word in which the meaning can be either obvious חֲדַר יְלָדִים (children's room, nursery) or opaque כּלֵי קוֹדֶש (religious functionaries).

6.24 #

a washing machine	מְכוֹנַת כּבִיסָה	a wine bottle	בַּקבּוּק יַיִן
a redhead	אֲדוֹם שֵׂעָר	a desk (writing table)	שוּלְחַן כתִיבָה

6.6.1 Construct Nouns and Definiteness

When definite, construct nouns (סמיכות) have the definite article on the second (or last) noun of the construct.

6.25 #

	Definite	Indefinite
(the) wine bottle	בַּקבּוּק **ה**ַיַּיִן	בַּקבּוּק יַיִן
(the) breakfast	אֲרוּחַת **ה**בּוֹקֶר	אֲרוּחַת בּוֹקֶר
(the) lawyer	עוֹרֵךְ **ה**דִין	עוֹרֵךְ דִין
(the) bathing suit	בֶּגֶד **ה**יָם	בֶּגֶד יָם
(the) redheads	אֲדוּמֵי **ה**שֵׂעָר	אֲדוּמֵי שֵׂעָר
the rooms of the school teachers	חַדרֵי מוֹרֵי בֵּית **ה**סֵפֶר	

6.26 #

As in the last example of #6.25 above, and in #1 below, construct nouns may contain more than two nouns.

In constructs containing an adjective (#2), the adjective-noun unit must be the last one in the construct (#3). There cannot be more than one adjective-noun combination in a construct.

All the reviewers and fans of the theater came to the opening show.	כֹּל **מְבַקרֵי ואוֹהֲדֵי התיאַטרוֹן** בָּאוּ לְהַצָּגַת הַבְּכוֹרָה.	.1
Red-haired kindergarten *kibbutz* teachers are most liked by the children.	**גַנָנוֹת קיבּוּצים אֲדוּמוֹת שֵׂיעָר** אֲהוּבוֹת עַל הַיְלָדִים בִּמיוּחָד.	.2

*3. **גַנָּנוֹת אֲדוּמוֹת שֵׂיעָר קִיבּוּצִים** אֲהוּבוֹת עַל הַיְלָדִים בִּמְיוּחָד.

Red-haired kindergarten *kibbutz* teachers are most liked by the children.

*4. **גַנָּנוֹת אֲדוּמוֹת קְצָרוֹת שֵׂיעָר** אֲהוּבוֹת עַל הַיְלָדִים בִּמְיוּחָד.

Red short haired kindergarten teachers are most liked by the children.

Note also that the last example in **#6.25** is frowned upon by grammar teachers and other more pedantic people due to its concatenation of construct nouns. It is indeed awkward. A more acceptable (and more formal) sentence would be:

the rooms of the school and its teachers	חַדְרֵי בֵּית הספר ומוריו

The following are additional options, listed in order of formality:

Least formal, colloquial	the rooms of the teachers of the school (colloquial)	החדרים של המורים של בית הספר
A little more formal	This form is ambiguous between (1) the rooms of the teachers of the school and (2) the school's teachers' rooms.	חדרי המורים של בית הספר
Most formal	the rooms of the teachers of the school	חדריהם של מורי בית הספר[17]

6.6.2 Plural Form of Construct Nouns

A plural construct noun has plural marking only on the first noun (or adjective), as follows:

6.27 #

	Plural definite	**Plural Indefinite**	**Singular Indefinite**
(the) wine bottle(s)	בַּקְבּוּקֵי הַיַּיִן	בַּקְבּוּקֵי יַיִן	בַּקְבּוּק יַיִן
(the) breakfast(s)	אֲרוּחוֹת הַבּוֹקֶר	אֲרוּחוֹת בּוֹקֶר	אֲרוּחַת בּוֹקֶר
(the) lawyer(s)	עוֹרְכֵי הדין	עוֹרְכֵי דין	עוֹרֵךְ דין
(the) school(s)	בָּתֵּי הַסֵּפֶר	בָּתֵּי סֵפֶר	בֵּית סֵפֶר

(17) This is a double-construct structure, which is the most popular style in IH writing. For an explanation of the structure, see "The Double Construct," p. 89.

(the) bathing suit(s)	בִּגְדֵי הַיָּם	בִּגְדֵי יָם	בֶּגֶד יָם
(the) short person(s)	נמוּכֵי הקוּמָה	נְמוּכֵי קוּמָה	נְמוּךְ קוּמָה

6.6.3 Changes in the Form of Construct Nouns

Many nouns and adjectives change their form when they are part of a construct unit. The type of change is contingent upon the noun or adjective ending.

The changes in the endings are as follows:

Feminine nouns ending with [ָ—ה] change their ending to [ַ—ת]

6.28 #

breakfast	**אֲרוּחַת** בּוֹקֶר	meal	**אֲרוּחָה**
the Kofiko family	**מִשְׁפַּחַת** קוּפִיקוֹ	family	**מִשְׁפָּחָה**
cheesecake	**עוּגַת** גבִינָה	cake	**עוּגָה**

6.29 #

There are some exceptions to the rule and the examples in #6.28. A few nouns ending with [ָ—ה] have [ֶ—ת] as their סמיכות form.

This alternation, which seems unmotivated, comes to us from Biblical Hebrew.

a business woman	**אֵשֶׁת** עֲסָקִים	woman	אִישָׁה
passengers' department	**מַחלֶקֶת** הנוסעים	department	מַחלָקָה
WW II	**מִלחֶמֶת** הָעוֹלָם השנייה	war	מִלחָמָה
the Assyrian Kingdom	**מַמלֶכֶת** אָשוּר	kingdom	מַמלָכָה
the Jordanian government	**מֶמשֶׁלֶת** יַרדֵּן	government	מֶמשָׁלָה
the chariot of the revolution	**מֶרכֶּבֶת** המַהֲפֵכָה	chariot	מֶרכָּבָה
Jewish philosophy	**מַחשֶׁבֶת** יִשׂרָאֵל	thought	מַחשָׁבָה
my three dogs	**שלושֶׁת** הכְּלָבים שֶׁלי	three	שָׁלוֹש
the six days of creation	**שֵׁשֶׁת** יְמֵי בְּרֵאשית	six	שִׁישָּׁה
Hamann's ten sons	**עֲשֶׂרֶת** בְּנֵי הַמָּן	ten	עֲשָׂרָה
The defeat of the Germans in Stalingrad	**מַפֶּלֶת** הגֶרמָנים בסטָאלינגרָד	defeat	מַפָּלָה

Plural nouns ending with ים— (e.g. בקבוקים) change their ending to ֵי—, as in בַּקְבּוּקֵי יַיִן.

6.30 #

wine bottles	בַּקְבּוּקֵי יַיִן	bottles	**בַּקְבּוּקִים**
coffee cups	סִפְלֵי קָפֶה	cups	**סְפָלִים**
evening newspapers	עִיתוֹנֵי עֶרֶב	newspapers	**עיתונים**

Nouns and adjectives may also undergo a stem alternation (vowel change) in another part of the word:

6.31 #

the neighborhood kids	יַלְדֵי השכוּנָה	kids	**יְלָדִים**
the library books	סִפְרֵי הסִפְרִיָּיה	books	**סְפָרִים**

The vowel change in construct nouns may occur in all but the last noun of the סמיכות. This is a "reverse" of the placement of the definite article, which can only accompany the last item of the סמיכות.

6.32 #

The friends of the sons of Yossi and Dafna	**חַבְרֵי** הַבָּנִים שֶׁל יוֹסִי וְדַפְנָה
The sons of Yosi and Dafna's friends.	**בְּנֵי** הַחֲבֵרִים שֶׁל יוֹסִי וְדַפְנָה
The sons of the Knesset members.	**בְּנֵי חַבְרֵי** הַכְּנֶסֶת

A more formal alternative to the last example is:

The members of parliament and their sons.	**חַבְרֵי** הַכְּנֶסֶת וּבְנֵיהֶ**ם**

6.6.4 Semantic Relations between Components of Construct Units

The semantic (meaning) relation between the nouns in the construct unit is varied:

Noun1 is made of Noun2

6.33 #

שולחַן עֵץ	a wooden table	שֵׁן זָהָב	a golden tooth
צָמִיד כֶּסֶף	a silver bracelet	תיק בַּד	a cloth bag
חגורַת עור	a leather belt	פֶּרַח נְייר	a paper flower

Noun1 belongs to Noun2

6.34 #

סִפריַית הַמַחלָקָה	the department's library	מְכונית הַשַּׂר	the minister's car
צַעֲצוּעֵי הַיְלָדִים	the children's toys	תיק הַמְנַהֵל	the director's purse

Noun1 is part of Noun2

6.35 #

רֶגֶל השולחָן	the leg of the table	פינַת החֶדֶר	the corner of the room
רֹאש ההָר	the top of the mountain	קירות הַבַּיִת	the walls of the house

Noun1 is for the purpose of Noun2

6.36 #

חֲדַר עֲבודה	study room	אולַם ריקודים	dance hall
חֲדַר אוכֶל	dining room	קופסַת תַכשיטים	jewelry box

Noun1 is a specified part of Noun2 or Noun1 quantifies the amount of Noun2

6.37 #

שאָר הכֶּסֶף	the rest of the money	שאָר הכסאות	the rest of the chairs
מַחצית האֲרוּחָה	half of the meal	מַחצית הבַּנקים	half of the banks
רוב העוּגָה	most of the cake	רוב העוגות	most of the cakes
יֶתֶר המסעָדָה	the rest of the restaurant	יֶתֶר המִסעָדות	the rest of the restaurants
מַרבית הסֶרֶט	most of the movie	מַרבית הסטודֶנטים	most of the students

Many construct nouns have become fixed expressions in which the semantic relation between the parts of the construct noun has become opaque, as in:

6.38 #

religion functionaries	כְּלֵי קוֹדֶשׁ	school, the school	בֵּית סֵפֶר, בֵּית הַסֵּפֶר
deceit	גְּנֵיבַת דַּעַת	lawyer, the lawyer	עוֹרֵךְ דין, עוֹרֵךְ הדין

Note that the last example in #6.38 is most opaque. Secular native speakers unfamiliar with the term, who have tried to guess its meaning by analogy have come up with utensils or vessels which were used in the temple in Jerusalem, tools used in the synagogue, etc. The reference to people in the service of God is most opaque to them.

6.6.5 Modifying Construct Nouns

6.39 #

Definite Construct + Adjective		Indefinite Construct + Adjective	
the excellent cheesecake	עוּגַת הגבינָה המְצוּיֶּנֶת	an excellent cheesecake	עוּגַת גבינָה מְצוּיֶּנֶת
the new kindergarten	גַּן הַיְלָדִים הֶחָדָשׁ	a new kindergarten	גַּן יְלָדִים חָדָשׁ
the pleasant cafe	בֵּית הַקָּפֶה הַנָּעִים	a pleasant cafe	בֵּית קָפֶה נָעִים
the smart lawyer	עוֹרֵךְ הדין הֶחָכָם	a smart lawyer	עוֹרֵךְ דין חָכָם

When the parts of the construct are of different genders, the form of the adjective depends on which noun of the construct is modified:

6.40 #

a black cup of coffee	[כּוֹס קָפֶה] שחוֹרָה	a cup of black coffee	כּוֹס [קָפֶה שָׁחוֹר]
a red glass of wine	[כּוֹסִית יַיִן] אֲדוּמָּה	a glass of red wine	כּוֹסִית [יַיִן אָדוֹם]
the new door of the tall building	דֶּלֶת [הַבִּנְיָין האָדוֹם] הַחֲדָשָׁה	the door of the tall red building	דֶּלֶת [הַבִּנְיָין הָאָדוֹם הַגָּבוֹהַּ]
the ugly owner of the house	[בַּעֲלַת הַבַּיִת] הַמְכוֹעֶרֶת	the owner of the ugly house	בַּעֲלַת [הַבַּיִת הַמְכוֹעָר]

When the two parts of the construct are of the same gender and number, an ambiguity arises, as in the following:

6.41 #

the owner of the nice cafe	בַּעַל [בֵּית הַקָּפֶה הַנֶּחְמָד]	the nice owner of the cafe	[בַּעַל בֵּית הַקָּפֶה] הַנֶּחְמָד
the council of the temporary state	מוֹעֶצֶת [הַמְּדִינָה הַזְּמַנִּית]	the state's temporary council	[מוֹעֶצֶת הַמְּדִינָה] הַזְּמַנִּית
the dress of the beautiful bride	שִׂמְלַת [הַכַּלָּה הַיָּפָה]	the beautiful bridal dress	[שִׂמְלַת הַכַּלָּה] הַיָּפָה

6.6.6 Construct Nouns with Adjectives (Adjectival Constructs)

Hebrew constructs can also have adjectives as their first part. In this case, the adjectives are taken from the domain of physical attributes.

6.42 #

Noun + Adjectival Construct (Definite)		Noun + Adjectival Construct (Indefinite)		Adjectival Construct (indefinite)	
the long-legged man	הַגֶּבֶר אֲרוֹךְ **הָ**רַגְלַיִים	a long-legged man	גֶּבֶר אֲרוֹךְ רַגְלַיִים	long-legged	אֲרוֹךְ רַגְלַיִים
the impatient judge	**ה**שׁוֹפֵט קְצַר **הָ**רוּחַ	an impatient judge	שׁוֹפֵט קְצַר רוּחַ	impatient	קְצַר רוּחַ
the red-headed kid	**ה**יֶּלֶד אֲדוֹם **הַ**שֵּׂעָר	a red-headed kid	יֶלֶד אֲדוֹם שֵׂעָר	redheaded	אֲדוֹם שֵׂעָר

When the first term of the construct is an adjective, it must agree in both gender and number with the noun it modifies.

6.43 #

Adjectival Construct (F. and Plural)		Adjectival Construct (M.)	
a long-legged woman	בַּחוּרָה אֲרוּכַּת רַגְלַיִים	a long-legged fellow	בָּחוּר אֲרוֹךְ רַגְלַיִים
impatient men	גְּבָרִים קְצָרֵי רוּחַ	an impatient man	גֶּבֶר קְצַר רוּחַ
impatient women	נָשִׁים קְצָרוֹת רוּחַ	an impatient woman	אִישָּׁה קְצָרַת רוּחַ

red-haired kids	יְלָדִים אֲדוּמֵּי שֵׂעָר	a red-haired boy	יֶלֶד אָדוֹם שֵׂעָר
red-haired girls	יְלָדוֹת אֲדוּמוֹת שֵׂעָר	a red-haired girl	יַלְדָּה אֲדוּמַּת שֵׂעָר

6.44 #

אולי בקפיטליזם יש איזה צדק חלוקתי, שנותן אפשרות ל**עבי בשר** ו**מקלישי שיער** לזכות ליחס מנשים יפות (הארץ, 11 למאי 2011).

6.6.6.1 The Definite Form of Adjectival Constructs

6.45 #

Definite		Indefinite	
the red-haired boy	הַיֶּלֶד אָדוֹם הַשֵּׂעָר	red-haired boy	יֶלֶד אָדוֹם שֵׂעָר
the red-haired girl	הַיַּלְדָּה אֲדוּמַּת הַשֵּׂעָר	red-haired girl	יַלְדָּה אֲדוּמַּת הַשֵּׂעָר
the red-haired kids	הַיְלָדִים אֲדוּמֵּי הַשֵּׂעָר	red-haired kids	יְלָדִים אֲדוּמֵּי שֵׂעָר

6.6.7 Constructs with Numbers

When numbers are used in conjunction with nouns, the number-noun combination creates a construct noun. As with any other construct, the definite article is attached only to the noun (the second part of the construct) and not to the number:

6.46 #

Definite		Indefinite	
the ten cars	עֶשֶׂר הַמְּכוֹנִיּוֹת	ten cars	עֶשֶׂר מְכוֹנִיּוֹת
the three questions	שְׁלוֹשׁ הַשְּׁאֵלוֹת	three questions	שָׁלוֹשׁ שְׁאֵלוֹת
the two cats	שְׁתֵּי הֶחָתוּלוֹת	two cats	שְׁתֵּי חֲתוּלוֹת

6.6.8 Construct Nouns as Titles or Epithets

6.47 #

My colleagues, the linguists	חֲבֵרַי הַבַּלְשָׁנִים	King David	דָּוִד הַמֶּלֶךְ
		Your honor, the president	כְּבוֹד הַנָּשִׂיא

6.6.9 The Double Construct (סמיכות כפולה)

Written forms of IH use a form called double-construct or genitive (סמיכות כפולה) to mark possessives.

The "double" part of the name points at the fact that the possessive is doubly marked: once on the possessed noun by means of a pronominal suffix and again by the possessive marker שֶׁל before the possessor. The suffix of the 'possessed' noun agrees with the possessor in gender and number. All double constructs denote possession.

6.48 #

The policeman's house	בֵּית**וֹ שֶׁל** השוטֵר
Mahmud Darwish's latest book	סִפר**וֹ** הָאַחֲרון **שֶׁל** מַחמוּד דַרוויש
The politicians' stupidity	טיפשוּ**תָם שֶׁל** המְדינָאים
The government's responsibility for the situation	אַחריוּ**תָה שֶׁל** המֶמשָׁלָה לַמַצָּב
Israel's new government	מֶמשַׁל**תָּה** החֲדָשָׁה **שֶׁל** ישׂרָאֵל
The problems of the new immigrants	בּעיותֵי**הֶם שֶׁל** העולים החֲדָשים
The prime minister's brother	האָח שֶׁל רֹאש המֶמשָׁלָה/אָחי**ו שֶׁל** רֹאש המֶמשָׁלָה
the children's songs	השירים של היְלָדים/שירֵי היְלָדים/שירֵי**הֶם שֶׁל** היְלָדים
the children's singing	שירַת היְלָדים/שירָ**תָם שֶׁל** היְלָדים
the president's house	הבַּיִת שֶׁל הנָשׂיא/בֵּית הנָשׂיא /בֵּית**וֹ שֶׁל** הנָשׂיא
the conclusions of the investigating committees	מַסקָנותֶ**יהָ שֶׁל** ועדַת החֲקירָה

6.49 #

מדינה אחת ששמה לא צויין בדו"ח, מלבד שהיא מרכז אירופית, **משרוקיותיה של מדינה זו**—כתוב היה שם—לא עבדו בשעת חירום, ולעיתים אף נמצאה **גופתו של מי שנקבר** תחת הריסות רעש האדמה (אורלי קסטל-בלום, "רדיקלים חופשיים", עמ' 10).

הוא דיבר על **פתיחתן של חנויות** רבות שאפשר לקנות בהן בשר לא כשר, פירות ים ועוד מוצרים שלעולם לא יקבלו תעודת כַּשרות (הארץ, 29 למרץ 2011).

6.50 #

The following is a summary of the three ways in which Hebrew expresses possession by using סמיכות.

Note that not all constructs denote possession.

Double Construct	Construct	Analytic Possessive
2. צָריך לְהָגֵן על זכויותֵיהֶם של המיעוטים.	צָריך לְהָגֵן על זכויות המיעוּטים.	צָריך לְהָגֵן על הזכויות שֶל המיעוּטים.
ha-X + suffix + *shel* + *ha*-Y must be protected.	X *ha*-Y must be protected	*ha*-X *shel ha*-Y must be protected.
אָחיו של רֹאש הממשלה		האח של ראש הממשלה
שירֵיהֶם של הילדים	שירֵי הִילָדים	השירים של הִילָדים
בֵּיתו של הנשיא	בֵּית הָנָשׂיא	הבית של הָנָשׂיא
תמונתו של יוסל ברגנר	תמונַת יוסל ברגנר	התמונה של יוסל ברגנר

6.7 The Structure of Hebrew Noun Phrases

The core(18) component of noun phrases is a noun. The noun may be accompanied by a variety of modifiers, some of which precede the core and some which follow it.

The following are the syntactic components of noun phrases and their linear order.

Partitive Quantifier

part of the clothes — חלק מהבגדים

Determiner

those students I told you about — אותם סטודנטים שסיפרתי לך עליהם

(18) This section is based on Lewis Glinert, The Grammar of Modern Hebrew, (Cambridge University Press, 2004).

Amount Quantifier	
seven cakes	שבע עוגות

Adjective	
purple dresses	שמלות סגולות

Prepositional or Adverbial Phrases	
new books from Israel	ספרים חדשים מישראל
the poor man from back there	האיש המסכן משם
old books from the 18th century	ספרים ישנים מהמאה ה-18
funny fashion from the beginning of the last century	אופנה מצחיקה של תחילת המאה שעברה

Relative Clause	
the heavy man with the blue hat who is sitting in the corner	האיש השמן עם הכובע הכחול שיושב בפינה
Some of those nine impudent students from Israel that I told you about ...	חלק מאותם תשעה סטודנטים חצופים מישראל שסיפרתי לך עליהם ....

Relative Clause	Prepositional Phrase	Adjective	NOUN	Amount Qualifier	Determiner	Partitive Quantifier
שסיפרתי לך עליהם.	מישראל	חצופים	סטודנטים	תשעה	מאותם	חלק
that I told you about	from Israel	impudent	students	nine	of those	some <<

6.8 Common Prefixes

Forms such as רב-תרבותי (multi-cultural) or דו-משמעי (ambiguous) seem like construct forms, but they are not. The major difference is that while constructs mark definiteness (the definite article [-ה] only on the last item in a construct chain, the definiteness of prefixed forms is more a matter of register. In speech, the tendency is to place the definite article [-ה] before the prefix הדו-משמעות (the ambiguity), and on the noun in writing — דו-המשמעות.

6.51 #

Uni-, One חַד-	
one-sidedness	חַד-צְדָדִיוּת
one-way	חַד-סִיטְרִי/ת
one-sided	חַד-צְדָדִי/ת
unicycle	חַד-אוֹפָן
Unambiguous way	חַד-מַשְׁמָעִי/ת
monosyllabic	חַד-הֲבָרָתִי/ת
His one-sidedness drives me crazy.	**הַחַד-צְדָדִיוּת** שֶׁלּוֹ מוֹצִיאָה אוֹתִי מִדַּעְתִּי.
Park on the one-way street.	תַּחֲנֶה בָּרְחוֹב **הַחַד-סִיטְרִי**.

Tri- תְּלַת-	
tricycle	תְּלַת-אוֹפָן
three-dimensional	תְּלַת-מֵימָדִי/ת
They play three-dimensional scrabble.	הֵם מְשַׂחֲקִים שַׁבֵּץ-נָא **תְּלַת-מֵימָדִי**.
She bought her daughter the red tricycle.	הִיא קָנְתָה לַבַּת שֶׁלָּה אֶת **הַתְּלַת-אוֹפָן** הָאָדוֹם.

6.8.1 Prefixes Followed by Nouns Only

The following prefixes can be used only with nouns:

6.52 #

Lack of, non אִי-		Double דּוּ-	
misunderstanding	אִי-הֲבָנָה	ambiguity	דּוּ-מַשְׁמָעוּת
injustice	אִי-צֶדֶק	two-way street	דּוּ-סִיטְרִי/ת
disorder, mess	אִי-סֵדֶר	reversible table cloth	דּוּ-צְדָדִי/ת
intolerance	אִי-סוֹבְלָנוּת	two-dimensional geometric shape	דּוּ-מֵימָדִי/ת

non-dependence	אי-תלות	bilingual book	סֵפֶר דו-לְשוני
insanity	אי-שפיות	hypocritical stance	עֶמדָה דו-פַּרצופית
unrest, restlessness	אי שֶקֶט	twin-engine plane	מָטוס דו-מְנועי
In-, Lack of חוסֶר		**Less-, De-, Non- נְטול**	
injustice	חוסֶר צֶדֶק	decaffeinated	נְטול קָפֶאין
lack of sleep	חוסֶר שֵינָה	nonfat cheese.	גבינָה **נטולַת** שומָן.
lack of energy	חוסֶר מֶרֶץ	decaffeinated coffee.	קפֶה נְטול קָפֶאין.
lack of taste	חוסֶר טַעַם	sugarless drinks	מַשקָאות נְטולֵי סוכָּר
Less, In-, Without -חֲסַר			
tasteless, meaningless	חֲסַר/חַסרַת מַשמעות	powerless	חֲסַר/חַסרַת אונים
useless	חֲסַר/חַסרַת תועֶלֶת	inexperienced	חֲסַר/חַסרַת ניסיון

6.8.2 Prefixes Followed Only by Adjectives

Inter, Intra- בינ- או בין		**Multi -רַב**	
international	בֵּינלאומִי/ת	multilingual	רַב-לְשוני/ת
interdepartmental	בֵּין-מַחלַקתִי/ת	multicultural	רַב-תַרבּותִי/ת
international language	שָׂפָה בינלאומית	multicolored, diverse	רַב-גוני/ת
interdepartmental seminar	סֶמינָר בין-מַחלַקתי	powerful	רב כּוחַ

The prefixes רב and בינ-/בין can be followed only by adjectives ending in "י—"

6.8.3 Expanding the Lexicon through Prefixes

Prefixes are, among other things, a means for expanding the lexicon. The use of meaningful prefixes, that can be applied across the board, is prevalent in modern Hebrew. This method of creating or deriving new words or shades of meaning was not very productive in earlier strata or periods of Hebrew.

6.9 Texts Illustrating Full Nouns and/or Construct Nouns

6.9.1 "צורן חדש בעברית ישראלית", יורם מלצר

יש דבר-מה שלא נלמד [בבתי הספר], ושעל קיומו כלל לא נמסר. למרבה הפליאה, **איש** אינו אומר לנו כיצד ממציאים **מילה** חדשה בעברית. לדידם של **המנסים** להכתיב ל**מציאות** הלשונית כיצד להתנהג, **העניין** כלל לא קיים, כי **דוברים** פשוטים אינם אמורים לחדש **מילים**. אומנם יש **מקרים** לא מעטים שה"עם" ממציא **מילה**, ומרוב **שימוש** או בשל היותה מתאימה במיוחד לציון דבר-מה חשוב, היא מתקבלת, נכתבת, וזוכה ל"**אישור**": **עורכים** קפדנים אינם מוחקים אותה מה**טקסטים** שהם עוברים עליהם, ובסופו של דבר ייתכן שהיא תחדל מלבלוט ל**עיניהם** הבוחנות.

[...] יש ש**השפה** החייה מרהיבה עוז [...] ויוצרת לעצמה **מנגנון** שלם המניב **מילים** חדשות, מחוץ לכל ה**מבנים** האחרים הקיימים.

דוגמא מובהקת ופעילה במיוחד היא ה**סיומת** —לי". אנו מוצפים ב**מילים** חדשות במקרה זה: ביסלי, כיפלי, מיצלי, פרילי, ואפילו **יצור הכלאיים** האנגלי-עברי דוגלי. הרחק מעולם ה**שורשים** וה**משקלים** שבונים (מהם **שמות-עצם**, מתגלה לנו **מבנה** פעיל ביותר, המתעקש להחדיר **מילים** ל**שפה** היום-יומית.

לא נמצא ב**ספרי הדקדוק זכר לצורן** עברי "—לי", הנצמד לסופו של **שם עצם** ויוצר **שם-עצם** חדש. עם זאת ברור, לכל **ילד**, דובר ילידי של **עברית**, מהי משמעותה של **מילה** הבנוייה עם **צורן** זה, גם כשהוא נתקל בכזאת לראשונה.

ב**דרך** מסתורית כלשהי, צומח לו **כלי** לשוני חדש ב**תודעת הדוברים** (ואף אצל **הצעירים** ביותר שבהם!) ומתחיל ליצור **מילים**. זוהי ה**עוצמה** המיוחדת של ה**מבנים יוצרי-המילים** ב**שפה**: אין להם כל **צורך** ב**הגדרה** תקנית ש"תתיר" להם לפעול. ייתכן שכאשר **מילה** מסויימת מומצאת ותופסת לה **מקום** משמעותי ב**שפה** החייה, היא מזמינה **יצירת אנלוגיות**, וכך נוצרת **תבנית** שאפשר לחזור עליה. זהו **לחם-חוקם** של **ממציאי שמות** ל**מותגים**.

נכון שתיתכן **טענה** שלפיה אין כאן אלא **משפטים** קצרים—"כיפלי" אינו אלא "כיף לי", "מיצלי" הוא מין **קיצור** של "יש לי **מיץ**" וכדומה. אך פה בדיוק קבור ה**כלב**: "דוגלי" איננו "דוג לי" או "יש לי דוג" ... פרט לכך, אין כל **סיבה** להמציא "משפטי מקור" כאלו, שאינם מופיעים ב**טקסטים**.

בקיצור, ה**מנגנון** הלשוני המייצר לנו **מילים** באמצעות הצורן "—לי" ראוי ל**התייחסות** של **כבוד**. יש בו **עקביות** רבה בכך שהוא משמר את ה**הטעמה** המקורית של **שם-העצם**, ומ**צד** אחר, הוא מגלה **עושר** מילוני ותחבירי. [...]

הצורן "—לי" אינו מחכה ל**תעודת-הכשר**, גם אם **שלומי אמוני הלשון** יטענו שאינו קיים בשפה העברית. ובעוד ה**וויכוח** עליו עשוי לרוץ, חי לו **מנגנון ייצור המילים** הפורה הזה ב**ראשיהם** של **דוברי העברית**, מקטון ועד גדול ה**רעיונאים** ב**משרדי הפרסום** (יורם מלצר, הארץ, 15 לספטמבר, 1995).

6.9.2 "על הוראת ההסטוריה בבתי הספר בישראל", אור קשתי

פרופ' חנה יבלונקה, היסטוריונית בכירה ו**יושבת ראש ועדת מקצוע ההיסטוריה** של משרד החינוך, מאמינה שדגש גדול מדי מושם על **לימודי השואה** על חשבון נושאים אחרים.

"סיפורן של **עיירות הפיתוח** כמעט ולא נלמד ב**בתי הספר**, אבל הוא רחוק מלהיות הנושא היחיד שאינו נלמד כמו שצריך: כל האירועים מ**מלחמת העצמאות** ואילך נלמדים באופן שטחי, ללא כל התייחסות לקונטקסט ההיסטורי. אין מספיק **שעות לימוד** למקצוע ההיסטוריה, והמורים לא מספיקים ללמד את **תוכנית הלימודים**. התוצאה היא, לכל היותר, רפרוף, סימון 'וי' לקראת **בחינת הבגרות**. חמור מכך: אין שום מחשבה מסודרת לגבי **מטרות לימוד המקצוע**.

בעוד ש**הוראות משרד החינוך** קובעות כי בכיתות י'-י"ב יש להקדיש למקצוע לפחות 7 שעות (ומומלץ 9 שעות), הרי שבפועל, היא אומרת, "בחלק ניכר מ**בתי הספר** מלמדים רק 6 שעות לאורך **שלוש השנים**. צריך להיות ברור לכולם:

אי אפשר ללמד בתנאים האלה את **תוכנית הלימודים**". על **רקע מצוקת שעות הלימוד**, מבקשת פרופ' יבלונקה לעורר דיון ציבורי סביב **הוראת השואה**, המוגדרת כחובה ותופסת חלק נכבד מ**כלל השיעורים** בכיתות הגבוהות. "מדוע ש**מלחמת העצמאות**—האירוע המכונן של **מדינת ישראל**—לא תהיה **יחידת החובה**? אני יודעת שיהיה ויכוח על כך, אבל לפחות יהיה דיון בנושא. הלימוד הטכני של השואה, איך רצחו את היהודים, **שלבי הפתרון** הסופי וכד', הוא החלק הכי פחות חשוב מבחינה חינוכית. חוץ מ'פורנוגרפיה של הרוע' אין בפרטים הטכניים של השואה ערך חינוכי. זה מאוחר מדי ללמד תלמידים שהגיעו לכיתה י' שאסור לרצוח **בני אדם**".

היא מוסיפה כי "לעומת זאת, ל**סיפורי הניצולים**, התרבות היהודית בת אלפי השנים או כיצד המדינה הצעירה השקיעה בבנייה במקום להיכנס למעגל של חורבן והרס - לכל אלה יש ערך חינוכי גדול, אבל בהם אף אחד לא מתעסק, כי אנחנו רק הקורבנות. אנחנו מגדלים ילדים מ**גן חובה** שהגרמנים הרעים הרגו יהודים, התוצאה היא דורות שלא מבינים מהי נורמליות".

לדבריה, "אין שום דיון עקרוני מהי **דמות התלמיד** ש**משרד החינוך** חתום על **תעודת הבגרות** שלו. שום דבר לא נעשה במחשבה תחילה. יש הרבה תוכניות והודעות, אבל זו רק **הפרחת מלים** באוויר. זה עולה בזול. קראתי למשל לפני כמה ימים שתלמידי כיתות ח' ילמדו את **מסכת 'פרקי אבות'** מהמשנה. האם זה באמת הנושא החשוב ביותר? איפה הדיון בשאלות האלה?".

לדברי פרופ' יבלונקה, עם כל החשיבות לנושא **עיירות הפיתוח**, "אפילו **מלחמת העצמאות** לא נלמדת באמת, ובדירוג האירועים בהיסטוריה נדמה לי שיש הסכמה כי היא עדיין חשובה יותר".

הביקורת של יבלונקה לא נעצרת כאן. גם נושאים כמו **קליטת ניצולי השואה**, הקליטה ההמונית והפער העדתי, היא אומרת, "מוזכרים אמנם ב**תוכנית הלימודים**, אולי אפילו מוקדשים להם כמה שיעורים, אבל לא מדובר בתהליך שבאמת מוביל לחינוך ולהשכלה". את המורים עצמם היא אינה מאשימה במצב, "פגשתי הרבה מורים מקסימים, שמחויבים באמת למקצוע. יש אצלם צמא אדיר לחשיבה אחרת" (על פי אור קשתי, הארץ, 22 למרץ, 2010).

6.9.3 *"יצר ההתאבדות הישראלי"*, אהרון מגד

יצר ההתאבדות המקנן בחלקים חשובים ו**בעלי כישרון התבטאות** מרשים של החברה הישראלית מתגלה בראש ובראשונה לא במישור הפוליטי דווקא, אלא במישור הרוחני. זה שניים או שלושה עשורים עוסקים כמה מאות מ"**טובי החברה**", **אנשי עט ואנשי רוח** בחריצות רבה וללא ליאות, בהטפה ובהוכחה שלא איתנו הצדק: הוא לא איתנו לא רק מאז מלחמת ששת הימים, מאז "הכיבוש, מאז **הקמת המדינה** שגם היא "לידתה בחטא"—אלא מאז **ראשית ההתיישבות** הציונית **בסוף המאה** שעברה.

בטעות יש הקוראים לכך "**ניפוץ מיתוסים**", אם כי גם **ניפוץ מיתוסים** אינו מלאכה קדושה, כי אין עם שהמיתוסים אינם **לחם חוקו**, חלק מעולמו התרבותי, הרוחני, הריגשי. המלאכה הנעשית לעינינו עכשו אינה אלא כתיבה מחדש של ההיסטוריה הציונית ב**מאה השנים** בחריצות רבה וללא ליאות, בהטפה ובהוכחה שלא איתנו הצדק.

לנגד עינינו כותבים עכשיו מחדש את ההיסטוריה הציונית, ב**רוח אויביה ומתנגדיה** מאז **תחילת התגשמותה** והמסקנה היחידה המשתמעת מכל הדוכנים ב**שוקי דמשק**, קאהיר ותוניס—היא שהציונות המתגשמת היתה מעין מזימה מרושעת "קולוניאליסטית", לנצל את העם היושב בפלסטין, לשעבד אותו, לנשל אותו מאדמתו, "לרשת" אותו. וכך כל הניסוחים היפים שבשמם קראנו ב**תום לב**, ועליהם התחנכנו אנו וילדינו במשך שניים-שלושה דורות—כמו "**גאולת הקרקע**", "**כיבוש עבודה**", "**קיבוץ גלויות**", "הגנה", וכו'—לא היו אלא צביעות ו**אחיזת עיניים**, ופומיזמים למזימה שפלה.

דברים אלה אינם חדשים, כמובן. התורה הזאת, שהציונות היא תנועה קולוניאליסטית, **משרתת האימפריאליזם**, שמטרתה לנצל ולשעבד את הפלחים והפועלים הערבים—נוסחה והופצה ב**כלי התעמולה הסובייטית** מאז **שנות העשרים**, כשהיא מנומקת היטב במונחים "מדעיים" מן המילון המרקסיסטי—לניניסטי. החידוש הוא בכך שהפעם היא מושמעת מפי אקדמאים ופובליציסטים ישראלים שאינם **חניכי האסכולה** הזאת.

מהי איפוא הבשורה שבפי "ההסטוריונים החדשים", שבעקבותיהם נגררים עוד כמה **עשרות פובליציסטים** ועיתונאים, ושאת דבריהם שותים בצמא ובהנאה מזוכיסטית **אלפי ישראלים רודפי צדק ואמת**? הבשורה היא שרוב הוודאויות שנקבעו בתודעתנו ובחוויותינו, שקר הן. אתה, שהוריך עלו מפולין והתיישבו במושבה קטנה וצחיחה, ועבדו קשה, ובנו משק זעיר ליד ביתם—חשבת שבאו הנה כדי להגשים חלום של **יצירת חיים** חדשים "**בארץ חמדת אבות**", חיים של עמל ותרבות עברית, חופשיים מפחד פוגרומים ומתלות בגויים—לא, טעית!

תמים היית! הם היו "קולוניאליסטים" שבשאיפתם הכמוסה היתה לנצל את הערבים שבכפר הסמוך! אתה, שבצעירותך, לאחר שסיימת את לימודיך, יצאת לעבוד **עבודת כפיים**, חשבת שאתה "**כובש עבודה**" ומקיים מה שקראת בכתבי בורוכוב, ברנר, א"ד גורדון, על הצורך "להפוך את הפירמידה הגלותית" של העם היהודי ולעשותו עם המתפרנס מ**יגיע כפיו**—רימו אותם ורימית את עצמך! עשית זאת כדי לדחוק את **רגלי הפועל** הערבי, **בן הארץ**! וכשהיית ל**חבר קיבוץ** והתיישבת על חולות שוממים והתחלת לגדל עליהם ירקות ו**עצי פרי**–חשבת בוודאי שאתה מקיים מצווה של "**גאולת הארץ**" ו"**הפרחת השממה**"—לא! נישלת פלחים מהאדמה שקנתה הקרן הקיימת לישראל!

ובהיותך **חבר "ההגנה**" ויצאת לשמירה בלילות, כש**בכל יום** ו**בכל לילה** נרצחו יהודים מן המארב, ומטעים נעקרו ושדות עלו באש, ואתה "הבלגת" לא לנקום בערבים חפים מפשע—חשבת שאתה מקיים צו מוסרי שהתחנכת עליו ב**בית הספר** וב**תנועת הנוער** וב**תנועת העבודה**—לא! האמת היא—כי כך כותב אילן פפה בביקורתו על ספרה של אניטה שפירא, "הליכה על **קו האופק**", העוסק ביחסה של **תנועת העבודה** לשימוש בכוח ("דבר" 15 למאי 1994): "הציונות יכולה להיות מנותחת כתנועה קולוניאליסטית", והייחודיות שלה היא רק בעיתויה ההיסטורי. "היא אינה ייחודית במה שעשתה לאוכלוסייה המקומית, בדרך בה עקרה אותה וניצלה אותה, וכפי שהיא ממשיכה לעשות בשטחים הכבושים". והוא פונה לאניטה שפירא, החוטאת, לדעתו, ב"במיחזור לשם הפרופגנדה הציונית", "להשתחרר, ולו במקצת, מ**כתונת המשוגעים** שכופה על החוקרים האידיאולגיה הציונית" (מתוך: אהרון מגד, "יצר ההתאבדות הישראלי", הארץ, יוני 1994).

7.0 Possession and Possessives

What is a Possessive?

A possessive pronoun is a pronoun that expresses ownership and relationships like ownership, such as kinship and other forms of association.

(http://www.sil.org/linguistics/GlossaryOfLinguisticTerms)

7.1 Marking Possession with של

The possessive marker של creates a possessive relationship between two full nouns.

7.1 #

Erez's rolls	הַלַחְמָנִיוֹת שֶׁל אֶרֶז	Dani's book	הַסֵפֶר שֶׁל דָנִי
Amichai's poetry	הַשִירָה שֶׁל עֲמִיחַי	Dalit's car	הַמְכוֹנִית שֶׁל דָלִית
The teacher's new office	הַמִשְׂרָד הֶחָדָש שֶׁל הַמוֹרֶה	The students' complaints	הַתְלוּנוֹת שֶׁל הַסטוּדֶנטִים

The possessive marker שֶׁל is akin to the English "—'s." It marks the relationship "belongs to" between two nouns or noun phrases. The "possessed" noun is usually definite.

7.1.1 The Conjugation of the Possessive Marker של

Hebrew possessive pronouns mark gender, number and person. The form agrees in gender with the possessor. Similar to other pronominals in Hebrew, the first-person form marks no distinction between males and females possessors. The first person (both sg. and pl.) is marked for number only, The second and third persons are marked for both number and gender.

7.2 #

	Plural				Singular		
	שֶׁלָנוּ		אֲנַחנוּ		שֶׁלִי		אֲנִי
שֶׁלְכֶן	שֶׁלָכֶם		אַתֶם, אַתֶן	שֶׁלָךְ	שֶׁלְךָ		אַתָה, אַתְ
שֶׁלָהֶן	שֶׁלָהֶם		הֵם, הֵן	שֶׁלָה	שֶׁלוֹ		הוּא, היא

7.3 #

It's not yours', it's mine	זֶה לֹא שֶׁלְךָ, זֶה שֶׁלִי.

The noun associated with the possessive is usually preceded by the definite article.

7.4 #

הַמַּפְתֵּחוֹת **שֶׁלָּךְ** עַל הַשּׁוּלְחָן.	Your keys are on the table.
הַהוֹרִים **שֶׁלָּהֶם** גָּרִים בְּיִשְׂרָאֵל.	Their parents live in Israel.
הַהַרְצָאָה **שֶׁלָּה** מָחָר בַּבּוֹקֶר.	Her lecture is tomorrow morning.
הַמְּכוֹנִית **שֶׁלִּי** מְקוּלְקֶלֶת.	My car doesn't run.
הַיְּלָדִים **שֶׁלָּנוּ** מַמָּשׁ מַקְסִימִים.	Our kids are really charming.
מֵאֵיפֹה **הַ**הוֹרִים **שֶׁלָּכֶם**?	Where are your parents from?
מָתַי **הַ**הַרְצָאָה **שֶׁלְּךָ**?	When is your lecture?
אֵלֶּה לֹא הַמִּשְׁקָפַיִים **שֶׁלָּךְ**, **שֶׁלָּךְ** (נִמְצָאִים) עַל הַשּׁוּלְחָן בַּמִּטְבָּח.	These are not your glasses, yours are on the table in the kitchen.

7.1.2 Obligatory and Optional Use of the Definite Article in Possessives

The use of the definite article is optional with colloquial kinship terms (mother, father, aunt, grandmother, etc.) (#7.5) but obligatory in formal ones (#7.6).

7.5 #

(ה)אַבָּא שֶׁל נוֹגָה	Noga's father	(ה)סַבְתָּא שֶׁל נוֹגָה	Noga's grandmother
(ה)אִמָּא שֶׁל נוֹגָה	Noga's mother	(ה)סַבָּא שֶׁל נוֹגָה	Noga's grandfather

7.6 #

הָאָב שֶׁל נוֹגָה	Noga's father	**הַ**סָּבָה שֶׁל נוֹגָה	Noga's grandmother
הָאֵם שֶׁל נוֹגָה	Noga's mother	**הַ**סָּב שֶׁל נוֹגָה	Noga's grandfather

The omission of the definite article with the possessor in non-kinship terms renders the meaning of "one of the possessor's something."

7.7 #

ø חָבֵר שֶׁל עָדָה	a friend of Ada/one of Ada's friends
ø סֶרֶט שֶׁל קוֹפּוֹלָה	a movie by Coppola/one of Coppola's movies
ø סֵפֶר שֶׁל עָמוֹס עוֹז	a book by Amos Oz/one of Amos Oz's books

The "possessed" noun must be indefinite, when it expresses the notion "of one's own" using the form מִשֶּׁל + pronominal suffix.

7.8 #

He wants a room of his own.	הוּא רוֹצֶה חֶדֶר **מִשֶּׁלּוֹ.**
They have friends of their own.	יֵשׁ לָהֶם חֲבֵרִים **מִשֶּׁלָּהֶם.**
Nitsa has her own troubles.	לְנִיצָּה יֵשׁ צָרוֹת **מִשֶּׁלָּהּ.**
The kids have their own phone.	לַיְלָדִים יֵשׁ טֶלֶפוֹן **מִשֶּׁלָּהֶם.**
I've always composed music. But a recording of my own? That was a dream. It cost $5,000.	תָּמִיד חִיבַּרְתִּי מַנְגִּינוֹת. אֲבָל תַּקְלִיט **מִשֶּׁלִּי?** זֶה הָיָה בַּשָּׁמַיִם. חֲמֵשֶׁת אֲלָפִים דוֹלָאר זֶה עָלָה (מקור לא ידוע).

7.2 Possessive Suffixes

Hebrew has a stylistically higher alternative to the basic שֶׁל form described in #7.4. A suffix is attached to the noun itself which replaces both the possessive marker שֶׁל and the definite article of the possessed noun. The suffix can be added to both singular and plural forms of the noun.

When the possessive suffix is added to singular nouns ending with ָ—ה, there is a change in the final syllable of the noun e.g. דוֹדָה > דוֹדַת and the suffix is added to the altered form, e.g. דוֹדָתִי, מִשְׁפַּחְתִּי (my family, my aunt respectively), as in #7.10. With all other endings of singular nouns, the suffix is attached to the singular form of the noun without any changes.

7.9 #

City עיר							
Plural Possessors/Owners				**Single Possessor /Owner**			
our city	**עִירֵנוּ**		העיר שלנו	my city	**עִירִי**		העיר שלי
your city	**עִירְכֶן**	**עִירְכֶם**	העיר שֶׁלָּכֶם / שֶׁלָּכֶן	your city	**עִירֵךְ**	**עִירְךָ**	העיר שלךָ / שלך
their city	**עִירָן**	**עִירָם**	העיר שֶׁלָּהֶם / שֶׁלָּהֶן	his/her city	**עִירָהּ**	**עִירוֹ**	העיר שלו / שלה

7.10 #

			Aunt דודָה				
	Plural Possessors/Owners				**Single Possessor /Owner**		
our aunt	**דודָתֵנו**		הדודה שלנו	my aunt	**דודָתִי**		הדודה שלי
your aunt	**דודָתְכֶן**	**דודָתְכֶם**	הדודה שלָכֶם / שֶׁלָּכֶן	your aunt	**דודָתֵךְ**	**דודָתְךָ**	הדודה שלךָ / שלך
their aunt	**דודָתָן**	**דודָתָם**	הדודה שֶׁלָּהֶם / שֶׁלָּהֶן	his/her aunt	**דודָתָהּ**	**דודָתו**	הדודה שלו / שלה

When the suffix is added to plural nouns ending with ות—, the suffix is attached to the full plural form of the noun, e.g. דודות > דודותֵינו (#7.11). With plural nouns ending with ים—, the ם— is dropped before the suffix is added, e.g. דודים > דודַי (#7.12).

7.11 #

			Aunts דודות				
	Plural Possessors/Owners (of Plural Nouns)				**Single Possessor/Owner (of Plural Nouns)**		
our aunts	**דודותֵינו**		הדודות שלנו	my aunts	**דודותַי**		הדודות שלי
your aunts	**דודותֵיכֶן**	**דודותֵיכֶם**	הדודות שֶׁלָּכֶם / שֶׁלָּכֶן	your aunts	**דודותַיִךְ**	**דודותֶיךָ**	הדודות שלך
their aunts	**דודותֵיהֶן**	**דודותֵיהֶם**	הדודות שֶׁלָּהֶם / שֶׁלָּהֶן	his/her aunts	**דודותֶיהָ**	**דודותָיו**	הדודות שלו / שלה

7.12 #

			Uncles דודים				
	Plural Possessors/Owners (of Plural Nouns)				**Single Possessor /Owner (of Plural Nouns)**		
our uncles	**דודֵינו**		הדודים שלנו	my uncles	**דודַי**		הדודים שלי
your uncles	**דודֵיכֶן**	**דודֵיכֶם**	הדודים שֶׁלָּכֶם / שֶׁלָּכֶן	your uncles	**דודַיִךְ**	**דודֶיךָ**	הדודים שלך
their uncles	**דודֵיהֶן**	**דודֵיהֶם**	הדודים שֶׁלָּהֶם / שֶׁלָּהֶן	his/her uncles	**דודֶיהָ**	**דודָיו**	הדודים שלו / שלה

The forms in #7.13, in which the possessive is attached as a suffix to the noun (rather than as a separate preposition), are used in spoken Hebrew mainly with kinship terms:

7.13 #

your (f.) sister	אֲחותֵך	הָאָחות שֶׁלָּך	my wife	אִשתי	האישָׁה שֶׁלי
his brother	אָחיו	האָח שֶׁלו	my father	אָבִי	האַבָּא שֶׁלי
his grandma	סָבָתו	הסַבתָא שֶׁלו	my husband	בַּעֲלי	הבַּעַל שֶׁלי
my mother	אִמי	האִמָא שֶׁלי	my aunt	דודָתי	הדודָה שֶׁלי

Except for kinship terms, the use of nouns with possessive suffixes is generally limited to written forms of Hebrew.

Nouns with possessive suffixes often differ in form as compared with their stand-alone counterparts. Whether or not a noun undergoes a change, and the kind of changes it undergoes, is contingent upon the nominal (noun-like) paradigm to which the noun belongs to.

7.14 #

Suffixed Form		**Stand-Alone Form**	**Suffixed Form**		**Stand-Alone Form**
my husband	בַּעֲלי	הבַּעַל שֶׁלי	my book	סִפרי	הסֵפֶר שֶׁלי
his father	אָביו	אַבָּא שֶׁלו	his family	מִשפַחתו	המִשפָּחָה שֶׁלו
her aunt	דודָתָה	הדודָה שֶׁלָה	my wife	אִשתי	האישָׁה שֶׁלי

Nouns with possessive suffixes are inherently definite and, therefore, exclude the use of the definite article. Because of this definiteness, their associated (clause-mate) adjectives are also definite.

7.15 #

The university published his new book.	הָאוניבֶרסיטָה פירסְמָה אֶת **סִפרו החָדָש.**
They sold their old car.	הֵם מָכרוּ אֶת **מְכוניתָם הַיְשָׁנָה.**
We love our new home very much.	אֲנַחנוּ מְאוד אוהֲבים אֶת **בֵּיתֵנו החָדָש.**
He threw out all of his dirty clothes.	הוּא זָרַק/הִשליך אֶת כֹּל **בּגָדָיו המְלוּכלָכים.**

7.3 Expressing Quantity with של

In the following examples, the function of the second part of the phrase (the part containing שֶׁל) is to give more specific information about the first part. It usually answers a question related to quantity: "How many of X is involved?" For example: a trip of how many days? an apartment with how many rooms? how long a delay? how long a recess?

7.16 #

a three-hour walk	הֲלִיכָה **שֶׁל** שָׁלוֹשׁ שָׁעוֹת	a three-day trip	טִיּוּל **שֶׁל** שלוֹשָׁה יָמִים
a ten-minute break	הַפְסָקָה **שֶׁל** עֶשֶׂר דָּקוֹת	a six-hour delay	אִיחוּר **שֶׁל** שֵׁשׁ שָׁעוֹת
a five-hour drive	נְסִיעָה **שֶׁל** חָמֵשׁ שָׁעוֹת	a four-room apartment	דִּירָה **שֶׁל** אַרְבָּעָה חֲדָרִים

The structure טִיּוּל שֶׁל שלוֹשָׁה יָמִים may be based upon and a take off on, the somewhat more formal expression:

7.17 #

a three-room apartment	דִּירָה **בַּת** שלוֹשָׁה חֲדָרִים	a family of three	מִשְׁפָּחָה **בַּת** שָׁלוֹשׁ נְפָשׁוֹת

7.4 Expressions with של

There are a number of fixed expressions that contain שֶׁל. These expressions are used mainly in spoken Hebrew:

7.18 #

a beautiful dress	יוֹפִי **שֶׁל** שִׂמְלָה	a sweet kid	מוֹתֶק **שֶׁל** יֶלֶד.
a fantastic movie	שִׁיגָּעוֹן **שֶׁל** סֶרֶט	an abundance of fruit	שֶׁפַע **שֶׁל** פֵּירוֹת
a crappy/lousy movie	חָרָא **שֶׁל** סֶרֶט	a charming young woman	חוֹמֶד **שֶׁל** בָּחוּרָה
		a matter of minutes	עִנְיָין **שֶׁל** מוֹמֶנְטִים

7.19 #

הפעם היה זה **יורה של ממש** (אבשלום קווה, "המרפסת", עמ' 7).

פס אחד ארוך של דרך עפר ישרה, גמלונית, רחבת לב, עקומה, אדישה, קורנת ערגה ושתיקה (שם, עמ' 8).

7.5 Marking Possession with יש and אין

The invariant particle יֵשׁ and its negation אֵין, both in conjunction with the preposition [-לְ], functions similarly to the present tense English verb "have/doesn't have." Note that the invariability of יֵשׁ and אֵין stems from the fact that they are not verbs.

7.20 #

We don't have coffee in the house.	**אֵין לָנוּ** קָפֶה בַּבַּיִת.
Do you have time?	**יֵשׁ לְךָ** זְמַן?
I don't have any time.	**אֵין לִי** זְמַן.
She doesn't have a car.	**אֵין לָהּ** מְכוֹנִית.
They have many problems.	**יֵשׁ לָהֶן** הַרְבֵּה בְּעָיוֹת.
We have lots of work.	**יֵשׁ לָנוּ** הַרְבֵּה עֲבוֹדָה.
Do you have small change?	**יֵשׁ לְךָ** כֶּסֶף קָטָן?
What's the matter, can't you wait a minute?	מַה יֵשׁ, **אֵין לְךָ** זְמַן?
You have nothing better to do?	**אֵין לָךְ** מַה לַעֲשׂוֹת?

7.5.1 The Various Forms of יש and אין

7.21 #

	Plural			Singular		
I/we have	יֵשׁ **לָנוּ**		אֲנַחְנוּ	יֵשׁ **לִי**		אֲנִי
you have	יֵשׁ **לָכֶן**	יֵשׁ **לָכֶם**	אַתֶּם, אַתֶּן	יֵשׁ **לָךְ**	יֵשׁ **לְךָ**	אַתָּה, אַתְּ
he/she/it/they don't have	יֵשׁ **לָהֶן**	יֵשׁ **לָהֶם**	הֵם, הֵן	יֵשׁ **לָהּ**	יֵשׁ **לוֹ**	הוּא, הִיא

7.22 #

	Plural			Singular		
I/we don't have	אֵין **לָנוּ**		אֲנַחְנוּ	אֵין **לִי**		אֲנִי
you don't have	אֵין **לָכֶן**	אֵין **לָכֶם**	אַתֶּם, אַתֶּן	אֵין **לָךְ**	אֵין **לְךָ**	אַתָּה, אַתְּ
he/she/it/they don't have	אֵין **לָהֶן**	אֵין **לָהֶם**	הֵם, הֵן	אֵין **לָהּ**	אֵין **לוֹ**	הוּא, הִיא

7.5.2 יש and אין with Full Nouns

When the possessor is a full noun—rather than a pronoun—the possessor receives the special marking [-ל], whereas the thing possessed has no marking.

7.23 #

Dalit has a new car.	**יֵשׁ לְ**דָלִית מְכוֹנִית חֲדָשָׁה.	**לְ**דָלִית **יֵשׁ** מְכוֹנִית חֲדָשָׁה.
Tsili and Gili have a nice car.	**יֵשׁ לְ**צִילִי וְגִילִי מְכוֹנִית יָפָה.	**לְ**צִילִי וְגִילִי **יֵשׁ** מְכוֹנִית יָפָה.
David has no money.	**אֵין לְ**דָוִיד כֶּסֶף.	**לְ**דָוִיד **אֵין** כֶּסֶף.
The department doesn't have the budget for a new course.	**אֵין לַ**מַחלָקָה תַקצִיב לְקוּרס חָדָשׁ.	**לַ**מַחלָקָה **אֵין** תַקצִיב לְקוּרס חָדָשׁ.

7.5.3 יש and אין with Pronouns

When the possessor is someone or something talked about—i.e. a third person, either a full noun or a pronoun can be used.

7.24 #

	The Possessor is a Pronoun	The Possessor is a Full Noun
David/He has a new girl friend.	יֵשׁ **לוֹ** חֲבֵרָה חֲדָשָׁה.	יֵשׁ **לְדָוִיד** חֲבֵרָה חֲדָשָׁה.
Tsili and Gili/They have a new car.	יֵשׁ **לָהֶן** מְכוֹנִית חֲדָשָׁה.	יֵשׁ **לְצִילִי וגִילִי** מְכוֹנִית חֲדָשָׁה.
Arnon/He has a new boss.	יֵשׁ **לוֹ** בּוֹס חָדָשׁ.	יֵשׁ **לְאַרנוֹן** בּוֹס חָדָשׁ.
Noga/She has a new boss.	אֵין **לָה** מְכוֹנִית.	אֵין **לְנוֹגָה** מְכוֹנִית.
Tsaxi and Erez/They have many problems.	יֵשׁ **לָהֶם** הַרבֵּה בְּעָיוֹת.	**לְצָחִי וְאֶרֶז יֵשׁ** הַרבֵּה בְּעָיוֹת.

Quite a few languages other than Hebrew, among them Hindi and Russian and other Semitic languages, do not express possession via a verb "to have." These languages express possession by forms or expressions which literally mean "there is a something to/with/for me."

7.25 #

Although יש and אין are not verbs, they do license the use of the definite direct object marker את. Hence, strictly speaking, in the following sentences the אֶת should not have been used.

I have Maya's CD in my office.	יֵשׁ לי **אֶת** הסי.די. שֶׁל מָאיָה אֶצלי בַּמִשׂרָד.
We don't have the book you are looking for.	אֵין לָנו **אֶת** הסֵפֶר שֶׁאַתָּה מְחַפֵּשׂ.

In fact, most speakers of Hebrew (except for the most pedantic ones) do use the direct object pronoun אֶת in conjunction with the (grammatical) subject, which they perceive (due to its position in the sentence) to be an object. By doing so, they indicate that the grammatical subject "feels" more like a direct object, which, when definite, gets marked by אֶת, whether "correctly" or not.

The use of אֶת in this case seems to be motivated by three factors: the number (whether singular or plural) of the possessed noun, its definiteness and the absence of any preposition.

Do you have Chomsky's book?	יֵשׁ לך **אֶת** הסֵפֶר שֶׁל חומסקי?
Do you have a book by Chomsky?	יֵשׁ לך סֵפֶר שֶׁל חומסקי?
Do you have any of Chomsky's books? [Lit: Are there any of Chomsky's books here?]	יֵשׁ פה סְפָרים שֶׁל חומסקי?

7.26 #

יש לי שתי בנות דוד. אחת מצד אבא שלי שגרה בארץ, שקוראים לה דניאלה, והשנייה מצד אמא שלי שגרה עשרים דקות נסיעה באֶר.או.אֶר צפונה מפריז, שקוראים לה דניאל. שתיהן קצת יותר גדולות ממני. דניאלה—הבת של אח של אבא שלי—בחמש שנים, ודניאל—הבת של אחות של אמא שלי—באיזה שלוש ארבע ("רדיקלים חופשיים", אורלי קסטל-בלום, עמ' 11).

יש לי תשעה אחים, לא אתחיל לפרט את הגילאים. דבר ציונות: אחלה מדינה **יש לנו**, אחלה צבא. הייתה תקופה אדירה. שיהיה בהצלחה לכולם (מתוך האינטרנט).

האם **יש לנו** סיכוי לזכות בהגרלת הפיס? רבים בוודאי שואלים את עצמם בכל שבוע: האם **יש לי** סיכוי לזכות בזכייה הנכספת? האם יש לי סיכוי? ושורה תחתונה - האם למלא את הלוטו?!

מה **יש להם** להסתיר?

7.6 Having and Not Having in Past and Future Tenses

In sentences referring to past and future events, יש and אין are replaced by third-person conjugated form of the verb "to be" לִהיות in the past and future tense. The exact form of the third person depends on the gender and number of the possessed noun, and not, on the possessor.

7.6.1 Past Tense

7.27 #

	Possessed	Possessor	Verb
I had lots of money.	הַרבֵּה **כֶּסֶף.**	לי	**הָיָה**
He had a red-haired girlfriend	**חֲבֵרָה** ג׳ינג׳ית	לו	**הָיתָה**
We had many friends.	הַרבֵּה **חֲבֵרים.**	לָנוּ	**הָיוּ**
We didn't have enough time.	**זמָן.**	לָנוּ	לא **הָיָה**
He had an interesting story.	**סיפּוּר** מְעַניֵין.	לו	**הָיָה**
I had a good reason.	**סיבָּה** טובָה.	לי	**הָיתָה**
He had nothing to say.	**מַה** לְהַגיד.	לו	לא **הָיָה**

7.6.2 Future Tense

As in the past tense, the agreement in gender and number is between the verb to be (לִהיות) and the possessed noun.

7.28 #

	Possessed	Possessor	Verb
We'll have many stories.	הַרבֵּה **סיפּוּרים.**	לָנוּ	**יִהיוּ**
You'll have many problems.	הַרבֵּה **בְּעָיות.**	לָכֶם	**יִהיוּ (תִהְיֶינָה)**
We won't have anything to do.	**מַה לַעֲשׂות.**	לָנוּ	**לא יִהְיֶה**
Will you have (f.) time tomorrow?	**זמָן** מָחָר?	לָךְ	**יִהְיֶה**
We'll have an answer tomorrow.	**תשוּבָה** מָחָר.	לָנוּ	**תִהְיֶה**

7.7 The Possessive Adjective שייך

With "alienable" possessions, namely things which belong to you but are not part of you, the adjective שַׁיָּיך and its alternates שַׁיֶּיכֶת, שַׁיָּיכִים/וֹת (f. sg., pl., pl.f., respectively) can be used instead of the possessive marker שֶׁל. The use of שַׁיָּיך is more restricted than that of שֶׁל, since שַׁיָּיך can generally only refer to things that can "belong" to someone in the sense of being his/her/their property or in their domain of responsibility.

7.29 #

The books belong to the library.	הספָרים **שַׁיָּיכִים לַ**סִפרִיָּיה.
This hand belongs to Arnon.	*הָיָד הזֹאת **שַׁיֶּיכֶת לְ**אַרנון.
This is Arnon's hand.	זֹאת הָיָד **שֶׁל** אַרנון.
The motorcycle belongs to Ilana.	הָאופנוֹעַ **שַׁיָּיך לְ**אילָנָה.
These are my kids.	אֵלֶה/זֶה הילָדים שֶׁלי.
The kids belong to me.	*?הילדים **שַׁיָּיכִים** לי.

7.30 #

החלק המערבי של טורקיה **שייך** ליבשת אירופה והחלק המזרחי שלה **שייך** ליבשת אסיה.

הסגנון המוזיקלי של שופן **שייך** לתקופה הרומנטית (1800 - 1900) שבאה לאחר התקופה הקלאסית ולפני המוזיקה המודרנית. המוזיקה הרומנטית שאפה להגמיש את הצורה לטובת הרגש ובזאת היא מרדה במוסכמות של התקופה הקלאסית. שופן **שייך** לקבוצת המלחינים שבחרו בפן האינטימי של הביטוי (בניגוד לגרנדיוזי).

For adjectives, see p. 111.

7.8 Expressing Ownership with בעל/ת

Another way of expressing possession in Hebrew is a special form, in which the first item is the word בַּעַל (owner of), or its gendered and numbered counterparts— בַּעֲלַת, בַּעֲלוֹת and the second item is the thing owned.

7.31 #

מי **בַּעַל המְכונית** הזאת?	Who is the owner of this car?	לְמי **שַׁיֶּיכֶת** המְכונית הזאת?	Whose car is it? Who owns this car?
מי **הבְּעָלים שֶׁל המְכונית** הזאת?		**שֶׁל מי** המְכונית הזאת?	
לִפעָמים המועמָד **בַּעַל הפרוטֶקציָה** הוא מועמָד טוב, אֲבָל לא המועמָד הֲכי טוב.	Sometimes the candidate with connections is a good one, but not the best.		
היא **בַּעֲלַת כִּשרונות** רַבִּים.	She is very talented.		

Note that in "**מי הבעלים של המכונית הזאת**" (#7.32), בְּעָלים, though plural in form, refers to a single person, and to either man or woman.

In #7.32, we have an extended meaning of the word בַּעַל. It no longer has to express ownership but "to have a certain attribute."

7.32 #

[הוא] סקר את שאר הנוסעים שֶׁבָּתָא סקירה רהוטה של **בעל ניסיון**, ומשנוכח לדעת כי אין הם מסוכנים כל עיקר, התקין את ישיבתו בניחותא ובהרחבת הדעת, מצמץ בשפתיו השמנות, המבליחות בין השפם והזקן, ורקק רקיקה אחת דשנה על הרצפה (לאה גולדברג, "והוא האור", עמ' 9).

The following are a few fixed expressions using בַּעַל, בַּעֲלַת, some of which come from Biblical and post-Biblical (Mishnaic) Hebrew: בעל מום.

7.33 #

בַּעַל בַּיִת	landlord, homeowner	בַּעַל דין	litigant
בַּעַל בְּרִית	ally	בַּעַל בְּעָמָיו	respectable man
בַּעַל מום	handicapped	בַּעֲלַת טַעַם	person with good taste
בַּעַל זָקָן	bearded person	בַּעַל כָּנָף	bird
בַּעַל חוב	debtor	בַּעַל נֵס	miracle maker

7.34 #

Biblical Hebrew examples of "בַּעַל + noun" expressing ownership:

וְכִי-יִפְתַּח אִישׁ בּוֹר אוֹ כִּי-יִכְרֶה אִישׁ בֹּר וְלֹא יְכַסֶּנּוּ וְנָפַל-שָׁמָּה שּׁוֹר אוֹ חֲמוֹר: **בַּעַל הַבּוֹר** יְשַׁלֵּם כֶּסֶף יָשִׁיב לִבְעָלָיו וְהַמֵּת יִהְיֶה-לּוֹ: (שמות, כא:33).

הֵמָּה מֵיטִיבִים אֶת-לִבָּם וְהִנֵּה אַנְשֵׁי הָעִיר אַנְשֵׁי בְנֵי-בְלִיַּעַל נָסַבּוּ אֶת-הַבַּיִת מִתְדַּפְּקִים עַל-הַדָּלֶת וַיֹּאמְרוּ אֶל-הָאִישׁ **בַּעַל הַבַּיִת** הַזָּקֵן לֵאמֹר הוֹצֵא אֶת-הָאִישׁ אֲשֶׁר-בָּא אֶל-בֵּיתְךָ וְנֵדָעֶנּוּ: (שופטים יט:12).

7.35 #

בעלות הברית הוא כינוי לקבוצת המדינות שלחמו נגד מדינות הציר בזמן מלחמת העולם השנייה.

אלה שעוזבים את העיר ומחפשים את מזלם בחוץ לארץ הם דווקא אנשי המעמד הבינוני והגבוה, **בעלי המקצועות** החופשיים.

שאלת החירות, המגולמת בפסח, אינה מסוגלת להגיע להכרעה מלאה בחיינו. בניגוד לטוענים שאדם חופשי הוא זה שהתיר את הקשר בינו לבין עולם המצוות (הביטוי "חופשי" שימש במשך שנים לתיאור אדם "חילוני"), סוברת האמונה היהודית, ש**בעל החירות** האמיתי הוא זה ששיעבד עצמו לאלוהיו; הוא זה שפסק להיות עבד לזמן ולצרכים המנסים להשתלט על חיינו (מירון ח. איזקסון, הארץ, תאריך לא ידוע).

ומה עשה קין? "ויחר לקין מאד ויפלו פניו". על מה חרה לו? על שמשתוקק הוא לראות את פני ה' ומנחתו לא נתקבלה? או על שמקנא הוא באחיו שמנחתו נתקבלה? האם **בעל נפש** עומד לפנינו, אשר בכל מאודו מבקש את פני ה', ורב צערו על שלא התקבלה תפילתו? או שמא יש כאן מי שנגוע במידה רעה של קנאה, שמוציאה את האדם מן העולם? (חיים סבתו, הארץ, תאריך לא ידוע).

8.0 Adjectives

What is an adjective?

An adjective is a word that belongs to a class whose members modify nouns. An adjective specifies the properties or attributes of a noun referent.

(http://www.sil.org/linguistics/GlossaryOfLinguisticTerms)

An adjective is a part of speech and a grammatical category. The function of adjectives is to modify or add an attribute to a noun. Adjectives can be realized as single words or as adjectival noun phrases. Hebrew adjectives have four forms: masculine singular, feminine singular, masculine plural and feminine plural.

8.1 Gender, Number and Placement of Adjectives

8.1 #

	Plural F.	Plural	F.	M.
easy	קָלוֹת	קָלִים	קָלָה	קַל
hot, warm	חַמּוֹת	חַמִּים	חַמָּה	חָם
good	טוֹבוֹת	טוֹבִים	טוֹבָה	טוֹב
small	קְטַנּוֹת	קְטַנִּים	קְטַנָּה	קָטָן
big, large	גְּדוֹלוֹת	גְּדוֹלִים	גְּדוֹלָה	גָּדוֹל

Hebrew adjectives follow their associated nouns (their head nouns) and reflect their gender and number.

8.2 #

	Plural	Singular
All's well that ends well		סוֹף טוֹב, הַכֹּל טוֹב.
good book(s) (m.)	סְפָרִים טוֹבִים	סֵפֶר טוֹב
auspicious beginning(s) (f.)	הַתְחָלוֹת טוֹבוֹת	הַתְחָלָה טוֹבָה

interesting play(s)/show(s) (f.)	הַצָּגוֹת מְעַנְיְינוֹת	הַצָּגָה מְעַנְיֶנֶת
interesting movie(s) (m.)	סרָטים מְעַנְיְנים	סֶרֶט מְעַנֵיין
successful party/parties (f.)	מְסיבּות מוּצלָחות	מְסיבָּה מוּצלַחַת
new cabinet(s) (m.)	אֲרונות חֲדָשים	אָרון חָדָש
blue cup(s) (m.)	ספָלים כּחולים	סֵפֶל כָּחול
sad movie(s) (m.)	סרָטים עֲצובים	סֶרֶט עָצוּב

8.2 Definiteness of Adjectives

When a noun and an adjective are part of the same noun phrase (namely, when they are clause mates) they also agree in definiteness.

8.3 #

The new student lives next to the university.	**הסטוּדנט החָדָש** גָר עַל-יַד הָאוּניבֶרסיטָה.
Roni directed the new play at *haKameri* theater.	רוני בִּיימָה אֶת **ההַצָּגָה החֲדָשָה** שֶל הקָאמֶרי.

8.3 Adjectives and Construct Nouns (סמיכות)

If the noun is a construct, the adjective follows the last noun of the construct.

8.4 #

a boring soap opera	**אופֶּרַת** סַבּון **מְשַעמֶמֶת**	a good kindergarten	**גַן** יְלָדים **טוב**
a new swimming pool	**בּרֵיכַת** שׂחִיָה **חֲדָשָה**	a tasty cheese cake	**עוּגַת** גבינָה **טעימָה**
a shrewd lawyer	**עורֵך** דין **מְמוּלָח**	the government of the new state	**מֶמשֶלֶת** המְדינָה **החֲדָשָה**

8.4 Attributive and Predicative Use of Adjectives

Adjectives can function in two ways: either as attributes of nouns (or noun phrases), or as predicates of sentences. In the following sentences, the first adjective is used attributively and the second, predicatively. When the adjective is used attributively, it agrees with its noun in gender, number and definiteness. When the adjective is used predicatively, it agrees with its noun in number and gender, but not in definiteness. In past and future 1s a copula is obligatorily added between the subject noun (phrase) and the attributive adjective and its predicative adjective.

It could be argued that in the present tense the copula is implied. This in turn implies that English structures are the yardstick by which we judge phenomena in other languages. It is not the purpose of this book to argue for or against such positions.

8.5 #

	Predicative Adjective		Attributive Adjective	Noun
The new movie is/was/will be boring.	מְשַׁעֲמֵם.	ø הָיָה יִהְיֶה	החָדָש	הסֶרֶט
The new car is/was/will be expensive.	יְקָרָה.	ø הָיתָה תִהְיֶה	החֲדָשָה	המְכונית
The big table is/was/will be very old.	יָשָן מאוד.	ø הָיָה יִהְיֶה	הגָדול	השולחָן
The new manager is/was/will be very busy.	מְאוד עָסוּק.	ø הָיָה יִהְיֶה	החָדָש	המְנהֵל
The small room is dirty	מְלוּכלָך.	ø	הקָטָן	החֶדֶר
The new bikes were red.	אֲדוּמים.	הָיו	החדָשים	האופַניים
The black suitcase will be full.	מְלֵאָה.	תִהיה	השחורָה	המִזוָודָה
The last vacation was too expensive.	יְקָרָה מִדַי.	הָיתָה	האַחרונָה	החופשָה

8.6 #

Some of the adjectives in #8.5 above and all the ones below originate in the present tense of passive verbs. The fact that these adjectives are no longer productive is evidenced by the fact that in past and future tense contexts, the tense is carried by the (auxiliary) verb לִהיות, as is the case with all other adjectival, verbless sentences and not by the verb itself as is the case in all verbal sentences.

בניין		
פועל	השער שלו (היה) **מדובלל.**	דַפנָה (היתה) **מצוננת** וְלָכֵן היא נִשאֲרה בַּבַּיִת.
פועל	כּל המְכונִיות שֶׁלָנו (היו) **מקולקלות.**	הם (היו) **משוגעים** על כל הראש כשהם קנו את הבית.
הופעל	הסֶרֶט החָדָש מאוד (היה) לא **מוצלח.**	הריקוד שֶלָהֶם (היה) מַמָש **מופלא.**

Moreover, as the oddity of the following examples show, these passive forms no longer have the expected semantic relationship with their active counterpart.

בניין		
פועל	הוא **משגע** אותי וְלָכֵן אֲני **משוגעת.**	אני **לימדתי** אותָה וְלָכֵן היא **מלומדת.**

8.5 The Adjective Pattern פעול

Adjectives of the פָּעוּל pattern are adjectives derived from verbs in בניין פָּעַל[19]. They indicate the state of something after an event or an action has taken place. They always have the vowel וּ between the second and third letter of the root. Like all other adjectives, they have four forms.

8.7 #

הסֵפֶר פָּתוּח.	The book is open.
הדֶלֶת פתוּחָה.	The door is open (f. sg.).
הספָרִים פתוחים.	The books are open (m. pl.).
הדלָתות פתוחות.	The doors are open (f. pl.).

(19) See "Verb Paradigms," p. 198

He is not married.	הוּא לא נָשׂוּי.
They are supported by/dependent on their parents.	הֵם תלוּיִים בַּהורים שֶׁלָּהֶם.
The dog is tied to the tree.	הַכֶּלֶב קָשׁור לָעֵץ.
She is a very busy woman.	היא אִישָּׁה עֲסוּקָה מְאוד.

Since פָּעוּל adjectives are derived from verbs, they too may take prepositional phrase complements. In such cases, the preposition of the פָּעוּל is usually the same as that of the verb from which it was derived .

8.8 #

He is married to a friend of mine.	הוּא **נָשׂוּי לחבֵרָה** שֶׁלִּי.
The house is built of Jerusalem stone.	הַבַּיִת **בָּנוּי מֵאֶבֶן** יְרוּשַׁלְמִית.
The swing is hanging on a tree in the yard.	הַנַדְנֵדָה **תלוּיָיה עַל** עֵץ בַּחָצֵר.
The kitchen is painted blue.	המִטבָּח **צָבוּעַ בְּצֶבַע** כָּחוֹל.

Like other adjectives, פָּעוּל adjectives can also function as predicative adjectives as in:

8.9 #

The green chair is broken.	הכִּיסֵא הַיָּרוק **שָׁבוּר.**
The new paper/article is not finished.	המַאֲמָר הֶחָדָשׁ **לא גָמוּר.**
This whole row is taken.	כֹּל השוּרָה הזֹאת תפוּסָה.
Many of Berkeley's students are stressed.	רַבִּים מֵהסטוּדֶנטים שֶׁלומדים בְּבֶּרקלי **לְחוּצים.**

The use of פָּעוּל in past and future tense sentences is similar to that of any other Hebrew adjectives. Since adjectives do not have tense marking, the verb לִהיוֹת (to be) joins the adjective in order to carry the tense. The verb להיות also marks the gender and number of the modified noun.

8.10 #

A year ago he was married and now he's divorced.	לִפְנֵי שָׁנָה הוּא **הָיָה** נָשׂוּי, ועַכשָׁו הוּא גָרוּשׁ.
The telephone was busy.	הטֶלֶפון **הָיָה** תָפוּס.

The store will be closed from 2 to 4.	החנות **תִהְיֶה** סגורָה מ-2 עַד 4.
The seat was vacant.	המָקום **הָיָה** פָּנוּי.
The coat will be hanging in the closet.	המְעיל **יִהְיֶה** תָלוי בָּאָרון.
The TV was broken.	הטֶלֶויזיָה **הָיתָה** מְקולקֶלֶת.

Like other adjectives, פָּעוּל adjectives can also be used as nouns, and some, though not all, can be used as the first terms of construct nouns.

8.11 #

There were five dead and eight wounded in the accident. Three of the people wounded in the accident left the hospital this morning.	בַּתְאוּנָה הָיוּ חֲמִישָׁה הֲרוּגים ושמונה פצועים. שלושָה **מִפצועֵי התאונָה** עָזבוּ אֶת בית החולים הבוקֶר.
All the broken-hearted men went to Eilat for a vacation.	כל הגבָרים **שבורֵי הלֵב** נָסעוּ לְאֵילַת לְחופשָה.
The people killed in the accident were brought to Hadassah hospital.	**הֲרוגֵי התאונָה** הובאו לְבֵית חולים הֲדָסָה.

The following is a list of common adjectives of the פָּעוּל form:

8.12 #

	F.	M.		F.	M.
written	כתובָה	כָּתוב	divorced	גרושָה	גָרוש
upside-down	הֲפוּכָה	הָפוּך	finished, complete	גמורָה	גָמור
closed	סגורָה	סָגור	dead	הֲרוּגָה	הָרוּג
open	פתוּחָה	פָּתוּחַ	clogged, dense (person)	סתומָה	סָתום
painted	צבוּעָה	צָבוּעַ	busy	עֲסוקָה	עָסוק
torn	קרוּעָה	קָרוּעַ	loaded	עֲמוסָה	עָמוס
wounded	פצוּעָה	פָּצוּעַ	made of, comprised of	עֲשׂוּיָה	עָשׂוּי
burned	שׂרוּפָה	שָׂרוּף	broken	שבורָה	שָבור
hanging, depending	תלוּיָה	תָלוּי	listed, registered	רְשומָה	רָשום

8.6 Complements of Adjectives

Some adjectives—those derived from roots or from verb forms—can have objects which in turn have an obligatory preposition for the object.

8.13 #

He's very unsure of himself.	הוּא מְאוֹד לֹא **בָּטוּחַ** בְּעַצְמוֹ.	
They are not ready for the new academic year.	הם לא **מוּכָנִים לִ**שְׁנַת הלימודים הַחֲדָשָׁה.	
This book is written in a totally unintelligible language.	הַסֵּפֶר הַזֶּה **כָּתוּב בְּ**שָׂפָה לְגַמְרֵי לֹא מוּבֶנֶת.	
These flowers are made of plastic.	הפרחים הָאֵלֶּה **עֲשׂוּיִים מִ**פלסטיק.	

8.7 Using Adjectives as Nouns

Hebrew adjectives can also function as nouns (namely, become nominalized), and, as such, they themselves can be modified by adjectives.

8.14 #

He is neither a big genius nor a small fool.	הוּא לֹא **חָכָם** גָּדוֹל וְלֹא **טִיפֵּשׁ** קָטָן.	
The best (lit. the good ones) to the Air Force!	**הַטּוֹבִים** לַטַּיִּס!	
Many young people cannot find a job.	הַרְבֵּה **צְעִירִים** לֹא יְכוֹלִים לִמְצוֹא עֲבוֹדָה.	

For the use of verbs as nouns, see p. 154

8.8 Adverbial vs. Adjectival Use of Adjectives

There are some Hebrew adjectives which may have either an adjectival or adverbial use. In their adverbial use, these adjectives have an invariable masculine form, namely they don't agree in gender or number with the subject of the sentence.

8.15 #

She appears to be/looks like a beautiful woman.	הִיא נִרְאֵית **יָפָה**.	Adjectival
She looks beautiful.	הִיא נִרְאֵית **יָפֶה**.	Adverbial
She appears to be/looks like a wonderful woman.	הִיא נִרְאֵית **נֶהְדֶּרֶת**.	Adjectival
She looks wonderful.	הִיא נִרְאֵית **נֶהְדָּר**.	Adverbial

She sounds like a strange woman.	**היא נִשמַעַת מוּזָרָה.**	**Adjectival**
She sounds strange.	**היא נִשמַעַת מוּזָר.**	**Adverbial**
They seem like charming people.	**הֵם נִראִים מַקסימים.**	**Adjectival**
They look great.	**הֵם נִראִים מַקסים.**	**Adverbial**

In the above sentences, the choice of the adjective's gender and number is what determines the meaning of the sentence. In the second example, the adjective is used as an adverb, and as such, it does not agree with the subject of the verb. In the first example, there is subject-adjective agreement in number and gender, since the adjectives modify only an elliptical indefinite noun.

For adverbs see p. 126.

8.9 Modifying Adjectives

8.9.1 Repetition

An adjective can be emphasized by repeating it twice in a row. The repetition is akin to adding the quantifier "very."

8.16 #

Once there was a tiny dog. **פַּעַם הָיָה כֶּלֶב קָטָן קָטָן.** I climbed a very high tree. **עָלִיתִי עַל עֵץ גָבוֹהַ גָבוֹהַ.**

8.9.2 Negative Shading with ני--

Adding the suffix ני— to some adjectives can result in a negative nuance. The usual gender and number markings apply, but note that there is usually a slight change in the vowels of the original adjective.

Adding the suffix ני— may also change the attribute denoted by the adjective from a temporary characteristic to a permanent one.

8.17 #

Noun		Adjective		Adjective		Noun	
over simplification	פַּשטָנוּת	simplistic	פַּשטָני	simple	פָּשוּט	simplicity	פַּשטוּת
nationalistic zeal	לְאוּמָנוּת	nationalistic	לְאוּמָני	national	לְאוּמי	nation	לְאוֹם

pettiness	פַּרְטָנוּת	petty	פַּרְטָנִי	private	פְּרָטִי	particular	פְּרָט
provinciality	קַרְתָּנוּת	provincial	קַרְתָּנִי			town (arch.)	קֶרֶת
sentimentality	רַגְשָׁנוּת	sentimental	רַגְשָׁנִי	emotional	רִגְשִׁי	emotion	רֶגֶשׁ
		terminal (disease)	סוֹפָנִי	final	סוֹפִי	end	סוֹף
self-righteousness	צַדְקָנוּת	self righteous	צַדְקָנִי	just	צוֹדֵק	justice	צֶדֶק
impetuousness	כַּעֲסָנוּת	angry by nature	כַּעֲסָנִי	angry	כּוֹעֵס	anger	כַּעַס

However, not all ני— adjectives have a negative shading. Many adjectives of the CaCCani pattern do not have a negative shading or if they do, it is because of their inherent meaning and not a result of a new adjective-to-adjective derivation. For example the ני— in לַמְדָנִי/נית (erudite, scholarly) and חַדְשָׁנִי/נית (innovative) have neutral denotation.

8.18 #

"נראה שהגברת היא גם **וכחנית**", אמר בן-יבוק. "**וכחנים** לא מקבלים גפילטע פיש" (רביקוביץ', "באה והלכה", עמ' 54).

סבתא חנה היתה אישה תקיפה ו**דעתנית** ועמדה על כך שמשה ילמד הנדסת חשמל (שם, עמ' 160).

ליבוביץ' לא ויתר ונלחם ללא לאות על עניין מרכזי אחד: חילוצו של האל מידי העסקנות ה**תכליתנית** הנהוגה בקרב אנשי דת בכירים ומאמינים מן השורה. אינושו של האל על דרך הכפפת רצונו להיגיון הפנקסני של חיי התכלית האנושיים הינו, לדעתו, אחת הרעות החולות (הארץ, 17 לאוקטובר 2004).

ישנם כאלה שיודעים להסביר כביכול כי השואה התחוללה כמעשה הענשה שהאל העניש את עם ישראל על חטאים שחטא. הם המציגים קשרים סיבתיים כביכול כפיענוח כוונתו של האל, כאילו קיימו קו טלפוני ישיר ליושב במרומים. ההסברים מתקבלים על דעתו של המאמין התמים, ה**סמכותני** כדברי אלוהים חיים. (משה צוקרמן, הארץ, תאריך לא ידוע).

שום תירוץ מפוקפק של **מסבירני** משרד החוץ בעניין השימוש שעושים הפלסטינים בילדיהם - לא ישנו את העובדות (הארץ, 17 לאוקטובר 2004).

8.9.3 Diminutive and Approximate Effects

Approximate or diminutive effects are often formed by repeating the final syllable of some adjectives and altering their vowels. This is found particularly in colors.

8.19 #

Duplicate Form		Base Form		Duplicate Form		Base Form	
greenish	יְרַקְרַק	green	יָרוֹק	reddish	אֲדַמְדַּם	red	אָדוֹם
pinkish	וְרַדְרַד	pink	וָרוֹד	grayish	אֲפַרְפַּר	gray	אָפוֹר
sleek, slimy	חֲלַקְלַק	smooth	חָלָק	whitish	לְבַנְבַּן	white	לָבָן
tart	חֲמַצְמַץ	sour	חָמוּץ	purplish	סְגַלְגַּל	purple	סָגוֹל
sweetish	מְתַקְתַּק	sweet	מָתוֹק	yellowish	צְהַבְהַב	yellow	צָהוֹב
tiny	קְטַנְטַן	small	קָטָן	bluish	כְּחַלְחַל	blue	כָּחוֹל
chubby	שְׁמַנְמַן	fat	שָׁמֵן	blackish	שְׁחַרְחַר	black	שָׁחוֹר

8.9.4 Other Means

An adjective can also be modified by adding a qualifying word, as in:

8.20 #

The room is awfully small.	הַחֶדֶר **נוֹרָא** קָטָן/קָטָן **נוֹרָא**.
The room is very small.	הַחֶדֶר קָטָן **מְאוֹד**/**מְאוֹד** קָטָן.
Dani is quite busy.	דָּנִי דֵּי עָסוּק.
The suitcase is quite heavy.	הַמִּזְוָדָה דֵּי כְּבֵדָה.
Bialik Street is shorter than Rashi Street.	רְחוֹב בְּיָאלִיק יוֹתֵר קָצָר/קָצָר יוֹתֵר מֵרְחוֹב רָשִׁ"י.
Bread is less tasty than chocolate.	לֶחֶם פָּחוֹת טָעִים מִשּׁוֹקוֹלָד.
He's so curious.	הוּא כֹּל כָּךְ/כַּזֶּה סַקְרָן.
She's so stubborn.	הִיא **כֹּל כָּךְ**/**כַּזֹּאת** עַקְשָׁנִית.

In the last two examples, we see an alternation between כֹּל כָּךְ and כַּזֶּה. כַּזֶּה is more typical of spoken and non-formal registers, while the כֹּל כָּךְ + adjective form is found in both. The expression כֹּל כָּךְ cannot be followed by a noun, only by an adjective, while כַּזֶּה and its variants are less picky and more willing to join both adjectives and nouns in order to intensify their meaning.

8.21 #

The main function of כַּזֶה, כַּזֹּאת, כָּאֵלֶּה is as pronominal substitution for an adjective. This function is already attested in Biblical Hebrew.

וְעַתָּה יֵרֶא פַרְעֹה אִישׁ נָבוֹן וְחָכָם וִישִׁיתֵהוּ עַל-אֶרֶץ מִצְרָיִם: [...] וַיֹּאמֶר פַּרְעֹה אֶל-עֲבָדָיו הֲנִמְצָא **כָזֶה** אִישׁ אֲשֶׁר רוּחַ אֱלֹהִים בּוֹ:

Now, therefore, let Pharaoh select a man discreet and wise, and set him over the land of Egypt [...]. And Pharaoh said to his servants, Can we find such a one as this is, a man in whom the spirit of God is found? (Gen. 33-41).

הַעַל-אֵלֶּה לוֹא-אֶפְקֹד נְאֻם-יְהוָה וְאִם בְּגוֹי אֲשֶׁר **כָּזֶה** לֹא תִתְנַקֵּם נַפְשִׁי:

Shall I not punish for these things? says the Lord; and shall not my soul be avenged on such a nation as this? (Jer. 5:9).

8.10 Successive Adjectives

Using more than one adjective to modify a noun serves the purpose of gradually zeroing in on more specific information. In #8.22 (1), the new information is the fact that the shirt is new, while in #8.22 (2), it is the fact that the shirt is white.

8.22 #

the new shirt, the white one	2. החולצה החֲדָשָׁה הלְבָנָה	the new white shirt	1. החולצָה הלְבָנָה החֲדָשָׁה
the old car, the red one	2. המְכונית היְשָׁנָה האֲדומָה.	the old red car	1. המְכונית האֲדומָה היְשָׁנָה.

8.11 Ordinal Numbers

Ordinal numbers are adjectival in form. They are usually used with the definite article and can also function as nouns.

8.23 #

	F.	M.		F.	M.
fourth	רְביעית	רְביעי	first	רִאשונָה	רִאשון
fifth	חֲמישית	חֲמישי	second	שנִיָּה	שֵׁני
sixth	שישית	שישי	third	שלישית	שלישי
ninth	תשיעית	תשיעי	seventh	שביעית	שביעי
tenth	עֲשירית	עֲשירי	eighth	שמינית	שמיני

8.24 #

	F.	M.	Gender Neutral		F.	M.
(the) 20th			העֶשׂרים	(the) 11th	הָאַחַת עֶשְׂרֵה	הָאַחַד עָשָׂר
(the) 21st	הָעֶשׂרים וְאַחַת	הָעֶשׂרים וְאֶחָד		(the) 12th	השתֵים עֶשְׂרֵה	השנֵים עָשָׂר
(the) 30th			השלושים	(the) 13th	השלוש עֶשְׂרֵה	השלושה עָשָׂר
(the) 32nd	השלושים ושתַיִם	השלושים ושנַיִם		(the) 14th	האַרבַּע עֶשְׂרֵה	הארבעה עָשָׂר
(the) 40th			האַרבָּעים	(the) 15th	החָמֵש עֶשְׂרֵה	החמישה עָשָׂר
(the) 43rd	האַרבָּעים וְשָלוש	האַרבָּעים וְשלושָה		(the) 16th	השֵש עֶשְׂרֵה	השישה עָשָׂר
(the) 44th	האַרבָּעים וְאַרבַּע	האַרבָּעים ואַרבָּעָה		(the) 17th	השבַע עֶשְׂרֵה	השבעָה עָשָׂר
(the) 50th			החֲמישים	(the) 18th	השמונֶה עֶשְׂרֵה	השמונָה עָשָׂר
(the) 55th	החֲמישים וְחָמֵש	החֲמישים וחֲמישָה		(the) 19th	התשַע עֶשְׂרֵה	התִשעָה עָשָׂר

8.25 #

שֵייקספיר כָּתַב אֶת המַחֲזֶה "**הַלַּיְלָה השנֵים עָשָׂר**". — Shakespeare wrote the play "Twelfth Night."

היא **הָרִאשוֹנָה** בַּתור. — She is the first in line.

רון הָיָה **הָרִאשוֹן** שֶקָּרָא סֵפֶר שָלֵם בְּעִברית. — Ron was the first to read a whole book in Hebrew.

8.12 Texts Illustrating Adjectives

8.12.1 "אוזו ומוזו מכפר קאקארוזו", אפרים סידון ויוסי אבולעפיה

רָחוֹק רָחוֹק מֵעֵבֶר לַהָר,
בִּכְפַר קַאקַארוּזוּ לְיַד הַנָּהָר,
בְּבַיִת לָבָן
בֵּין עֵצִים וּפְרָחִים
חָיוּ מִזְּמַן מִזְּמַן
שְׁנֵי אַחִים.
שְׁנֵי אַחִים. וּכְדֵי שֶׁנַּבְדִּיל וְנִזְכּוֹר –
אוּזוּ קוֹרְאִים **לָאָח הַבְּכוֹר,**
וְשֵׁם **הַשֵּׁנִי** לְאוּזוּ חָרוּז הוּא,
כִּי **לָאָח הַצָּעִיר** הַהוֹרִים קָרְאוּ מוּזוּ.
[..]
שְׁנֵיהֶם אָהֲבוּ מְאוֹד אִישׁ אֶת אָחִיו,
מֵעוֹלָם לֹא יָדְעוּ מָהֵם רוֹגֶז וְרִיב.
וְאָז יוֹם אֶחָד
יוֹם גָּשׁוּם קַר וְלָח,
הֵם יָשְׁבוּ אָח מוּל אָח
מוּל הָאָח.
הָאֵשׁ פִּיזְזָה לָהּ **בָּאָח הַבּוֹעֵר,**
וּלְפֶתַע **וִיכּוּחַ סוֹעֵר** הִתְעוֹרֵר.

וִיכּוּחַ קָשֶׁה, רְצִינִי, מִתְלַהֵב –
אֵיךְ רַגְלַיִם **רָאוּי** וְצָרִיךְ לְשַׁלֵּב
כְּשֶׁאִישׁ אוֹ אִשָּׁה לִתְוּמָם מִתְיַשְּׁבִים
עַל כִּסֵּא אוֹ כּוּרְסָא, וְאֶפְשָׁר עַל סַפְסָל,
וְרֶגֶל עַל רֶגֶל הֵם אָז מְשַׁלְּבִים–
אֵיזוֹ רֶגֶל מִתַּחַת
וְאֵיזוֹ מֵעַל?
אוּזוּ צָעַק וְהוֹדִיעַ בְּקוֹל:
"יָמִין הִיא לְמַטָּה לְמַעְלָה הַשְּׂמֹאל!"
וּמוּזוּ רָתַח "אַתָּה לֹא מֵבִין,
רֶגֶל שְׂמֹאל הִיא לְמַעְלָה–
וְיָמִין הִיא מִתַּחַת".
"וְאַתָּה", עָנָה מוּזוּ,
אִידְיוֹט כְּמוֹ בָּלָטָה.
רֶגֶל שְׂמֹאל שֶׁתֵּדַע,
תָּמִיד הִיא לְמַטָּה".
אַתָּה מְטוּמְטָם".
"וְ**אַתָּה** סְתָם **עִיקֵּשׁ**".
"**אַתָּה** לֹא **חָכָם**".

"וְ**אַתָּה** כֵּן **טִיפֵּשׁ**".
"תִּסְתּוֹם אֶת הַפֶּה, אָחֶרֶת תַּחְטוֹף".
"אַל תְּאַיֵּם, גַּם לִי יֵשׁ אֶגְרוֹף
"כֵּן?"
"בְּהֶחְלֵט!"
"תְּנַסֶּה רַק לָתֵת ... "
הִנֵּה!
וּבַשָּׁלָב הַזֶּה כְּבָר אֵין צְעָקוֹת–
אוּזוּ וּמוּזוּ עָבְרוּ לְמַכּוֹת.
[.....]
בַּבֹּקֶר לְמוּזוּ חָסְרוּ שְׁתֵּי שִׁינַּיִים,
הוּא צָלַע וּבְקוֹשִׁי הֵזִיז אֶצְבָּעוֹת.
לְאוּזוּ הָיוּ פָּנָסִים בָּעֵינַיִים,
כָּתֵף עֲקוּמָה, שְׂרִיטוֹת וּפְצִיעוֹת.
הֵם הִבִּיטוּ בְּזַעַם אִישׁ אֶל אָחִיו,
וּמוּזוּ פָּלַט בְּכַעַס מִפִּיו:
"רֶגֶל שְׂמֹאל הִיא לְמַטָּה",
הוֹסִיף עוֹד קְלָלָה,
"וְיוֹתֵר לֹא תִּשְׁמַע מִמֶּנִּי מִילָּה.

8.12.2 "פרספוליס, הרומן המאוייר", דניאלה לונדון-דקל

התופעה הבולטת ברשימות רבי המכר השנה היתה ההצלחה של ספרים שנכתבו על ידי מוסלמים שחיים במערב ומתארים את "העולם שמאחורי הרעלה"; עכשו תורגם לעברית גם "פרספוליס", **הרומן המאויר** של **מרג'אן סטראפי האיראנית**, המצייר בשחור ולבן את חייה של **נערה מתבגרת** בטהרן שאחרי המהפכה. כשמדובר **במדיום המוזר הזה, החוקים המחמירים** שבהם אנחנו רגילים לשפוט טקסט ורגילים לשפוט איור, מתפרקים מנשקם והשלם הופך להיות גדול בהרבה מסך חלקיו.

לו הייתי מבקרת קולנוע הייתי אומרת ש**הסרט** שרקחה סטראפי בשחור לבן הוא פשוט **נהדר**. לחיזוק טענתי הייתי עורכת **השוואה מלומדת** עם **יוצרי קולנוע איראנים אחרים, נפלאים** ביכולתם, כמו מוחסאן מחמלבאף ("ליקוי חמה בקנדהאר") ומג'יד מג'ידי ("באראן"). אני בטוחה שהשוואה כזו היתה מעלה את רף הביקורת על הספר ומוסיפה לו **רבדים עמוקים** שקטונתי מלספק. רק אציין מה שיודע כל **חובב סינמטק ממוצע**: על **הקולנוע האיראני** מודבק זה שנים תו תקן של איכות.

"פרספוליס" מגולל את **סיפורה האישי** של הסופרת, שגדלה בטהרן **בשנים המטלטלות** שבהן **המהפכה האיסלאמית** כבשה את איראן. סטראפי, שגדלה ב**בית חילוני ומשכיל**—שני הוריה היו **מפגינים פעילים** נגד המשטר - נאלצה להסתגל לעולם הולך ומשתנה סביבה, על **חוקיו הנוקשים**, מעשי ההרג, המעצרים, המלחמה עם עיראק, המחסור וההפצצות, ובעל כורחה מפתחת **תודעה פוליטית ומגדרית**.

זהו **מסע התבגרות גלוי לב, רווי הומור וייחודי**, המאפשר ל**קוראים המערביים הצצה אינטימית ומרגשת** אל העולם שמעבר לרעלה. כוחו של הספר נובע מכמה **ניגודים**, חלקם **צורניים** וחלקם **תוכניים**. הניגודים הם אלו המשאירים את הקורא ב**מצב פליאה ועירנות מתמידים**, שכן הם דורשים ממנו לעשות את עבודת התיווך שבין שני הקטבים.

הפתיחה די קונקרטית וילדותית—ספרי פעוטות נפתחים לרוב ב**רוח דומָה**. אולם כאשר בפרַיים המלווה את הטקסט מישירה אלינו מבט **ילדה קטנה, עגומה, פעורת עיניים, מכוסָה** כל כולה ברעלה—**המשפט התמים והיבש** לכאורה נמלא לפתע מתח. לכל אורך הספר שומרת סטראפי על אותו ניגוד בין **טקסט מאופק ומצומצם**, כמעט **אינפורמטיבי**, לבין **מציאות זועקת, מסובכת, מכמירת לב** ושופעת רגש באיורים. רק בחיבור בין השניים, או יותר נכון - בחוסר החיבור בין השניים - מתפתח הסיפור. **הניגודיות הזאת**, המוטחת מול עיני הקורא/צופה בו זמנית היא זו המחוללת את הקסם והופכת את הספר למה שהוא - מעשה אמנות.

כשאמרתי ל**חברתי החכמה**, בעודי מגרדת בפדחתי: "ואם היא היתה, נניח, סתם **ילדה אמריקאית מפונדרקת**, הגדלה ב**פרוור בורגני** ומעריצה את מדונה, גם אז זה היה עובד?" ענתה לי חברתי: "אבל היא לא!" וזה נכון. היא לא. **היא איראנית**. ומה לעשות, **סיפורה האישי** כל כך **מדהים**, שהשאלה "מה היה קורה אילו?" נשמעת **רלבנטית** בערך כמו השאלה: "ואם אני הייתי מציירת מקטרת וכותבת מתחתיה - זו לא מקטרת? (דניאלה לונדון-דקל, הארץ, 21 לדצמבר 2005).

"על ספרו של עמוס אילון 'רקוויאם גרמני'", בתיה גור 8.12.3

כלום הייתי פונה לקריאת ספרו של עמוס אילון "**רקוויאם גרמני**" באותה להיטות שאחזה בי כשקיבלתי אותו, אלמלא הייתי בת ל**משפחה יוצאת גרמניה**? קרוב לוודאי שלא, הגם שקראתי ב**עניין רב** ספרים הנוגעים לתולדות היהודים ביוון, טורקיה, בולגריה, רומניה ויוגוסלוויה, ואפילו פרקים בתולדות יהודי פולין. אבל בשעה שנדחפתי לקרוא את הספרים הנזכרים מתוך **סקרנות טהורה**, ביסוד הקריאה **בספר הזה** היה **דחף אחר**, והוא הרצון לקבל תשובות על שאלות שרודפות אותי כל ימי, או לפחות הבהרה.

קודם שנישאו הורי, נסעה אמי לחמותה בכפר שאבי נולד בו, כדי ללמוד הלכות כשרות, הלכות פסח וכיוצא באלה עניינים שדת ישראל מצווה עליהם. היא היתה בת ל**משפחה חילונית-ליברלית**, וידעה על **העניינים האלה** מעט מאוד. בעיר שלה, קמניץ, שבמזרח גרמניה, נסעו בשבתות ובחגים לבית הכנסת במכונית.

בבית הכנסת הזה היה עוגב ושרה בו מקהלה, שהיו בה גם **זמרים לא-יהודים**. אין איפוא פלא בדבר, שאבי — **יהודי אורתודוקסי — בעיר הסמוכה**, לייפציג, אצל הרב קרליבך. **אנקדוטה זו** מצביעה על **המגוון הרחב** של **הטיפוסים היהודים** בגרמניה. אבל מה שבאמת רציתי לספר הוא הקורות את אמי בכפרו של אבי בהסן, שהיה אז **כפר נחשל** למדי כמו רוב הכפרים בסביבה ההיא ואולי כמו כל הכפרים בגרמניה **בזמן ההוא**—אביב 1933 — השנה שבה מסתיים סיפורו של עמוס אילון ובה עולה הכורת על יהדות גרמניה. באותו **ביקור אחד ויחיד** של אמי **בכפר הזה**, הראתה לה סבתי **תעודה עתיקה**, "כתב חסות", שניתן למשפחה מטעם **הנסיך העוצר** של מדינת הסן. **תעודה זו** התירה למשפחה את ישיבת הקבע בכפר.

התעודה—**מסמך היסטורי נדיר** שאבד כנראה כשהיגרה סבתי לארצות הברית—ניתנה למשפחתה בתחילת המאה ה-18, בערך בזמן שבו יצא הנער בן ה-14 משה מנדלסון מעירו דסאו, אף היא במזרח גרמניה, ללכת, אולי **יחף**, כפי שמשער אילון, לברלין, כדי ללמוד שם ולהיעשות לאחד **הפילוסופים המשפיעים** של זמנו (רות אלמוג, <u>הארץ</u>, 2 לפברואר 2005).

9.0 Adverbs

What is an Adverb?

The term adverb (or adverbial) refers to words which modify verbs, adjectives, other adverbs, whole sentences and propositions.

The class of adverbs is a mixture of very different kinds of words, which cover a wide range of semantic concepts, and whose syntactic distribution is disparate. The definition of the lexical category adverb is language specific, based on syntactic distribution.

(http://www.sil.org/linguistics/GlossaryOfLinguisticTerms/GlossaryLinguisticsA.htm)

The category adverb is a cover term for various syntactic units and grammatical categories that fill adverbial slots in sentences or clauses. Adverbs are used to characterize actions, processes or states of affairs, with respect to time, place, kind, manner, etc. Adverbs are usually optional and not part of the sentence nucleus. There are simple adverbs (one-word adverbs) and complex ones (more than one word). There are "true" adverbs and there are prepositional phrases which function as adverbs in a given sentence. There are adverbs of manner מָהֵר, לְאַט (fast, slowly, respectively), time לַאַחרונָה, מְאוּחָר, מוּקדָם (lately, early, late), location לְמַעלָה, לְמַטָה (up, down), quality טוב, רָע, מְשַעֲמֵם (good, bad, boring), and more.

Unlike Hebrew verbs, adjectives and demonstratives, Hebrew adverbs have only one unchanging form. In most cases, adverbs follow the verbs they modify.

9.1 #

They do not treat their students nicely.	הם לא מִתייַחֲסים **יָפֶה** לַסטוּדֶנטים שֶלָהֶם/לַסטוּדֶנטים שֶלָהֶם **יָפֶה**.
He reads slowly.	הוּא קורֵא **לְאַט**.
They work hard.	הֵן עובדות **קָשֶה**.
They run very fast.	הֵם רָצים **מָהֵר** מְאוד/מְאוד **מָהֵר**.
You (pl.) talk funny.	אַתֶם מְדַבּרים **מַצחיק**.
She reads Hebrew well.	היא קורֵאת **טוב** עִברית/קורֵאת **הֵיטֵב** עִברית.

Purists and other gatekeepers, who refuse to realize that Hebrew, like any other language, has many registers, would insist on the adverb הֵיטֵב for "well" but most Israelis ignore such strictures in their own speech and use the adjective טוב as an adverb. On the other hand, the more formal, academic or literary the style, the greater the tendency to use the historically canonical adverb הֵיטֵב.

9.1 Adverbs Grouped by Form

9.1.1 An Easy Way to "Create" Adverbs

A "quick and dirty" way to create adverbs in Hebrew is to use the form

>> **בְּאוֹפֶן** + adjective (m.)

as in בְּאוֹפֶן כללי (generally), בְּאוֹפֶן גַס (crudely) and בְּאוֹפֶן רָגִיל (regularly).

9.2 #

Generally speaking, there is no improvement in the political situation in the Middle East.	**בְּאוּפֶן כְּלָלִי** אֵין שום שינוי לְטוֹבָה בַּמָּצָב הפוליטי בַּמִּזְרָח התיכון.
Our class is held temporarily in the library.	השיעור שלנו מִתקַיֵּים **בְּאוּפֶן זמָנִי** בַּסִפְרִיָּיה.
Linguists maintain that "language" is a system of signs and symbols controlled by syntax. Such a system that has developed naturally is called in linguistics "natural language." Most linguists claim that only humans succeeded in developing this type of language spontaneously.	הבלשָׁנים טוענִים ש"שָׂפָה" היא מַעֲרֶכֶת שֶׁל אותות וסמָלים הכפופים לַתַחבּיר. מַעֲרֶכֶת כַּזֹאת שֶׁנוצֶרֶת בְּאוּפֶן טִבעִי נִקרֵאת בְּבַלשָׁנוּת שָׂפָה טִבעִית. רוב הַבַּלשָׁנים טוענִים שֶׁרק בני אָדָם הִצליחו לְפַתֵחַ שָׂפָה כַּזֹאת **בְּאוּפֶן ספונטָנִי.**

9.1.2 Adverbs of the Form [-ב] + Abstract Noun

Many current Hebrew adverbs are a combination of the preposition [-ב] followed by an abstract noun:

9.3 #

willingly (with will)	**בְּ**רָצוֹן	fast (with speed, quickly)	**בְּ**מהירוּת
bitterly (with bitterness)	**בְּ**מרירוּת	gladly (with gladness)	**בְּ**שִׂמְחָה

בְּכֵיף	gladly	בַּאֲרִיכוּת	at length
בִּרְצִינוּת	seriously (with seriousness)	בְּקלילוּת	with ease, lightly

9.4 #

A distinction is drawn between sentence adverbs (where the adverb modifies a whole sentence or clause) and adverbs which modify a word or phrase. Note the verb-subject word order, which is quite common in written and formal styles, when adverbials open the sentence.

באחרונה נעשה ניסוי דמה, כאילו בישראל מתרחשת רעידת אדמה (אורלי קסטל-בלום, "רדיקלים חופשיים", עמ' 11).	Lately, a mock experiment was performed simulating an earthquake in Israel.
בדרך עצר פעם אחת ליד קיוסק ביפו, הריק כוס מיץ אל בטנו **בגמיעה אחת**.	On the way, he stopped once near a kiosk in Jaffa and drank a glass of orange juice in a single gulp.
בתשובה לשאלה הודיע אתמול דובר משרד החוץ...	In response to a question, a spokesman for the foreign ministry announced yesterday....
בראש מורכן הקיש על הדלת שתי נקישות לא חזקות.	With bowed head, [he] knocked twice lightly on the door.

9.1.3 Feminine Plural Adjectives Used as Adverbs

Another productive way in which modern Hebrew creates adverbs is through the use of the feminine plural form of adjectives. These, like other adverbs, do not change, no matter the gender or number of the verb they modify.

9.5 #

הַנָּשׂיא דיבֵּר **אֲרוּכּוֹת** על הבעיה.	The president spoke about the problem at length.
הוּא לֹא עָנָה לָהֶם **יְשִירוֹת**.	He did not answer them directly.
הִיא נָזְפָה בָּהֶם **קָשׁוֹת**.	She scolded them harshly.
כְּדַאי לְדַבֵּר עִם אֲנָשִׁים **בְּטוֹבוֹת**.	It's better talk to people nicely

9.6 #

בית המשפט העליון קבע **נחרצות**, מפי נשיא אהרן ברק, כי חופש הביטוי וההפגנה אינו מכיל זכות להביא לקריסת המנגנונים לאכיפת החוק ולסכן את ביטחונו של הציבור ושלומו. בית המשפט קרא לדמוקרטיה הישראלית להגן על עצמה בכל האמצעים החוקיים העומדים לרשותה (הארץ, 25.7.2005).

There are some adverbs which are used mainly in more formal registers of the language. This group contains, among others, verb infinitives and plural feminine adjectives, for example:

9.7 #

In the **1950s** inter-ethnic marriages and marriages between newcomers and long-time residents were few and far between.	בשנות החמישים הָיו נישׂוּאים בֵּין-עֲדָתיים, ונישׂוּאים בֵּין עולֶה לְוָותיק, מְעַטים **לְהַפתיעַ**.
The teacher scolded them serverly.	המורֶה נָזַף בָּהֶם **קָשות**.

9.2 Adverbs in Formal and Written Contexts

9.8 #

נושא תדיר לבדיחות הוא גילו המופלג **להדהים** של הפרופסור.

זרים היו לה **עד אימה** (אהרון אפלפלד, "רצפת אש", עמ 67).

הנדריק הפגן גבר בן חמישים לערך: אלא שהוא היה רק בן שלושים ותשע—**צעיר להחריד** למשרה כה רמה (קלאוס מאן, מפיסטו, עמ' 18).

ריח כבד של נפט אופף את כל המבצע הזה. מי שאינו מבין זאת, לא יבין את המהלכים. האמריקאיים. אך ברגע שתופסים במה העניין, מתברר שכל מהלכיהם של בוש ושות' הם אמנם ציניים וצבועים, אך הגיוניים **לעילא ולעילא** (מקור לא ידוע).

הספר ["והוא האור"] פותח ברצח אב סמלי. הגיבורה נורה פוגשת יהודי החוזר ושואל אותה **במפגיע** על אודות הייחוס המשפחתי שלה.

לפתע פתאום השתרר שקט, אבל דווקא השקט הזה לפת את גרונו **עד מחנק**. הוא השליך את הסיגריה שבידו וירק על הרצפה. (אלי עמיר, "יסמין", עמ' 15).

הבנאליות של הרוע של אייכמן לא הפחיתה **כהוא זה** מאשמתו (זרטל וצוקרמן, "חנה ארנדט", עמ' 86).

9.3 Adverbs Grouped by Meaning

The following are IH adverbs grouped by meaning. Bear in mind that a given adverb can be a member of more than one semantic category.

9.3.1 Adverbs of Manner

9.9 #

דַי	enough	יַחדָיו	together	מָהֵר	quickly
יותֵר	more	הֵיטֵב	well	לָשָׁוא/רֵיקָם	to no avail
הַרבֵּה	much	חִינָם	free of charge	מְאוד	very
כָּךְ	thus	בִּקצָרָה	briefly		

Note that the adverb חִינָם (above) has recently acquired an adjective form to give us:

9.10 #

המְסיבּות הֲכי שָׁוות, האֵירועים **החינָמִיים**, מַפַּת העַדלֹאידות האַרצית, תַחפושׂות לְרֶגַע האַחֲרון ומִבחַן הטְעימות הענָק לאוזנֵי המָן ... (הארץ, 17 למרץ, 2011)

The best parties, the free-of-charge events, the last-minute constumes and the huge tasting test for *Hamantas* ...

9.3.2 Adverbs of Frequency

9.11 #

תָמיד	always	לְעיתים	at times
לִפעַמים	sometimes	לְעיתים קרובות/ רְחוקות	frequently / seldom
לִפרָקים	at times	מִיָמים יָמימָה	from time immemorial
שָׁעָה-שָׁעָה	hour-by-hour	מִדֵי יום בְּיומו	(each and) every day
יום-יום	daily	מִדֵי שָׁבוּעַ (בְּשָׁבוּעַ)	(each and) every week
אַף פַּעַם לֹא	never, at no time	מִדֵי חודֶש (בְּחודשו)	(each and) every month
לְעולָם לֹא	never	מִדֵי שָׁנָה (בְּשָׁנָה)	(each and) every year

9.12 #

לְכתבֵי עֵת יש תְדירויות שונות. יומון יוצֵא לָאור **מִדֵי יום**. כִּמעט כל היומונים עוסקים בחֲדָשות ובפוליטיקָה, כיוון שאֵלו הֵם כִּמעט הדברים היחידים המִשתַנים כֹּל יום בְּאופֶן מַשמעותי. שבועון יוצֵא לָאור מדֵי שָבוּעַ.

Periodicals have various frequencies. A daily comes out every day. Almost all dailies deal with news and politics. A weekly comes out every week.

9.13 #

יש **ו**אנחנו לא קורבנות של נסיבות. אלא תורמים, באופן לא מודע, להיווצרותן. במילים אחרות יתכן ואתה נמשך או מרגיש צורך לשחזר נסיבות לוחצניות חוזרות ונשנות מהסוג אותו אתה מתאר (מתוך האינטרנט).

"כך היה" היא תכנית נוסטלגיה שבועית המשודרת החל משנת 2005. **מדי שבוע** מתמקדת התכנית בנושא אחד ומוצגים בה קטעים מארכיון הטלויזיה הישראלית העוסקים בנושא זה. **לעתים** מתארחת בתכנית אישיות חשובה, כאשר הקטעים המוצגים בתכנית עוסקים בה.

9.3.3 Adverbs of Purpose and Goal

IH purpose adverbs — כְּדֵי, עַל מְנַת — can be followed directly by an infinitive form of the verb or by [-ש] + clause, in which the verb has the future tense form. In the former case, the subject of both verbs — the finite form and the infinitive one — refer to the same person, the subject. In the latter case, the two finite verbs refer to two different entities.

9.14 #

	Purpose Adverbs + Clause	Purpose Adverbs + Infinitives
He tapped lightly on the table in order to get their attention. The department chair closed his office door in order not to be disturbed.	רֹאש המַחלָקָה סָגַר אֶת דֶלֶת המִשֹרָד שֶלו **כְּדֵי שֶ-/עַל מְנַת שֶלֹא יַטרידו** אותו.	הוּא דָפַק קַלות על השולחָן **כְּדֵי/ בִּכדֵי/עַל מְנַת לְעורֵר** אֶת תשׂוּמֶת ליבָּם.
He tapped lightly on the table in order to get their attention. He tapped lightly on the table in order to wake her up.	הוּא דָפַק קַלות בְּדֶלֶת חַדרָה **עַל מְנַת שֶ**הִיא **תִתעורֵר**.	הוּא דָפַק קַלות על השולחָן **עַל מְנַת לְעורֵר** אֶת תשׂוּמֶת ליבָּם.

9.15 #

אחרי עשרות שנים של מאמץ סיים האיש על הירח את המיון, רק **כדי לגלות** שבכל היקום כולו אין אפילו מחשבה אחת ראויה ("האיש על הירח", אתגר קרת).

הנדל מצליחה לצייר את הסיטואציות הדרמטיות ביותר מבלי ליפול אפילו פעם אחת לפאתוס או לפורנוגרפיה רגשית. ומן הכיוון השני, הנדל חוותה מספיק וראתה מספיק, **כדי לדעת** שציניות או סרקאזם הם כלים מוגבלים מאוד לתיאור החיים על עושרם, עוניים יופיים וכיעורם (הארץ, 21.7.2007)

המשטרה תציב מצלמות **על מנת ללכוד** נהגים בנתיבי תחבורה ציבורית (הארץ, 24.4.2010).

הוא היה אומר, אל תהיו כעבדים המשמשין את הרב, **על מנת לקבל** פרס, אלא הוו כעבדים המשמשין את הרב, **על מנת** שלא לקבל פרס. ("פרקי אבות", א-3).

Nowadays, more and more native speakers of Hebrew seem to favor the preposition בשביל over כדי in purpose clauses. בשביל can be followed by either an infinitive form or [-ש] +clause.

9.16 #

עשיתי את זה רק **בשביל** להרגיז אותו.	I did it just to annoy him.

9.17 #

הקופסה היתה בצורת מלבן כזה, כמו ארון מתים. ובפנים שכבו שתי נעליים לבנות עם שלושה פסים כחולים על כל אחת ועל הצד שלהן חרוט "אָדידָס רום". לא הייתי צריך לפתוח את הקופסה **בשביל לדעת** את זה ("נעליים", אתגר קרת).

אני מת עליו כשהוא מְחַייך, רק בשבילו אני שותה את השוקו עם הקרום כל בוקר, **בשביל שאוכל** לדחוף לו את השקל בגב ולראות איך החיוך שלו לא משתנה חצי ("לשבור את החזיר", אתגר קרת).

9.3.4 Adverbs of Causation, Reason or Circumstance

9.18 #

	Formal and Neutral Adverbs Followed by	
	Noun	Clause
therefore	_____	**לָכֵן** הַמֶּמְשָׁלָה עָרְכָה ...
therefore (formal)	_____	**לְפִיכָךְ** עָרְכָה הַמֶּמְשָׁלָה ...

in spite of	לַמרות הרַעַש	לַמרות שֶהָיָה רַעַש ...
in spite of (formal)	עַל אַף הרַעַש	עַל אַף שֶהָיָה רַעַש ...
therefore	______	מִשום שֶהָיָה רַעַש ...
because of	מִפנֵי הרַעַש	מִפנֵי שֶהָיָה רַעַש ...
	בִּגלַל הרַעַש	בִּגלַל שֶהָיָה רַעַש ...
		The בגלל ש- example is frowned upon by purists

9.3.5 Adverbs of Place and Space

There are adverbs which function similarly to pronouns in that they refer to a time or place evident from the context of the conversation or text (discourse). In the following, the interpretations of the adverbs require that the referents of time or place be retrievable from the context of the conversation or text. Furthermore, they are contingent upon the time or place of the speaker at the moment of speech.

9.19 #

Formal	Informal or Neutral	Formal		Informal or Neutral	
aforementioned, above	לְעֵיל	(to) there	שָמָה	there, to there	שָם, לְשָם
(to) here (formal)	הֲלוֹם	as follows	לְהָלָן	here	פֹּה, כָּאן
				(to) here	הֵנָּה, לְכָאן

9.3.6 Adverbs of Time

9.20 #

meanwhile	לְעֵת עַתָּה	while, in the process of	תוך כדֵי כָּך	now	עַכשָו, עַתָּה, כָּעֵת
nowadays	כַּיום	day and night (formal)	יוֹמָם וָלַיְלָה	right this minute	כָּרֶגַע
today	היום	all day long (formal)	יוֹמָם	since then	מֵאָז
then	אָז	day before yesterday	שִלשום	tomorrow	מָחָר
lately	לָאַחרונָה	the day after tomorrow	מחרתַיים	last night (formal)	אֶמֶש

10.0 Verbs

> **What is a verb?**
>
> A verb is a member of the syntactic class of words that typically signals events, actions and activities. Hebrew verbs are marked for tense, voice, person, number and grammatical gender.

Verbs name actions, activities and states. Each verb encapsulates a story which, in essence, tells you who did what to whom.

Verbs can be classified by structural, semantic and aspectual criteria, and by transitivity[20]. Hebrew verbs have anywhere from three to five letters in their root. Each root can potentially be realized in each of the seven verb patterns, but only a few of them do indeed materialize in all the patterns.

Hebrew verbs have three main attributes: root (שׁוֹרֶשׁ), verb paradigm (בִּנְיָן) and root type גִּיזְרָה.

10.1 The *binyanim*–Verb Paradigms

Every verb form in Hebrew is associated with a *binyan* (verb paradigm). The function of the various *binyanim* is to express, in relation to a given root, a variety of syntactic processes.

There are seven *binyanim* (#10.1); two of them—פּוּעַל, הוּפְעַל—have only passive verbs and are not very productive nowadays.

The verbs in (#10.1) are presented in the singular, masculine, past-tense form, since this form is traditionally used to name the various paradigms.

---

[20] The term transitivity refers the number of objects a verb requires or takes in a given instance. A transitive verb is a verb that takes a direct object (http://www.sil.org/).

Paradigms Containing Only Passive Verbs		Paradigms Containing Active, Passive and Middle-Voice Verbs		Paradigms Containing Only Active Verbs	
		niCCaC נִפעַל		**CaCaC פָּעַל**	
		got together with	נִפגַש עם	met SO	פָּגַש מישהו
		is located at	נִמצָא ב-	found ST	מָצָא משהו
		was written by	נִכתַב על ידי	wrote ST[21]	כָּתַב משהו[22]
		fell asleep	נִרדַם	danced with	רָקַד עם
		broke	נִשבַּר	broke ST	שָבַר משהו
		came to an end	נִגמַר	finished ST	גָמַר משהו
CuCaC פועַל				**CiCeC פיעֵל**	
was paid	שוּלַם			paid for	שילֵם עבור
was published	פורסַם			published ST	פירסֵם משהו
huCCaC הופעַל				**hiCCiC הִפעיל**	
was invented	הומצָא			invented	הִמציא משהו
was dictated	הוכתַב			dictated	הִכתיב משהו למישהו
		Active and Middle Voice Verbs			
		hiCaCeC הִתפַעֵל			
		corresponded with	הִתכַּתֵב עם		
		got dressed	הִתלַבֵּש		

(21) SO = someone, ST = something; for other abbreviations, see p. 3.

(22) Following tradition, all the verbs above have the 3rd person m. past-tense form.

10.1.1 Processes Expressed by the *binyanim* (Verb Paradigms)

The *binyan* (verb paradigm) system expresses a multitude of syntactic processes. These differing processes are exemplified here by verbs of the same root which are realized in various verb paradigms.

For more about roots, see "Root and Root Type," p. 146.

10.1.1.1 Voice (Active, Passive and Middle)

10.2 #

	Sentences with Passive Verbs	Sentences with Active Verbs
Dani wrote (פעל, active) the letter. The letter was written (נפעל, passive) by Dani.	הַמִכְתָּב **נִכְתַב** עַל יְדֵי דָנִי.	דָנִי **כָּתַב** אֶת הַמִכְתָּב.
The policed detained (פעל, active) the demonstrators. The demonstrators were detained (נפעל, passive) by the police.	הַמַפגִינִים **נֶעֶצְרוּ** עַל יְדֵי הַמִשְטָרָה.	הַמִשְטָרָה **עָצְרָה** אֶת הַמַפגִינִים.
No one invited us to the party (הפעיל, active). None of us were invited (הופעל, passive) to the party.	אַף אֶחָד מֵאִיתָנוּ לֹא **הוּזמַן** לַמְסִיבָּה.	אַף אֶחָד לֹא **הִזמִין** אוֹתָנוּ לַמְסִיבָּה
He accompanied his lecture with clips from his movies (פיעל, active). His lecture was accompanied (פועל, passive) with clips from his movies.	הַהַרְצָאָה שֶׁלוֹ **לוּוְתָה** בְּקלִיפִּים מִן הַסרָטִים שֶׁלוֹ.	הוּא **לִיוָּוה** אֶת הַהַרְצָאָה שֶׁלוֹ בְּקלִיפִּים מִן הַסרָטִים שֶׁלוֹ.

The Ashkenzi prayer book was brought (הפעיל, active) from Italy to the Rhine region in the 10th century. The Ashkenzi prayer book was brought (הופעל, passive) from Italy to the Rhine region in the 10th century.	סידור התפילָה נוסַח אַשכְּנָז **הוּבָא** מאיטַליָה לאֵיזור הריין בַּמֵאָה העֲשׂירית.	אֶת סידור התפילָה נוסַח אַשכְּנָז **הֵביאו** מאיטַליָה לאֵיזור הריין בַּמֵאָה העֲשׂירית.
They finally sold (פעל, active) the house. The house was finally sold (נפעל, passive voice).	הַבַּיִת סוף-סוף **נִמכַּר.**	הֵם סוף-סוף **מָכרו** אֶת הַבַּיִת
Ig'al Amir murdered (פעל, active) Yitzhak Rabin. Rabin was murdered (נפעל, passive) by Ig'al Amir.	יִצחַק רַבִּין **נִרצַח** בידֵי יִגאַל עָמיר.	יִגאַל עָמיר **רָצַח** את יִצחַק רַבִּין.
I finally finished (פעל, active) checking all the papers. Vacation ended (נפעל, middle voice) before I had time to do anything.	החופשָה **נִגמְרָה** לִפנֵי שֶׁהִספַּקתי לַעֲשׂות מַשֶׁהו.	סוף סוף **גָמַרתי** לִבדוק אֶת כֹּל העֲבודות.
They broke (פעל, active) the window. The window broke (נפעל, middle).	הַחַלון **נִשבַּר.**	הם **שָׁבְרו** אֶת הַחַלון.

See the sections below for more detail on these syntactic processes.

10.1.1.2 Transitivity

Transitivity has to do with the number of objects a verb requires or takes in a given instance.

10.3 #

	Sentences with Intransitive Verbs	Sentences with Transitive Verbs
He finished the class (פיעל) at 3:00. Class ended at (התפעל) at 3:00.	הַשיעור **הִסתַיֵים** בשָלוש.	הוא **סִיֵים** את הַשיעור בשָלוש.

The kids broke (פעל) the chair. The chair broke (נפעל).	הכִּיסֵא **נִשבַּר**.	הילָדים **שָברוּ** אֶת הכִּיסֵא.
He stopped the car (פעל) The car stopped (נפעל).	המְכונית **נֶעֶצְרָה**.	הוא **עָצַר** אֶת המְכונית.
The director stopped(הפעיל) filming. The rain stopped (it stopped raining) (פעל).	הגֶשֶם **פָּסַק**.	הבמַאי **הִפסיק** אֶת ההַסרָטָה.
Dad dressed (הפעיל) the kids. The kids got dressed/dressed themselves (התפעל).	הִילָדים **הִתלַבשוּ**.	אַבָּא **הִלבּיש** אֶת הִילָדים.
The barber gave Roni a haircut (פיעל). Roni got a haircut (התפעל).	רוני **הִסתַפְּרָה**.	הסַפָּר **סיפֵּר** את רוני.

Although grouping transitive, intransitive and medial verbs under one rubric may imply that the demarcation between and among them is clear-cut, this is not necessarily the case. A more nuanced approach would show that the field is comprised not of three distinct categories, but rather of a continuum of verbs that range from prototypically transitive at the one end — להרוג, לבנות, להרוס (kill, destroy, build) to prototypically intransitive on the other — לישון, למות (sleep, die).

10.1.1.3 Causativity

10.4 #

	Sentences with Causative Verbs	Sentences with non-Causative Verbs
The children laughed (פעל). The joke made/caused the children [to] laugh (הפעיל).	הבדיחָה **הִצחיקָה** אֶת הִילָדים.	הִילָדים **צָחֲקוּ**.

He is a weak (adj.) person. The disease weakened him (הפעיל).	הוּא אָדָם **חָלָשׁ**.
	המחֲלָה **הֶחלישָׁה** אותו.

10.1.1.4 Change of State

10.5 #

	Change of State	States
The soup is cold (adj.). The soup got cold (התפעל).	הַמָּרָק **הִתְקָרֵר**.	הַמָּרָק קַר.
He is very fat (adj.). The medication he's on caused him to gain a lot of weight (פעל or הפעיל).	הוּא **הִשמין/שָׁמַן** מְאוד מֵהתרופָה שֶׁהוּא לוקֵחַ.	הוּא שָׁמֵן מְאוד.

10.1.1.5 Reflexivity

There is a universal linguistic phenomenon whereby, when the subject of a verb (pronoun or full noun) and the object of that verb have the same referent, that object is expressed by the reflexive pronoun.

Reflexives in Hebrew come in two garden varieties: synthetic and analytic forms. Synthetic forms are those in which reflexivity is contained in the verb itself: לְהִתְרַחֵץ לְהִתְלַבֵּשׁ, להִתגַלֵּחַ (to shave [oneself], to get dressed, to wash [oneself], respectively).

Most synthetic reflexive verbs are realized in הִתְפַּעֵל — a verb paradigm which, among other processes, transforms non-reflexive verbs into reflexive ones.

All synthetic reflexive verbs have a non-reflexive counterpart in a different *binyan* (#10.7). The number of synthetic reflexives in Hebrew is quite small.

Analytic forms are those in which the self-same subject and the object are kept apart by two different words, each referring to the same object, as in: כָּתַבתי לְעַצמי תיזכורֶת (I wrote myself a note) or הוא לא סָלַח לְעַצמו (he did not forgive himself).

The use of a synthetic reflexive verb (#10.9) excludes the use of a reflexive pronoun (namely, reflexive verb forms and reflexive pronouns are mutually exclusive).

Hebrew speakers tend to use the reflexive form whenever possible and use a reflexive pronoun only when such a form is not available, and thus would, generally prefer (1) over (2) below.

10.6 #

1. הוּא הִתְרַחֵץ. He washed himself 2. הוּא רָחַץ אֶת עַצְמוֹ. He washed himself.

10.7 #

	Non-Reflexive Verbs	Synthetic Reflexive Verbs
My brother shaved (himself) The barber shaved my brother.	הַסַפָּר **גִילֵחַ** אֶת אָחִי.	אָחִי **הִתגַלֵחַ**.
The boy combed his hair by himself. He combed the boy's hair.	הוא **סירֵק** אֶת הַיֶלֶד.	הַיֶלֶד **הִסתָרֵק**.
She does not leave the house without (putting) makeup (on). The dresser made the actor up.	המלביש **אִיפֵּר** אֶת השַׂחקָן.	היא לֹא יוֹצֵאת מֵהַבַּיִת בלי **לְהִתאַפֵּר**.
He got (himself) dirty when he tried to extinguish the fire.	הוא **ליכלֵך אֶת עַצמו** כשֶהוא ניסָה לְכַבּות את השׂרֵפָה.	הוא **הִתלַכלֵך** כשֶהוא ניסָה לְכַבּות את השׂרֵפָה.
There are kids who don't like to wash themselves. There are kids who don't like to be washed (lit. when [SO] washes them).	ילָדים לֹא אוהֲבים שֶׁ**רוחֲצים** אותָם.	יֵש יְלָדים שֶלא אוהֲבים **לְהִתרַחֵץ**.

10.8 #

The impossibility of the starred examples in #10.9 below has both structural and semantic reasons: (a) verbs in הִתפָּעֵל do not license direct objects, and (b) the direct object "one's self" is an inherent part of the reflexive verb itself.

10.9 #

הוּא רָחַץ לְעַצמוֹ אֶת הַיָּדַיִים.	*הוּא הִתרַחֵץ לְעַצמוֹ אֶת הַיָּדַיִים.	He washed his hands. *He washed his hands to himself.
הוּא גִילֵחַ לְעַצמוֹ אֶת הרַגלַיִים.	*הוּא הִתגַלֵחַ לְעַצמוֹ אֶת הרַגלַיִים.	He shaved his [own] legs. *He shaved his legs to himself.

Moreover, not all reflexive verbs can be paraphrased with an analytic reflexive form because such a form does not always exist. The pairing of a reflexive verb with a non-reflexive of the same root is unpredictable and only the dictionary can tell you whether a given reflexive verb has a non-reflexive counterpart.

10.10 #

הִיא מִתקַלַחַת.	*הִיא מְקַלַחַת אֶת עַצמָה.	She is taking a shower.

There are also a few cases in which both forms exist, but the meaning of the synthetic form is not variant of the analytic one (or *vice-versa*). In the following two examples the פיעל subject (analytic) is V-ing himself, while in the התפעל (synthetic) someone else is doing the V-ing.

10.11 #

Reflexive Pronoun + פיעל		**התפעל**	
He convinced himself that he can write poetry.	הוא **שיכנֵע את עצמו** שהוא מְסוּגָל לִכתוב שירָה.	He was convinced (by someone else) that he can write poetry.	הוא **הִשתַכנֵע** שהוא מְסוּגָל לִכתוב שירָה.
At age 70, she finally discovered herself.	בגיל 70 היא סוף- סוף **גילתָה את עַצמָה.**	At age 70, she was finally discovered	בְּגיל 70 היא סוף- סוף **הִתגַלתָה.**
He supported himself by forging CDs and software.	הוא **פירנֵס את עצמו** מִזיוּף תַקליטורים ותוכנות מַחשֵב.	He made a living by forging CDs and software.	הוא הִתפַּרנֵס מִזיוּף תַקליטורים ותוכנות מַחשֵב.

For the conjugation of the reflexive pronoun, see p. 38.

In the rare cases in which both the synthetic and the analytic reflexive are available, we may find interesting nuances of meaning differentiating the two. The meaning differences might be as follows:

Morphological Reflexive or Middle Voice[23]		**Analytic Reflexive**	
מִתהַפֵּך	הַתינוק שֶׁלָנו כּבָר **מִתהַפֵּך.** Our baby can already roll over.	**הופֵך** את עצמו	גיבּור הסיפור מְסוּגָל **לַהֲפוך את עַצמו** לְבִלתי נִראֶה. The protagonist of the story can make himself invisible.
מִתכּופֵף	היא **הִתכּוֹפְפָה** כּדֵי לְהָרִים אֶת הַכֶּלֶב מֵהָרִצפָּה. She bent down in order to lift the dog off the floor.	**מְכופֵף** את עצמו	הוא הָיָה צָרִיך **לְכופֵף את עַצמו** כִּמעַט עַד לָרִצפָּה. He had to bend down almost to the floor.
מִתפּוצֵץ	הוא **הִתפּוצֵץ** לִפנֵי הבַּיִת שֶׁל רֹאש הַמֶּמשָׁלָה. He blew up in front of the Prime Minister's house.	הוא **פּוצֵץ** את עצמו	הוא **פּוצֵץ את עצמו** לִפנֵי הבַּיִת של רֹאש הַמֶּמשָׁלָה. He blew himself up in front of the Prime Minister's house.
מִתמַלֵא	הוא **הִתמַלֵא** בְּגַאֲוָוה. He was filled with pride.	**מְמַלֵא** את עַצמו	אל **תְּמַלֵא אֶת עַצמך** בְּלֶחֶם; לֹא תוכַל לֶאֱכול אֲרוּחַת עֶרֶב. Don't stuff yourself with bread; you won't be able to eat dinner.
הִתרַחֵק	תמיד התקומַמתי נגד שִׁלטון הזמן ו**התרחקתי** ממה שקרוי מאורעות השעה.	**הִרחיק** את עַצמו	תמיד התקומַמתי נגד שִׁלטון הזמן ו**הרחקתי את עַצמי** ממה שקרוי מאורעות השעה. ("אוסטרליץ", עמ' 87).
I always revolted against the control / rule of time, and I distanced myself from what is called current events.			

(23) The middle voice is in the middle between the active and the passive voices because the subject often cannot be categorized as either agent or patient but may have elements of both.

10.1.1.6 Reciprocity

10.13 #

	Reciprocal Predicates	Non-Reciprocal Predicates
Uzu wrote (פעל) a letter to Muzu. Uzu and Muzu corresponded (התפעל).	אוזו וְמוזו **הִתכַּתבוּ**.	אוזו **כָּתַב** מִכתָב לְמוזו.
Moshe met (פעל) Miriam at David's party. Moshe and Miriam met (נפעל) at David's party	מֹשֶה ומִרים **נִפגְשוּ** בַּמְסיבָּה שֶל דָויד.	מֹשֶה **פָּגַש** אֶת מִרְיָם בַּמְסיבָּה שֶל דָויד.
I hope to see (פעל) my uncle tomorrow. I hope my uncle and I will see each other (התפעל) tomorrow.	אֲני מְקַוֶוה **לְהִתרָאות** עִם הדוד שֶלי מָחָר.	אֲני מְקַוֶוה **לִראות** אֶת הַדוד שֶלי מָחָר.

See also "Lexical Expression of Reciprocity," p. 185.

10.1.1.7 What the *binyan* System Helps Make Explicit

Pairs such as הולך/מוליך and חזר/החזיר (#10.14) are variations of verbs of the same root realized in different verb paradigms.

In the case of חָזַר, it is the subject of the sentence which changed places, while in הֶחזיר, it is the object of the verb which changed places. The הֶחזיר sentence can thus be paraphrased as: "He did something to the book, and as the result of his doing something, the book is back where it was before." In other words, while the English "return" denotes both "subject himself returns" and "subject returns object (to receiver)," Hebrew casts the root in two different verb paradigms in order to mark such differences in meaning.

As a student of Hebrew you should be aware of such non-causative and causative nuances and not use חָזַר for both meanings.

10.14 #

He walks/goes to school. He walks the dog.	הוא הולֵך לְבית הסֵפֶר.	הוא מוליך אֶת הכלֶב.	* הוא הולֵך אֶת הַכֶּלֶב.
He returned.	הוא חָזַר.		
He returned to Berkeley. He returned the book to the library.	הוא חָזַר לְבֶרקלי.	הוא הֶחזיר אֶת הסֵפֶר לַסִפרִיָה.	* הוא חָזַר אֶת הסֵפֶר לַספרִיָיה.

Note that the bare form of the verb חָזַר (the verb without any accompanying object) would be used only if the place he returned to or from is already "on the table" in the discourse.

10.1.1.8 Passive Verb Paradigms

There are three verb paradigms (בניינים) which include passive verbs -- פּוּעַל, הוּפעַל and נִפעַל. The first two, פּוּעַל and הוּפעַל, are exclusively passive and can be easily identified by the [וּ] vowel in their medial position. Many words which are הוּפעַל and פּוּעַל in form are only used adjectively (מְשוּגַע, מְשוּמָש, מְבוּהָל, crazy, used, frightened, respectively). Their non-verbal nature is manifested by the fact that they don't have an active-verb counterpart. Verbs in the third paradigm — נִפעַל — are, however, a mixed bag; they can be active, passive or middle voice. This is true even when the verb in נִפעַל is a relative of an active verb in פָּעַל.

10.15 #

	Passive or Middle Voice Verbs in נִפעַל	Active Verbs in נִפעַל
She registered at Tel Aviv University.		היא **נִרשְמָה** לָאוּנִיבֶרסִיטָה שֶל תֵל אָביב.
UC Berkeley was founded more than 120 years ago.	האוניבֶרסיטָה שֶל בֶּרקלי **נוסדָה** לִפנֵי לְמַעלָה מִמֵאָה וְעֶשׂרים שָנָה.	

They did not want to enter the room.	הֵם לֹא רָצוּ **לְהִיכָּנֵס** לַחֶדֶר.
The university did not accept the lecturers' request.	האוניבֶרסִיָה לֹא **נֶעֶנתָה** לַבַּקָשָׁה שֶׁל הַמַרצִים.

See also "Passive Sentences ," p. 301.

10.1.1.9 "סונט הבניינים", יהודה עמיחי

לִכתוב, לִשתות, לָמות, וְזֶה הקַל.
וכבָר אַתָה פָּעוּל, אָהוּב, כָּתוּב.
עַד שֶׁעושים אותךָ: אתָה נִפעָל:
נִברָא, נִשבָּר, נִגמָר, נִמצָא וְשוב

עֲלִילולֶתֶיךָ מִתחַזקות כָּל-כָּך
עַד לַפִיעֵל: נַגֵן, דַבֵּר, שַׁבֵּר.
עולַם הַמַעֲשִׂים כֹּה יְסֻבַּךְ:
פִּעֵל, שִׁבֵּר, קִבֵּץ, בלִי חוזֵר.

אַתָה מַפעִיל: הָאֲחֵרִים עושִׂים
וְשוב מָפעָל בחִלופֵי נִסִים,
מַשגִיחַ ומָשגָח, מַלהִיב מָלהָב.

וְרַק בַּסוף אַתָה חוזֵר אֶל עַצמְךָ
ומִתבָּרֵר ומִתלַחֵש, הכֹּל מָחֳזָר.
בהִתפָּעֵל וְהִתקַפֵּל עַד שֶׁנִגמָר.

יהודה עמיחי

10.1.1.10 Exceptional Cases of Verb Paradigms

10.16 #

Usually the same root in different verb paradigms produces different meaning and different transitivity. However, there are at least three verbs, all of the same semantic domain, which are in the same בניין yet have both transitive and intransitive uses:

The flowers smell great.	הפרָחים **מְרִיחִים** נִפלָא.	He smells the flowers.	הוא **מֵרִיחַ** את הפרָחים.
Their cigarettes stink.	הסיגָריות שֶׁלָהֶם **מַסרִיחוֹת**.	They always stink up the house with their cigarettes.	הם תמיד **מַסרִיחִים** את הבית עם הסיגָריות שֶׁלָהֶם.

There is something wrong with the oven; it keeps smoking.	הַתַּנּוּר לֹא בְּסֵדֶר, הוּא כָּל הַזְּמַן מְעַשֵּׁן.	He smokes cigars.	הוּא מְעַשֵּׁן סִיגָרִים.

10.2 Root and Root Type (גִּזְרָה וְשׁוֹרֶשׁ)

In addition to בִּנְיָן (verb paradigm), the shape and form of Hebrew verbs are determined by two other characteristics: the root and the root type.

The שׁוֹרֶשׁ (root) is the portion of a word that is common to a set of verbs, nouns, and adjectives. It carries the principal portion of meaning of the words of which it is part. Note, however, that the meaning relationship between the particular word and its root is generally unpredictable. It is only after you know the meaning of two or more words which share a root that you can generalize about the core meaning they share.

Roots are categorized by גִּזְרָה (type) according to the letters which constitute a given root. The main differentiation is between regular and irregular roots. The regular roots remain intact as they become verbs, nouns or adjectives. Regular roots produce verbs which conform to the paradigmatic default. Irregular roots are roots which may change as they become words in the language. The change(s) in the root are either very local (restricted to this or that person, or this or that tense) or comprehensive. Changes can express themselves in the alteration or deletion of a root letter.

While all root letters of regular verbs stay intact, there are often (but definitely not always) vowel changes (deviations from the regular paradigmatic form) when a guttural letter—א,ח,ע, or ר—is part of the root. The changes vary and are contingent upon the guttural, its linear position within the root, and the verb paradigm. In other words, not all gutturals are the same in their "sensitivity" to position, paradigm and conjugation. In #10.17, for example, the first verb has no guttural letters, the second has a [ר], which has no effect on the verb form, and the other verbs have a guttural, which does affect the vowels of this particular form (infinitive, פָּעַל). The "C"s in #10.17 indicate root letters.

10.17 #

kill	laC1aC2oC3	לַהֲרוג	finish	liC1C2oC3	לִגמור
work	laC1aC2oC3	לַעֲבוד	list	liC1C2oC3	לִרשום
eat	leC1eC2oC3	לֶאֱכול	come back	laC1aC2oC3	לַחזור

In #10.17 the vowel of infinitival *lamed* (*li-*) does not follow the regular pattern of פָּעַל verb paradigm but has a la- instead when it precedes ה,ח,ע, and a *le-* before א. This change from [-לִ] to [-לַ] or [-לֶ] is motivated by the guttural letter in the first letter of the root.

There are other letters which at times (mainly in פָּעַל) cause deviations from the paradigmatic form. A [נ] in initial position of the root may drop in the infinitive and future tense of פָּעַל, and [י] always drops in פָּעַל infinitive and future tense.

10.18 #

finish (inf. פעל)	liC1C2oC3	לִגמור
fall (inf. פעל)	liØC2oC3	לִØפול (√נפל)
sit (inf. פעל)	laØC2eC3et	לָØשֶבֶת/לָשֶבֶת (√ישב)
we will finish (פעל)	niC1C2oC3	אנחנו נִגמור
we will fall (פעל)	niØC2oC3	אנחנו נִØפול / נִפול (√נפל)
we will sit (פעל)	neØC2eC3	אנחנו נֵØשֵב/נֵשֵב (√ישב)

For a list of most paradigmatic changes in all verb paradigms, see appendix 1: "Israeli Hebrew verb system."

Often, but not always, when two verbs of the same root are realized in more than one בִּנְיָין they also share core meaning. However, due to historical reasons, the shift in meaning of a finite verb as its root "travels" from one בִּנְיָין to another is often unpredictable, especially to learners of the language. Yet, the relationship in meaning becomes discernible once all verbs of a given root, in their various בִּנְיָין realizations, are looked at as a unit.

When a given root is realized in more than one verb paradigm, one of the verb forms is considered semantically basic, and the others as its derivatives. Of the following verbs, the first verb shown is considered semantically basic, and the other four are its derivatives.

10.19 #

wrote	כָּתַב
was written, dictated, was dictated, corresponded	נִכתַב, הִכתִיב, הוּכתַב, הִתכַּתֵב
remembered	זָכַר
recalled, mentioned/reminded, was mentioned	נִזכַּר, הִזכִּיר, הוּזכַּר

10.20 #

At times, verbs may seem to come from the same root when in fact they do not. It might, therefore, be a good idea to check the dictionary if your guess produces strange meanings. For example:

ספר√

get a haircut	לְהִסתַפֵּר	tell a story	לְסַפֵּר	be counted	לְהִיסָפֵר	count	לספור

פתח√

get developed	לְהִתפַּתֵחַ	develop	לְפַתֵחַ	get opened, open up	לְהִיפָּתַח	open	לפתוח

10.3 Tenses and Inflections

The Hebrew verb is inflected or conjugated by adding prefixes, infixes and suffixes that represent grammatical categories of person, number and tense (past, present, future) or mood (imperative/command form).

10.21 #

Hebrew verb forms are more complex than their English counterparts. When you look up a Hebrew verb in the dictionary, you have to ask yourself the following questions in order to be able to use what you find:

Is the subject of the verb (the clause or the sentence) a man or a woman, a boy or a girl? A masculine noun or a feminine noun?

The subject refers to one female.	דַלְיָה אוכֶלֶת שוקולד.
The subject refers to one male.	יוחָנָן לומֵד עִברִית.

The subject refers to one fem. noun.	הַמַקהֵלָה החֲדשָׁה מופיעָה הָעֶרֶב בָּאוניבֶרסיטָה.
The subject refers to one masc. noun.	הסֶרֶט עַל החַיִים בְּישׂרָאֵל הִפתיעַ אֶת כּולָם.
If the subject refers to more than one person or thing, are these only masculine? only feminine? mixed company?	
The subject refers to more than one person.	הַיְלָדים אוכלים שוקולָד.
The subject refers to more than one thing.	הספרים נִמצאים על המדף.
The subject refers to more than one thing, more than one masc. noun and more than one fem. noun.	כֹּל ההַצָגות והסרָטים נִגמָרים בְּאותָה שָׁעָה.
The subject refers to one masc. noun and one fem. noun; the verb form is plural masc.	גַם ההַצָגָה וְגַם הסֶרֶט לֹא מוצאים חֵן בְּעֵינַי.
The subject refers to more than one fem. noun.	הדודות שלי גָרות באורגון.
The subject refers to more than one fem. noun.	הבְּעָיות שלו מוציאות אותָנו מִדַעתֵנו.

For "Time and Tense," see p. 201.

10.3.1 The Conjugation of Present-Tense Verbs

Verbs in the present tense have four different forms: masculine singular, feminine singular, plural and feminine plural.

Most texts dealing with Hebrew gender consider the ים— form of the present-tense verb masculine. Regarding the ים— and ות— binary oppostion, we consider the ים— form unmarked and the ות— marked. Hence forms such as הולכים, מצטערים, נלחמים, etc. are plural, and forms such הולכות, מצטערות, נלחמות, etc. are feminine plural.

10.22 #

live at, reside	גָר	אֲני אַתָה הוּא
	גָרָה	אֲני אַת היא
	גָרים	אֲנַחנוּ אַתֶם הֵם
	גָרות	אֲנַחנוּ אַתֶן הֵן
study, learn	לומֵד	אֲני אַתָה הוּא
	לומֶדֶת	אֲני אַת היא
	לומדים	אֲנַחנוּ אַתֶם הֵם
	לומדות	אֲנַחנוּ אַתֶן הֵן
ask a question	שואֵל	אֲני אַתָה הוּא
	שואֶלֶת	אֲני אַת היא
	שואֲלים	אֲנַחנוּ אַתֶם הֵם
	שואֲלות	אֲנַחנוּ אַתֶן הֵן
talk to, speak	מְדַבֵּר (עם)	אֲני אַתָה הוּא
	מְדַבֶּרֶת	אֲני אַת היא
	מְדַבְּרים	אֲנַחנוּ אַתֶם הֵם
	מְדַבְּרות	אֲנַחנוּ אַתֶן הֵן
start, begin	מַתחיל	אֲני אַתָה הוּא
	מַתחילָה	אֲני אַת היא
	מַתחילים	אֲנַחנוּ אַתֶם הֵם
	מַתחילות	אֲנַחנוּ אַתֶן הֵן

אֲנִי אַתָּה הוּא	מִתחַתֵן	
אֲנִי אַת הִיא	מִתחַתֶנֶת	marry, get married
אֲנַחנוּ אַתֶם הֵם	מִתחַתנִים	
אֲנַחנוּ אַתֶן הֵן	מִתחַתנוֹת	

The examples in #10.23 show that if one member of a group of names is masculine, the verb which refers to all members of the group is always masculine plural.

10.23 #

סָאמִיר, עֲזִיזָה וּמַארְיָה **מְדַבּרִים** עִברִית.	Samir (m.), Aziza (f.) and Marya (f.) speak Hebrew.
בִּלעָם וְאִשתוֹ לֹא **מְדַבּרִים** אַנגלִית.	Balaam (m.) and his wife don't speak English.
מִישָה וּבַרבָּרָה מוֹזֶס **מְדַבּרִים** רוּסִית.	Misha (m.) and Barbara (f.) Moses speak Russian.
אֲבִיבָה וְדַלִיָה **מְדַבּרוֹת** עֲרָבִית.	Aviva (f.) and Dalia (f.) speak Arabic.
אַברָהָם וְדָנִיאֵלָה **לוֹמדִים** לומדים יִידִיש בָּאוּנִיבֶרסִיטָה.	Avraham (m.) and Daniela (f.) study Yiddish at the university.

In classifying vocabulary items into different parts of speech, we need to be aware that verbs in the present tense can function as adjectives (modifiers of nouns) and nouns, and that adjectives can function as nouns as well.

10.24 #

כֹּל **הַנוֹסעִים** צרִיכִים לָרֶדֶת בַּתַחֲנָה הָאַחרוֹנָה.	All passengers have to get off at the last stop.
הַמִשתַתפִים בַּקוּרס מַגִישִים כֹּל שָבוּעַ עֲבוֹדָה.	The participants in the course turn in an assignment weekly.

See also **#10.36**, p. 155.

10.3.2 The Uses of Present-Tense Verbs

10.3.2.1 The Here and Now

The present-tense form is used to talk about the here and now. Whatever holds true at the moment of speech is marked by the present-tense form of the verb.

10.25 #

She is making coffee.	היא **עוֹשָׂה** קָפֶה.	We live in Tel Aviv.	אֲנַחנוּ **גָרים** בְּתֵל אָבִיב.
We want a new computer.	אֲנַחנוּ **רוצים** מַחשֵׁב חָדָשׁ.	They study/are studying Hebrew.	הֵם **לומדים** עִברית.

Note that Hebrew verbless sentences (#10.26) are construed as present-tense sentences.

10.26 #

I don't have time.	אֵין לי זמַן.	Dani is not home.	דָני לא בַּבַּיִת.

10.3.2.2 Near Future

Using the present tense to indicate near future generally comes in conjunction with a time expression. The English equivalent of this use is expressed by the -ing form of the verb.

10.27 #

Just a minute, I'm coming.	רַק רֶגַע, אֲנִי **כּבָר בָּאָה**.
The plane is about to arrive any minute.	הַמָטוס **עומֵד לְהָגיעַ** כֹּל רֶגַע.
Are you coming?	אַתֶם **בָּאים** או לא?
I am going to Israel this summer.	בַּקַיִץ אֲני **נוסַעַת** לָאָרֶץ.
They're going back to Israel next year.	בּשָׁנָה הבָּאָה הֵם **חוזרים** אַרצָה.
He's flying (going) in a month.	הוּא **טָס** בְּעוד חודֶשׁ.
Next week they start building the new museum.	בַּשָׁבועַ הבָּא **מַתחילים** לִבנות את הַמוּזֵיאון החָדָשׁ.
I'm rushing to call him to tell him not to come/to not come.	אֲני **רָצָה** לְטַלפֵן כְּדֵי לְהַגיד לו שֶׁלֹא יָבוא.

10.3.2.3 Up-to-the-Present Activities or Events

The present-tense form is used to express whatever has been true in the past and has been continually true up to, and including, the moment of speech:

10.28 #

אֲנַחְנוּ גָרִים בַּדִירָה הזאת כבָר שלושים שָנָה.	We have been living in this apartment for 30 years.
הֵם **נְשׂוּאִים** שֶבַע שָנִים.	They have been married for seven years.

10.3.2.4 Habitual Activities

Activities or events that take place or occurs over and over again:

10.29 #

הוּא **נוֹסֵעַ** לַעֲבוֹדָה בְּאוֹטוֹבּוּס.	He goes to work by bus.
הוּא **הוֹלֵךְ** לַשוּק כֹּל יוֹם חֲמִישִי אַחֲרֵי הָעֲבוֹדָה.	He goes to the market every Thursday after work.

10.3.2.5 General Assertions, Truisms and Aphorisms

10.30 #

בִּישְׂרָאֵל לֹא **יוֹרֵד** גֶשֶם בַּקַיִץ.	It doesn't rain in Israel in the summer.
רֹאש הַשָנָה **חָל** בְּדֶרֶךְ כְּלָל בִּסֶפְּטֶמְבֶּר.	*rosh ha-shana* is usually in September.
הַיִשְׂרְאֵלִים **שוֹמְעִים** כֹּל הַיוֹם חֲדָשוֹת.	Israelis listen to the news all day long.
לַיִשְׂרְאֵלִים **יֵש** דֵעָה עַל כֹּל דָבָר.	Israelis have an opinion about everything.
אֵין הַנַחְתוֹם **מֵעִיד** עַל עִיסָתוֹ.	One should not praise one's own work (literally: The baker does not testify to the quality of his dough).
אִם **אֵין** אֲנִי לִי מִי לִי?	If I am not for myself, who is for me? (Ethics of the Fathers, 1:14)

10.3.2.6 Intentions or Future Plans

10.31 #

הַהוֹרִים שֶלִי **בָּאִים** הֵנָה לַחַגִים.	My parents are coming here for the holidays.
הֵם **נוֹסְעִים** לִסְפָרַד בַּקַיִץ.	They are going to Spain in the summer.

10.3.2.7 Ultimatums and Threats

10.32 #

אַתָה **מַפְסִיק** לִצְעוֹק אוֹ שֶאֲנִי **זוֹרֶקֶת** אוֹתְךָ מֵהַבַּיִת.	Stop yelling or I'm throwing you out of the house.
אַתְּ **עוֹזֶבֶת** אוֹתוֹ אוֹ שאֲנִי **עוֹזֵב** אוֹתָךְ.	Either you are leaving her or I am leaving you.
אַתְּ **גוֹמֶרֶת** אֶת הָאוֹכֶל אוֹ שֶאַתְּ **לֹא מְקַבֶּלֶת** גְלִידָה.	Finish your food or you won't get ice cream.

10.3.2.8 Dramatic Narration

The present tense can be used when someone who is telling a story wishes to achieve the effect of immediacy as in:

10.33 #

אֶתמול אֲנַחנוּ **יושבים** לָנוּ בְּקָפֶה של מושיקו וְ**שותים** קָפֶה, פִּתאום, איש אֶחָד **נֶעֱמַד**, **עולֶה** עַל השוּלחָן שֶלו, **ומַתחיל** לִצעוק שֶמִישֶהוּ שָׂם לו רַעַל בַּקָפֶה.	Yesterday we are sitting leisurely in Moshiko's Cafe, drinking coffee; suddenly, this guy gets up, climbs on top of his table and starts screaming that someone put poison in his coffee.

10.3.2.9 In Advertisements

10.34 #

Impersonal present-tense verbs seem to be used lately in advertisements that calls upon people to do what its recommends. It is similar to the directive use of the future tense and imperative (command) forms.

פִּרסומֶת: **מְבַלים** בְּסוף שָבוּע בְּפָארק אֲריאֵל שָרון עִם כֹּל המִשפָּחָה (<u>הארץ</u>, אוגוסט 26, 2011)	Advertisement: Spending [i.e. spend!] the weekend in Ariel Sharon Park with the whole family.

10.3.2.10 Present-Tense Verbs as Nouns

Many present-tense verbs representing "doers" (agents) of an activity, and adjectives of all kinds can function as nouns.

10.35 #

קונֶה	buy	**הקונים** עומדים בַּתור.	The customers are standing in line.
מוכֵר	sell	**המוכֵר** אומֵר שֶאֵין היום בָּנָנות.	The vendor says that there are no bananas today.
נוסֵעַ	travel	כל **הנוסעים** יָרדוּ בַּתַחֲנָה האַחרונָה.	All the passengers got off at the last stop.
מְטַיֵל	hike	כל **המטַיילים** נֶהֱנוּ מֵהטִיוּל.	All the travelers enjoyed the trip.

Such verbs or adjectives can also be part of construct nouns, as in:

10.36 #

All the passengers got off at the last stop.	כׇּל **נוֹסְעֵי האוטובוּס** יָרדוּ בַּתַּחֲנָה הָאַחרוֹנָה.	travel	נוֹסֵעַ
This course is intended for people who know Hebrew.	הקוּרס הַזֶה מְיוּעָד **לְיוֹדְעֵי עִברית.**	know	יוֹדֵעַ
All the participants in the course came to the party.	כׇּל **מִשתַתְּפֵי הקורס** בָּאוּ לַמְּסִיבָּה.	participate	מִשתַתֵּף

For more about construct nouns, see "Construct Nouns," p. 80.

10.4 Past and Future Tenses

Unlike the present tense, the past and future tenses do not mark all persons for gender. The first person in past and future tense is not marked for gender. The following two sentences can be used by both males and females. In its written form and out of context, there is no way to know whether the speaker is male or a female.

10.37 #

I studied Hebrew at the university.	(אֲני) לָמַדְתִי עִברית בָּאוּנִיבֶרסיטָה.
I'll study Hebrew at the university.	(אֲני) אֶלמַד עִברית בָּאוּנִיבֶרסיטָה.

Yet, second and third-person singular, in both past and future tense are marked for gender.

10.38 #

Future Tense		Past Tense	
Will you come to the party?	(אַתָה) **תָבוֹא**/(אַת) **תָבוֹאִי** לַמְּסִיבָּה?	Did you finish eating?	**סִיַימתָ/סִיַימת** לֶאֱכוֹל?
He will go to N.Y. for a week.	**הוּא יִיסַע** לניו יורק לְשָבוּעַ.	He went to N.Y. for a week.	**הוּא נָסַע** לניו יורק לְשָבוּעַ.
She will go to N.Y. for a week.	**היא תִיסַע** לְניו יורק לְשָבוּעַ.	She went to N.Y. for a week.	**היא נָסְעָה** לְניו יורק לְשָבוּעַ.

10.4.1 The Conjugation of Past-Tense Verbs

10.39 #

3rd Person Usually Not the Same Stem		1st & 2nd Person The Same Stem		
הִתחִיל	הוּא	**הִתחַלתִי**		אני
הִתחִילָה	הִיא	**הִתחַלנו**		אנחנו
הִתחִילו	הם/הן	**הִתחַלת**	**הִתחַלתָ**	אַתָה, אַת
		הִתחַלתֶן	**הִתחַלתֶם**	אַתֶם, אַתֶן

Note that the stem is the section of a conjugated verb or an infinitive that includes its vowels but excludes its prefix and/or suffix.

10.40 #

3rd Person Usually Not the Same Stem		1st & 2nd Person Always the Same Stem		
דיבֵּר	הוּא	**דיבַּרתִי**		אני
דיבּרָה	הִיא	**דיבַּרת**	**דיבַּרתָ**	אַתָה, אַת
דיבּרו	הם/הן	**דיבַּרנו**		אנחנו
		דיבַּרתֶן	**דיבַּרתֶם**	אַתֶם, אַתֶן

There are still a few gate-keepers around who insist on saying צחַקתֶם with the stress on the ultimate syllable rather than on the penultimate one. Their claim is based on the overarching Hebrew phonetic rule which shortens the vowels of an open syllable in the ante-penultimate syllable. In general, IH speakers still adhere to this rule however, in this case (2nd person plural in the past tense) the stress of verbs in this verb paradigm has adjusted itself to the stress in the other person forms in the past tense by shifting from the ultimate to the penultimate position. The by-product of the stress shift is the retention of the long vowel in the antepenultimate position, צָ in this case.

Note that the first and second person (singular and plural) in the past tense share the same stem; i.e. they differ only in their endings. Thus, there is no need to memorize all of them. Choose your favorite person and that will suffice.

10.4.2 The Uses of Past Tense Verbs

The past tense can take on a variety of functions, as follows:

10.4.2.1 Over-and-Done-With Actions, Events and Activities

The past tense can refer to events or activities which took place, and were over with prior to the moment of speech, as in:

10.41 #

We danced all night at Oren's party.	בַּמסיבָּה שֶׁל אורֶן **רָקַדנוּ** כֹּל הַלַּילָה.
They finished school two years ago.	הם **סִיימוּ** אֶת הלימודים לפני שְׁנָתַיִים.

10.4.2.2 Not and Not-Yet Events

The past tense can refer to things that have not yet happened in a negative context only.

10.42 #

I haven't eaten anything today.	**לא אָכַלתי** שוּם דָבָר היום.
We haven't seen the movie yet.	עוד **לא רָאינוּ** אֶת הסֶרֶט.
She hasn't received the letter yet.	היא עֲדַיִין **לא קיבּלָה** אֶת המִכתָב.

10.4.2.3 Conditional Sentences

The past tense form can be used in conditional sentences such as #10.43 where the condition expressed is a hypothetical, counter factual (irrealis) condition. It conveys the meaning that the condition is no longer possible, that the state of affairs can no longer be realized. This use is a bit formal. For a more colloquial form of conditional sentences, see #18.56, p.322.

10.43 #

Had I known French, I would have been living in Paris.	**אילו יָדַעתי** צָרְפָתית **הָייתי** חַיָּה בפָּאריז.

Had it rained, we wouldn't have taken the trip.	**אילו יָרַד** גֶשֶם לֹא **הָיינו** יוצאים לְטיול.

10.4.2.4 Past Tense Narration with Projection into the Future (לימים)

The past tense can be used in conjunction with the word לימים to foreshadow future events in narratives.

10.44 #

Uri Avneri, who was to become a well-known journalist, member of the Kenesset and peace activist, was born in Germany and immigrated to Palestine in the thirties.	אורי אַבנֵרי, **לְיָמים** עיתונַאי יָדועַ, חֲבֵר כְּנֶסֶת, ופעיל שָלום, נולַד בגרמניה ועָלָה לָאָרֶץ בִּשנות ה-30.
The lectures I attended, the conferences I participated in and, later, even the brief friendship that developed between us enriched me exceptionally.	הַהַרצָאות שֶנָכַחתי בָּהן, הכּנָסים שֶהִשתַתַפתי בָּהם, **ולְיָמים** אָפילו הִידידות הקצָרָה שֶהִתפַתחָה בֵּינֵינו, הֶעֱשירו אותי בְּצורָה יוצֵאת דופֶן (מאיר בוזגלו, הארץ, 15 לספטמבר 2004).
The family's stay in Kovno is documented in Lea Goldberg's work and in her diaries in great detail– the street, the yard, the entry hall and the interior of the house were to be mentioned later on in the novel *And That is the Light*, which is based on biographical details.	השָהות שֶל המִשפָּחָה בְּקובנָה מְתועֶדֶת בּיצירָתָה וביומָנֶיהָ שֶל לֵאָה גולדבֶּרג בְּפירוט רָב–הרְחוב, החָצֵר, המְבואָה ופנים הבַּיִת הוזכְּרו **לְיָמים** בָּרומָאן "וְהוּא האור", המְבוּסָס על פּרָטים בּיוגרָפיים.

10.4.3 The Conjugation of Future-Tense Verbs

10.45 #

Suffixed Forms		Non-suffixed Forms (24)	
תִגְמְרִי	אַתְּ	**אֶ**גמור	אֲני
תִגְמְרו	אַתֶם		
יִגְמְרו	הֵם	**תִ**גמור	אַתָה, היא
		יִגמור	הוא
תִגמורנָה	אַתֶן/הֵן	**נִ**גמור	אנחנו

Note that in spoken Hebrew, there is a strong tendency to use תִגמְרו for both אַתֶם and אַתֶן, and יִגמְרו for both הֵם and הֵן rather than the marked feminine form תִגמורנָה.

(24) Namely, the last letter of the verb is the last letter of the root.

10.4.4 The Uses of Future Tense Verbs

The future tense can take on a variety of functions, as follows:

10.4.4.1 Activities and Events Not Yet Begun

The future tense can be used to talk about activities and events which have not yet started.

10.46 #

The plane will arrive late.	הַמָּטוס **יַגִּיעַ** בְּאיחוּר.
It won't rain tomorrow.	מָחָר לֹא **יֵרֵד** גֶּשֶׁם.
In spite of the problems, she won't quit school (stop studying).	לַמרות הבּעַיות היא לא **תַּפסיק** לִלמוד.

10.4.4.2 Directives

The future tense can be used to request, demand or ask people to do or to refrain from doing something. This can also be done by use of the imperative, but future-tense form as a directive is more common in speech.

10.47 #

Start writing	**תַּתחילו** לִכתוב.
Get off my back!	**תֵּרֵד** מִמֶּני!
Bring me the paper, please.	**תָּביא** לי בְּבַקָּשָׁה אֶת הָעיתון.
Stop bugging me already!	**תַּפסיק** כּבָר לְנַדנֵד!
Put on a coat, it's cold out.	**תִּלבְּשי** מְעיל, קָר בּחוץ.
Ronit, please close the door.	רונית, **תִּסגְרי** בְּבַקָּשָׁה אֶת הדֶלֶת.
David, call me tomorrow at the office.	דויד, **תְּטַלפֵן** לי/אֵלַי מָחָר לַמִשׂרָד.
Natan, help me find my glasses.	נָתַן, **תַּעֲזור** לי לִמצוא אֶת המִשקָפַיִים שֶׁלי.
Dani, hop over to the store and get me milk, one kilo of sugar and ice cream.	דָני, **תִּקפוץ** לַמַכּולֶת **וְתָביא** לי חָלָב, קילו סוּכָּר וגלידָה.
You can bring over the soup, but make sure it has a lot of beans in it.	אַת יְכולָה לְהָביא לְפֹה אֶת המָרָק אבָל **שֶׁיִהיֶה** עִם הַרבֵּה שעועית בִּפנים.

10.4.4.3 Prohibitions

10.48 #

Don't tell me what to do.	**אַל תַגִיד** לִי מַה לַעֲשׂוֹת.
Don't open (fem.) the window.	**אַל תִפְתְחִי** אֶת הַחַלוֹן.

Note that using the future-tense form for prohibition requires the use of אַל instead of לֹא. Another option for expressing prohibitions is לֹא + the infinitive form of the verb, which can be found in #10.65, p. 167.

10.4.4.4 Suggestions

The following expression "let's do this or that," is a combination of an imperative form of the verb לָבוֹא (the first verb) and a future tense-form of a second verb.

10.49 #

Let's go to a movie.	**בּוֹא נֵלֵךְ** לְסֶרֶט.

The following use of הבה + future tense verb is more formal and somewhat stilted.

10.50 #

Let's burst into dance, let's bust into dancing.	**הָבָה נֵצֵא** בְּמָחוֹל, **הָבָה נֵצֵא** בִּמְחוֹלוֹת.
Let's build us a city and tower with its head in the heaven (Gen. 11:4)	**הָבָה נִבְנֶה** לָנוּ עִיר וּמִגדָל וְרֹאשׁוֹ בַשָׁמַיִם.
Hava nagila is one of the popular songs from the onset of Zionism. It was performed for the first time in 1918. The lyrics are: "Let's rejoice and be merry, rise brothers with joyful heart!"	"**הָבָה נָגִילָה**" הוא אחד השירים הפופולָרִיים מֵראשית הציונות. הוא בּוּצַע לָרִאשונה בשנַת 1918. מילות השיר הֵן "**הָבָה נָגִילָה ונִשמְחָה, הָבָה נְרַנְנָה ונִשמְחָה**, עוּרוּ אַחִים בְּלֵב שָׂמֵחַ".

10.4.4.5 Stating a Condition

10.51 #

If you come on time, we'll go to a movie.	**אִם תָבוֹא** בַּזְמַן, **נֵלֵךְ** לְסֶרֶט.
If he doesn't pay me, I'll sue him.	**אִם הוּא לֹא יְשַׁלֵם** לִי, אֲנִי **אֶתְבַּע** אוֹתוֹ לְמִשְפָּט.

If you don't stop screaming, I'll kick you out of the house. — **אִם לֹא תַפְסִיק** לִצְעוֹק אֲנִי **אֶזְרוֹק** אוֹתְךָ מֵהַבַּיִת.

10.4.4.6 Wishing and Mal-Wishing

10.52 #

Here's hoping it won't rain during the party. — **הַלְוַאי שֶׁלֹּא יֵרֵד** גֶּשֶׁם בְּמֶשֶׁךְ הַמְּסִיבָּה.

I hope I win the lottery. — **הַלְוַאי שֶׁאֲנִי אַרְוִיחַ** בַּלּוֹטוֹ.

May you drop dead. — **הַלְוַאי שֶׁתָּמוּת.**

May this not happen to us [literally: we shouldn't "know from" troubles[25]]. — **שֶׁלֹּא נֵדַע** מִצָּרוֹת.

Note that the use of the future tense in the last two examples of #10.52 seems to have come into IH from German via Yiddish.

10.4.4.7 Doubt

The combination of כבר לא + a future-tense verb is used to express doubt about future events

10.53 #

They won't finish the work on time. — הֵם **כְּבָר לֹא יִגְמְרוּ** אֶת הָעֲבוֹדָה בַּזְּמַן.

She won't get here. — הִיא **כְּבָר לֹא תַגִּיעַ.**

For more about כבר and other aspectual expressions, see p. 209.

10.4.4.8 Generalizations

This use of the future tense is rather formal and academic.

10.54 #

Modality includes a vast array of linguistic phenomena. It includes the speaker's or writer's evaluation of the possibility of action to be carried out. — מוֹדָלִיּוּת כּוֹלֶלֶת קֶשֶׁת רְחָבָה שֶׁל תּוֹפָעוֹת לָשׁוֹן. **יִיכָּלְלוּ** בָּהּ הִתְיַיחֲסוּיוֹתָיו שֶׁל הַדּוֹבֵר אוֹ הַכּוֹתֵב אֶל הָאֶפְשָׁרוּת שֶׁהַפְּעוּלָּה תֵּיעָשֶׂה.

---

(25) The translation of an Yiddish idiom in colloquial Hebrew.

10.4.5 Marking Future Events Lexically

In #10.55 below, the noun עָתיד (future) functions as a verb and therefore agrees with the subject הילדים ,הילדה in gender and number. An alternative form is עוד + the future tense of the verb, which has the added nuance of: "You'd be surprised, but such and such will happen."

10.55 #

This girl is bound to go far.	הַיַּלְדָּה הזאֹת **עוד תַגיעַ** רָחוק.	הַיַּלְדָּה הזאֹת **עֲתידָה לְהַגיעַ** רָחוק.
These kids are bound to win the Nobel Prize.	הַיְלָדים האֵלֶה **עוד יִזכּוּ** בפרָס נובֶּל.	הַיְלָדים האֵלֶה **עֲתידים לִזכּות** בפרָס נובֶּל.

10.5 The Imperative (ציווי)

The Hebrew imperative, which marks second-person forms only, is dedicated to one use—it is the linguistic tool by which you tell people to do things.

10.5.1 The Conjugation of the Imperative

10.56 #

	Pl. F.	Plural	F. Sg.	M. Sg.		Pl. F.	Pl.	F. Sg.	M. Sg.
Come in!	היכָּנֵסנָה	היכָּנסו	היכָּנסי	היכָּנֵס	Sit!	שֵׁבנָה	שבוּ	שבִי	שֵׁב
Go!	לֵכנָה	לְכוּ	לֵכי	לֵך	Get up!	קומנָה	קוּמוּ	קוּמי	קוּם
Get dressed!	הִתלַבֵּשנָה	הִתלַבּשו	הִתלַבּשי	הִתלַבֵּש	Give!	תֵּנָה	תנוּ	תני	תֵּן
Drink!	שתֶינָה	שתוּ	שתי	שתֵה	Come!	בֹּאנָה	בּואו	בּואי	בוא
Dictate!	הַכתֵבנָה	הַכתיבו	הַכתיבי	הַכתֵב	Put!	שֵׂמנָה	שׂימוּ	שׂימי	שׂים

Note that the use of the feminine plural form is quite rare, since it is used to address a group comprised solely of women.

10.5.2 The Theater of Life

10.57 #

קוּם בבוקר, **לֵךְ** לחנות, **קְנֵה** לחם טרי, **חֲזוֹר** הביתה, **הָכֵן** לך קפה של שחרית. **הִתגלח**, **צֵא** מביתך, **לֵךְ** ברחובות, **הִסתכֵּל** באנשים, **הִיכָּנֵס** למֶטרו, **סַע**, **צֵא** בקצה השני של העיר, **הִסתַכֵּל** בחלונות הראווה, **גַש** לאיזה דלפק, **הַזמֵן** כוסית של משהו, **שתֵה** בעמידה, **הִתבּוֹנֵן** על סביביך, **הַטֵה** אוזן. **לֵךְ** לאורך הנהר, **הִתבּוֹנֵן** בסירות, בגשרים, בצריחי הכנסיות. בתיאטרון הזה, אתה המחבר, השחקן, הצופה. **חֲזוֹר** הביתה בהרגשה שראית את התיאטרון הטוב ביותר (עמוס קינן, ספר התענוגות, עמ' 47).

In earlier forms of the language, the imperative was the common means to express directives. Today's speakers, however, use the imperative form quite sparingly and favor the 2nd person (singular or plural) of the future-tense form for this purpose. The only exceptions are imperative forms of the 'short verbs'—usually those with a ו or י as the second letter of their root (לרוץ, לקום, לשים) and a few others.

For the use of the future tense to mark directives, see **#10.47** & **#10.48**.

10.58 #

Others		'Short' Verbs	
Turn/go right!	**לֵךְ** יָמִינָה (לָלֶכֶת)!	Come here!	**בּוֹא** הֵנָה!
Take this away from here!	**קְחִי** אֶת זֶה מִפֹּה (לָקַחַת)!	Run (pl.) home!	**רוּצוּ** הַבַּיְתָה!
Sit by the window!	**שְבוּ** עַל יַד החַלון (לָשֶבֶת)!	Get out of here!	**זוּז** מִפֹּה!
Go already!	**סַע** כְּבָר (לִנסוֹעַ)!	Get out of here!	**עוּפִי** מִפֹּה!
Give me 3 kilos of tomatoes!			**תֵּן** לי שלוֹשָה קילו עַגבָניוֹת!
Give (f.) me the car keys!			**תְּנִי** לי אֶת הַמַפתְחוֹת שֶל הָמְכוֹנִית!
Get your (pl.) stuff and get out of here!			**קְחוּ** אֶת הַחֲפָצִים שֶלָּכֶם וְתִסתַלקוּ מִפֹּה!
Ilan, run to the grocery store and get me some fresh rolls!			אִילָן, **רוּץ** לַמַכּוֹלֶת וְתָבִיא לִי כַּמָה לַחמָנִיוֹת טרִיוֹת!
Tami, move over, you're blocking my view!			תָמִי, **זוּזִי** הצִידָה, אַת מַסתירָה לי !
Put the cheese on the table!			**שִׂימִי** אֶת הגבינות עַל השולחָן!

The imperative form can only be used with positive directives and requests, namely telling people to do something rather than telling them to refrain from doing something: שבי, תני לי, זוזו, שתוק (sit! give me! move it, shut up!, respectively).

10.5.3 Alternatives to the Imperative Form for Expressing Prohibitions

Since the imperative form cannot be used to express prohibitions, Hebrew uses one of the following:

10.59 #

	Verb (2nd Person, Future) + אַל	
Don't make me laugh!	**תַצחיק** אותי.	**אַל**
Don't be ludicrous (=speak nonsense)	**תְדַברי** שטויות.	**אַל**
	Verb (Inf.) +	**לא**
No crossing the road on a red light!	**לַחצות** (אֶת הַ)כביש בְאור אָדום.	**לא**
No climbing on the walls!	**לְטַפֵּס** עַל הקירות.	**לא**
	Verb (Pres. Plural) +	**אֵין**
	חוצים (אֶת ה)כביש בְאור אָדום.	**אֵין**
No crossing the road at a red light!	**Verb (inf.)** +	**אֵין**
	לַחצות (אֶת הַ)כביש בְאור אָדום.	**אֵין**

Of the above examples only the first two are directed to a particular person or persons. The other ones constitute general prohibition not directed at any one in particular.

See also "Giving Instructions," p. 167 and"Use of Negation in Directives and Requests," p. 246.

10.60 #

Formal or Archaic		**Regular**
Verb Pl. Pres + אֵין <<	**Verb (Inf.) + לא <<**	**Verb (2nd Pers. Fut.) +אַל- <<**
אֵין דואֲגים שֶלא לצורֶך.	לא לְדאוג הכֹּל יִהְיֶה בְּסֵדֶר.	חָנַן, **אַל תִדאַג.**
One need not worry unnecessarily.	Not to worry [sic.], all will be OK.	Hanan, don't worry.

כְּשֶׁיּוֹרֵד גֶּשֶׁם, **אֵין פּוֹתחים** חַלּוֹנוֹת.	**לא לִפתוח** אֶת הַחַלּוֹן!	**אַל תִּפתְּחִי** אֶת הַחַלּוֹן!
When it rains, one does not open the windows.	No opening [of] the window!	Don’t open the window!
אֵין מְדַבּרים בִּזמַן הבּחִינָה!	**לא לדַבֵּר** בִּזמַן הבּחִינָה!	**אַל תְּדַבּרו** בִּזמַן הבּחִינָה!
One does not talk during an exam.	Don’t talk during the exam.	Don’t talk during the exam.
אֵין גוזרים גְּזֵרָה שֶׁהציבּור אינו יָכול לַעֲמוד בָּהּ!		**אַל תִּגזְרו** גְּזֵרָה שֶׁהציבּור לא/ אינו יָכול לַעֲמוד בָּהּ!
One does not decree that which the public cannot fulfill.		Don’t decree what the public cannot fulfill.

10.5.4 Basic Training and the Imperative Form

10.61 #

מנוסח הפקודות בטירונות עולה מעמדו העלוב של זמן הציווי בעברית החדשה. המפקד הישראלי, בסדרה ובמציאות עושה כל תרגיל אפשרי כדי להימנע מפקודה ישירה ומשתמש במקומה בזמנים ובצורות שונים ומשונים. המפקדים משתמשים בשם הפועל: **לסתום** את הפיות, בצורת בינוני רבים המבטאת סתמיות ("**מבצעים** סריקה לאחור ביבש", בעתיד ("**תדלג** אותנו קצת קדימה", וסתם בחצאי משפטים (**מהר, קדימה, נו**). השימושים המעטים בציווי כמו "**תפוס** מחסה", "**עוף** קדימה", "**סע** במהירות", הם במילות ציווי בשפת הדיבור גם מחוץ לצבא, ובדרך כלל בשורשים חסרים או נחים (**עוף**, **רוץ**, **צא**, וכדומה). הציווי נתפס בעברית החדשה בכלל, לא רק בצבא, כצורה אנכרוניסטית (רוביק רוזנטל, הזירה הלשונית, עמ' 24).

10.6 The Infinitive Form (שם הפועל)

The infinitive form of the verb שם הפועל (also called "infinitive with *lamed*") is an invariable form; it has no person, gender or number markings. Think of it as the name of the verb. It is generally derived from the stem of the future tense. Most verbs in Hebrew have an infinitive form. The ones which do not are of the פּוּעַל and הוּפעַל verb paradigms.

All infinitive forms can take the prefix [-ל], which is functionally equivalent to the English "to," as in "to eat."

See also "The Infinitive Construct and the Infinitive Absolute," p. 169.

10.62 #

to enter (a place)	**לְהִיכָּנֵס**	to study, to learn	**לִלמוד**
to invite, to order	**לְהַזמִין**	to dance	**לִרקוד**
to start doing	**לְהַתחִיל** לַעֲשׂוֹת	to play a game	**לְשַׂחֵק**
to get dressed	**לְהִתלַבֵּש**	to talk, to speak	**לְדַבֵּר**
to get used to	**לְהִתרַגֵל**	to meet, get together	**לְהִיפָּגֵש**

The infinitive form of the verb is often used with inflected verbs or verb phrases that shares the same subject. The first verb is the one marked for tense, gender, number and person, and is followed by the verb in its infinitive form.

There are also quite a few other cases in which the main verb in the sentence has the infinitive form without being preceded by an inflected verb, as in #10.64 and #10.65.

10.6.1 The Uses of the Infinitive Form

10.6.1.1 Two (or more) Verbs in Succession

The most common use of the infinitive is as a verb following another verb, where both verbs share the same subject.

10.63 #

They like to eat fruit and drink wine.	הֵם **אוהֲבִים לֶאֱכוֹל** פֵּירוֹת **וְלִשתוֹת** יַיִן.
She does not like to study Hebrew.	הִיא לֹא **אוהֶבֶת לִלמוד** עִברִית.
We wanted to ask a question.	**רָצִינוּ לִשאוֹל** שְׁאֵלָה.
They decided to remodel the kitchen.	הֵם **הֶחלִיטוּ לְשַׁפֵּץ** אֶת הַמִּטבָּח.

10.6.1.2 Offering and Suggesting

When the infinitive starts a sentence and is not accompanied by an inflected verb, the request or suggestion is always in the form of a question.

10.64 #

Shall I give you a cup of coffee?	**לָתֵת** לָךְ כּוֹס קָפֶה?

Shall I call you tomorrow?	**לְטַלְפֵן** לָךְ/אֵלַיִךְ מָחָר?
Shall I put whipped cream on your cake?	**לָשִׂים** לָךְ קָצֶפֶת עַל העוּגָה?
Shall I open a window?	**לִפתוחַ** חַלון?

10.6.1.3 Formal Requests

This form is commonly used in public-domain directives, such as forms, official bulletins, signs, exams, waiting rooms, etc..

10.65 #

Please fill out the form!	**לְמַלֵא** אֶת הטופֶס!	נָא בְּבַקָשָׁה
No talking, please!	לא **לְדַבֵּר!**	נָא בְּבַקָשָׁה
Don't start writing before I say so!	לֹא **לְהַתחיל לִכתוב** לִפנֵי שֶׁאֲני אומֵר!	נָא בְּבַקָשָׁה
Move back, please! [in a bus]	**לְהיכָּנֵס** פנימָה!	נָא בְּבַקָשָׁה
Please wait!	**לְהַמתין!**	נָא בְּבַקָשָׁה

Of the two request words in #10.65, נָא is the older form, going all the way back to Biblical Hebrew; it is also the more formal. נָא is often used in public places, where people are asked to behave in a certain way.

10.6.1.4 Giving Instructions

10.66 #

Form groups of three!	**לְהִסתַדֵר** בשלָשות!	No talking!	**לא לְדַבֵּר!**
Get out your books and notebooks!	**לְהוציא** ספָרים ומַחברות!	No talking, please.	בְּבַקָשָׁה/נָא **לא לְדַבֵּר!**

For other examples of expressing prohibition, see **#10.48**, **#10.59** and **#10.60**

This way of expressing prohibition or giving instruction is typical of a school situation and of teachers' talk. One would also hear this form of speech in the army or in other situations in which there is a clear hierarchy between the ones who give orders and the ones who are supposed to listen and obey. Frequently, no expressions of politeness (such as 'please' בְּבַקָּשָׁה) are contained in the speech act. If the speaker chooses a politeness expression, it would probably be a more formal or official one, such as נָא (please).

10.67 #

אל לנו להעלים עין ממצב מתמשך של חריגה מסמכות, **ואין להתיר** לרשות לנקוט סחבת בתיקון המעוות (הארץ, 16 לדצמבר 2004).

החייל דה קלרק, קתולי אדוק, נעמד על סף החדר, ידיו פרוסות לצדדים, ואמר "**אל לנו לתת יד** לדבר לא מוסרי. שניים אלה אינם נשואים והכנסייה אוסרת להלין אותם בחדר אחד, בוודאי לא במתקן צבאי" (הארץ, 20 למאי 2005).

החמור והפורה שבאותם פרדוקסים [של מדינת ישראל] סימניה הבדוקים של האמת הבלתי נתפסת, היתה לדעתו השנאה העצמית, ולכן **אל לה למדינה** להיאבק בכך, שהרי אין תקנה ואין קיום הן ליהודים והן ליהדות ללא תכונת אופי מיוחדת זו, שאין מחשלת ממנה (אבשלום קווה, "המרפסת", עמ' 23).

10.6.1.5 Expressing Possibility, Prohibition, Permission, Necessity, etc.

10.68 #

It may rain.	**עָלוּל לָרֶדֶת** גֶשֶׁם.	Possibility
It's forbidden to smoke in the hospital corridors.	**אָסוּר לְעַשֵׁן** בְּמִסדְרונות בֵּית החולים.	Prohibition
Is smoking allowed here?	**מוּתָּר לְעַשֵׁן** פֹּה?	Permission
It's necessary to call the police.	**צָריך לְטַלפֵן** לַמִשטָרָה.	Necessity
We could [it's possible to] go to the beach.	**אֶפשָׁר לָלֶכֶת** לַיָם.	Suggestion

10.6.1.6 Expressing General Truisms with an Adjective + Infinitive

10.69 #

It's hard to learn Hebrew.	**קָשֶׁה לִלמוד** עִברית.
It's pleasant to sit in Samir's cafe and listen to all the gossip around.	**נָעים לָשֶׁבֶת** בְּקָפֶה של סָאמיר **וּלְהַקשיב** לְכֹל הָרכילויות מִסָביב.
It's important to go to the dentist at least once a year.	**חָשוב לָלֶכֶת** לְרופֵא שִינַיִים לְפָחות פַּעַם בְּשָׁנָה.

It's important to put vegetables in the refrigerator.	**חָשוב להַכניס** אֶת הַיְרָקות לַמְקָרֵר.
It's not easy to get accepted into UC Berkeley.	לא **קַל לְהִתקַבֵּל** לָאוּנִיבֶרסִיטָה שֶל בֶּרקלי.

10.6.2 The Infinitive Construct and the Infinitive Absolute

In addition to שם הפועל (infinitive with *lamed*, henceforth "infinitive"), e.g. לַעֲבוד, לְהֵירָשֵם, לְדַבֵּר etc., there are two more infinitive forms: infinitive construct (gerund) and infinitive absolute, which are used only in formal registers of Hebrew.

Infinitive constructs, unlike infinitives (שם הפועל) are not stand-alone forms. They must be joined by a preposition and/or by a subject or object pronominal suffix, else be the first member of a construct noun (with or without a preposition).

10.70 #

Infinitive Construct	
Many people came to visit us when we sat *shiva* for my father who died recently.	אֲנָשִים רַבִּים בָּאו **לְבַקְרֵנו בְּיושבֵנו** "שִבעה" על אָבִי שֶנִפטַר לַאַחרונָה.
There are many instructions that are hard to follow.	יֵש הַרבֵּה הורָאות שקָשֶה **לְקַיימָן**.
Hanukka candles can not be used, only looked at .	אָסור לְהִשתַמֵש בְּנֵרות חנוכָּה מותָר **לִראותָם** בלבד.
Infinitive Absolute	
You should go.	הָלוך תֵלֵך
You shall die.	מות תָמות

For a more detailed explanation, see "More about Infinitive Constructs and the Infinitive Absolute ," p. 170.

10.6.2.1 Infinitival Clauses

Clauses with infinitive constructs often replace subordinate clauses in written forms of Hebrew.

Infinitive Construct	Subordinate Clause
בְּאומרֵנו "שָׁלום" ...	**כשֶׁאֲנַחנו אומרים** "שָׁלום" ...
Upon our saying "peace,"	When we say "peace," ....
מִיָּד **עִם היבָּחֲרו** לנשיאות, הִתחיל הַנָּשׂיא הֶחָדָשׁ לַעֲרוך שינויים.	הַנָּשׂיא הֶחָדָשׁ הִתחיל לַעֲרוך שינויים מִיָּד **אַחֲרֵי שֶׁהוא נִבחַר** לַנְּשׂיאות.
Immediately upon being elected, the new President started instituting changes.	The new president started instituting changes immediately after he was elected.
כֹּל התַיירים עָזבוּ אֶת הָאָרֶץ עִם **פרוץ/בִּפרוץ** המִלחָמָה.	כל התַיירים עָזבוּ הָאָרֶץ **כּשֶׁהמִלחָמָה** פָּרצָה.
All the tourists left the country upon the breakout of the war	All the tourists left the country when the war broke out.
הַרבֵּה עולים התחילו לְהַגיעַ לָאָרֶץ אַחֲרֵי **קום** המְדינָה.	הַרבֵּה עולים הִתחילו לְהַגיעַ לָאָרֶץ **אַחֲרֵי שֶׁהמְדינָה** קָמָה.
Many immigrants started arriving in Israel upon the establishment of the state.	Many immigrants started arriving in Israel after the state was established.

10.6.2.2 More about Infinitive Constructs and the Infinitive Absolute

The infinitive (שם הפועל) section on p. 165 deals with basic verb forms, e.g. לָלֶכֶת, לִרקוד, לִלמוד, לְשַׂחֵק which are not inflected for person, gender or number.

A more nuanced approach requires distinguishing among three types of infinitives, listed here in order of frequency:

(a) A stand-alone and unchanging infinitive (שם הפועל), also called the "infinitive with *lamed,*" which is prevalent in IH.

(b) A bound form, infinitive construct (מקור נטוי), generally limited to formal registers of IH, e.g. בְּלֶכֶת, כְּלֶכֶת, לָלֶכֶת, מִלֶּכֶת. Infinitive constructs must be preceded by a preposition, and/or be the first item in a construct noun and/or have a pronominal suffix.

(c) A stand alone and unchanging infinitive, the infinitive absolute, e.g. שָׁמוֹר which is rare in formal Hebrew and non existent in other registers, except for some fixed expressions, including: הָיֹה הָיָה (once upon a time), הָלוֹךְ תֵּלֵךְ (you shall go), שָׁמוֹר תִּשְׁמוֹר, etc.

Any infinitive form of a given verb is determined by its binyan and root type (גיזרה).

Infinitive Absolute	Infinitive Construct			Infinitive w/ *lamed*
	w/ Object Marking Suffix	**w/ Subject Marking Suffix**	**w/Prep. and/or Full Noun**	
קרוא תקרא את הספר.	הוא קנה את הספר אך לא היה סיפק בידו **לקוראו** (את הספר)**.**	**בקוראה** את הספר צץ במוחה רעיון.	**אָכֹל** דְּבַשׁ הַרְבּוֹת לֹא־טוֹב (משלי כה:27)	הוא אוהב **לקרוא** יותר משהו אוהב לראות טלוויזיה.
יָצֹא תצא		**בצאתו** ממצרים	בצאת ישראל ממצריים	הם לא רצו **לצאת** מהבית.
קום תקום ו**שתֹה** תשתה		**בקומם** משנתם הוגשה לילדים כוס חלב.	**בקום** הילדים מִשנתם הוגשה להם כוס חלב.	היא לא רוצה **לקום** משנתה.
כל הספרים **שרוף** שורפו.	וַיִּגַּשׁ עַד־פֶּתַח הַמִּגְדָּל **לְשָׁרְפוֹ** בָּאֵשׁ.	**ב**שורפ**ם** את הספרים		

For more about construct nouns, see p. 80.

The absence of a time morpheme in the gerund (such as the תי— in הלכתי) does not indicate neutralization. In fact, the preposition used in the gerund expresses time relations. For example, the use of the preposition [ב-] in בלכתו indicates equitemporality with the main verb, and the use of עד in עד לכתו לא קמה indicates time up until the main verb.

In general, gerunds do not need to agree with the verb in the main (governing) clause (#1). However, governing verbs of perception, do require such agreement (#2).

					נשם	בצאתו מהחדר	
As he/you/ they	left the room	[he/she/we/ you (pl.)	sighed a sigh of relief.	לרווחה.	נשמה	בצאתך מהחדר	1
					נשמנו	בצאתם מהחדר	
					נשמתם	בצאתי מהחדר	

The cat (f.) sat quietly and peacefully, and upon hearing footsteps [she] jumped out.	החתולה ישבה לה בשלווה ובהשקט, ובשומעה צעדים, קפצה החוצה.	
The cat (f.) sat quietly and peacefully, and upon hearing footsteps [*he] jumped out.	החתולה ישבה לה בשלווה ובהשקט, *ובשומעו צעדים, קפצה החוצה.	2
When he saw the danger, [he] recoiled.	בראותו את הסכנה, נרתע.	
When he saw the danger, [*she] recoiled.	בראותו את הסכנה *נרתעה.	

Infinitives, infinitive constructs (gerunds) and infinitive absolutes come from Biblical Hebrew. Today, the last two are used mainly in formal settings. The pronominal suffix of the infinitive may refer to either the subject or object of the verb.

The use of the infinitive absolute is relatively common in emphatic expressions. It usually comes after a finite verb and is generally of the same root. The repetition (of the root) serves to stress the action and is commonly used in commercial and political slogans.

במחזה "בראשית" בעל הגן הזהיר את האדם שביום אוכלו מפרי העץ האסור **מות יָמות**.

הסיסמא של תנועת הנוער "המחנות העולים" היתה "**עֲלֹה נַעֲלֶה**".

הצופה, דיברתך **שָׁמור תשמור**.

טיילנו **הֲלוך ושוב** ברחוב טשרניחובסקי.

הימין הישראלי אומר: "**הַחזֵר לֹא נַחזיר** את השטחים".

IH also uses the infinitive absolute in some fossilized forms.

הקיצוצים היו **החל** בתחומי החינוך **וכלה** בשירותים הסוציאליים.

הם עמדו **בלי נוע**.

הם קנו כרטיס **הלוך ושוב**.

10.7 Verbs of Being and Becoming

The following are verbs which denote being, change of state or becoming:

10.72 #

Constitutes (Such & Such)		מְהַוֶּה, הִיוָּה, יְהַוֶּה
His lie constituted the turning point of the trial.	הַשֶּׁקֶר שֶׁלּוֹ **הִיוָּה** נְקוּדַּת מִפְנֶה בַּמִּשְׁפָּט. הַשֶּׁקֶר שֶׁלּוֹ **הִיוָּה** אֶת נְקוּדַּת הַמִּפְנֶה בַּמִּשְׁפָּט.	
Became		הָיָה לְ-, נִהְיָה (לְ-), הָפַךְ לְ-, נֶהֱפַךְ לְ-
Grief became joy.	הָאֵבֶל **הָיָה לְ**שִׂמְחָה.	
He all of a sudden became old.	הוּא **נִהְיָה (ל)**זָקֵן בְּבַת אַחַת.	
Grief turned into joy.	הָאֵבֶל **הָפַךְ לְ**שִׂמְחָה.	
He turned into a Zionist overnight.	הוּא **הָפַךְ לְ**צִיּוֹנִי בֵּין לַיְלָה.	
He became a first-rate fascist.	הוּא **הָפַךְ לְ**פַשִּׁיסְט מִמַּדְרֵגָה רִאשׁוֹנָה.	
Became		נַעֲשָׂה, נַעֲשָׂה לְ-
The lawn turned yellow because it didn't rain.	הַדֶּשֶׁא **נַעֲשָׂה** צָהוֹב מִשּׁוּם שֶׁלֹּא יָרַד גֶּשֶׁם.	
She became a public nuisance.	הִיא **נַעֲשְׂתָה** לְמִטְרָד צִיבּוּרִי.	

10.73 #

המרפסת **היתה למ**שכן, **לזירה, לבית שני** ולפעמים ראשון, **לכותל מערבי, לגלגל הצלה**, ובעיקר **לעדה ראשית** למאבק בין הזמן הקצוב והמדוד, המתקדם בקצב יודע מראש ומסתורי לאין שיעור (אבשלום קווה, "המרפסת", עמ' 27).

10.74 #

אחד מההישגים של הממשל הפרוסי היה העמדת פקידות אזרחית משכילה שנאמנותה תהיה למדינה כמדינה ובלתי תלויה בממשלה זו או אחרת. הפקידות הזאת היא שהטרימה למעשה את הרפורמטורים. הם המשיכו **להוות את** חוט השדרה של

המכונה המדינתית לאורך המאה ה-19 למרות שהם איבדו חלק גדול מהשפעתם על האריסטוקרטיה אחרי קונגרס וינה (הארץ, מוסף "אנטישמיות", 3 ביוני, 2004).

The behavior of the verb להוות (constitute) above is unique. It is a linking verb which by nature cannot take an object and, therefore, also not the direct object marker אֶת. However, as we see in **#10.72**, its predicate must obligatorily be followed by אֶת when the object-noun is definite. In this respect it is similar to the colloquial use of the possessive particle יש, as in: יש לך את הספר החדש של אנטון שמאס?

10.8 Verbs of Motion and the Alternation of [-ל] and אל

Hebrew has two prepositions that mark motion towards [-לְ] and אֶל. The two are interchangeable when used with verbs of motion and with some verbs of communication.

10.75 #

His grandfather traveled to his birthplace in Russia.	סַבָּא שֶׁלּו נָסַע **לְעִיר/אֶל עִיר** מוֹלַדְתּו ברוּסְיָה.
They missed their kids.	הם הִתגַעגְעוּ **לַיְלָדִים** שֶׁלָּהֶם./**אֶל הַיְלָדִים** שֶׁלָּהֶם.

However, when the object is a pronoun, only the pronominal form of אֶל (but not that of [-ל]) can be used.

10.76 #

My grandfather traveled to his birthplace in Russia. He went [to] there to visit his parents' graves.	סַבָּא שֶׁלִּי נָסַע **לְעִיר/אֶל עִיר** מוֹלַדְתּו ברוּסְיָיה. הוא נסע **אֵלֶיהָ/לְשָׁם/*לָה** כדי לַעֲלוֹת עַל קֶבֶר הורָיו.
I go to my parents every Saturday. I go there (in order) to make them happy.	אֲנִי הוֹלֶכֶת **לַהוֹרים/אֶל ההורים** שֶׁלִּי כֹּל שַׁבָּת. אֲנִי הוֹלֶכֶת **לַהוֹרים/אֲלֵיהֶם/*לָהֶם** כְּדֵי לַעֲשׂוֹת לָהֶם נַחַת.
The letter reached David late. The letter reached him late.	הַמִּכְתָּב הִגִּיעַ **אֶל דָוִיד/לְדָוִיד** בְּאיחור. הַמִּכְתָּב הִגִּיעַ אֵלָיו בְּאיחור.

10.77 #

Speakers of IH have exploited the unavailability of [-לְ] + pronominal suffix with verbs of motion to create new experiential expressions. In these expressions, verbs of motion are used with the non-licensed [-לְ] to create new meanings. This type of sentence, where the logical subject is the experiencer, is very common in colloquial Hebrew.

	I feel like studying Arabic.	**בא לי** ללמוד ערבית.
He came to to Jerusalem. He arrived (there) with many hopes.	*הוא **בא לירושלים** הוא בא **לה** בהרבה תקוות.	הוא **בא לירושלים** הוא בא **אליה** בהרבה תקוות.
	She is doing very well with her new book.	**הולך לה** יופי עם הספר החדש שלה.
Why don't you go to grandma? Because we already went there [to her] on Saturday.	למה אתם לא **הולכים לסבתא**? *כי **הלכנו לה** כבר בשבת.	למה אתם לא **הולכים לסבתא**? כי **הלכנו אליה** כבר בשבת.
	I deserve a vacation on the beach.	**מגיע לי** חופשה על חוף הים [**מגיעה לי** חופשה על חוף הים].
They arrived at our place [to us] at midnight.	*הם **הגיעו לנו** בחצות.	הם הגיעו **לבית שלנו/אל הבית שלנו/אלינו** בחצות.
	[vulgar] I don't care what you think.	קפוץ **לי**.
May we drop by [at your place] this evening?	*אפשר לקפוץ **לכם** הערב?	אפשר לקפוץ **אליכם** הערב?

Note that the interchangeability is only with verbs of motion and communication. In other cases, when the verb governs [-ל], the preposition אֶל cannot serve as an alternate.

Everyday after school, he would help his parents in the store.	כֹּל יום אחרֵי הלימודים, הוא הָיָה עוֹזֵר **לַהורים** שלו/***אֶל ההורים** שֶׁלו בּחָנוּת.

10.8.1 More about Verbs of Motion

In their analysis of verbs of motion, linguists differentiate between two types of languages : verb languages and satellite languages. The two primary components of verbs of motion are direction and path. A secondary component is manner. In verb languages, of which Hebrew is a member, the focus of motion is on the verb itself rather than on its complements. Thus, it is the verb which marks the direction of a simple path, e.g. עלה (go up), ירד (go down). In situations involving a complex of paths, each path is generally accompanied by its own verb.

Satellite languages, of which English is a member, have direction particles, e.g. up, down, over, etc. In a description of complex path one verb can be joined by more than one directional particle. The difference between English and Hebrew becomes obvious in the following examples:

| He went up the hill and down the other side. | הוא עלה על הגבעה וירד בצד השני. |

In Hebrew and other verb-framed languages[26], the manner component of verbs of motion is generally marked by an adverbial. In English (and other satellite languages), the availability of particles makes it possible for the verb itself to mark the manner of motion, as in:

She danced her way up the stairs.	היא עלתה במדרגות תוך כדי ריקוד/בריקוד.
She hopped her way up the stairs.	היא עלתה במדרגות בדילוגים.
He limped across the field.	הוא חצה את השדה בצליעה.
He ran across the street.	הוא חצה את הכביש בריצה.

As a result of the two different mechanisms for expressing motion, English can use detailed descriptions of paths which sound cumbersome and dubious in Hebrew. A proper rendition of the English would require the complex path to be taken apart and expressed by a succession of different verbs.

| He hopped round the bend, along the river, over the bridge and back to his house. | *??הוא דילג מסביב לעיקול, לאורך הנהר, מעבר לגשר וחזרה לביתו.

הוא עבר את העיקול בדילוג, המשיך לדלג לאורך הנהר, חצה את הגשר וחזר לביתו. |

---

(26) Verb-framing and satellite-framing are typological descriptions of how verb phrases in different languages describe the path of motion or the manner of motion, respectively (http://en.wikipedia.org/wiki/Verb_framing).

10.9 Sentential Complements of Verbs of Wanting and Wishing

In general, if the subject of the verb in the sentential complement is not the same as that of the main verb, the verb in the sentential complement has the future-tense form. If the subject is the same, then the verb in the sentential complement has the infinitive form.

10.78 #

	Split Subject	Same Subject in Both Clauses
I want to find a good job.		אֲני רוצה לִמצוא עֲבודָה טובָה.
I want David to find a good job.	אֲני רוצָה שֶׁ[דָוִיד **יִמצָא** עֲבודָה טובָה].	
He wants to buy a car.		הוּא רוצה לִקנות מְכונית.
He wants his mother to buy him a car.	הוּא רוצֶה שֶׁ[אִמָא שֶׁלו **תִקנֶה** לו מְכונית.]	
They wanted to arrive on time.		הֵם רָצוּ לְהַגִיעַ בַּזמַן.
They wanted the plane to arrive on time.	הֵם רָצוּ שֶׁ[הַמָטוס **יַגִיעַ** בַּזמַן].	
I want to say something.		אֲני רוצָה לְהַגיד מַשֶהוּ.
I want you to tell me what happened.	אֲני רוצָה שֶׁ[(אַתָה) **תַגיד** לי מַה קָרָה.]	
I hope not to be late.		אֲני מְקַוֶה לא לְאַחֵר.
I hope the plane won't be late.	אֲני מְקַוֶה שֶׁ[הַמָטוס לא **יְאַחֵר**]	
They want their boss to get off their backs.	הֵם רוצים שֶׁ[הַבּוס שֶׁלָהֶם **יֵרֵד** מֵהֶם.]	

The verb in the main clause refers to the moment of speech. The tense of verb in the embedded clause is relative to the tense of the main verb.

10.79 #

Naomi wants/wanted a grand piano.		נעמי רוצָה/רָצתָה פסַנתֵר כָּנָף.
Naomi wants/wanted to have a grand piano when she grows up.	נעמי רוצָה/רָצתָה **שֶׁיִהְיֶה** לָה פסַנתֵר כָּנָף כּשֶׁהיא תִהְיֶה גדולָה.	
He wants/wanted (to have) two dogs.		הֵם רוצים/רָצו שנֵי כּלָבים.
He wants/wanted us/them to have two dogs.	הֵם רוצים/רָצו **שֶׁיִהיו** לָהֶם שנֵי כּלָבים.	
Dalia and Dafna want/wanted (to have) two kids.		דַליָה וְדַפנָה רוצות/רָצו שנֵי יְלָדים.
Dalia and Dafna want/wanted (to have) two kids.	דַליָה וְדַפנָה רוצות/רָצו **שֶׁיִהיו** לָהֶן שנֵי יְלָדים.	
We want/hope there to be peace and justice in the Middle East.	אֲנַחנו רוצים/מְקַווים **שֶׁיִהְיֶה** צֶדֶק וְשָׁלום בַּמִזרָח התיכון.	

10.10 Sentential Complements Preceded by אם (If)

10.80 #

To tell the truth, I don't hold out much hope for change in the university's position in the near future.	**אִם** לומַר אֶת האֱמֶת, אֲני לא תולָה יותֵר מִדַי תִקוות בְּשינוי בְּעֶמדַת האוניבֶרסיטָה בעָתיד הקָרוב.
Maimonides totally rejects the distinction Sa'adia made between types of *mitzvot*, since as far as he was concerned, using Sa'adia's terms, every *mitzva* is both logical and categorical.	הרמב"ם שולֵל מִכֹּל וָכֹל את החלוקָה שֶׁהֶעֱמיד סְעַדיָה בֵּין המִצוות, שֶׁכֵּן לְדידו, **אִם** לְהִשתַמֵש בְּמונָחָיו שֶׁל סַעדיה, כֹּל מִצוָוה היא גם שִׁמעית וְגם שִׂכלית (מקור לא ידוע).

10.11 Verbs and their Objects

The term "object" generally includes things or states of affairs that are affected by the event, action or activity denoted by the verb. The number and types of objects are language-specific, and their occurrence in the sentence is determined by the **valence** of the verb.

The notion of **valence of a verb** refers to the capacity of a verb to take a specific number of arguments (noun phrase position)

Objects are generally divided into direct, indirect and prepositional objects (also called obliques). Objects can be realized as noun phrases, infinitivals, verbal nouns or dependent clauses.

See also "Object Pronouns," p. 33.

10.11.1 On the Terms "Direct Object" and "Indirect Object"

The terms direct and indirect object are names given to the way a noun or a noun phrase relates to a given verb in a sentence. The term has nothing to do with the degree to which the object of the verb is affected by the verb's action in the real world. Direct objects quite often do, however, manifest different syntactic behavior from indirect objects. For example, as we have seen in both English and Hebrew, only sentences with direct objects may be passivized. This is why sentence #3 does not have a passive equivalent.

10.81 #

	Passive Sentence	Active Sentence	
The dog snatched the cookie from my hands.	הָעוּגִייה **נֶחטְפָה מֵהָיָד** שֶׁלִי עַל יְדֵי הַכֶּלֶב.	הַכֶּלֶב **חָטַף אֶת** הָעוּגִייה מֵהָיָד שֶׁלִי.	1
The children beat the woman up.	האִישָׁה **הוּכּתָה** עַל יְדֵי הַיְלָדִים.	הַיְלָדִים **הִיכּוּ אֶת** האִישָׁה.	2
The children beat the woman up.	* האִישָׁה **הוּרבְּצָה** עַל יְדֵי הַיְלָדִים.	הַיְלָדִים **הִרבִּיצוּ** לָאִישָׁה.	3

10.11.2 Verbs and their Direct Objects

Hebrew differentiates between definite and indefinite direct objects. While indefinite direct objects join their verb directly, with no preposition, definite direct objects are obligatorily preceded by the definite direct object marker אֶת.

10.82 #

He drinks coffee.	קָפֶה.	Ø	הוּא שותֶה
He hates the new teacher.	המורֶה החָדָש.	אֶת	הוּא שׂוֹנֵא
He is always looking for something.	מָשֶהו.	Ø	הוּא תָמִיד מְחַפֵּשׂ
He is always looking for his keys.	המַפתֵחות שֶלו.	אֶת	הוּא תָמִיד מְחַפֵּשׂ

Noma writes children's books.	סִפרֵי יְלָדים.	Ø	נוֹמָה כּוֹתֶבֶת
Noma is writing her third book.	הַסֵפֶר השלישי שֶׁלָה.	אֶת	נוֹמָה כּוֹתֶבֶת

10.11.2.1 Definite Direct Objects

A direct object is considered definite when:

(a) It has a definite article.

10.83 #

They didn't finish the job.	הֵם לֹא גָמרוּ **אֶת הָעֲבוֹדָה**.	He washed the dishes.	הוּא רָחַץ **אֶת הַכֵּלִים**.
Wear the white blouse!	תִלְבְּשִׁי **אֶת הַחוּלְצָה** הַלְבָנָה.	We lost the keys.	אִיבַּדנוּ **אֶת הַמַפְתֵחוֹת**.

(b) It is a Proper Noun (a Name)

10.84 #

Dina loves Dan.	דִינָה אוֹהֶבֶת **אֶת דָן**.	Gad likes Berkeley.	גָד אוֹהֵב **אֶת בֶּרקלי**.
He admires his teacher.	הוּא מַעֲרִיץ **אֶת המורה שֶׁלוֹ**.	They don't like Jerusalem.	הֵם לֹא אוֹהֲבִים **אֶת יְרוּשָׁלַיִם**.

(c) It is a noun with a pronominal suffix

10.85 #

Ronen loves my sister.	רוֹנֶן אוֹהֵב **אֶת אֲחוֹתִי**.	He loves his wife.	הוּא אוֹהֵב **אֶת אִשׁתוֹ**.
He adores his mother.	הוּא מַעֲרִיץ **אֶת אִימוֹ**.	She can't stand her sister-in-law.	הִיא לֹא סוֹבֶלֶת **אֶת גִיסָתָהּ**.

The use of אֶת to mark an object of a verb is excluded when the object of the verb is already marked by a preposition. Thus, prepositions and the direct object marker אֶת are mutually exclusive. Whether or not a verb is associated with a preposition depends on the verb itself. Verbs differ as to whether they require a preposition, and if they do, whether there is a choice of preposition or not. For example, the object of לעזור (help) is obligatorily preceded by the preposition [-ל]. While the object of the verb לָשֶׁבֶת requires a preposition, there is a choice among numerous ones, such as תחת, על יד, על (under, next to, on, respectively) and others.

Definite direct objects, but not indefinite ones, must be preceded by אֶת, and since אֶת is an object marker, it never precedes nor is it associated with the subject.

10.11.2.2 Verbs with Two Direct Objects

There are cases in which a verb has two direct objects, as in:

10.86 #

He gave the injured man water.	הוּא הִשקָה **אֶת הַפָּצוּעַ מַיִם.**
They asked the President many questions.	הֵם שָׁאֲלוּ **אֶת הַנָּשִׂיא** הַרבֵּה מְאוד **שְׁאֵלוֹת.**
She teaches her son German.	הִיא מְלַמֶּדֶת **אֶת בְּנָה גֶרמָנִית.**
He taught me Arabic, and I taught him Hebrew.	הוּא לִימֵּד **אוֹתִי עֲרָבִית,** וַאֲנִי לִימַּדְתִּי אוֹתוֹ **עִברִית.**

10.11.2.3 Odd but True

As far as the use of אֶת is concerned, names of languages are not considered proper names and, therefore, are not preceded by אֶת.

We like Latin but not Aramaic.	אנחנו אוֹהֲבִים ø לָטִינִית אֲבָל לֹא ø אֲרָמִית.

10.11.2.4 Internal Object (מושא פנימי)

Because of the root system, it is very common for verbs and their objects to have the same root. Such "redundancy" in the root is stylistically acceptable and even considered elegant.

10.87 #

I had an awful dream.	**חָלַמתִי חָלוֹם** נוֹרָא.
I told the kids a funny story.	**סִיפַּרתִי סִיפּוּר** מַצחִיק לַיְלָדִים.
I had frightening thoughts.	**חָשַׁבתִי מַחשָׁבוֹת** מַפחִידוֹת.
He slept soundly.	הוּא **יָשַׁן שֵׁינָה** עֲמוּקָה.

They beat the detainees mercilessly (literally: blows that could murder).	הֵם **הִיכּוּ** אֶת הָעֲצוּרִים **מַכּוֹת** רֶצַח.
They were frightened to death.	הֵם **פָּחֲדוּ פַּחַד** מָוֶות.
All the kids wore new shoes for Passover.	כָּל הַיְלָדִים **נָעֲלוּ נַעֲלַיִים** חֲדָשׁוֹת לִכְבוֹד חַג הַפֶּסַח.
He always wears gorgeous ties.	הוּא תָּמִיד **עוֹנֵב עֲנִיבוֹת** מַקְסִימוֹת.
She loves to write letters.	הִיא אוֹהֶבֶת **לִכְתּוֹב מִכְתָּבִים.**
He loved her dearly.	הוּא **אָהַב** אוֹתָהּ **אַהֲבָה** רַבָּה.
I always loved to eat my mother's food.	תָּמִיד אָהַבְתִּי **לֶאֱכוֹל** אֶת **הַמַּאֲכָלִים** שֶׁל אִמָּא שֶׁלִּי.

10.11.2.5 Direct Objects not Mentioned but Implied

Some verbs in some settings allow the omission of their direct object. In cases like this, the object is implied but is not necessary for proper communication.

She draws better than I do.	הִיא מְצַיֶּירֶת ø יוֹתֵר טוֹב מִמֶּנִּי.	Don't tell anybody.	אַל תְּסַפְּרוּ ø לְאַף אֶחָד.

In Hebrew (not unlike other languages), an indirect object cannot be the subject of passive sentences.

10.88 #

Dvora's child was hit by her.	* הַשֶּׁלֶט הוּצְבַּע (עַל יְדֵי דבורה).	Dvora pointed at the sign.	דבורה הִצְבִּיעָה עַל הַשֶּׁלֶט.
The reviews were belittled by them.	* הַבִּיקוֹרֶת זוּלְזְלָה (עַל יָדָם).	They belittled the reviews.	הֵם זִלְזְלוּ בַּבִּיקוֹרֶת.

10.11.3 Verbs and their Indirect Objects

Hebrew indirect objects are always marked by a preposition. Most of the indirect-object prepositions are members of the ב,כ,ל,מ group (in, as, to, from, respectively). The particular preposition can be dictated by the verb itself (so called governed prepositions which differ from language to language) or be chosen by the speaker to express a particular meaning.

In other words, some verbs dictate which preposition should be associated with them. Others are more "liberal" in that they let the speaker choose from an array of prepositions to fit her desired meaning. This array of prepositions is usually of the same semantic domain, be it direction, location, source, etc.

In #10.89 we have examples of governed prepositions and in #10.90, of non-governed ones.

10.89 #

	Governed Prepositions	Verb + Subject
He helps the teacher.	**לַ**מורֶה.	הוּא עוֹזֵר
She fell in love with her guru.	**בַּ**גורוּ שֶלָה.	היא הִתאַהֲבָה
You elected Bush president.	**ב**בוש לְנָשׂיא.	אתה בָּחַרתָ
He took a sandwich out of the bag.	**מֵ**הַתיק.	הוא הוציא סֶנדוויץ׳

10.90 #

	Non-Governed Prepositions	Subject+ Verb
He fell off the table.	**מֵהַ** שולחָן.	הוּא נָפַל
He fell on his head.	**עַל** הראש.	
He is in/ouside the office.	**בַּ** / **מִחוץ לַ** מִשׂרָד.	הוּא נִמצָא
They live at their parents' house/with their parents/near their parents.	**אֵצֶל** / **עִם** / **עַל יָד** ההורים שֶלָהֶם.	הֵם גָרים

See also "Governed Prepositions," p. 227.

10.11.3.1 Verbs with Two Indirect Objects

There are also cases in which a verb takes two indirect objects, such as:

10.91 #

The law is not supposed to favor one citizen over another.	החוק אָמוּר לֹא **לְהַפלות בֵּין** אֶזרָח **לְ**אֶזרָח.

It is hard to distinguish between a dog and a jackal in the dark.	בַּחוֹשֶׁךְ קָשֶׁה **לְהַבחין בֵּין** כֶּלֶב **לְתַן**.

Some verbs can have a direct object and a governed locative (obligatory phrase of location), such as:

10.92 #

My dog put my shoe under/on/by the bed.	הַכֶּלֶב שֶׁלִּי שָׂם **אֶת** הַנַּעַל שֶׁלִּי **מִתַּחַת/עַל/עַל יַד** הַמִּיטָּה.
The referee removed the player from the field.	השופֵט הִרחיק **אֶת** הַשַּׂחקָן **מֵ**הַמִגרָשׁ.
They loaded all the furniture on the truck.	הֵם טָעֲנוּ **אֶת** כֹּל הרהיטים **עַל** הַמַּשָּׂאִית.

10.93 #

What seems to be a second object in the following sentence is not, strictly speaking, an object since it is not an obligatory part of the verb לבחור but an oblique object. An oblique object is a noun phrase related to the verb by meaning rather than by structure. It is more restricted semantically than a prepositional phrase.

The UN Assembly elected the Irish representative Secretary General.	עֲצֶרֶת האו"ם **בָּחֲרָה בַּ**נָּצִיג האירי **ל-/כְּ**מַזכִּיר כְּלָלִי.

10.12 Verbs with Two Obligatory Objects

In English sentences such as, "He gave the girl an apple," we have a verb that requires two objects. This is true for many verbs of giving, taking, delivering or transferring. In Hebrew, one of the objects is marked by אֶת if it is definite[27], and the second is marked by a preposition. Generally, when the role of the second object is that of recipient, goal or beneficiary, the object is marked with [-ל]. When the role of the second object is that of source or origin, it is marked by מִן or [-מ].

(27) If the object is indefinite, the direct object is not marked at all, as in: אני אוהבת קפה (I love coffee).

10.94 #

מוסֵר א׳ לב׳	deliver	נותֵן א׳ לב׳	give	לֹוֶה א׳ מב׳	borrow
מְקַבֵּל א׳ מב׳	get	מושיט א׳ לב׳	hand	מַזמין א׳ לב׳	invite
מַעֲמיס אֶת	load on to	קונֶה א׳ מב׳	buy	מַשׂכּיר א׳ לב׳	rent
מַחכּיר א׳ לב׳	lease	לוקֵחַ א׳ מב׳	take		

10.13 Omitting the Object

It is sometimes the case that speakers omit the object when it is implied, as in:

10.95 #

אַל תְּסַפּרו ø לְאַף אֶחָד.	Don't tell (pl.) anybody.
אומרים שֶׁהַגֶּבֶר הַיִּשְׂרָאֵלי לא עוזֵר ø בַּבַּיִת ולא עוזֵר עִם הַיְלָדים.	It is said that Israeli men do not help with housework nor with the kids.
הוא כּותֵב ø יותֵר טוב מִמֶּני.	He writes [books, stories] better than I do.

10.14 Lexical Expression of Reciprocity

The notion of reciprocity or "each other" can be expressed in one of the following ways:

10.96 #

	M.	F.	Level of Formality
1.	אֶחד [....] הַשֵּׁני	אַחַת [....] הַשּׁנִיָּה	Least formal
2.	זֶה [....] זֶה	זו [....] זו	Medium formal
3.	איש [....] רֵעֵהו	אישָׁה [....] רְעוּתָהּ	Most formal

The content of [....] above depends on the nature of the main verb in the sentence. If it is a verb that requires a direct object, then the direct object marker will be used, as in:

10.97 #

הֵם מַרגיזים **זֶה אֶת זֶה.**	They annoy each other.	הֵם מְרַמִּים **זֶה אֶת זֶה.**	They cheat each other.

They (f.) appreciated each other.	**הֵן הֶעֱרִיכוּ זו אֶת זו.**	They (f.) make each other laugh.	הן מַצחיקות **זו אֶת זו.**
		They praised each other.	הֵם הִלְלוּ **זֶה אֶת זֶה.**

10.98 #

	Formal	Used in all Registers	Colloquial
They love each other.	הֵם אוהֲבים **איש אֶת רֵעֵהוּ.** הֵן אוהֲבות **אישָה אֶת רְעוּתָה.**	הֵם אוהבים **זֶה אֶת זֶה.**	הֵם אוהֲבים **אֶחָד אֶת השֵׁני.**
They hate each other.	הֵם שׂונאים **איש אֶת רֵעֵהוּ.** הֵן שׂונאות **אישָה אֶת רְעוּתָה.**	הֵם שונאים **זֶה אֶת זֶה.**	הֵם שׂונאים **אֶחָד אֶת השֵׁני.**
They can't stand each other.	הֵם לא סובלים **איש אֶת רֵעֵהוּ.**	הֵם לא סובלים **זֶה אֶת זֶה.**	הֵם לא סובלים **אֶחָד אֶת השֵׁני.**
Tsili and Gili can't stand each other.	הֵן לא סובלות **אישָה אֶת** רְעוּתָה.	צילי וגילי לא סובלות **זו את זו.**	צילי וגילי לא סובלות **אַחַת את השנִיָה.**

The form "אחד.....השני", as in #10.98, is frowned upon by purists, but you can go ahead and use it in your speech, since most Israelis do so; and what's good for them is also good for you.

If the verb requires a preposition, that preposition is used between the two pronouns.

10.99 #

Formal	Colloquial	All Registers
הֵם כותבים **איש לְרֵעֵהוּ** כֹּל יום/ הֵן כותבות **אישָה לרְעוּתָה** כֹּל יום.	הֵם כותבים **אֶחָד לַשֵׁני** כל יום.	הֵם כותבים **זֶה לַזֶה כל יום.**

They write to each other everyday.

הֵם מטלפנים **זֶה לַזֶה** פַּעַם בְּשָׁבוּעַ.

הֵם מְטַלפְנים **אֶחָד לַשֵּׁנִי** פַּעַם בְּשָׁבוּעַ.

הֵם מְטַלפְנִים **אִישׁ לְרֵעֵהוּ** אַחַת לְשָׁבוּעַ.

They phone each other once a week.

הֵם הִתְאָהֲבוּ **זֶה בַּזֶה** עַד מֵעַל לָרֹאשׁ.

הֵם הִתְאַהֲבוּ **אֶחָד בַּשֵּׁנִי** עַד מֵעַל לָרֹאשׁ.

הֵם הִתְאַהֲבוּ **אִישׁ בְּרֵעֵהוּ** עַד מֵעַל לָרֹאשׁ/הֵן הִתְאַהֲבוּ **אִשָּׁה בִּרְעוּתָהּ** עַד מֵעַל לָרֹאשׁ.

They fell madly in love with each other (they fell head over heels in love with each other).

הֵם לֹא מסתַדרים **זֶה עִם זֶה.**

הֵם לֹא מִסתַדרים **אֶחָד עִם הַשֵּׁנִי.**

הֵם לֹא מִסתַדרים **אִישׁ עִם רֵעֵהוּ.**

They don't get along (with each other).

10.100 #

הרגע שבו אדם מכיר ברגש האהבה שלו הוא גם רגע של חורבן. כשאנשים מדברים על אהבתם הם אומרים שהם **חולים זה על זה, קרועים זה על זה, הרוסים זה על זה, שרופים זה על זה, חצאי בני אדם זה בלי זה,** ולפעמים הם פשוט **מתים זה על זה** (טל ניב, הארץ, תאריך לא ידוע).

For reciprocity in the *binyan* system, see p. 143.

10.15 Verbs in Coordinate and Embedded Clauses

When two verb phrases are joined by coordinating conjunctions such as "and," "but," and "or" both verbs are conjugated.

10.101 #

הֵם **יושבים** בַּקָפֶה **וְאוכלים** גלידָה. — They are sitting in the cafe and eating ice cream.

הוא **יָבוֹא** לְאַרצות הברית **וְיָגוּר** אֵצֶל הדודה שֶׁלּוֹ. — He will come to the U.S. and live with his aunt.

However, things are different in non-coordinate structures containing more than one verb (or, structurally speaking, more than one clause). In the following examples, when the subject of both verbs is the same, the second verb has the infinitive form. When the subject of the non-main verb in a sentence is not the same as that of main verb, the subject of the non-main verb(s) must be mentioned. The second subject and its verb are embedded in the main sentence. The embedded clause is generally preceded by the relative particle [-שֶׁ].

For another relative particle, see "The Relative Particle כי," p. 306.

10.102 #

Each Verb is Controlled by a Different Subject	The Two Verbs are Controlled by the Same Subject
דָני רוצֶה **שֶׁשּוֹשָנָה תִשתֶה** רַק בִּירָה מֶכּסִיקָנִית.	דָני רוצֶה **לִשתות** בִּירָה.
Dani wants Shoshana to drink only Mexican beer.	Dani wants to drink beer.
היא רוצָה **שֶהָאורחים יִסעו** הָעִירָה לַעֲשׂות קנִיות	היא רוצָה **לִנסוֹעַ** הָעִירָה לַעֲשׂות קנִיות.
She wants the guests to go downtown to do some shopping.	She wants to go downtown to do some shopping.
היא רוצָה לנסועַ הָעִירָה כְּדֵי **שֶהָאורחים** שֶלָה **יַעֲשו** קנִיות.	
She wants to go downtown so that her guests can do some shopping.	

10.15.1 Who Controls the Show? Who is the Subject of the Infinitive?

There are some verbs, such as לְצַוות, לִדרוש, לְבַקֵש (order, demand, request), where the subject of the first conjugated verb and the subject of the infinitive are not the same, and this fact is not syntactically marked. In #10.103 המלכה, הם, היא are the subject of the conjugated verb but not of the infinitive.

10.103 #

The queen ordered [someone] to bake cakes for breakfast.	הַמַלכָּה **ציוותָה** לֶאֱפות עוּגות לאֲרוּחַת בּוקֶר.
They demanded [someone to] to expel of all the inhabitants of the village.	הֵם **דָרשו** לְגָרֵש אֶת התושָבים מֵהכּפָר.
She asked [someone] to come on time and to [someone] bring no gifts.	היא **בּיקשָה** לָבוא בַּזמָן וְלא לְהָבִיא מַתָנות.

Part of knowing the language is knowing which verb goes with which subject. In (1) and (2) the structure of the sentence is the same. However, the "doer" of the second verb in (2) is not same as the "doer" of the first one, while in (1) they are both the same. Thus, one of the differences between the two sentences has to do with the nature of the verb used.

	The Object of the Main Verb Controls the Verb in the Subordinate Clause. 2	**The Subject of the Main Verb Controls the Verb in the Subordinate Clause.** 1
He let me talk [the second referent was going to do the talking].	הוּא נָתַן לִי לְדַבֵּר.	
They let me take the car.	הֵם הִרשׁוּ לִי לָקַחַת אֶת הַמְּכוֹנִית.	
She did not permit entering her room.	הִיא לֹא הִרשְׁתָה לְהִיכָּנֵס לַחֶדֶר שֶׁלָּה.	
Maya promised to bake a cake.		מָאיָה הִבטִיחָה לֶאֱפוֹת עוּגָה.
Maya convinced me to bake a cake.	מָאיָה שִׁיכנְעָה אוֹתִי לֶאֱפוֹת עוּגָה.	
Naomi wanted to bake a cake.		נָעֳמִי רָצתָה לֶאֱפוֹת עוּגָה.
The doctor forbade me to smoke cigarettes.	הָרוֹפֵא אָסַר עָלַי לְעַשֵׁן סִיגַריוֹת.	
He told me to make coffee.	הוּא אָמַר לִי לַעֲשׂוֹת קָפֶה.	
The Queen ordered [someone] to bake cakes for breakfast.	הַמַלכָּה צִיוותָה לֶאֱפוֹת עוּגוֹת לַאֲרוּחַת בּוֹקֶר.	
The Queen ordered the baker to bake cakes for breakfast.	הַמַלכָּה צִיוותָה עַל הָאוֹפֶה לֶאֱפוֹת עוּגוֹת לַאֲרוּחַת בּוֹקֶר.	
They asked to enter the room.		הם בִּיקשׁוּ לְהִיכָּנֵס לַחֶדֶר.
He asked to call his mother.		הוּא בִּיקֵשׁ לְטַלפֵן לְאִמָא שׁלוֹ.

The last Hebrew sentence above is actually ambiguous and can also mean "He asked that someone call his mother."

10.16 Complex Verbs

10.16.1 The Conjugation of Complex Verbs

The time referred to by a complex verb form is always the past. The tense is carried by the past tense of the verb "to be" and the content by the main verb, which is always in the present tense.

10.105 #

Past Tense of the Verb "to Be"	+	Present Tense of the Main Verb
When he lived in Tel Aviv he used to go every day to the beach [lit. to the sea].		כשהוא גָר בְּתֵל אָבִיב הוא **הָיָה הולֵךְ** כֹּל יום לַיָם.

10.16.2 The Uses of Complex Verbs

In terms of meaning and function, complex verb forms are used to express habitual and iterative activity in the past, wishing for something to happen, politeness formulas and hypothetical statements.

10.16.2.1 Habitual Activity in the Past

10.106 #

	Formal	Colloquial
When he lived in Berkeley he used to go to the park every day.	כשֶׁהוּא גָר בּברקלי הוּא **נָהַג לָלֶכֶת** לַפָּארק כֹּל יום.	כשֶׁהוּא גָר בּברקלי הוּא **הָיָה הולֵךְ** לַפָּארק כל יום.
When I was little I used to visit my grandmother every week.	כשֶׁהָייתי קטַנָה **נָהַגתי לבַקֵר** אֶת סַבתָא שלי כֹּל שָׁבוּעַ.	כשֶׁהָייתי קטַנָה **הָיִיתִי מְבַקֶרֶת** אֶת סַבתָא שֶׁלי כֹּל שָׁבוּעַ.
When he lived in Tel-Aviv, he would go/he used to go to the Cinematheque every week.	כשֶׁהוּא גַר בְּתֵל אָבִיב הוא **נָהַג לָלֶכֶת** כֹּל שָׁבוּעַ לַסינֶמָטֶק.	כשֶׁהוּא גַר בְּתֵל אָבִיב הוא **הָיה הולֵךְ** כֹּל שָׁבוּעַ לַסינֶמָטֶק.

10.107 #

כשהייתי קטנה, [אמא] **הייתה רוחצת** את כלי המטבח הגדולים, המשומנים, בכיור שבחצר.

מדי פעם **היתה רוכנת** אל האדמה, חופנת חול בכפה, וזורה אותו אל תוך הסיר. כדור צמר הפלדה שבידה השניה לחץ את החול אל הדפנות וביחד ביקשו להדוף את פסי הלכלוך והשומן שהשאירו הבמיה במיץ עגבניות, תפוחי האדמה בחילבה והג'חנון של שבת. אל הכיור שבחצר **היתה מגיעה** רק אחרי שכילתה לשטוף את הרצפות והעמידה משהו על הגז.

לפעמים, בחגיגות סוף השנה בגן או בבית הספר, כשהלכה לאסיפת הורים, או לחתונה בראשון **היתה נועלת** נעליים. נעליים קטנות נמוכות עקב, שקנתה ב"נווה שאנן", או אצל ההוא מ"קינג ג'ורג'" שיש לו פירמות טובות [...] סילביה **היתה נותנת** לה לפעמים דברים שלא התאימו לה ממה שאחותה שלחה לה.

[...] בשבת בבוקר כש**הוא היה הולך** לבית הכנסת, וחרות נפלה על הבית, **היתה חוצה** את הכביש "לעשות לנו רגליים". אחרי שקצת גדלנו, הלכה אימא ללמוד "לעשות פנים" ודודה צביה הלכה ללמוד "לעשות רגליים". לשתיהן היו פנקסים שחורים, בהן **היו רושמות** תורים לנשים שרצו לעשות פנים או רגליים. את הנשים האלה שנאתי. כשהן באו, אי אפשר היה לעמוד ליד אמא או ליד דודה צביה. הן **היו סוגרות** את הדלת.

(www.tamarelor.com/index.php/stories-and-essays/story-on-hands-and-legs-hebrew).

10.16.2.2 Hypotheticals

In #10.108 the first example is the colloquial version of the second one.

10.108 #

אִם/אילוּ **הָיִיתָ מְנַסֶה, הָיִיתָ מַצליחַ.**

If you tried/had you tried, you would have succeeded.

אילוּ **ניסיתָ, הֲיִיתָ מַצליחַ.**

If they had a stove, they'd bake us a cake. — אילו **הָיָה לָהֶם** תָנור הֵם **הָיוּ אופים** לָנוּ עוּגָה.

10.109 #

לחברת הכנסת רוחמה אברהם היו כל מיני אפשרויות להתמודד עם העקיצות של אסף הראל. **היא היתה יכולה** להחזיר לו עקיצות אישיות משלה, **היא היתה יכולה** להתלונן לבוסים שלו, **היא היתה יכולה** לפנות לבוסים של הבוסים, **והיא היתה יכולה** לפטור את כל העניין בקלילות ולספר כמה היא מוחמאת מתשומת הלב הנדיבה (העיקר שמצטטים נכון את שמה). כך **היה נוהג** פוליטיקאי נבון שרוצה לקנות את עולמו ברגע. אבל אברהם בחרה בדרך הגרועה מכולן. היא לוקחת את הראל לבית המשפט. מיליון שקל. בכך היא מוכיחה מחדש שהיא ראויה למה שנאמר עליה (אהוד אשרי, <u>הארץ</u>, נובמבר 2004).

10.16.2.3 Polite Requests

10.110 #

I would like you to give me an answer by tomorrow.	**הָיִיתִי רוֹצָה** שֶׁתִּיתֵּן לִי תשׁוּבָה עַד מָחָר.
I'd request that you give me an answer by tomorrow.	**הָיִיתִי מְבַקֶּשֶׁת** שֶׁתִּיתֵּן לִי תשׁוּבָה עַד מָחָר.
I'd rather that you gave me an answer by tomorrow.	**הָיִיתִי מַעֲדִיפָה** שֶׁתִּיתֵּן לִי תשׁוּבָה עַד מָחָר.
I would like you to bring me a few things from the grocery store.	**הָיִיתִי רוֹצָה** שֶׁתָּבִיא לִי כַּמָּה דברים מֵהַמַּכּוֹלֶת.

10.16.2.4 Regrets for Inability to do Something

10.111 #

I wish I had money to help you.	הַלְוַואי **שֶׁהָיָה לִי כֶּסֶף** לַעֲזוֹר לְךָ.
I wish I had words to tell you how sorry I am about what happened.	הַלְוַואי **שֶׁהָיוּ לִי מילים** לוֹמַר לָךְ כַּמָּה אֲנִי מִצְטַעֶרֶת עַל מַה שֶּׁקָּרָה.

10.16.2.5 Mitigating, Hedging and Suggesting

10.112 #

I would have phrased it differently.	**הָיִיתִי מְנַסַּחַת** אֶת זֶה/זֹאת אָחֶרֶת.
I would advise you to think about that.	**הָיִיתִי אוֹמֶרֶת** שֶׁתַּחְשְׁבִי עַל זֶה/עַל כָּךְ. **הָיִיתִי מַצִּיעָה** שֶׁתַּחְשְׁבִי עַל זֶה/עַל כָּךְ.

10.17 Verbal Nouns

Verbal nouns (also called action nouns) are nouns that originate in verbs. They function similarly to English gerunds. They are best translated into English as "V-ing," namely "the activity of doing the verb" or "the act of doing the verb."

10.113 #

אֲכִילָה (לֶאֱכוֹל)	eating, the activity of eating	צמִיחָה (לִצמוֹחַ)	growing, the activity of growing

Before discussing verbal nouns in more detail, it is important to note the following:

Not all Hebrew verbs have verbal nouns, and the system of verbal nouns is more erratic and less predictable than the verb system.

The form of a given verbal noun is often motivated by the verb from which it is derived.

The meaning of verbal nouns is not always predictable from the meaning of its associated verb.

Verbs in פוּעַל and הוּפעַל don't have verbal nouns associated with them.

Verbal nouns are like nouns in that they have gender, they participate in construct nouns, they are modified by adjectives, etc.

A recommendation: do not try to create your own verbal nouns, but learn to recognize them when you hear them or see them used in writing.

Like other nouns, verbal nouns can join other nouns to create a two-noun or three-noun unit—סמיכות (construct, or noun-noun compound.)

See also "Verbal Nouns (Action Nouns)," p. 78 and "Construct Nouns (סמיכות)," p. 80.

10.114 #

prevention, preventing	**מְניעָה**			
He sued the State for preventing the publication of his book.	הוא תָבַע את המדינָה עַל **מניעַת** פירסום הסֵפֶר שֶלו.	prevent	לִמנועַ	פעל
avoidance, avoiding, abstaining	**הימָנעוּת מ-**			
The Likud representative called for an abstention.	נציג הליכּוד קָרָא **לְהימָנעות** מֵהַצבָּעָה.	abstain	לְהימָנַע	נפעל
promotion, promoting	**קידוּם**			
The company started a campaign to promote sales.	הֶחברָה הִתחילָה בְּמַסַע **לקידום** מכירות.	promote	לְקַדֵם	פיעל
Academic promotion depends on publishing.	**קידוּם** אָקָדֶמי תָלוּי בפירסום.			
progress, advancing	**הִתקדמוּת**			
The kids' progress surprised everybody.	**הִתקדמותָם** של הִילָדים הִפתיעָה את כּולָם.	advance	לְהִתקַדֵם	התפעל

dancing	**ריקוד**			
The kid's dancing received thunderous applause.	**ריקוד** הַיְלָדִים זָכָה לִמחיאות כַּפַּיִים סוֹעֲרוֹת.	dance	לִרקוד	פעל
registering, registration	**הַרְשָׁמָה**			
Students' registration for next year will start next week.	**הַרְשָׁמַת** סטודֶנטים לַשָּׁנָה הַבָּאָה תַּתחיל בְּעוד שָׁבוע.	to register	לְהֵירָשֵׁם	נפעל
reading	**קריאָה**			
Reading books is an extraordinary pleasure.	**קריאַת** סְפָרים זֶה תַּעֲנוּג לא נורמָלי.	read	לִקרוא	פעל
writing	**כּתיבָה**			
His writing is excellent.	ה**כּתיבָה** שֶׁלו מְצוּיֶנֶת.	write	לִכתוב	
drinking	**שתִיָה**			
The doctors say that Bacchus drinking will kill him.	הָרופאים אומרים שֶׁ**השתִיָיה** שֶׁל בַּכּחוּס תַּהֲרוג אותו.	drink	לִשתות	
getting up	**קימָה**			
This getting up every day at 5:00 a.m. will kill me one of these days.	ה**קימָה** הזאת כֹּל יום בְּחָמֵשׁ תַּהֲרוג אותי יום אֶחָד.	get up	לָקום	
entering, entrance	**כּניסָה**			
No entry for children under five!	**כּניסַת** יְלָדים מתַּחַת לְגיל חָמֵשׁ אֲסוּרָה.	enter	לְהיכָּנֵס	נפעל
cooking	**בּישול**			
Cooking is an activity that requires talent, good taste and, above all, patience.	**בּישול** זֶה עיסוק שֶׁדורֵשׁ כּישָׁרון, טַעַם טוב, וּמֵעַל לַכֹּל סַבלָנוּת.	cook	לְבַשֵּׁל	פיעל

beginning	**הַתחָלָה**			
Beginning to write was the hardest.	**התחלַת** הכּתיבָה הָיתָה הדָבָר הקָשֶׁה ביותֵר.	start, begin	לְהַתחיל	הפעיל
exploding, explosion	**הִתפוצְצות**			
The explosion of the gas pipe woke him from his sleep.	**הִתפוצְצות** צינור הגָאז הֵעירָה אותו מֵהשֵׁינָה.	explode	לְהִתפוצֵץ	התפעל

10.17.1 Verbal Nouns and Infinitival Complements

In written forms of Hebrew, verbal nouns are often used instead of infinitival complements of verbs.

	Finite Verb + Infinitive	Finite Verb + Verbal Noun
They decided to elect a new president.	הֵם הֶחליטו **לִבחור** נָשׂיא חָדָש.	הֵם הֶחליטוּ על **בְּחירַת** נָשׂיא חָדָש.
We prefer cooking to dish washing.	אנַחנו מעדיפים **לְבַשֵׁל** מאשר **לִרחוץ** כלים.	אָנוּ מעֲדיפים **בישול** עַל **רְחיצַת** כֵּלים.

The pronominal form אָנוּ is somewhat more formal than אֲנַחנוּ, and as the use of the verbal noun in this sentence indicates a more formal tone, the use of אנו is preferable.

Smoking is forbidden in this house. In this house it is forbidden to smoke.	בבית הזה **אסור לעשן.**	**העישון** בבית הזה **אסור**.

In many cases, the form of a given verbal noun is the same as that of a noun of the same root, yet their syntactic behavior may differ. True verbal nouns tend to be only used in the singular. Verbal nouns can be used as the first part of a construct, while nouns that look like verbal noun, but are actually real nouns, cannot.

10.115 #

הֵם הִגִיעוּ אֵלֵינוּ עִם כְּנִיסַת הַשַּׁבָּת.	They arrived as the Sabbath came in.
הגינָה נִמְצֵאת **בכניסָה** לַבַּיִת.	The garden is at the entry to the house.
*הגינָה נִמְצֵאת **בכניסַת** הבַּיִת.	

10.18 About Verbs and their Satellite Nouns

Verbs serve as centerpieces of sentences and of discourse, in that they define a set of highly specific roles. The use of verbs and their associated nouns (and noun phrases) creates little scenarios, which in essence describe "who did what to whom." Knowing the meaning of a verb means knowing both the type of situation described by the verb and the roles implied by the use of that verb. Roles can be divided into two main classes: participatory roles and circumstantial roles. The former are entities actually participating in the situation depicted by the verb, and the latter are entities that do not really participate, but rather are part of the setting of the event.

When we communicate with other people (in both speech and writing), we use language as a tool to represent our perception of the world and the way it is (descriptions, assertions), or the way we want it to be (wishes, directives, etc.). We are the ones who interpret what has taken place, and we use language accordingly. As the examples below show, very often there is more than one way to describe things, and the same situation can be represented in different ways (by the same or different speakers), depending on the way s/he perceives what has taken place.

10.116 #

הָרַעַשׁ **הֵעִיר** אותו.	The noise woke him up.
הוּא **הִתְעוֹרֵר** בִּגְלַל הָרַעַשׁ.	He woke up because of the noise.
השוטֵר **רָצַח** אֶת האָסִיר.	The policeman murdered the prisoner.
השוטֵר **הָרַג** אֶת האָסִיר.	The policeman killed the prisoner.

The different roles implied by verbs are often indicated by the prepositions associated with the object nouns (or noun phrases). The preposition [-ל], for example, is often associated with the role of recipient, beneficiary or goal, the preposition [-ב] with location, and the preposition בִּשביל with beneficiary.

The following is a list of basic relationships that exist in the world and are represented by language. Note that nouns that are "participants" of a situation can be said to have more than one role at a time.

10.18.1 Agent

The agent is the entity that has volitionally caused the act or activity indicated by the verb.

10.117 #

The police caught the criminal.	**הַמִשטָרָה** תָפסָה אֶת הפּושֵעַ. 1a
The criminal was caught by the police.	הפּושֵעַ נִתפַּס עַל יְדֵי **הַמִשטָרָה**. 1b
The boy sent the letter.	**הַיֶלֶד** שָלַח את הַמִכתָב. 2a
The letter was sent by the boy	הַמִכתָב נִשלַח עַל יְדֵי **הַיֶלֶד**. 2b

The police and the boy are agents and subjects in the active sentences (1a & 2a), but they are only agents, not subjects, in the passive sentences (1b & 2b). Hence, passive sentences change only the grammatical function of participants, not their semantic roles.

10.18.2 Force (Non-Volitional Agent)

The force is the entity which has non-volitionally has caused the act or activity indicated by the verb.

10.118 #

The rain caused a lot of flooding.	**הַגֶשֶם** גָרַם לְהַרבֵּה שִטפונות.	The heat melted the ice cream.	**החום** הֵמיס אֶת הגלידָה.
The earthquake destroyed the bridge.	רְעידַת הָאֲדָמָה **הָרסָה** אֶת הַגֶשֶר.	The wind toppeled the tree.	**הרוחַ** הִפִּילָה אֶת הָעֵץ.

10.18.3 Patient (Undergoer)

A patient (undergoer) is an entity that has something done to it, or an entity that has undergone a change indicated by the verb.

10.119 #

Dani beat Rina up.	דָני הִיכָּה אֶת **רינָה**.
Rina killed Dani.	רינָה הָרגָה אֶת **דָני**.
They destroyed the house.	הֵם הָרסו אֶת **הַבַּיִת**.
She hung the picture on the wall.	היא תָלתָה אֶת **התמונָה** עַל הקיר.
The shirt shrank in the wash.	**החולצָה** הִתכַּווצָה בַּכּביסָה.
The ice cream melted in the sun.	**הגלידָה** נָמֵסָה בַּשֶמֶש.

10.18.4 Experiencer

The experiencer is the entity characterized as aware of, or affected by, the action indicated by the verb or by an adjective in verbless sentences.

In #10.120 and #10.121 the preposition [-ל] and its variants לי, לך, לו etc. have a special role of pointing at an experiencer. It is an expressive preposition that often has no literal equivalent in English.

10.120 #

It's important to me to study Hebrew.	חָשוּב **לי** לִלמוד עִברית.
I'm hot.	חָם **לי**.
Dani had his computer stolen.	גָנבוּ **לְדני** אֶת המַחשֵב.
They are bored.	מְשַעמֵם **לָהֶם**.
I don't feel well.	רַע **לי**.
It's hard for us to drive into town every day.	קָשֶה **לָנוּ** לִנסוֹעַ הָעירָה כּל יום.
I'm fed up with work.	**נִשבַּר לי** מֵהָעֲבוֹדָה.
It took him five years to write the book.	**לָקַח לו** חָמֵש שָנים לִכתוב אֶת הסֵפֶר.
They find it hard to shut up.	**קָשֶה לָהֶם** לִסתום אֶת הפֶּה.
Do you feel like going to the beach?	**מִתחַשֵק לך** לָלֶכֶת לַיָם?
I am cold, close the window!	**קַר לי**, תִסגור את החַלון.

In the following sentences, which are possible just in case the object is a body part, speakers have the option of stressing the experiencer by using the preposition [-ל] instead of the possessive של. The sentences marking the experiencer are much more common than the ones using the possessive.

10.121 #

	Verb + [-ב] + Body Part + Possessive	Verb + [-ל] with Pronominal Suffix + [-ב] + Body Part
She spit in his face.	הִיא יָרְקָה **בַּפַּרְצוּף שֶׁלּוֹ.**	הִיא **יָרְקָה לוֹ** בַּפַּרְצוּף.
He looked in her eyes.	הוּא הִסְתַּכֵּל **בָּעֵינַיִים שֶׁלָּה.**	הוּא **הִסְתַּכֵּל לָהּ** בָּעֵינַיִים.
They laughed at our face.	הֵם צָחֲקוּ **בַּפָּנִים שֶׁלָּנוּ.**	הֵם **צָחֲקוּ לָנוּ** בַּפָּנִים.
He pinched her in the butt.	הוּא צָבַט **בַּתַּחַת שֶׁלָּה.**	הוּא **צָבַט לָהּ** בַּתַּחַת.
He kicked her in the butt.	הוּא בָּעַט **בַּתַּחַת שֶׁלָּה.**	הוּא **בָּעַט לָהּ** בַּתַּחַת.
He pulled her hair.	הֵם מָשְׁכוּ **בַּשְּׂעָרוֹת שֶׁלָּה.**	הֵם **מָשְׁכוּ לָהּ** בַּשְּׂעָרוֹת.
He bit her ear.	הוּא נָשַׁךְ **בָּאוֹזֶן שֶׁלּוֹ.**	הוּא **נָשַׁךְ לוֹ** בָּאוֹזֶן.
We slammed the phone in his face.	**טָרַקְנוּ** אֶת הַטֶּלֶפוֹן **בַּפַּרְצוּף שֶׁלּוֹ.**	**טָרַקְנוּ לוֹ** את הַטֶּלֶפוֹן בפרצוּף.

10.122 #

Sentences like the one below have the following structural and semantic features:

They start (obligatorily) with a masculine singular verb (in any tense) or a masculine singular adjective.

They lack a grammatical subject and what seems to be the subject — judging by the English translation — is indicated by what is usually the indirect object of a verb (לי, לך, לו, לנו, etc.).

Their initial verb or adjective describes a situation (physical or psychological), and the indirect object points at the person who is affected by it, its experiencer.

It took him five years to write the book. לָקַח לוֹ חָמֵשׁ שָׁנִים לִכְתּוֹב אֶת הַסֵּפֶר.

There is no agreement here, because שָׁנָה (f.) and לָקַח (m.) because שנה is not the subject of the verb.

Understanding such sentences requires us to distinguish between psychological subjects and grammatical ones. A grammatical subject is always in the nominative case — a bare noun or a pronoun with no associated prepositions; psychological subjects are marked by the preposition [-ל] or by an indirect object pronoun — לי, לנו, להם, etc.

While grammatical subjects in active sentences are often the actors or initiators of what is indicated by the verb, the psychological subject is always the one affected by the verb.

Note that possession in Hebrew is expressed in a similar way:

We have a big house.	יש לנו בית גדול.
They had tons of friends.	היו להם המון חברים.

See also "Ambiance Sentences," p.312.

10.18.5 Source

The source is the entity that is the point of departure, or origin, of the action indicated by the verb.

10.123 #

He came from Israel yesterday.	הוּא בָּא אֶתמול **מִישרָאֵל**.
You can see the whole bay from her window.	**מֵהַחלון** שֶׁלָּה רואים אֶת כֹּל המִפרָץ.
The table is made of wood.	השוּלחָן **עָשׂוּי מֵעץ**.

10.18.6 Goal

The goal is the entity that is the destination or target of the action indicated by the verb.

10.124 #

He is going to Jerusalem.	הוּא נוסֵעַ **לירושָׁלַים**.
They turned the paper in to the teacher.	הֵם מָסרוּ אֶת הָעֲבודָה **לַמורֶה**.
Why did you throw the food in the garbage?	לָמָּה זָרקתָ אֶת האוכֶל **לַפָּח**?

10.18.7 Location

The location is the entity that is the location of a participant of the activity indicated by the verb.

10.125 #

They live in Tel Aviv.	הֵם גָרים **בְּ**תל אביב.
He works in his father's business.	הוּא עובֵד **אֵצֶל** אַבָּא שֶׁלו.
The bookcase is by the window.	הכּוּנָנית נִמצֵאת **עַל יָד** החַלון.
The courtyard is behind the house.	החָצֵר נִמצֵאת **מֵאחורֵי** הבַּיִת.

10.18.8 Beneficiary

The beneficiary is the entity that benefits from the action indicated by the verb.

10.126 #

They did it for their kids.	הֵם עָשׂוּ אֶת זֶה **בִּשביל** הִיְלָדים שֶׁלָהֶם.
They did a lot for the hospital.	הֵם עָשׂוּ רַבּות **לְמַעַן** בֵּית החולים.
The party was in honor of the Prime Minister.	המְסיבָּה נֶעֶרכָה **לִכבוד** רֹאש המֶמשָׁלָה.

10.19 Time and Tense

Time and tense are not the same. "Time" refers to real-life events. We usually refer to events from the vantage point of the moment of speech. Events take place before, simultaneously with, or after, the moment of speech. "Tense" is a grammatical notion. It is a meta-linguistic word that we use when we talk about languages and about the ways in which they express the notion of time. When we say "present," "past" or "future" tense, we refer to the form of a verb, not to the time it designates. Languages use tenses of verbs to mark a variety of things. For example, when a Hebrew speakers say:

10.127 #

I want you to give me $10.	אֲני רוצה שֶׁתיתֵן לי 10 דולָר.

They are using the future tense form of the verb לָתֵת (to give) to mark the fact that they wants you (the addressee) to do something. In fact, in Hebrew, whenever we want people to do something, we have to use either the future tense form of the verb or its imperative form.

Note that the form of the verb in the above sentence is the future tense in Hebrew and the infinitive in the English.

See also "Sentential Complements of Verbs of Wanting and Wishing," p. 177.

10.19.1 Time and Tense in Simple Sentences

As a rule of thumb, the verb form of simple Hebrew sentences, or the main verb of a complex sentence, is always relative to the moment of speech. If the event took place before the moment of speech, the verb form would be in past tense; if the event is to take place after the moment of speech, the verb form would be in the future tense.

The present-tense form is used in all other cases. The main verb of a sentence sets the event in real time.

10.128 #

Present Tense	She is busy.	היא עֲסוּקָה.
Past Tense	She was busy.	היא הָיתָה עֲסוּקָה
Future Tense	She'll be busy.	היא תִהְיֶה עֲסוּקָה.
Present Tense	They teach Arabic.	הֵם מְלַמדים עֲרָבית.
Past Tense	Roni taught Latin.	רוני לימדה לָטינית.
Future tense	Malka will teach Russian.	מַלכָּה תְלַמֵד רוסית.

10.129 #

She can't talk to you now. She is busy.	היא לא יְכוּלָה לדַבֵּר איתךָ עכשו. היא **עֲסוּקָה**.
She couldn't talk to you. She was busy.	היא לא יָכלָה לדַבֵּר איתךָ. היא **הָיתָה עֲסוּקָה.**
She won't be able to talk to you. She'll be busy.	היא לא תוּכַל לדַבֵּר איתךָ. היא **תִהְיֶה עֲסוּקָה.**

10.19.2 Temporal Sequence

In complex sentences, the form of verbs in embedded clauses is contingent upon the time indicated by the main verb. The time that is marked by the main verb becomes the criterion for the tense of the other verbs; namely, if the event in an embedded clause happened before the time of the event in the main verb, the tense of the embedded verb is past tense; by the same token, if the event in the embedded clause happened (or will happen) after the time of the event in the main verb, the tense of the embedded verb is future tense. Finally, if the event(s) in the embedded clause happen at the same time as the time of the event in the main verb, the tense of that verb is present tense.

10.130 #

I told him that I had written the letter.	**אָמַרתי** לו שֶׁ**כָּתַבתי** אֶת המִכתָב.
I told him that I would write the letter.	**אָמַרתי** לו שֶׁ(אֲני) **אֶכתוב** אֶת המִכתָב.
I told him that I am/was writing the letter.	**אָמַרתי** לו שֶׁ(אֲני) **כּותֶבֶת** אֶת המִכתָב.

10.131 #

התערבות גסה זו בענייניה של מלכות חשמונאי, **סימנה** את סופה של ממלכת החשמונאים העצמאית. אומנם הורקנוס, ולאחריו מתתיהו אנטיגונוס, **עוד ישלטו** ביהודה, במידה זו או אחרת של עצמאות, אך הדרך אל השיעבוד המלא לעול הרומאים **נפתחה**.

בתקופה זו **התחזק** מאוד מעמדו של אנטיפטרוס, וכן של בניו פצאל והורדוס אשר **מונו** למושלי מחוזות, ו**חיזקו** את כוחם תוך כדי שהם **מתמרנים** בין שליטי רומא ה**מתחלפים** — יוליוס קיסר, מרקוס אנטוניוס ואוגוסטוס, ונאמנותם לשליט **קונה** להם מעמד ועמדות כוח על חשבון כוחו ה**מידלדל** של בית חשמונאי. בצעד ש**יביא** אסון על בית חשמונאי **השיא** הורקנוס הזקן את נכדתו מרים החשמונאית להורדוס (מקור לא ידוע).

10.20 Tense, Aspect and Mood/Modality

Our purpose is to understand the semantic content of predicating elements of sentences (both verbs and non-verbs) and the thematic relationships that hold between a predicate and its arguments.

Verbs represent various kinds of events, actions and situations. They code various properties, which supply the blueprint for the thematic roles that the associated participants (noun phrases or arguments) in these states of affairs may play.

The state of affairs, or what happens in the world, is categorized into situations, events, processes and actions. The move from one verb paradigm to another often reflects, among other things, the state of affairs.

Three categories — tense, aspect and mood/modality — specify and characterize basic predication. Tense and aspect have to do with the temporal makeup of sentences, and mood/modality[28] has to do with the subjective attitude of the speaker toward the content of the utterance.

Verb aspect explores the internal temporal structure of verbs and sentences from dichotomous points of view of completion (perfectivity) or incompletion (imperfectivity), stativity or activity (static and dynamic situations), durativity or punctuality (non-durativity), points of inception and termination, and repetition or habituality.

There exist diverse grammatical and lexical means of expressing aspectual notions. The interaction of the lexical meaning of a verb, its morphological form, the type of participating (nucleus) noun phrases (singular vs. plural, mass noun vs. count noun), adverbials, auxiliaries, tenses, etc. may all contribute to the aspectual character of a sentence.

10.20.1 Linguistic States of Affairs

Linguistic States of Affairs			
Stative	**Active**		
Situations (No Change over Time)	Events, Processes, Activities (Change over Time)		
	Events	Processes	Activities
Situations are states of affairs that involve the location of a participant, the state or condition of a participant, or an internal experience of a participant.	Events are states of affairs that seem to happen instantly (punctual). An event can take place over and over again iteratively.	Processes are states of affairs involving change. They take place over time and may mark a change in location, state or condition, or in the internal participant's experience of something.	Activities are states of affairs in which a participant does something.

---

(28) Modality is discussed in chapter 19, p. 334.

Unbounded (atelic): there is no inherent terminal point.	Consequently, we have a macro-event that appears to lack a terminal point. Events are bounded (telic); there is an inherent terminal point.	Bounded (telic): there is an inherent terminal point. The result of a process may be a situation of some kind.	Unbounded (atelic): there is no inherent terminal point, no implication that the action by its nature must terminate in some way.
Examples:[29] know, own, be tall	Examples: explode, pop a balloon, shatter glass, fall, fall in love, flicker	Examples: burn down, dry up, melt, read the book	Examples: swim, sing (There is nothing in the nature of swimming or singing that implies that they must end.)

10.20.2 Inherent Meaning of Verbs

Inherent Meaning of Verbs							
Not Same Root, Different Verb Paradigm				**Same Root, Different Verb Paradigm**			
Telic (Has a Natural Ending)		**Atelic** (No Natural Ending)		**Inchoative** (Marks the Inception of the Activity)		**Durative** (Marks the Duration of the Activity)	
burn down (נפעל)	נשרף	burns, is burning (נפעל)	בוער	stands up (נפעל)	נעמד	stands (פעל)	עמד
is dying (פעל)	גוסס	is dead (פעל)	מת	sits down (התפעל)	מתיישב	sits (פעל)	ישב
Inchoative		**Durative**		stops talking (התפעל)	משתתק	does not talk (פעל)	שתק
gets angry (התפעל)	מתרגז	is angry (פעל)	כועס	get sick (פעל)	חָלָה	was sick (פעל)	היה חוֹלֶה
falls asleep (נפעל)	נרדם	sleeps (פעל)	ישן	falls in love (התפעל)	מתאהב	loves (פעל)	אוהב

(29) For Hebrew examples, see next page.

Same Root, Different Verb Paradigm			
Iterative		**Non-iterative**	
walks back & forth (התפעל)	מתהלך	goes, walks (פעל)	הולך
runs around (התפעל)	מתרוצץ	runs (פעל)	רץ

falls in love (התפעל)	מתאהב	loves (פעל)	אוהב
gets to know (התפעל)	מתוודע ל-	knows (פעל)	יודע
recalls (נפעל)	נזכר	remembers (פעל)	זכר

10.21 Habitual Aspect with Verbs of Motion as Auxiliaries

Comments	Habitual Aspect with Verb of Motion as Auxiliary
The verb הלך (go), in conjunction with the main verb, changes the main verb from a telic verb (אזל נגמר, שקע), which marks the end of the time interval, into a progressive verb.	האונייה **הלכה ושקעה.** הכסף **הלך ואזל/הלך ונגמר** והם נאלצו למכור את כל רכושם. בתחילת החודש העברי הירח הוא סהר דק והוא **הולך ומתמלא,** עד שבאמצע החודש הוא מלא כולו; מנקודה זו הוא **הולך ונעלם** עד שבסוף החודש הוא אינו נראה.

Hebrew does not have a progressive aspect, and this use of הלך is a common device for adding one. In the examples below, the verb חזר or שב (go back), in conjunction with the main verb, changes a non-iterative main verb into an iterative one.

The iterativity is retained in any tense as long as both verbs share tense, gender and number. The obligatory grammatical identity of the two conjoined verbs is a systemic rule shared by all coordinate structures in the language. In the second sentence, we also have the adverbial שוב ושוב (again and again) which underscores the iterativity.	הוא היה **חוזר וכותב** לאחיו הרבנים לברר עניין זה (פונקנשטיין, "טבע, הסטוריה ומשיחיות אצל הרמב"ם", עמ' 16) אחד ממתנגדיו העקביים ביותר של שבתי צבי היה הרב יעקב ששפורטאס ש**חזר וביקש שוב ושוב** הוכחות ברורות למשיחיותו של שבתי צבי. (שם, 16)

אלה מראים לנו את פניו של האחר רק אחרי שכבר רוקנו מפגיעותם, כשאנושיותם כבר חוללה. כשהיא **שבה ומראה לנו** את פניהם של סדאם חוסיין ויאסר ערפאת, עושה התקשורת שימוש בפנים כדי להשיג דה-הומניזציה (הארץ, 5 למאי, 2005).

כך זה התחיל בארה"ב, באנגליה ובניו זילנד. האחרונה **שבה והלאימה** את בתי הכלא הפרטיים שדירדרו את זכויות האסירים, השנייה התגאתה בהצלחתה, עד שתחקיר של ה-BBC הוכיח את ההיפך.

The complex verb שבה ומראה is similar to חוזרת ומראה, where the verb לשוב marks the iterativity of the activity indicated by the verb.

See also "More about Verbs of Motion," p.176

10.21.1 Habitual Verbs with the Past Tense of the Verb "To Be"

Habitual Verbs with the Past Tense of the Verb "To Be."

Comments

כשגרנו בארץ **היינו הולכים** לים כמעט כל יום.

אמא שלי **היתה אומרת/נהגה לומר** שמי שאוכל בעמידה יהיו לו רגליים שמנות.

The complex form of the verb (past-tense auxiliary + present-tense main verb) changes any type of active predicate into an habitual predicate. The habitual shading can also be achieved by using the verb נהג as an auxiliary with the infinitive form of the main verb.

בניגוד לציפיות הפופולאריות לגאולה **ממשמשת ובאה,** שתחדש במחי יד אחת את תקופת הזוהר של ממלכת ישראל ויהודה, הדגישו נביאי ישראל שאמנם גאולה תבוא, אבל לפניה תתחולל קאטקסטרופה לאומית. (פונקנשטיין, "טבע, הסטוריה ומשיחיות אצל הרמב"ם", עמ' 13).

The addition of the verb ממשמשת renders the non-progressive activity בא into a progressive ממשמשת ובאה

10.22 Aspectual Meaning of Complex Verb Forms

Aspectual Meaning of Verbs

Comments	
Since IH does not have a grammaticalized progressive verb form, we don't know (without further context) whether Eyal is drinking coffee now or drinks coffee in general, whether he is buying the tickets now or generally it's his job to buy the tickets.	אייל שותה קפה. אייל קונה כרטיסים לסרט.
	זה עשור **הולך בג"ץ ומרחיב** את זכויות המיעוט הערבי בישראל (הארץ, 24 למאי 2004).
Since IH has only one past tense, it uses a variety of lexical items to change a present-tense clause into one similar to the English present perfect.	קו מטרו חדש **חוצה מזה חודשים אחדים** את קהיר לרוחבה, ממרכז העיר אל גיזה. חלק ממסלולה התת-קרקעי, בין התחנה "סאדאת" לתחנה "אופרה", עושה הרכבת במנהרה העוברת מתחת למי הנילוס, והנוסע, שנפלט מן האפלולית אל נוכח משכן המוסיקה הבנוי על אדמת ה"גזירה", האי הגדול שבתוך הנילוס, מוכרח להאהיל בכף ידו על עיניו כדי להתרגל לבוהק של הקירות (הארץ, תאריך לא ידוע).
The verb לצאת (go out) is rendered iterative by the use of a conjugated form of the verb למעט (to do something infrequently) together with the infinitive form describing the main action.	סבתא חנה היתה הלומת יגון, ומאז מותו של משה **מיעטה לצאת** מהבית (רביקוביץ, "באה והלכה", עמ' 159).
The verb לצאת (go out) is rendered iterative by the use of a conjugated form of the verb להרבות (to do something frequently) together with the infinitive form describing the main action.	חריטון היה נזיר מתבודד במדבר יהודה ונחשב למייסד תנועת הנזירות בתקופה הביזנטית. הוא **הרבה לצאת** למסעות התבודדות וסיגוף כאשר היעד העיקרי למסעות אלו היה מדבר יהודה (ויקיפדיה, הערך "חריטון")

10.22.1 The Aspectual Use of כבר, כבר לא, עדיין, עדיין לא

10.22.1.1 With Verbs in the Present Tense

IH has basically only three tenses; one mark the moment of speech (present tense); one the time prior to moment of speech (past tense); and one the time posterior to the moment of speech (future tense). It does not have a grammatical way of expressing the variety of English perfects — have done it, would have done it, had done it, etc. These notions are expressed by lexical items such as כבר, כבר לא, עדיין, עדיין לא.

A sentence containing כבר with a present-tense verb denotes something which started in the past and has been going on until the moment of speech. It is also influenced by the inherent meaning of the verb — durative, iterative, habitual, etc.

Comments		Tense
The word כבר adds a subtle tone of impatience to the complaint.	היום **כבר** יום שלישי (It's already Tuesday) ועדיין אין כל מכתב ממך. מה היא הסיבה?	Present
This use of כבר is almost untranslatable. It indicates a resigned attitude toward what is going to happen.	דורית חשבה על דפנה שנמצאת עכשו באדמה, היא חשבה על הנכים והקשישים שלא חולמים אפילו על מוס שוקולד, מה **כבר יש לה להפסיד**? (afterall what does she have to lose) אחרי שתלחץ את ידה של השרה סימי מזרחי היא תמיד יכולה לרחוץ ידיים בסבון נוזלי בשירותים (דליה רביקוביץ, "באה והלכה", עמ' 91).	Present
Here we have כבר turning a present tense verb into a very near future which in English would be expressed by the present continuous.	אני **כבר** באה.	Present
	אני **כבר** נותנת לך קפה.	Present
In the these examples, the use of כבר stretches the time interval of the activity indicated by the verb.	אני תוהה אם אבא מתכוון להסיע אותי לבית חולים, ומתי להגיד להם **שכבר כמה שעות** אני לא רואה שום דבר (it has been a few hours since I could see anything) (הארץ, 20 למאי, 2005).	Present
	מבחינתי, חלק ממני מרגיש כאן בבית, וחלק, כמו כל אחד שהוא דור שני, תמיד מתגעגע למשהו ש**כבר** איננו (which no longer exists) (הארץ, תאריך לא ידוע).	Present

10.22.1.2 With Verbs in the Past Tense

Comments		Tense
כבר with durative verbs in the past tense, implies that it was good before he rewrote it, and the process of rewriting (iterative) is what has made it into what it is now.	אבל בעבודה השנייה שהוא הגיש הוא כל כך ניזהר, אילצו אותו לצטט עדויות שלמות, עד שהיא **כבר הפכה** ללא טובה (it was no longer good) (הארץ, 7 למאי, 2005).	Past
The action indicated by the verb marks a point at which a shift in the events has taken place.	"על זה **כבר חשבתי מזמן**" (I had that idea/thought a long time ago) הודתה זהבית. "חבר בעולם התחתון שווה היום יותר מחבר רופא, רק בעולם התחתון יש חברות אמיצה" (רביקוביץ, "באה והלכה", עמ' 112).	Past
The action indicated by the verb marks a point at which a shift in the events has taken place.	כל אלה **לא היו שייכים כבר** (no longer belonged) למה שהיה עד 1991 חלק מההיסטוריה, באיטליה יותר מבכל מקום אחר. זו רק דוגמה למקום ש"השואה" ניצבת בו כסוג של מטאפורה במקום היסטוריה ההולכת ונמחקת (הארץ, 26 למאי, 2005).	Past
The action indicated by the verb marks a point at which a shift in events has taken place.	מוחה חושב רוסית, פיה מדבר עברית, לילד שלה שנולד כאן. גם כשחלתה, ואיזידור אז בן שבע, ו**כבר לא קמה** ממיטתה (she no longer got out of her bed), היתה ממשיכה לספר לו בקול חלוש את סיפוריה (הארץ, תאריך לא ידוע).	Past
	זו ספרות ש**נכתבה כבר** (has been written) מתוך פרספקטיווה כריסטולוגית, והיא מבקשת לשכנע את הקורא שיאמין בבשורה הטובה (זה פירוש המונח "אוונגליון"), שהופיעה עם המשיח הנוצרי. [...]	Past
The action indicated by the verb marks a point at which a shift in the events has already taken place.	השימוש שעשתה הברית החדשה במקרא, האופן שבו שזרה אינספור רמזים לאירועים, אישים, וטקסטים מקראיים הולמים ויצקה אותם לגבישים תיאולוגיים בעלי משמעות כריסטולוגית גלויה וסמויה היא מלאכת מחשבת מעוררת השתאות, החושפת את כוח היצירה של הדת הנוצרית והחדשנות שהיתה **טמונה בה כבר** בראשיתה (was part of it from its inception) (הארץ, 2 ליוני 2005).	Past

The time referred to by כבר ידעה עברית precedes the time referred to by היתה יושבת בצד.	גם כש**כבר ידעה עברית** (even when she already knew Hebrew), היתה יושבת בצד, אפורה וצנומה, תמיד ממוללת משהו באצבעותיה, מעבירה מיד ליד, סופרת, לא מרימה מבט (הארץ, 7 למאי, 2005).	Past
In the following examples, the use of כבר stretches the time interval of the activity indicated by the verb.	אלה מראים לנו את פניו של האחר רק אחרי ש**כבר רוקנו** (had already been emptied out) מפגיעותם, כשאנושיותם **כבר חוללה** (had already been abused) כשהיא שבה ומראה (shows us again and again) לנו את פניהם של סדאם חוסיין ויאסר ערפאת, עושה התקשורת שימוש בפנים כדי להשיג דה-הומניזציה (הארץ, 5 למאי, 2005).	Past
The joining of מה כבר to the verb adds the nuance of "that was so terrible about (my doing, saying x)."	מה **כבר** אמרתי, גיפרת?" הגביהה אודליה את קולה בניסיון להתגבר על הרחשים המתחזקים של טיפות הגשם ושל חבורת המעריצים (המרפסת, אבשלום קווה, עמ' 5). מה **כבר אמרתי**, לכל הרוחות? אז צעקתי: שתינות, קקות, פרות הבשן! זה בצחוק. התכוונתי לעננים לא לכם (המרפסת, אבשלום קווה, עמ' 6).	Past
The use of: אך + verb-past + כבר + verb-past collapses the time interval between the first event and the second one.	פרנסואה ואני חזרנו מסיור בשעות ערב, בגשם דק וטורדני. **אך תלינו** את הנשק על מסמר, ו**כבר נקראתי** (no sooner did we hang our weapons on a nail, than I was summoned) לעלות לחדרו של הסרג'נט. [...] הטבח המכונה "ז'וקוב" נתן לנו כיבוד קל. רוב החיילים **כבר שכבו** (had already gone to bed) לישון ואחרים סידרו לשבויים מקום שינה בחדר צדדי ששימש מחסן (הארץ, 20 למאי 2005).	Past
The expression עד זה לא מכבר brings the activity indicated by the past-tense verb very close to the moment of speech.	המחבר איננו "עוד קרדינל": מרטיני הוא אחת הדמויות המוערכות ביותר בכנסייה הקתולית כיום, ולמעשה נחשב בשנים האחרונות למנהיג הפלג המתקרא "מתקדם", בניגוד לפלג "השמרן" שבראשו עמד **עד זה לא כבר** (headed until recently by) הקרדינל יוזף רצינגר, היום האפיפיור בנדיקטוס ה-16 (הארץ, 26 למאי 2005).	Past
The expression שלא מכבר brings the activity indicated by the past-tense verb very close to the moment of speech.	בין 222 המכתבים שנמצאו בעזבונה של אמי, הסופרת התל-אביבית שושנה שרירא, ש**לא מכבר מלאו** (that recently it had been two years since her death) שנתיים למותה המרתקים ביותר הם "יומן המכתבים" שכתבו זה לזה בין השנים 1942-1946 שושנה שרירא ובעלה הצעיר אריך (אריאל) כהן (הארץ, 5 למאי 2005).	Past

10.22.1.3 With Verbs in the Future Tense

Comments		Tense
In this example, כבר joins the condition word אם to offer a counter suggestion.	**אם כבר אז** תבואי בטענות לבן גוריון שלכם. אני אשמה שהוא סידר לך כזאת מרפסת קטנה? (המרפסת, אבשלום קווה).	Future
The meaning of שוב לא is very similar to that of כבר לא. They differ mainly in register, the latter being more formal.	אני מקווה כי לכשאשלים את מלאכתי **שוב לא ייראה** האישי כשרירותי גרידא. (זכור, ירושלמי, 23)	Future
In these examples, the use of כבר + future tense adds the nuance of "don't worry so and so will get done." It can also be used as a threat, or to give up on something which was supposed to have been done before the moment of speech.	הוא **כבר יאכל** (will eat) בעבודה . אבא **כבר יתן** לך (will teach you a lesson to you) כשהוא יבוא הביתה. הוא **כבר יסגור** (will close the door) את הדלת.	Future
The כבר marks a resignation about or acceptance of events in the future.	אני באנדים **כבר** לא **אָמות**. (כי מנגד תראה, קרונזון, 350) אתה לנגן **כבר** לא תדע אף פעם. (כי מנגד תראה, קרונזון, 28)	

10.22.1.4 More Examples with כבר

המכתב שמצא אמנם לא יכול להיחשב בגדר ראייה מספקת לניאוף, אבל הוא **כבר ימצא** ראיות אחרות, חותכות (סייד קשוע, "גוף שני יחיד", עמ' 130).

"אמא, אל תתחילי יש לי **כבר** מספיק אישה אחת שונאת כלבים על הראש. אז מה?" שינה בני את הנושא. "עכשיו **כבר לא תצטרכי** לרוץ כל יום לבית חולים לטפל בעירא. תוכלי לראות עוד איזה..." (שושי בריינר, "ספר הפרידות הגדול", עמ' 50).

מלבדי לא היו צעירים שפעלו קודם לכן בתנועות נוער, אלה יגויסו אחר כך, כשאנחנו **כבר** נגמור להקים להם מדינה (יורם קניוק, "1948", עמ' 11).

10.23 Text Illustrating Verbs: "שישה ימים, שלושים שנה – היהירות", יונתן גפן

"המלחמה הזאת, כמו המלחמה הבאה, אמורה להיות המלחמה האחרונה ש**תשים** קץ לכל המלחמות" (דיוויד לויד ג'ורג', ראש ממשלת בריטניה, 1945 - 1863).

אם **היה** צריך **להשאיר** משפט אחד משישה ימים, **הייתי משאיר** ככתובת על כותל הדמעות, את המכתב של משה דיין, ש**נאמר** ביום השביעי (בבי.בי.סי, כי חבל **לבזבז** הברקה כזאת עלינו): "טוב לנו במקומות שבהם אנחנו **נמצאים**, אם הערבים **רוצים** משהו, ש**יטלפנו** אלינו". באנגלית זה **נשמע** יותר טוב ובאידיש זה אולי גם מַצחיק. ככה **התחילה** מלחמת שלושים השנה. אל **תשכחו** שאז לא **היתה** שיחה ממתינה, ולערבים לא **היה** טלפון, ואם **היה** להם טלפון, לא **היה** להם מספר, ואם מישהו מהם **חייג**, אז **טרקנו** לו את הטלפון בפרצוף.

אחר כך, בערך ארבעת אלפים שנה וחודשיים מאוחר יותר, גם אנחנו **עשינו** את זה. ואומנם **הרגשנו** ו**התנהגנו** כמו אלוהים, למרות שלא **בראנו** דבר מלבד שחצנות, טיפשות, יוהרה ומגלומניה.

מלחמת בזק של מדינה זעירה, ש**הראתה** לעולם מה קטנים יכולים **לעשות**. כמה שנים אחר כך **קראתי** נאום של חנה ארנדט ש**כתבה**: "היום מלחמות הן מותָרות שרק מדינות קטנות יכולות **להרשות** לעצמן".

שלושים שנה, בלי רגע אחד של שלום וביטחון. **הייתי** שם, בכל אחד משׁשת הימים הללו. **זזתי** אל הגולן, ואין לי שום סנטימנט לחרמון הסבא ולקונייטרה הסבתא. כולם **אמרו** שזאת **היתה** מלחמה נפלאה, אבל מה אני **אגיד** לכם, לא ממש **נהניתי**. דיין **חיכה** לטלפון, ובין-לילה **הפכנו** לאימפריה. מארץ קטנה המוקפת אויבים, הפכנו לארץ גדולה ש**עוקפת** אויבים. רק אחרי ש**קיבלנו** את העונש שלנו, במלחמת שלום יום הכיפורים, **התחלנו להבין** כמה מטומטמים היינו. לא **השתמשנו** בעמדת הכוח שלנו כדי **להשתית** שלום אלא כדי **לחרחר** מלחמות נוספות.

היינו **מגעילים**. הכוח **השחית** אותנו ואחר כך **שחט** אותנו. היום קשה **להבין** את זה, כמו שאדם שיכור **מתעורר** בבוקר ולא כל כך **זוכר** מה **קרה** בדיוק בלילה ש**עבר**. היינו שיכורי ניצחון, מסטולֵי כיבוש. מי שלא **היה** שיכור, **התנדנד** כשיכור. גם אני **סיגלתי** לעצמי גינונים של מנצח. כל כך **שיחקתי** נכון, ש**הצלחתי להזיל** שתי דמעות מכל עין בכל פעם ש**נתנו** ברדיו את "ירושלים של זהב". מי שלא **הרגיש** מנצח, **שיחק** מנצח. כמו שאפשר **לזייף** אורגַזמה, אפשר גם **לזייף** גבורה.

הנרקיסיזם הקולקטיבי **הציף** את השכל הישר. מעם תוסס, **הפכנו** לעם מוגז.

לרגע לא **עצרנו וחשבנו** שאולי **מסתתרים** גם ממש בני אדם בכל המקומות המכוערים האלו ש**כבשנו**. היום קל לרבים **לראות** כמה נפוחים היינו, אבל אז **היו** רק מעטים מאוד ש**ראו** בבהירות את דרגת השוויץ ואת נזק השפריץ המאצ'ואיסטי הזה: חנוך לוין, ישעיהו לייבוביץ', עמוס קינן, וחנוך לוין כבר **אמרתי**?

כמה **צדק** קאטו, הרומאי הזקן כש**אמר**: "אוי למנצחים", אבל אצלנו לא **היה** אף סֶנָטור רומאי, רק הרבה קצינים פסֶוודו-פרוסים, ש**הצטלמו** לאלבומי ניצחון, צודקים וחזקים, ואולי **מגיע** לחלק מהם **לגמור** בתור שלאגרים דוקומנטריים בתיאטרון הקאמרי. טוב לנו במקומות שאנחנו **נמצאים** בהם כעת", **אמר** משה דיינו, ש**ירד** מההר בלי לוחות, אחרי שהוא **הפך** כמעט את כל הדיברות. ו**בראותו** את העם **מפזז** סביב עגל הזהב, הוא לא **ניתץ** את העם, רק **הדביק** חרסים, ו**ליטף** את העגל.

אז לא **היה** "שלום עכשו" ולא "דור שלם דורש שלום". **היתה** אורגיה של גבורה וסחבקיות, ומלחמה ש**נמשכת** עד היום הזה, ועד מחר.

במלחמת השחרור **ניצחנו** בגבורה האבסולוטית, שהיא-היא גבורת הצודקים. **קיבלנו** ארץ קטנה אבל גדולה. אחרי ששת הימים היינו ארץ גדולה אבל קטנה. אנשים ש**נראו** נורמליים ממבט ראשון, **התחילו להתנשק** עם אבנים ו**להתעלס** עם קברי אבות. לא היה דבר מחולק יותר מארץ ישראל השלמה, כמו שהימין **קורא** לגרורות הסרטניות ש**הורגות** אותנו ברכות כבר שלושים שנה. בשישה ימים **שיחררנו**, ואחרי שלושים שנה עדיין לא **השתחררנו**, ויש עוד כל כך הרבה יהירים, ש**ממשיכים להעליב** את העם הכבוש והפגוע הזה, ולרוב האנשים האלה יש פלאפונים, ואולי גם הם **אומרים**: "טוב לנו בחירבֶּת בית-אל ובקבר רחל. אם הם **רוצים** משהו, ש**ייתקשרו** אלינו".

.חיים רבים של יותר מדי ילדים עם מדים **הסתיימו**, אבל מלחמת שלושים השנה עדיין לא **הסתיימה**. לפעמים אני **חושב** שהיא אולי עדיין לא **התחילה** (יונתן גפן, מעריב, תאריך משוער, יוני 1997).

10.24 Texts Illustrating Verbs or Copulas and their Subjects

10.24.1 "שיעור מולדת", א.ב. יהושע

למרות ש**נושא הסימפוזיון היה** "העתיד לאור העבר של מאה השנים האחרונות", **הייתי** אולי **היחיד שפתח** את דבריו בכישלון של רוב העם היהודי לחזות במאה ה-20 את עומק ההתנגדות אליו ואת חריפותה, אשר הביאו בסופו של דבר **השמדה** שלא **היתה** דוגמתה בהיסטוריה האנושית. "**הטקסטים** היהודיים", ש**רבים מהיהודים מחשיבים** אותם היום כגלעין זהותם, לא **עזרו** לנו להבין טוב יותר את תהליכי המציאות סביבנו. יותר מדי **עסקו היהודים** במיתולוגיה ובתיאולוגיה במקום בהיסטוריה, ולכן **דברים** פשוטים ש**אמרו ז'בוטינסקי וחבריו** בתחילת המאה ה-20 — "אם לא תחסלו את הגולה, **הגולה תחסל** אתכם" — **נפלו** על אוזניים ערלות.

לאחר כיבוש הארץ בידי הבריטים ב-1917 **הבטיחה הצהרת בלפור** בית לאומי ליהודים, ואם במשך שנות ה-20, כאשר **שערי הארץ היו** פתוחים לרווחה, **היו מגיעים** לארץ רק **כחצי מיליון יהודים** (פחות מחמישה אחוזים של העם היהודי באותה תקופה) במקום **המספר** הזעום **שהגיע** בפועל, אפשר היה בהחלט להקים מדינה יהודית כבר לפני השואה על חלק מארץ ישראל. **מדינה** זו לא רק ש**היתה מכריעה** את הסכסוך הישראלי-ערבי בשלב מוקדם יותר ובפחות דם, אלא **מאפשרת** לתת מקלט אזרחי כבר בשנות ה-30 למאות אלפי **יהודים ממזרח אירופה, שהרגישו בסופה הממשמשת ובאה**, ובכך לצמצם באופן משמעותי את מספר קורבנות השואה.

הפתרון הציוני, שהוכח כפתרון הנכון ביותר לבעיית היהודים לפני השואה, **הוחמץ** בצורה טרגית על ידי העם היהודי. ולולא אותם מעטים (פחות מחצי אחוז של העם היהודי) ש**האמינו והגשימו** בפועל לפני מאה שנה את הצורך בנורמליזציה ריבונית של העם היהודי במולדת העתיקה, **יכול היה העם היהודי** למצוא את עצמו לאחר מלחמת העולם

השנייה האיומה **נודד** רק בין מוזיאונים לזכר השואה, בלי אפילו אותה **פיסת מולדת ריבונית** שעדיין **נותנת** נחמה כלשהי על **האסון שקרה.**

[...] לא דיברתי על "שלילת הגולה". **הגולה היהודית קיימת** מאז גלות בבל, כ-2,500 שנה, **והיא תמשיך להתקיים** עוד אלפי שנים. **הגולה היא** העובדה המוצקה ביותר בהיסטוריה היהודית, את מחירה **אנחנו יודעים,** את הישגיה ומחדליה בהמשכיות היהודית **אנחנו מכירים. הטקסטים** החריפים ביותר לשלילתה התיאולוגית **נמצאים** פזורים בלב הטקסטים הדתיים הפנימיים ביותר, ואין שום צורך ש**סופר ישראלי יבוא** לוושינגטון לדבר על שלילת הגלות.

מה שביקשתי להבהיר למארחי האמריקאים, אולי בלשון חריפה ובוטה מדי, הוא, שבשבילי **ערכים יהודיים** אינם **מצויים** בקופסת בשמים מהודרת שביום שבת וחג פותחים אותה ומתענגים על ריחם, אלא הם **מציאות** חיים יומיומית של

עשרות בעיות, שבה **מתעצבים ונשפטים הערכים היהודיים** לטוב או לרע. גם **יהודי-דתי-ישראלי מתמודד** עם היקף ועומק בעיות חיים שהוא גדול ומהותי לאין ערוך מאשר אלו אשר אתן **מתמודד חברו הדתי** בניו יורק או באנטוורפן.

המיעוט הלאומי בתוכנו של **הפלסטינים הישראלים,** השותפים אתנו באזרחות הישראלית, **יכולים** לתרום גם תרומה לזהות הזאת, כשם ש**היהודים האמריקאים תורמים** לזהות האמריקאית הכללית והבאסקים לזהות הספרדית ועוד ועוד. ככל ש**אנחנו ישראלים** יותר יש לנו שותפות טובה יותר אתם. כאשר **אנחנו מתרכזים** רק ברוחניות יהודית ובטקסטים, כי שם העיקר, כך הולך וגדל הניכור בינינו (<u>הארץ</u>, 12 למאי 2006).

10.24.2 "פרוטקציה"

אחד המנהגים הישראלים המושרשים ביותר היא הפרוטקציה. פרוטקציה היא אחד הדברים שכמה שיש אותו רוצים יותר. **פרוטקציה** לעולם **לא יכולה** להזיק. וכמה שיש יותר פרוטקציה, יותר טוב. את מוסד הפרוטקציה אפשר לתאר כ"קשרים אישיים עם אנשים במעמד הנכון ובמקום הנכון", הקשרים האלה הם צורך והכרח ברוב מוקדי הכוח של מדינת ישראל.

דברים רבים השתנו בארץ אך **הפרוטקציה** לעולם **עומדת.** נכון ש**השיטות** להשגת הפרוטקציה והסגנון של השגת הפרוטקציה **השתנו,** אך **הצורך** בקשרים אישיים עצמו עדיין קיים **וחוגג** בישראל של סוף המאה ה-20. **יודעי דבר אומרים,** שבראש הרשימה של "מה אי אפשר לעשות או מה אי אפשר לעשות או מה אי אפשר להשיג בלי פרוטקציה" **עומדות משרות ממשלתיות,** שליחויות לחוץ לארץ, ושירות צבאי "על יד הבית" או "ביחידה הרצויה". השימוש בפרוטקציה אינו מוגבל רק ל"דברים גדולים", ישנם **כאלה** שלא **חושבים** פעמים ולא מהססים להפעיל קשרים כדי להשיג דברים קטנים מאוד.

הפרוטקציה שלטה ועדיין **שולטת** בחייהם של אזרחי ישראל בעניינים גדולים ופעוטים כאחד. קחו למשל את משרד הרישוי, שהוא אחד מהמשרדים הפופולריים ביותר. בכל יום מימות השבוע תראו שם **אזרחים ותושבים ישראל** עם חבילות של דוחו"ות חנייה בידיהם ש**מנסים** למצוא פרוטקציה כלשהי כדי לבטל את "רוע הגזרה", כלומר, למצוא מישהו שיעזור להם להיפטר מדוח"ות החנייה מבלי לשלם את הקנס. וכמספר הישראלים כן מספר השיטות.

שיטה אחת היא "שיטת הקשר עם ראש העירייה". לא חשוב **מי מכהן** כראש העירייה באותו זמן — **ראש העיריה יכול** להיות אדם ממפלגת העבודה, מהליכוד, מש"ס או אדם מכל מפלגה אחרת. תמיד **קיימים אנשים שטוענים** שיש להם קשרים, אמיתיים או מדומים, עם ראש העיר, ו**הם מנסים** לנופף בקשרים האלה בכל הזדמנות שהיא.

המילה "קשרים" היא בעלת משמעויות רבות במקרה זה — יש קשרים שונים: קשרי משפחה — "אני הבן דוד של ראש העיר", קשרים מהצבא "**אני נלחמתי** עם ראש העיר במלחמת כך וכך", או: "במלחמת כך וכך", או "בקרב כך וכך **אני הצלתי** את חייו של ראש העיר", או "**אני** הוא ש**הוצאתי** אותו מתוך טנק בוער ברגע האחרון". ועוד כהנה וכהנה סיפורים מסיפורים שונים. במקרה שראש העיר היא אישה **הטקסט משתנה** קצת והופך ל"**אני נלחמתי** עם הבעל/האח/האבא של ראש העיר במלחמת כך וכך". (על פי מאמר מאת רמי רוזן בעיתונות, תאריך ומקור לא ידועים).

10.25 Text with Verbs and their Prepositions: "מכתב לגבר הישראלי", מתוך <u>ידיעות אחרונות</u>

למי מאיתנו אין מכתב סודי, ש**נכתב ב**ראש אלף פעמים, אבל לא **נשלח** מעולם, הנה אחד מהם:

די, **נשבר** לי **ממך, נמאס** לי **מ**המאצ'ואיזם הישראלי שלך. קצת רגש ועידון לא היו **מזיקים ל**חיי המתח שלנו. מגיל 18 עד 21 אתה **מתבגר** מהר עקב השירות הצבאי, אבל אחר-כך אתה **נתקע** שנים **ב**גיל 21, **נשאר** מין פיטֶר פֶּן קרבי.

השנים **עוברות**, אתה כבר בן 30-40 שנה, ועדיין לוחם צעיר. לא חשוב שהקרחת **כבשה** כבר שמונים אחוז והכרס היא כמו בחודש השביעי, אתה עדיין **נשאר** לוחם צעיר, מין רַמבו ישראלי. **מפטפט ב**פלאפון בכל פינה, **נוסע ב**-GMC, **מזיין** ללא הכרה, ובטוח שאתה הגבר האמיתי!

לפעמים, כשאני **מסתכלת עליך** ועלי, אני **חושבת**: לעזאזל, אני **נראית** פי עשר ממך, אצלי עדיין הכל יציב ורענן ורעמת שיערי יפה ומלאה. וכשאני **לובשת** חצאית צרה, הראש שלך **מסתובב** ב-360 מעלות.

ובכל זאת, אני **משתדלת: מתעמלת, קונה** בגדים ובשמים — הכל בשביל **להנעים את** זמני **ואת** זמנך.

בשבילך, דאודורנט ומֵי-פֶּה הן מילים שלא בלכסיקון היומי. עצם נוכחותך ה'כריזמתית' **מחפה על** ההזנחה. לפעמים **נדמה** שאתה **חושב** שסקסי זה מרושל, בעל ביטחון מופרז וחסר רגשות לחלוטין. אני' ו'אני' זה המוטו של החיים שלך. ומה איתי, האישה הקטנה שהספקים שלה לא **נופלים** משלך ובכל זאת **מהווה לגביך** רק אובייקט לטיפוח האגו?

אתה תמיד עסוק בעניינך הבוערים והחשובים, בכספים ובעבודה (תירוץ השנה), והרי גם אני **יודעת** מה זאת עבודה. גם הנשים **עובדות** היום, ובגדול, ואני אפילו **נחשבת ל**קליברית במקום עבודתי. יש לי משכורת, יש לי מעמד, אבל עדיין יש לי זמן לחיים שאחרי.

השתדלתי, ניסיתי לבנות את הקשר **ולגוון את** הזמן. פה חברים, פה מסיבה, וגם סתם **לשבת ב**בית **ולהעביר** ערב נעים. **ניסיתי להיות** גם אוזן קשבת לבעיות וגם משב רוח קליל בימים רגילים. **אהבתי ופינקתי** מכל הכיוונים, **וקיוויתי** להיות האידיאל — אישה שלא **מנדנדת** ולא **מזניחה**.

ואני **יודעת** שיכולתי **להעניק** הרבה יותר, לו רק **קיבלתי** רק כמה פידבקים קטנים. כמה, לא הרבה.

האם **חשבת** כמה משמעותי יכול להיות לפעמים פרח קטן (לא זר, רק פרח) או טלפון פשוט כמו "**חשבתי עליך**, היה נחמד אתמול"?

האם **חשבת** כמה דברים פשוטים כאלה יכולים **לעשות** לבן-אדם את היום? **ותאמין לי**, זה לא **מוריד מ**ההגבריות.

עייפתי. עייפתי מזה שאתה **מנהל את** העניינים ואני **מוותרת** תמיד. **עייפתי מ**הסיפורים, **מ**ההתחכמויות, **מ**הגסויות **ומ**חוסר היושר.

והאומץ? איפה האומץ של הלוחם הקרבי ש**ניהל** מלחמות אין-ספור? האומץ **לעמוד מולנו**, הקטנות, ו**לומר** דברים אמיתיים. האומץ **להתמודד** פנים מול פנים ו**לומר** מה אתה חושב באמת ומה אתה **רוצה** באמת. **להיות** גבר, כמו שאומרים.

ושוב אני **חושבת**, שאם אפשר היה **לקבל אותך** עם ספר הדרכה, זה היה הרבה הרבה יותר קל בחיים. קרוב לוודאי זה היה **מונע מ**איתנו הרבה עוגמת נפש.

ואני **תוהה** אם אי-שם יש גבר אחד אחר, ש**רוצה להיות** חבר אמיתי, ש**רוצה לתת** ולא רק **לקבל**. אם אי-שם יש גבר ש**יודע** שאחרי העבודה אפשר **לצאת** לפרקים **לבלות**, ולפעמים אפשר גם **לשבת** ככה סתם, **לקטר** או **לספר את** החוויות הקטנות ובעיקר **לחלק את** המחשבות והרגשות.

לדעת להיות גבר זה גם **לאהוב** ולא רק **לזיין. לדעת להיות** גבר זה גם **להתחייב ולשאת ב**עול. **ולדעת להיות** גבר זה גם **לרצות להקים** מסגרת וקן משפחתי.

אם אתה גבר אמיתי, **תופיע**! (ידיעות אחרונות, "זמנים מודרנים", תאריך לא ידוע).

11.0 Prepositions

What is a Preposition?

A preposition is a part of speech that links nouns, pronouns and phrases to other words in a sentence. The word or phrase that the preposition introduces is called the object of the preposition.

Prepositions establish a semantic (=meaning) relationship between verbs and their objects, and between nouns and noun phrases. The basic relations marked by prepositions are locality, temporality and causality.

11.1 The Conjugation of Prepositions

Hebrew, unlike English, does not license a linear sequence of a stand-alone preposition and a stand-alone pronoun, as in the English "to him," "by her," "from them," etc. In such cases, Hebrew attaches a pronominal suffix to the preposition itself.

11.1 #

	Preposition with Attached Pronominal Suffix	Impossible in Hebrew: Stand-alone Preposition + Pronoun
for me	בִּשְׁבִילִי	(*בשביל + אֲנִי)
with him	אִיתוֹ	(*עם + הוּא)
from them	מֵהֶם	(*מן + הֵם)

Hebrew has two patterns of pronominal suffixes: (a) suffixes following the singular-possessive noun pattern (#11.2); and (b) suffixes following the plural-possessive noun pattern (#11.5, p. 222).

11.1.1 The Singular Noun Pattern

Prepositions with single-noun endings such as: בשביל, אצלי, בי, לי, ממני, etc. resemble single nouns with possessive endings (pronominal suffixes).

11.2 #

Singular Noun of Plural Persons				Singular Noun of Singular Person			
our uncle	**דודֵנו**		הדוד שלנו	my uncle	**דודי**		הדוד שלי
your (pl.) uncle	**דודכֶן**	**דודכֶם**	הדוד שלכם/שלכן	your uncle	**דודֵך**	**דודךָ**	הדוד שלךָ/שלָך
their uncle	**דודָן**	**דודָם**	הדוד שלהם/שלהן	his/her uncle	**דודָה**	**דודו**	הדוד שלו/שלה

11.3 #

Prepositions with Singular Noun Pattern

The students we wrote to live in Tel Aviv.	הסטודֶנטים שֶׁכָּתַבנוּ **לָהֶם** גָרים בְּתֵל אָבִיב.
She lived at my place for three months	היא גָרָה **אֶצלִי** שלושָה חודָשים.

11.1.1.1 בשביל

בשביל

(For)

Plural Objects of the Preposition				Singular Object of the Preposition			
for us	**בְּשבילֵנו**		אֲנַחנוּ	for me	**בְּשבילי**		אני
for you (pl.)	**בְּשבילכֶן**	**בְּשבילכֶם**	אַתֶם, אַתֶן	for you	**בְּשבילֵך**	**בְּשבילךָ**	אַתָה, אַת
for them	**בְּשבילָן**	**בְּשבילָם**	הֵם, הֵן	for him /her	**בְּשבילָה**	**בְּשבילו**	הוּא, היא

11.1.1.2 עם

עם

(With)

Plural Objects of the Preposition				Singular Object of the Preposition			
with us	א(י)תָנו		אֲנַחנוּ	with me	א(י)תי		אני
with you (pl.)	אִ(י)תכֶן	א(י)תכֶם	אַתֶם, אַתֶן	with you	א(י)תָך	א(י)תךְ	אַתָה, אַת
with them	אִ(י)תָן	אִ(י)תָם	הֵם, הֵן	with him/her	א(י)תָה	א(י)תו	הוּא, היא

The fact that the conjugated forms of the preposition עִם use a variant of את + suffix is a result of the fact that in Biblical Hebrew, אֶת, besides being the direct object marker, also has the same meaning as עִם (with) at times.

לג וַתַּשְׁקֶיןָ אֶת־אֲבִיהֶן יַיִן בַּלַּיְלָה הוּא וַתָּבֹא הַבְּכִירָה וַתִּשְׁכַּב **אֶת**־אָבִיהָ וְלֹא־יָדַע בְּשִׁכְבָהּ וּבְקוּמָהּ׃ לד וַיְהִי מִמָּחֳרָת וַתֹּאמֶר הַבְּכִירָה
אֶל־הַצְּעִירָה הֵן־שָׁכַבְתִּי אֶמֶשׁ **אֶת**־אָבִי נַשְׁקֶנּוּ יַיִן גַּם־הַלַּיְלָה וּבֹאִי שִׁכְבִי עִמּוֹ וּנְחַיֶּה מֵאָבִינוּ זָרַע׃ (בראשית יט)

11.1.1.3 בגלל

בגלל
(Because of)

Plural Objects of the Preposition				Singular Object of the Preposition			
because of us	בִּגְלָלֵנוּ		אֲנַחְנוּ	because of me	בִּגְלָלִי		אני
because of you (pl.)	בִּגְלַלְכֶן	בִּגְלַלְכֶם	אַתֶּם, אַתֶּן	because of you	בִּגְלָלֵךְ	בִּגְלָלְךָ	אַתָּה, אַתְּ
because of them	בִּגְלָלָן	בִּגְלָלָם	הֵם, הֵן	because of him/her	בִּגְלָלָהּ	בִּגְלָלוֹ	הוּא, הִיא

11.1.1.4 אצל

אֵצֶל
(At)

Plural Objects of the Preposition				Singular Object of the Preposition			
at our place	אֶצְלֵנוּ		אֲנַחְנוּ	at my place	אֶצְלִי		אני
at your (pl.) place	אֶצְלְכֶן	אֶצְלְכֶם	אַתֶּם, אַתֶּן	at your place	אֶצְלֵךְ	אֶצְלְךָ	אַתָּה, אַתְּ
at their place	אֶצְלָן	אֶצְלָם	הֵם, הֵן	at his/her place	אֶצְלָהּ	אֶצְלוֹ	הוּא, הִיא

11.1.1.5 לכבוד

לְכבוד
(For, in Honor of, on the Occasion of)

Plural Objects of the Preposition				Singular Object of the Preposition			
for us	לְכבודֵנוּ		אֲנַחנוּ	for me	לְכבודי		אני
for you (pl.)	לְכבודכֶן	לְכבודכֶם	אַתֶם, אַתֶן	for you	לְכבודֵך	לְכבודךָ	אַתָה, אַת
for them	לְכבודָן	לְכבודָם	הֵם, הֵן	for him/her	לְכבודָה	לְכבודו	הוא, היא

11.1.1.6 עבור

עֲבור
(For)

Plural Objects of the Preposition				Singular Object of the Preposition			
for us	עֲבורֵנו		אֲנַחנוּ	for me	עֲבוּרִי		אני
for you (pl.)	עֲבורכֶן	עֲבורכֶם	אַתֶם, אַתֶן	for you	עֲבורֵך	עֲבורךָ	אַתָה, אַת
for them	עֲבורָם	עֲבורָן	הֵם, הֵן	for him/her	עֲבורָה	עֲבורו	הוא, היא

11.1.1.7 מ-/מן

מ-/מִן
(From)

Plural Objects of the Preposition				Singular Object of the Preposition			
from us	מֵאיתָנו		אֲנַחנוּ	from me	מִמֶני		אני
from you (pl.)	מִכֶּן/מִמכֶן	מִכֶּם/מִמכֶם	אַתֶם, אַתֶן	from you	מִמֵך	מִמךָ	אַתָה, אַת
from them	מֵהֶן	מֵהֶם	הֵם, הֵן	from him/ her	מִמֶנָה	מִמֶנו	הוא, היא

Though מן and [-מ] have the same meaning, their distribution differs, as follows:

Noun + מן >>	Noun + מ >>
מן הכיתה /***מן** כיתה, **מן הבית**/***מן** בית.	מִסרטים, **מ**הסרטים
Can be used only with definite nouns	May precede both definite and indefinite nouns
***מן** אמי, ***מן** אחותי, ***מן** הורינו	**מ**אימי, **מ**אחותי, **מ**הורינו
Cannot be used with nouns ending with pronominal suffixes	May be used with nouns ending with pronominal suffixes
***מן** מאיה, ***מן** תל-אביב, ***מן** דמשק	**מ**מאיה, **מ**תל-אביב, **מ**דמשק
Cannot be used with proper names	May be used with proper names
***מן** בית ספר, ***מן** בית הספר, ***מן** עורך דין, ***מן** עורך הדין.	**מ**בית כנסת, **מ**בית הכנסת, **מ**עורך דין, **מ**עורך הדין
Cannot be used with construct nouns	May be used with all types of construct nouns

The following prepositions also follow the single noun pattern:

vis-à-vis, vis-à-vis me	לְעוּמַת–לְעוּמָתִי	except for, except for me	מִלְבַד–מִלְבָדִי	for, for me	בְּעַד–בַּעֲדִי

11.1.2 The Plural Noun Pattern

The pronominal suffixes of prepositions such as עַל, אֶל, לִפְנֵי, etc. (below) are very close or identical to those of plural nouns with possessive endings (pronominal suffixes).

11.5 #

Plural Nouns of Plural Persons				Plural Nouns of Singular Person			
our uncles		דודֵי**נוּ**	הדודים שלנו	my uncles	דודַ**י**		הדודים שלי
your (pl.) uncles	דודֵי**כֶן**	דודֵי**כֶם**	הדודים שלכם / שלכן	your uncles	דודַ**יִךְ**	דודֶי**ךָ**	הדודים שלךָ / שלךְ
their uncles	דודֵי**הֶן**	דודֵי**הֶם**	הדודים שלהם / שלהן	his/her uncles	דודֶי**הָ**	דודָ**יו**	הדודים שלו / שלה

Prepositions with Plural Noun Pattern

This is the guy I told you about.	**זֶה הַבָּחוּר שֶׁסִּיפַּרְתִּי לָךְ עָלָיו.**
They come to us every Saturday.	**הֵם בָּאִים אֵלֵינוּ כֹּל שַׁבָּת.**

11.1.2.1 על

על
(On)

Plural Objects of the Preposition				Singular Object of the Preposition			
on us	**עָלֵינוּ**		אנחנו	on me	**עָלַי**		אני
on you (pl.)	**עֲלֵיכֶן**	**עֲלֵיכֶם**	אַתֶם, אַתֶן	on you	**עָלַיִיךְ**	**עָלֶיךָ**	אתה, את
on them	**עֲלֵיהֶן**	**עֲלֵיהֶם**	הם, הן	on him/her/it	**עָלֶיהָ**	**עָלָיו**	הוא, היא

11.1.2.1.1 אל

אֶל
(To)

Plural Objects of the Preposition				Singular Object of the Preposition			
to us	**אֵלֵינוּ**		אנחנו	to me	**אֵלַי**		אני
on you (pl.)	**אֲלֵיכֶן**	**אֲלֵיכֶם**	אַתֶם, אַתֶן	to you	**אלַיִיך**	**אֵלֶיךָ**	אתה, את
on them	**אֲלֵיהֶן**	**אֲלֵיהֶן**	הם, הן	to him/her	**אֵלֶיהָ**	**אֵלָיו**	הוא, היא

11.1.2.1.2 לפני

לפני
(Before, in Front of)

Plural Objects of the Preposition				Singular Object of the Preposition			
before us	**לְפָנֵינוּ**		אנחנו	before me	**לְפָנַי**		אני
before you (pl.)	**לִפְנֵיכֶם**	**לִפְנֵיכֶם**	אַתֶם, אַתֶן	before you	לְפָנַיִיך	**לְפָנֶיךָ**	אתה, את
before them	**לִפְנֵיהֶן**	**לִפְנֵיהֶם**	הם, הן	before him/her	**לְפָנֶיהָ**	**לְפָנָיו**	הוא, היא

11.1.2.1.3 אחרי

		אַחֲרֵי (After)					
Plural Objects of the Preposition				Singular Object of the Preposition			
after us	אחרֵינו		אנחנו	after me	אחרַי		אני
after you (pl.)	אַחרֵיכֶן	אַחרֵיכֶם	אַתֶם, אַתֶן	after you	אחרַייך	אחרֶיךָ	אתה, את
after them	אַחרֵיהֶן	אַחרֵיהֶם	הם, הן	after him/her	אחרֶיהָ	אחרָיו	הוא, היא

11.2 Basic Relations Expressed by Prepositions

11.2.1 Locality

11.7 #

under	תַחַת	above, beyond	מֵעַל	in, at	בְּ-
behind	מֵאחוֹרֵי	in front of	לִפְנֵי	on	עַל

11.8 #

They live in a small apartment.	הֵם גָרים **בְּ**דירָה קטַנָה.
The flowers are on the table.	הפרָחים נִמְצאים **עַל** השולחָן.
And the spirit of God hovers upon the waters.	וְרוּחַ אֱלוהים מְרַחֶפֶת **עַל** פּנֵי הַמָיִם.
The picture is above the table.	התמונָה נִמצֵאת **מֵעַל** השולחָן.
The dog always sleeps under the sofa.	הכֶּלֶב תָמיד יָשֵן **תַחַת** הספָּה.
There is a little stool in front of the piano.	**לִפנֵי** הפסַנתֵר יש שרַפרַף קָטָן.
There is a mouse behind the cabinet.	יֵש עַכבָּר **מֵאחורֵי** הָאָרון.
We live by the sea.	אנַחנו גָרים **עַל יָד** הַיָם.
The restaurant faces/is across the street from the university.	המִסעָדָה נִמצֵאת **מול** האוניבֶרסיטָה.

11.2.2 Temporality

11.9 #

לִפְנֵי	before	בְּמֶשֶׁך	during	אחרֵי	after	בִּזְמַן	during
לְשָׁבוּעַ, **לְ**חודֶש, **לְ**שָׁנָה	for a week, month, year						

11.10 #

תַחשוב טוב/הֵיטֵב **לִפנֵי** שֶׁאַתָה פותֵחַ אֶת הַפֶּה.	Think carefully before you open your mouth.
בְּמֶשֶׁך הֶחָג נִהְיֶה אֵצֶל ההורים שֶׁל אורי.	During the holiday we'll be at Uri's parents.
הֵם גורשו מִבָּתֵיהם **בִּזמַן** מִלחֶמֶת העולָם השנִיָיה.	They were expelled from their homes during World War II.
שׂכַר המינימום בְּאַרה"ב הוא פָּחות מִשמונָה דולָר **לְשָׁעָה.**	The minimum wage in the U.S. is less than eight dollars an hour.

11.2.2.1 The Preposition [-ל] and Time Units

As in English, the use of the preposition [-ל] with certain units of time indicate intention.

הוא נסע לארץ **ל**שנה כדי ללמֵד הסטוריה אמריקאית באוניברסיטה של תל-אביב.	He went to Israel for a year in order to teach American history at Tel Aviv University (i.e. he had the intention of staying there a year).
באתי רק **ל**חמש דקות.	I came only for five minutes (i.e. with the intention of staying only five minutes).

Note, however, the difference between the English and Hebrew in the following sentence. Unlike English, which uses "for" to express the duration of an action ("do this and that for a stretch of time"), Hebrew uses no preposition between the verb and the temporal expression, as in:

הוא רָץ ø שָׁלוש שָׁעות.	He ran for three hours.
הוא נָסַע **ל**שלושה חודשים.	He went (there) for three months (he had the intention of staying away for three months).

He travelled for three months (the duration of the trip was three months).	הוא נָסַע ø שלושה חודשים.

In other words, in temporal expressions the preposition [-ל] marks how long the subject intended to do what is indicated by the verb, and not how long it took the subject to do what is indicated by the verb.

11.2.3 Causality

Hebrew has quite a few prepositions that have to do with stating the reason or rationale for an event. These prepositions differ in formality, frequency of use and the speaker's evaluation of the circumstances as neutral, positive or negative.

11.11 #

	Negative Shading		Positive Shading		Neutral	
	SP = Speech; FR = Formal; WR = Mainly Written Forms					
	SP & WR	מֵחֲמַת	mainly WR	לְרֶגֶל	SP & WR	בִּגְלַל
because, because of	FR & WR	בְּעֶטְיוֹ שֶׁל	SP & WR	לִכבוד	mainly WR	בְּשֶׁל
	FR & WR	בְּגִין			FR & WR	עֵקֶב
	FR & WR	מִפְּאַת				
despite, in spite of	FR & WR	חֵרֶף				

11.12 #

Hillary Clinton said that despite the complicated political circumstances, there is a way to to conduct a dialogue between Israel and the Palestinian Authority.	הילָרי קלינטון אָמרָה כּי **חֵרֶף** התנָאים הפוליטִיים המְסוּבָּכים, קַיֶּמֶת אֶפשָׁרוּת לְקַיֵּים דִיאָלוג בֵּין ישׂרָאֵל והרָשׁוּת הפָּלָסטינית.
Germany voted in the Security Council for the condemnation of Israel because of its policy in the settlements.	גֶרמַניָה הִצבִּיעָה בְּעַד גינוּי ישׂרָאֵל בְּמוֹעֶצֶת הבִּיטָחוֹן **בְּגִין** מְדִיניוּתָהּ בַּהִתנַחלויות (הארץ, 4.6.2011).

11.13 #

"מסעות ג'יימס" [...] הוא הסרט הישראלי השני שהופק בשנה שעברה שאינו מוצר בידורי-אסקפיסטי גרידא. לאמור: זהו אחד הסרטים הישראליים הנדירים שאינם חוששים לעסוק בכאן ובעכשו, **חרף** הכיעור והייאוש הנודפים מכל פינה של הכאן והעכשו האלה כמעט בכל מגזר של החיים (הארץ, תאריך לא ידוע).

מפאת חלוף הזמן מאז ביצוע המעשים ב-98', כל שאר העבירות שניתן היה לייחס למעשים שקצב ביצע בא', כגון קיום יחסים תוך ניצול יחסי מרות או מעשה מגונה תוך ניצול יחסי מרות, התיישנו (מקור לא ידוע).

11.3 Governed Prepositions

Since languages differ in their choice of obligatory (governed) prepositions, you cannot assume that a given Hebrew verb uses the same preposition as its English counterpart. In some cases, Hebrew verbs require prepositions where their English counterparts do not, and vice-versa. In other cases a given Hebrew verb requires different prepositions than the English verb does. You should, therefore, make an effort to learn verbs together with their associated preposition(s).

11.14 #

They worry about/take care of their kids.	הֵם **דוֹאֲגִים לַ**יְלָדִים שֶׁלָּהֶם.	She married her cousin.	הִיא **הִתְחַתְּנָה עִם** בֶּן הדוד שֶׁלָּה.
She divorced her husband a year ago.	הִיא **הִתְגָּרְשָׁה מִ**בַּעֲלָהּ לִפְנֵי שָׁנָה.	He was accused of fraud.	הוּא **נֶאֱשַׁם בְּ**הוֹנָאָה.
The boy beat up his friend.	הַיֶּלֶד **הִרְבִּיץ לַ**חָבֵר שֶׁלּוֹ.	I'm always looking for my glasses.	אֲנִי תָּמִיד **מְחַפֶּשֶׂת אֶת** הַמִּשְׁקָפַיִם שֶׁלִּי.
She lives on Maccabee Street.	הִיא **גָּרָה בּ**רחוב מַכַּבִּי.	Dani is afraid of Rina.	דָּנִי **פּוֹחֵד מ**רינָה.
She left her boyfriend.	הִיא **נִפְרְדָה מ**החָבֵר שֶׁלָּה.	Dani helps/ is helping Rina.	דָּנִי **עוֹזֵר ל**רינָה.

Not all verbs have but one obligatory preposition. There are many cases in which a verb requires a preposition but licenses more than one. The choice of one preposition over another affects the meaning of the clause by creating a different relationship between the verb and its satellite noun(s) or pronouns.

Note that the more optional a preposition is, the more meaning it carries.

11.15 #

Dani is sitting on the sofa.	דָני **יושֵׁב עַל** הַסַפָּה.
Dani is sitting in the room.	דָני **יושֵׁב בַּ**חֶדֶר.
Dani is sitting by the window.	דָני **יושֵׁב עַל יָד/לְיַד** הַחַלון.
Dani is sitting under the tree.	דָני **יושֵׁב תַחַת** הָעֵץ.
He speaks English with an Israeli accent.	הוּא **מְדַבֵּר** ø אַנגלית בְּמִבטָא יִשׂרָאֵלי.
He is talking with his teacher.	הוּא **מְדַבֵּר עִם** המורֶה שֶׁלו.
Talking to him is like talking to the wall.	לְדַבֵּר איתו זֶה כּמו **לְדַבֵּר אֶל** הקיר.
He is talking on the phone.	הוּא **מְדַבֵּר בַּ**טֶלֶפון.

See also "Verbs and their Indirect Objects," p. 182.

11.4 Single-Letter Prepositions

Hebrew has four one-letter prepositions: ב,כ,ל,מ, which, similar to other one-letter lexemes (words), are always attached to their nouns.

Whenever the prepositions [-לְ], [-בְּ] and [-כְּ] and precede a definite noun, they change their form to [-לַ], [-בַּ] and [-כַּ].

11.16 #

They are at home/in the house.	(*בְּהַבַּיִת)	הֵם בַּבַּיִת.
Will you be in the office tomorrow?	(*בְּהַמִשׂרָד)	תִהְיֶה בַּמשׂרָד מָחָר?
She is in her parents' store now.	(*בְּהַחָנוּת)	היא נִמצֵאת עכשו בַּחָנוּת שֶׁל הורֶיהָ.
He gets to the office at **8:00.**	(*לְהַמִשׂרָד)	הוּא מַגיעַ לַמִשׂרָד בְּ-8:00
They called the police.	(*לְהַמִשטָרָה)	הֵם טילפְנוּ לַמִשטָרָה.

It is worthwhile noting that the inadmissible forms in the above are actually archaic forms of Michnaic Hebrew which remained in use until the early part of the 20th century.

11.17 #

ועל הספרות לישא וליתן **בְּהשְׁאֵלה** הזאת – איך ומה נעשה להפיץ הדעה הזאת בכל העם. [...] אך שמי הגלותי היה כתוב **בְּהקונסוליה** הרוסית. [...] כן, בן-יהודה! אבל זה הלא שם בדוי, בוודאי על שם אביו, שלקח לו אדוני לשם כינוי לחתום על מאמריו **בְּהעיתונים** העברים. (בן-יהודה, "שאלה לוהטה").

לפי שרגשות הלב מתפעלים לא רק מציורי־המחשבה הברורים, הכלולים **בְּהכַּוָנה** הפשוטה של מלות הלשון (אחד העם, "לשאלת הלשון") .

In some cases, the preposition מן (from) can be used instead of the preposition [-מ] (from), as in:

11.18 #

He goes home from his office by taxi.	הוא נוסֵעַ **מִן הַ**מִשְׂרָד/**מֵה**מִשְׂרָד הַבַּיתָה בְּמוֹנִית.

11.19 #

Though the two prepositions מן and [-מ] (from) have the same meaning, they differ in their syntactic behavior in that מן has a more restrictive use.

1. מן can only be followed by a definite noun.
2. מן cannot be followed by a proper noun in current IH. (Rabbinic Hebrew licensed such use.)
3. מן cannot be followed by a noun with a pronominal suffix.

He came from the desert.	הוא בא מהמדבר / מן המדבר.
They got a letter from an aunt of theirs.	הם קיבלו מכתב מדודה שלהם / *מן דודה שלהם.
They came from Tel Aviv.	הם באו מתל אביב / *מן תל אביב.
She got the piano from her father.	היא קיבלה את הפסנתר מאביה / *מן אביה.

IH has a systemic rule regarding single-letter words, which includes single-letter prepositions (ב,כ,ל,מ), the definite article -הַ and the subordinating particle [-שֶׁ]. The rule obligatorily attaches such one-letter words to whatever immediately follows them.

the house, the apartment, the coffee, as a man of peace	הַבַּיִת, הדירָה, הקָפֶה, כְּאִיש שָׁלוֹם
the man who caused all the problems	האִיש שֶׁגָרַם לְכֹל הבּעיוֹת

11.20 #

The carpet is made of pure wool.	הַשָטיחַ עָשׂוּי **מ**צֶמֶר נָקִי.	They live in Tel Aviv.	הֵם גָרִים **בּ**תֵל אָבִיב.
The cabinet is made of twenty parts.	הָאָרוֹן מוּרכָּב **מ**עֶשׂרים חֲלָקִים.	She works as a scientist at the Weitzmann Institute.	הִיא עוֹבֶדֶת **כּ**מַדעָנִית בְּמָכוֹן וַוייצמָן.
The best fashion comes from Italy.	הָאוֹפנָה הטוֹבָה ביוֹתֵר בָּאָה **מ**איטַליָה.	There's no other place in Israel as interesting as Tel Aviv.	אֵין עוֹד מָקוֹם מְעַניֵין בָּאָרֶץ **כּ**תֵל אביב.
His family came from Germany.	המִשפָּחָה שֶׁלוֹ בָּאָה **מ**גֶרמַניָה.	He is coming for dinner.	הוּא בָּא **ל**אֲרוּחַת עֶרֶב.
		She goes to Tel Aviv twice a week.	הִיא נוֹסַעַת **ל**תֵל אָבִיב פַּעֲמַיִים בשבוּע.

11.5 Use of Prepositions with Wh-Question Words

Hebrew, unlike English, does not permit dangling prepositions. Prepositions must either be followed by a noun or have a pronominal suffix attached to them. This means that a sentence can never end with a "bare" preposition, only with one that has a pronominal suffix. In the case of questions, the preposition is always fronted and positioned right before the question word, as in the following example.

11.21 #

Who is he speaking about?	**עַל** מִי הוּא מְדַבֵּר?

In an information question (i.e. one that contains a question word), the preposition comes right before the question word, if the verb requires a preposition.

11.22 #

Who are you talking to?	**עִם מִי** אַתָּה מְדַבֵּר?	What are you thinking about?	**עַל מָה** אַת חוֹשֶׁבֶת?
What do you wash the sweater with?	**בְּמָה** אַתָּה רוֹחֵץ אֶת הַסְוֶודֶר?	Who is the letter from?	**מִמִּי** הַמִכְתָּב?
What do you mean?	**לְמָה** אַתָּה מִתְכַּוֵּון?	Who are you waiting for?	**לְמִי** אַתָּה מְחַכֶּה?

Stuffy types would insist on בַּמֶּה instead of בְּמָה (with what?) not only in formal settings but in speech, too. But, one should ignore them, as most Israelis do.

Prepositions marking spatial relationships can only have nouns (or noun phrases) as their complements. Others — temporal prepositions etc. — can have both nouns (or noun phrases) and clauses that have this form: "the particle [-שֶׁ] + clause."

11.23 #

Preposition + Clause		Preposition + Noun		
After they got married, they lived with their parents.	**אַחֲרֵי שֶׁ**הֵם הִתְחַתְּנוּ הֵם גָּרוּ אֵצֶל הַהוֹרִים שֶׁלָּהֶם.	After the wedding, they lived with their parents.	**אַחֲרֵי** הַחֲתוּנָּה הֵם גָּרוּ אֵצֶל הַהוֹרִים שֶׁלָּהֶם.	אַחֲרֵי
After it rained, it snowed.	**אַחֲרֵי שֶׁ**יָּרַד גֶּשֶׁם, יָרַד שֶׁלֶג.	After the rain, it snowed.	**אַחֲרֵי** הַגֶּשֶׁם יָרַד שֶׁלֶג.	אַחֲרֵי
After we entered the house, it started raining.	**לְאַחַר שֶׁ**נִּכְנַסְנוּ הַבַּיְתָה הִתְחִיל לָרֶדֶת גֶּשֶׁם.	After our entering the house, it started raining. (very stylized)	**לְאַחַר** כְּנִיסָתֵנוּ הַבַּיְתָה הִתְחִיל לָרֶדֶת גֶּשֶׁם.	לְאַחַר
We ran until we saw the sea.	רַצְנוּ **עַד שֶׁ**רָאִינוּ אֶת הַיָּם.	We ran all the way to the sea and back.	רַצְנוּ **עַד** הַיָּם וּבַחֲזָרָה.	עַד
Dani, wait here until I come back.	דָּנִי, תְּחַכֶּה (=חַכֵּה) כָּאן **עַד שֶׁ**אֲנִי אֶחֱזוֹר.	Dani waited for us at the cafe until 5:00.	דָּנִי חִיכָּה לָנוּ בַּקָּפֶה **עַד** חָמֵשׁ.	

לִפְנֵי	דָּנִי בָּא **לִפְנֵי** דַּפְנָה.	Dani arrived before Dafna.	דָּנִי בָּא **לִפְנֵי שֶׁ**דַּפְנָה בָּאָה.	Dani arrived before Dafna did.
	הַבַּיִת הִתמוטֵט **לִפְנֵי** הַגָּדֵר.	The house collapsed before the fence.	הַבַּיִת הִתמוטֵט **לִפְנֵי שֶׁ**הַגָּדֵר הִתמוטְטָה.	The house collapsed before the fence did.
במקום	היום רותי לימדָה **בִּמקום** נעמי.	Rutie taught today instead of Naomi.	היום רותי לימדָה **בִּמקום שֶׁ**נעמי תְלַמֵד.	Instead of Nomi teaching today, Rutie did.
	בִּמקום לְדַבֵּר כל כָּך הַרבֵּה, תַעֲשֶׂה מָשֶׁהו.	Instead of talking so much, do something!	**בִּמקום שֶׁ**תְדַבֵּר כל כָּך הַרבֵּה, תַעֲשֶׂה מָשֶׁהו.	Instead of you talking so much, do something!
לַמרות	**לַמרות** הַגֶּשֶׁם הֵם רָצוּ.	They jogged despite the rain	הֵם רָצוּ **לַמרות שֶׁ**יָרַד גֶּשֶׁם.	They went jogging even though it was raining.
מֵאחורֵי	הַכֶּלֶב הִתחַבֵּא **מֵאֲחורֵי** הַדֶּלֶת.	The dog hid behind the door.		
(מ)תַחַת	יָשַׁבנו **(מִ)תַחַת** לָעֵץ.	We sat under the tree.		
לִפְנֵי	השולחן עומֵד **לִפְנֵי** החַלון.	The table stands in front of the window.		

As is evident from the last three examples on the right, spatial prepositions do not license clauses as their complements.

11.6 Different Ways of Expressing "For"

The most common way to express "for" (designating a beneficiary) in Hebrew is to use the preposition [-ל] or בִּשביל. The two are similar but not the same. While -ל is often a governed preposition (i.e. required by a particular verb), בִּשביל is not. In terms of meaning, בִּשביל always marks something or someone who benefits from the action stated by the verb, but [-ל] does not. The English sentences in #11.24 are good example of this main difference between the two prepositions.

11.24 #

Mom, look what he did to me [hit me, kicked me, etc.].	אִמָא, תִראִי מה הוא **עָשָׂה לִי!**
Mom, look what he made/did for me [a paper plane, a chocolate cake, etc.].	אִמָא, תִראִי מה הוא **עָשָׂה בִּשבילִי!**

11.25 #

He cooked dinner for us.	הוּא עָשָׂה **בִּשבילֵנוּ** אֲרוּחַת עֶרֶב .	הוּא עָשָׂה **לָנוּ** ארוּחַת עֶרֶב.
Danya could not write the letter, so Ilana wrote it for her.	דַניָה לא יָכלָה לִכתוב אֶת המִכתָב אָז אילָנָה כָּתבָה אותו **בִּשבילָה.**	דַניָה לא יָכלָה לִכתוב אֶת המִכתָב אָז אילָנָה כָּתבָה **לָה** אותו.
Bluma made a photo album for Maya for her birthday.	בלוּמָה עָשׂתָה **בִּשביל** מָאיָה אַלבּום תמוּנות לְיום ההוּלֶדֶת שֶׁלָה.	שָׁני עָשׂתָה **לְמָאיָה** אַלבּום תמוּנות לְיום ההוּלֶדֶת שֶׁלָה.
She wrote the paper for her.	הִיא כָּתבָה **בִּשבילָה** אֶת המָאמָר.	הִיא כָּתבָה **לָה** אֶת המָאמָר.
She wrote the letter to him/for him.	הִיא כָּתבָה **בִּשבילו** אֶת המכתָב.	הִיא כָּתבָה **לו** אֶת המכתָב.
He will never forget what she did to him/for him.	הוּא לְעוֹלָם לא יִשכַּח מַה שֶהִיא עָשׂתָה **בִּשבילו.**	הוּא לְעוֹלָם לא יִשכַּח מַה שֶהִיא עָשׂתָה **לו.**
He caused us troubles.		הוּא עָשָׂה **לָנוּ** צָרות.
Work is our whole life, but it's not for us.	הָעֲבוֹדָה היא כֹּל חַיֵינוּ אֲבָל לֹא **בִּשבילֵנוּ.**	

11.26 #

As the following quote shows, the notion of beneficiary has a very wide scope, including the meaning; "As far as someone is concerned....."

בִּשביל נִנסי הָיָה זֶה יום סָבִיר בְּהֶחלֵט, אַף כִּי לא קָרָה שום דָבָר מְיוּחָד שֶיָבִיא אותָה לִכדֵי רוֹמְמוּת רוּחַ, מִלְבַד הֱיוֹתָה פוסַעַת באוֹפֶן מַמָשִי בִּרחוב כֹּלשֶהוּ, צַדָדִי לְמָדַי (אורלי קסטל-בלום, "רדיקלים חופשיים" עמ' 92).

The two prepositions עָבוּר and בְּעַד are used to express "for" in transactions or exchanges.

11.27 #

How much did you pay for the shirt?	כַּמָּה שִׁילַּמְתָּ **בְּעַד** החוּלצָה?
How much did you pay for the pants?	כַּמָּה שִׁילַּמְתָּ **עָבוּר** המכנָסַיים?
They paid a fortune for the house.	הֵם שילמוּ הון תועָפות **עָבוּר/בְּעַד** הבַּיִת.
You don't have to pay for such a bad job.	**עָבוּר/בְּעַד** עֲבודָה גרוּעָה כַּזֹאת, לא צָרִיךְ לְשַׁלֵּם.

11.28 #

Less formal written styles often extend the use the preposition בִּשבִיל to include commercial transactions.

לא לקחתי ממנוחה שום דבר שהיא לא רצתה לתת לי. היא ביוזמתה, באה אלי ונתנה לי גם את הדירה וגם את המכונית, הרשומות, דרך אגב, על שמי. זה היה עסק. היא שילמה **בשביל** סחורה שאֲני מכרתי לה (מקור לא ידוע).

The preposition לִכבוד is used when the action indicated by the verb is done for a special occasion, or in the honor of the object of the preposition. The context must be a positive one.

11.29 #

In whose honor is the cake?	**לִכבוד** מִי העוּגָה?
What's the occasion for your calling me?	**לִכבוד** מַה אַתָּה מְטַלפֵּן אֵלַיי?
We bought new dishes for the holiday.	קָנינוּ כֵּלים חֲדָשים **לִכבוד** החָג.
We bought a new rug for the new house.	קָנינוּ שָׁטיחַ חָדָש **לִכבוד** הבַּית החָדָש.
We had a party for Yosi for his birthday.	עָשׂינוּ לְיוסי מְסיבָּה **לִכבוד** יום ההוּלֶדֶת שֶׁלו.
They cleaned the house (in preparation) for the guests.	הֵם ניקוּ אֶת הבַּיִת **לִכבוד** הָאורחים.

The preposition לְמַעַן is used when the action indicated by the verb is for the benefit of or on behalf of someone or something. The nobler the cause, the greater the tendency to use the preposition לְמַעַן.

11.30

מַרטין לוּתֶר קינג עָשָׂה הרבֵּה **לְמַעַן** האפרו-אמריקאים בְּארה"ב.

Martin Luther King did a lot for African-Americans in the U.S.

הֵם מוּכָנים לַעֲשׂות הכֹּל **לְמַעַן** הצֶדֶק וְהשָׁלום.

They are willing to do anything for peace and justice.

אִם לֹא **בִּשבילךָ**, אָז לְפָחות תַעֲשֶׂה אֶת זֶה **בִּשבילי**.

If not for yourself, at least do it for me.

אִם לֹא **לְמַעַנךָ**, אָז לְפָחות תַעֲשֶׂה אֶת זֶה **לְמַעֲני**.

If not for your own sake, at least do it for me [my sake].

הֵם עָשׂוּ הַרבֵּה מְאוד **בִּשביל/לְמַעַן** הַיְלָדים שֶׁלָהֶם.

They did a lot for their children.

11.31

המרד, כל זה היה הסיפור שלנו. סיפור שהיווה חולייה נוספת בייצוג העצמי הישראלי-היהודי. בסיפור של המאבק **למען** מטרה מוגדרת שהסתיים בניצחון.

הם קוראים בשם השלום בהתלהבות, במסירות נפש, בקנאות, מדברים וכותבים שלום, מקימים עשרות אירגונים ומועצות **למען** השלום — מתוך עיוורון מוחלט לנאֶמר ולנכתָב באותו הצד שאיתו הם שואְפים לעשות שלום (אהרון מגד "על העיוורון", הארץ, 23 לינואר, 2001).

"אם אנשים רבים דיים חשים עצמם שייכים לעם ומרגישים צורך לבטא זאת, אני מכבד את זה. אבל לא אם כתוצאה מכך מחריבים עם אחר. אני לא מוכן לקבל גישה, לפיה אנחנו חייבים למות **למען** התקומה שלכם". (הארץ, 17 לאוגוסט 2000).

בשיטת הפתק, אדם שנמצא בעמדת כוח או בעמדת השפעה, משרבט כמה מילים על פתק ובהן הוא מבקש מנותן השירות או מאיש הציבור לעשות משהו **למען** נושא-הפתק (מקור לא ידוע).

אמא, אילמלא את לא היינו באים לכאן. מה יש כאן בשממה הזו, ועכשו, כשהרחבה הרוסה, מה יש כאן, רק צער וייסורים, אנו באים לכאן רק **למענך**, רק **למענך**. הגיעה השעה לומר זאת. (אפלפלד, "רצפת אש", עמ 30).

אני בוודאי לא האדם ש**למענו** עשה גיבסון את הסרט. אבל אני גם לא רואה איך אמונה בישו יכולה לחזק את הטיעונים בעד הסרט (הארץ, 3 ביוני 2004).

למען האמת, זה נראה לי הוגן למדי. אין זה סביר לתבוע מן הכנסייה לאמץ תפישה רלטיוויסטית של האמת. [...] מערכת החינוך היהודי בארצות הברית מעבירה את המסר שלפיו היהדות היא עניין שעוסקים בו רק עד הבר-מצוה ואחר כך נזנחים לימודי הדת ולימודי ישראל, שממילא כמעט אינם קיימים. לכן מגיעים לאוניברסיטאות בארה"ב עשרות אלפי יהודים שאינם קשורים בדרך כלשהי לקהילה ואינם מעוניינים להירתם למען העניין הישראלי. עשרות קמפוסים ברחבי ארה"ב החתימו אלפי סטודנטים על עצומות תמיכה בישראל, פעילים למען ישראל נבחרו בחודשים האחרונים לתפקידי מפתח באוניברסיטאות רבות והשיח הציבורי בקמפוסים נוטה לטובתה של ישראל. (הארץ, תאריך לא ידוע).

11.7 Comparative Prepositions: [-כּ] and כמו

Hebrew has two prepositions, [-כּ] and כמו, which are used to make comparisons. The preposition [-כּ] is a member of the group of prepositions known by their acronym בכל"מ. The two are not always interchangeable; כמו means "similar to" and [-כּ] can mean "in the capacity of" in addition to "similar to."

11.32 #

He works like a horse, unlike ordinary governmental bureaucrats.	הוּא עוֹבֵד **כמו** סוּס, לא **כמו** פקיד מֶמְשָׁלָה רָגִיל.
Like all other government bureaucrats he works **803**: comes in at **8:00**, does **0**, and leaves at **3:00**.	**כמו כֹּל/כְּכֹל** פָּקִיד בַּמֶּמְשָׁלָה הוּא עוֹבֵד **803**: בָּא בשמוֹנֶה, עוֹשֶׂה אֶפֶס ועוֹזֵב בְּשָׁלוֹשׁ.
I'm working today, as on any other day.	אֲנִי עובד היום **כמו** בְּכֹל יוֹם אחר. אֲנִי עוֹבֵד היום **כְּבכֹל** יוֹם אָחֵר.

The last two sentences in #11.33 differ in register. The second one is a little more formal.

Unlike the other one-letter prepositions [-מ], [-ל], [-ב], the preposition [-כּ] does not license pronominal suffixes; namely, it has no forms comparable to: לָנוּ, בָּכֶם or מֵהֶם (to us," "in you guys," "from them," respectively). No forms such as כָּנוּ— or כָּכֶם— analogous to לָכֶם, לָנוּ are possible. Instead, the preposition כמו, which does license pronominal suffixes, is used to produce the forms in #11.33.

11.33 #

	Used Mostly in Writing		Used in all Registers		
like me	כמוֹתִי		כָּמוֹנִי		אֲנִי
like you	כמוֹתֵךְ	כמוֹתְךָ	כָּמוֹךְ	כָּמוֹךָ	אַתָּה, את
like him/her	כמוֹתָהּ	כמוֹתוֹ	כָּמוֹהָ	כָּמוֹהוּ	הוּא, היא
like us	כמוֹתֵנוּ		כָּמוֹנוּ		אנחנו
like you (pl.)	כמוֹתכֶן	כמוֹתכֶם	כמוֹכֶן	כמוֹכֶם	אתם, אתן
like them	כמוֹתָן / כָּהֵן	כמוֹתָם / כָּהֵם	כמוהן	כמוהם	הם, הן

The two forms כָּהֵם and כָּהֵן are restricted nowadays to idiomatic expressions

Thought very similar in meaning, the two comparison terms כמו and [-כּ] are not always interchangeable because [-כּ] has the additional sense of "in the capacity of":

11.34 #

כְּפקיד/***כמו** פקיד מֶמשָׁלָה בְּדֶרֶג נמוך אֵין לו בְּעֶצֶם שום סַמכויות.	As a low level government, he actually has no authority.
הוּא נידון לִשנַת מָאֳסָר מִשוּם שֶׁהוּא חָתַם **כּמו** מְנַהֵל בַּנק אַף עַל פי שֶׁלא הָיָה רָשַׁאי לַחתום **כִּ**מְנַהֵל הַבַּנק (רוזן, "עברית טובה").	He was sentenced to a year in prison because he signed as if he were a bank manager, even though he was not allowed to sign in that capacity [as bank manager].
רַבּים רואים אֶת השינוּי בַּעֲרָכים שֶׁל החֶברָה הישׂראֵלית **כּ**ירידָה/***כמו** ירידה. רַבּים טוֹעֲנים שֶׁבִּמקום האידיאָלים שֶׁל העָבָר, החֶברָה הישׂראֵלית נִמצֵאת היום בשָׁלָב חָדָש, שָׁלָב שֶׁל פוסט ציונות.	Many see the change in values in Israeli society as a decline. Many argue that instead of the ideals of the past, Israeli society is nowadays in a new phase, a phase of post-Zionism.

The difference between the [-כּ] and כמו is both syntactic and lexical.

11.35 #

כמו has two analogous froms in Biblical Hebrew: בְּמוֹ and לָמוֹ. The former, בְּמוֹ, in spite of its ancient roots, is part and parcel of colloquial Israeli Hebrew.

כִּי לֹא בְחַרְבָּם יָרְשׁוּ־אָרֶץ וּזְרוֹעָם לֹא־הוֹשִׁיעָה **לָמוֹ** (תהילים מד:4)	For they got not the land in possession by their own sword, neither did their own arm save them:
אַחְבִּירָה עֲלֵיכֶם בְּמִלִּים וְאָנִיעָה עֲלֵיכֶם **בְּמוֹ** רֹאשִׁי: (איוב טז:4)	I could join words together against you, and shake my head at you.

For the structure verb + בְּמוֹ + body part, see p. 41.

11.8 Prepositions: Classification by Meaning

11.8.1 Prepositions Marking Spatial Relations

11.36 #

לִפנֵי השולחָן	in front of the table	אַחֲרֵי ההִצטַלבוּת	after the intersection
מֵאֲחורֵי הָארון	behind the cabinet	מֵעַל לַתמוּנָה	above the picture

on the table	עַל הַשׁוּלְחָן	under the table	(מִ)תַּחַת לַשׁוּלְחָן
at the corner	בַּפִּינָּה	next to the chair	עַל יָד הַכִּיסֵא
up to the wall	עַד הַקִּיר	inside the closet	בְּתוֹךְ הָאָרוֹן
around the table	מִסָּבִיב לַשׁוּלְחָן	outside the house	מִחוּץ לַבַּיִת
far from the house/home	רָחוֹק/הַרְחֵק מֵהַבַּיִת	facing the house	מוּל הַבַּיִת

11.8.1.1 The Preposition לעבר in the Service of Obfuscation

"ירה **לעבר**" הוא אחד הביטויים הרווחים לאחרונה בפי הכתבים הצבאיים, בעיקר בטלוויזיה. מתקופת באב-אל-ואד ועד פרוץ האינתיפאדה החדשה היו יורים "על" שיירות. היום יורים רק "**לעבר**".

שיא השימוש ב"**לעבר**" הושג בתיאור תקרית ליד גדר הגבול בצפון: הכתב סיפר על חייל שירה "**לעבר** האוויר".

האירוניה היא שהביטוי הזה, שיצא אולי בתחילה מפי דוברים צבאיים ועבר מהם לעיתונים — היכה שורשים. כיום הוא מככב בלעדית גם בדיווחים על יריות של פלסטינים, אפילו הן נעשות מטווח קצר.

גם מרואיינים, מכל שכבות הציבור, הפנימו את השיעור: כולם מקפידים לדבר רק על "יריות **לעבר**".

כל זה נאמר רק כדי להדגים את כוחה של תקשורת ההמונים: ברצותה, תשריש ביטוי עד לבלי היעקר, אז אולי כדאי לתקשורת לנסות לעקור את "**לעבר**", בכל זאת, להגבילו רק לירי לא מכוון ולחזור ל"ירו על" הישן, כמו פעם? (הארץ, תאריך לא ידוע).

11.8.2 Prepositions Marking Temporal Relations

11.37 #

within a week	(בְּ)תוֹךְ שָׁבוּעַ	a week ago	לִפְנֵי שָׁבוּעַ
since the summer	מֵאַז הַקַּיִץ	in a week	בְּעוֹד שָׁבוּעַ
during the winter	בְּמֶשֶׁךְ הַחוֹרֶף	after a week	אחרֵי שָׁבוּעַ
from Friday to Sunday	מִיּוֹם שִׁישִּׁי עַד יוֹם רִאשׁוֹן	until spring	עַד הָאָבִיב

11.8.3 Prepositions Marking Commercial Transactions

11.38 #

How much did you pay for the shirt?	כַּמָּה שילַמת **בְּעַד/עָבוּר** החוּלְצָה?
How much did you pay for the pants?	כַּמָּה שילַמת **בְּעַד/עָבוּר** המִכְנָסַיים?

11.8.4 Prepositions Marking Beneficiaries

11.39 #

for the kids	**עֲבוּר** הילָדים	for/in honor of the big boss	**לִכבוד** הבוס הגָדול
for the sake of peace and justice	**לְמַעַן** הצֶדֶק והשָלום	for the big boss	**בשביל** הבוס הגָדול
for the students	**בִּשביל** הסטודנטים	for the kids	**בְּעַד** הילָדים

For more about beneficiaries, see p. 201.

11.40 #

גם במזרח ירושלים הודפסו **לכבוד** השנה החדשה אלפי פנקסים ולוחות קיר, ובהם ישנם הלוח הנוצרי והלוח המוסלמי. אף באחד מהם לא מופיע הלוח העברי (<u>הארץ</u>, דצמבר 1999).

לציון המאורע יהודי קהיר הנהיגו מנהג שהיה מקובל בקהילות יהודית רבות — מנהג "פורים קטן", או "מועד קטן" שהוא חגיגה של נס שאירע ליהודים. **לכבוד** המאורע הזה היהודים היו מחברים מגילה וכך גם עשו יהודי קהיר (<u>הארץ</u>, תאריך לא ידוע).

11.8.5 Prepositions Marking Causation

11.8.5.1 Neutral Meaning

11.41 #

		Register
because of the rain	בִּגלַל הגֶשֶם	Spoken
due to the attacks	בְּגין ההַתקָפות	Official
because of military service	עֵקֶב השֵירות הצבָאי	Journalistic, Official
because of the objection	בְּשֶל ההִתנַגדות	Journalistic

because of the accident	בִּגְלָל הַתְאוּנָה	Spoken
following/because of the decision of the government	בְּעִקְבוֹת הַחְלָטַת הַמֶּמְשָׁלָה	Journalistic, Official

11.8.5.2 Positive Shading

11.42 #

because of/on the occasion of the wedding	לְרֶגֶל החתוּנָה
in favor of forgetting	בִּזכוּת הַשִּׁכְחָה
thanks to the grant	בִּזכוּת הַמַּעֲנָק
because of/due to the party	לְרֶגֶל הַמְסִיבָּה
thanks to the parents	בִּזכוּת ההורים

11.43 #

בעלוני הסברה שחילקו אנשי הוואקף למתפללים **לרגל** סוף האלף נאמר שאין להם מה לחשוש לבוא לתפילות באל-אקצה (<u>הארץ</u>, 15 לדצמבר 1999).

במכתב, שפותח בדברי ברכה לניימרק **לרגל** מינויו, טוען קמיינוב כי הדעה הרווחת על נטייתו הימנית של העיתון נובעת מכישרון הכתיבה העדיף של הכותבים מהמחנה הלאומי (<u>הארץ</u>, 2 לינואר 2000).

הוּא איש שראוּי, לדעתי, לכבוד רב של ההיסטוריה. הוּא הציל 1,700 אנשים בערך. נקוּדה. **בזכותו** הם חיו (<u>מעריב</u>, "סוף שבוע", תאריך לא ידוע).

שכטר היה הראשון שפעל לחשיפתה המלאה של הגניזה שאנו חוגגים עכשו את יובֵל 100 השנים לגילויה **ובזכותו** אנחנו חוגגים עכשו (<u>הארץ</u>, תאריך לא ידוע).

11.8.5.3 Negative Shading

11.44 #

due to the danger	מִפְּאַת הַסַּכָּנָה	due to the fire	מֵחֲמַת השְׂרֵפָה
due to the crisis	בְּעֶטְיוֹ של הַמַּשְׁבֵּר	due to the crisis	מֵחֲמַת הַמַּשְׁבֵּר

11.45

הַמחסור שֶׁהָיָה מְנָת חֶלקָהּ שָׁנים רבות פָּגַע נואשֻׁת בִּכבודָהּ [של הֶלֶנָה) והֵמיט עלֶיהָ בּוּשָׁה גדולָה. **בְּגין** אותו כָּבוד **וּמִפּאַת** אותָה בּוּשָׁה, ניסתָה הֶלֶנָה לְהַסתיר אֶת מַחסורָהּ כְּכֹל שֶׁניתָן" (ליזי דורון, "למה לא באת לפני המלחמה", עמ' 12).

The deprivation, which was her share to face for many years, hurt her [Helena's] sense of dignity and brought her much shame. Thanks to that dignity and due to that shame, she tried to hide her deprivation as much as she could.

תוכנית הליבָּה וסִפרֵי לימוד שֶׁאושרו בִּידֵי מִשׂרַד החינוך הֵם אָכֵן עובדָה קַיֶימֶת בְּחֵלֶק מִבּתֵי הסֵפֶר החֲרֵדיים ובעיקָר אלֶה שֶׁל ש"ס. זֶה קָרָה במַהלָך שָׁקֵט הנִמשָׁך שָׁנים, **חֵרֶף** הִתנַגדוּתָם שֶׁל כַּמָּה מִבכירֵי הרַבָּנים החֲרֵדים **ולַמרות** עֶמדָתָן הרשמית שֶׁל המפלָגות החֲרֵדיות (הארץ, 10 למאי, 2006).

The core program and textbooks which have been approved by the Ministry of Education are indeed part of the ultra-orthodox schools, especially those run by the SHAS party. This process has been taking place quietly for years, in spite of the objections of senior ultra-orthodox rabbis and in spite of the official stance of the ultra-orthodox parties.

11.46

ח"כ פינס ועו"ד לורך מהעבודה מבקשים לפסול רשימת 'חירות' לכנסת **בגין** הסתה לגזענות ושלילת אופיה הדמוקרטי של המדינה (הארץ, 19 לדצמבר, 2002).

החלטת בג"ץ בעניין גדר ההפרדה נשענת על שני עקרונות יסוד. האחד — הכרה בסמכות רשויות הביטחון להקים גדר הפרדה בשטח המוחזק ב"תפיסה לוחמתית" **בגין** צרכים צבאיים מובהקים בלבד (הארץ, תאריך לא ידוע).

מיליון שקל הוטלו על 11 סיעות בכנס והשאר על סיעות מקומיות **בשל** אי עמידה בהוראות ניהול החשבונות [...] מבקר המדינה, השופט בדימוס אליעזר גולדברג, הטיל קנסות על 11 סיעות בכנסת ועל סיעות שהתמודדו בבחירות המקומיות **בגין** חריגות בניהול מערכת החשבונות של מפלגותיהן בבחירות לרשויות המקומיות, שנערכו ב-28 באוקטובר 2003 [...]. מדו"ח המבקר, שהוגש היום (שני) לכנסת, עולה כי 11 הסיעות נקנסו **בשל** אי עמידה בהוראות המבקר לגבי ניהול חשבונותיהן הכספיים. המפלגות לא דיווחו על הוצאות רבות **בגין** פרסום, מודעות בעיתונות, אתרי אינטרנט, שכירת מטות בחירות ועוד (הארץ, 12 ליולי, 2004).

רואים בהדגשת הזיקה הזאת — הדתית, התרבותית, הרגשית — בתור ההנמקה החשובה ביותר לעצם היותנו בארץ הזאת כגישה פסולה ומוקצית **מחמת** לאומנות, פנדמנטליזם, פֶאטישיזם ("פֶאטיש לאומי מובהק כמו ארץ ישראל", כותב עילם במאמרו הנ"ל) ואף פאשיזם. (אהרון מגד, "יצר ההתאבדות הישראלי", יוני, 1999).

שלא תהא טעות מצידו של מישהו: חותמת הרבנות הראשית איננה כשרה בעיניו אף היא: בלי חותמת הבד"ץ (בית דין צדק של העדה החרדית בירושלים), בלי הכשר ה"גלאט כושער" לבשר — הכל מוקצה **מחמת** מיאוס, שלא לדבר על כך שמכל אשכול ענבים (כשרים) ומכל קילו אפרסקים, שעולים הון, זורקים עשירית לפח. (מעריב, "אור לבנים, חושך להורים", תאריך לא ידוע).

זהו אחד הסרטים הישראליים הנדירים שאינם חוששים לעסוק בכאן ובעכשו, **חרף** הכיעור והייאוש הנודפים מכל פינה של הכאן והעכשו האלה כמעט בכל מגזר של החיים (הארץ, תאריך לא ידוע).

11.9 The Alternation of the Prepositions [-ל] and אל

Hebrew has two prepositions [-ל] and אֶל that mark motion towards for something or someone. They are interchangeable when used with verbs of motion and some verbs of communication.

11.47 #

His grandfather traveled to his birthplace in Russia.	סַבָּא שֶׁלּו נָסַע **לְעִיר/אֶל עִיר** מולַדְתּו ברוּסְיָה.
They missed their kids.	הם הִתְגַעְגְעוּ **לַיְלָדִים** שֶׁלָּהֶם./**אֶל הַיְלָדִים** שֶׁלָּהֶם.

However, when the object is a pronoun, only the pronominal form of אֶל (but not that of [-ל]) can be used.

11.48 #

My grandfather traveled to his birthplace in Russia. He went [to] there to visit his parents' graves.	סַבָּא שֶׁלִּי נָסַע **לְעִיר/אֶל עִיר** מולַדְתּו ברוּסְיָיה. הוא נסע **אֵלֶיהָ/לְשָׁם/*לָהּ** כדי לַעֲלות עַל קֶבֶר הורָיו.
I go to my parents every Saturday. I go there (in order) to make them happy.	אֲנִי הולֶכֶת **לַהורים/אֶל ההורים** שֶׁלִּי כֹּל שַׁבָּת. אֲנִי הולֶכֶת **לַהורים/אֲלֵיהֶם/*לָהֶם** כְּדֵי לַעֲשׂות לָהֶם נַחַת.
The letter reached David late. The letter reached him late.	המִכתָב הִגִיעַ **אֶל דָוִיד/לְדָוִיד** בְּאיחור. המִכתָב הִגִיעַ אֵלָיו בְּאיחור.

For verbs of motion, see p. 176

11.10 Text Illustrating Prepositions: "על תרבות הפרייאר", מיכאל פייגה

המילה "פראייר" היא אחת המילים הנְפוצות ביותר **ב**שפה ו**ב**תרבות הישראלית **של** היום. אפשר למצוא **אותה**[30] **ב**שיחות **של** יום-יום, **ב**פירסומת, **ב**עיתונות, **ב**קולנוע וגם **ב**פוליטיקה. נראֶה שלישראלים חשוב מאוד, ויש אומרים **עד** לדַרגָה **של** אובסֶסיה, לא להיות פרָאיֶירים.

התופעה **של** הפרָאיֵיריוּת או יותר נכון, הפחד **מ**הפראייריות, היא תופעה סוציולוגית ופסיכולוגית שהיא חלק בלתי נפרָד **מן** התַרבות הישראלית או **מן** הישראליות. כשמבקשים **מ**ישראלים ו**מ**זרים להגיד מהן **לפי** דעתם תכוּנות ישראליות אופייניות,

רבים **מהם** מזכירים אָסֶרטיביוּת מוגזמת, חוסֶר נכונוּת לְוַותֵר **על** עניינים שהם למעשה עניינים טריוויאליים ולא חשובים, חוסֶר היכולת לְפַרגֵן, והרצון **מצד** הישראלים להראות כמה הם צודקים באמצעות הרמת קול (ואפילו צעקות).

אלה ששמים לב **ל**תכונות האלה באופן מיוחד הם הזרים. בראיון שאלו אישה הולנדית שחייה עכשו בארץ **על** הצדדים השליליים של החיים בישראל והיא אמרה: "קשה **לי עם** המֶנטָליות הישראלית, **עם** חוסר הסבלנות של אנשים, **עם** הצעקות, ו**עם** נהגים שנוסעים **כמו** משוגעים. לישראלים קשה נורא לתת. קשה להם לתת בלי לצַפות **ל**משהו **ב**חזרה, הם מרגישים שאסור להם להיות פרָאיֵירים".

מַשמעוּת·חיוּבית, מדברים היום על החברה הישראלית **ב**מוּנָחים **של** חוסֶר משהו. רבים רואים **את** השינוי בערכים **כ**ירידה. רבים טוענים שבמקום החלום והאידיאלים **של** העבר, החברה הישראלית נמצאת היום **ב**שלב חדש — שלב פוסט ציוני. (על פי מיכאל פייגה, "תרבות הפרייאר", אלפיים, 7).

(30) The text marks both שֶׁל and אֶת as prepositions.

12.0 Negation

12.1 Basic Negation

The most common negation term in Hebrew is לֹא, which can be used as a short negative answer to a yes/no question:

12.1 #

Do you want some coffee?	— אַתָּה רוֹצֶה קָפֶה?
No.	— לֹא.
Did you see the movie?	— רָאִיתָ אֶת הַסֶּרֶט?
No.	— לֹא.
Are you coming to class tomorrow?	— אַתָּה בָּא מָחָר לַשִּׁיעוּר?
No.	— לֹא.
Do you like Bush?	— אַתֶּם אוֹהֲבִים את בוש?
No.	— לֹא.

In sentences which include verbs, לֹא immediately precedes the phrase it negates. It fulfills the function of "not" in English.

Note that לא תודה (no, thanks), though not necessary, can also be used as an answer to "אתה רוצה קפה?" in #12.1.

12.2 #

She does not live here.	הִיא **לֹא גָּרָה** פֹּה.
That's not the book I wanted.	זֶה **לֹא הַסֵּפֶר** שֶׁרָצִיתִי.
I haven't read this book.	**לֹא קָרָאתִי** אֶת הַסֵּפֶר הַזֶּה.
I can't come tomorrow.	אֲנִי **לֹא יְכוֹלָה** לָבוֹא מָחָר.
He isn't smart like me.	הוּא **לֹא חָכָם** כָּמוֹנִי.
They won't vote to fire the professor.	הֵם **לֹא יַצְבִּיעוּ** בְּעַד פִּיטוּרֵי הַפְּרוֹפֶסוֹר.

Here is another sentence from a famous male-chauvinist song featuring **לא**:

12.3 #

When you say "no" what do you mean? What do you mean when you say "no?"	כְּשֶׁאַתְּ אוֹמֶרֶת **'לֹא'** לְמָה אַתְּ מִתְכַּוֶּונֶת? לְמָה אַתְּ מִתְכַּוֶּונֶת כְּשֶׁאַתְּ אוֹמֶרֶת **'לֹא'**?

12.2 Formal Forms of Negation

Some written styles of Hebrew, mainly literature and poetry (and some pedantic speakers, too) prefer אֵין for negation in the present tense, e.g.:

12.4 #

He doesn't work in the university.	הוּא **אֵינוֹ** עוֹבֵד בָּאוּנִיבֶרְסִיטָה.

12.5 #

Plural			Singular		
אֵינֶנּוּ		אֲנַחְנוּ לֹא	אֵינִי/אֵינֶנִּי		אֲנִי לֹא
אֵינְכֶן	אֵינְכֶם	אַתֶּם לֹא, אַתֶּן לֹא	אֵינֵךְ	אֵינְךָ	אַתָּה לֹא, אַתְּ לֹא
אֵינָן	אֵינָם	הֵם לֹא, הֵן לֹא	אֵינָהּ/אֵינֶנָּה	אֵינוֹ	הוּא לֹא, הִיא לֹא

In the following examples, the negation term must agree in gender and number with the subject of the sentence:

12.6 #

He is not at home.	הוּא **אֵינֶנּוּ/אֵינוֹ** בַּבַּיִת
They can't read Hebrew.	הֵם **אֵינָם** יוֹדְעִים לִקְרוֹא עִבְרִית.
She isn't capable of understanding [this].	הִיא **אֵינָהּ** מְסוּגֶּלֶת לְהָבִין.
I can't come to the meeting.	(אֲנִי) **אֵינֶנִּי/אֵינִי** יְכוֹלָה לָבוֹא לַפְּגִישָׁה.
Why aren't you drinking the coffee?	מַדּוּעַ **אֵינְךָ** שׁוֹתֶה אֶת הַקָּפֶה?
If you don't (f.) feel well, stay home.	אִם **אֵינֵךְ** מַרְגִּישָׁה טוֹב, הִישָּׁאֲרִי בַּבַּיִת.
We are not obliged to respond to the news.	(אֲנַחְנוּ) **אֵינֶנּוּ** חַיָּיבִים לְהָגִיב עַל הַיְּדִיעָה.
She's not stupid.	הִיא **אֵינֶנָּה/אֵינָהּ** טִיפְּשָׁה.
Why aren't you responding to my letters?	מַדּוּעַ **אֵינְכֶם** מְגִיבִים עַל מִכְתָּבַי?

The matter is still unclear.	הדָּבָר עֲדַיִין **אֵינו** בָּרוּר.
The problem is not easy to solve.	הבְּעָיָה **אֵינָה** קָלָה לְפתרון.
He doesn't like Europe.	אירופָּה **אֵינָה** מוצֵאת חֵן בְּעֵינָיו.
He doesn't like modern operas.	האופֶּרות המודֶרניות **אֵינָן** מוצאות חֵן בְּעֵינָיו.
The book doesn't please the critics.	הסֵּפֶר **אֵינו** מוצא חֵן בעינֵי המְבַקרים.
He does not like the books.	הספָרים **אֵינָם** מוצאים חֵן בְּעֵינָיו.

There is a more formal and quite archaic alternative to some of the above examples in which אין is in initial position.

אין אנו חייבים להגיב על הידיעה.

אין צורך להגיב על הידיעה.

אין הדבר ברור עדיין.

אין הבעייה קלה לפיתרון.

אין הספרים החדשים מוצאים חן בעיניו.

For more about this use of אין, see p. 247.

12.3 Use of Negation in Directives and Requests

To tell someone not to do something, Hebrew uses the negating word אַל (don't) that is joined by a second-person form of the future tense verb, namely, the same form which is used to talk to interlocutors.

12.7 #

Kids, don't worry.	יְלָדִים, **אַל תִּדְאֲגוּ.**	Hanan, don't worry.	**חָנָן, אַל תִּדְאַג.**
Don't smoke!	**אַל תְּעַשֵּׁן!**	Hanina, don't worry.	**חֲנִינָה, אַל תִּדְאֲגִי.**
Don't tell me what to do!	**אַל תַּגִּיד** לי מַה לַעֲשׂות!	Don't forget to buy ice cream.	**אַל תִּשְׁכְּחוּ** לִקְנות גלידָה.
Don't disturb/bother me!	**אַל תַּפְרִיעוּ** לִי!	Don't open the window!	**אַל תִּפְתְּחִי** אֶת הַחַלּוֹן!

There are two ways of telling someone not to do something: the more common אַל and a more formal one לֹא + the infinitive form of the verb that does not address anyone in particular but states a general "no-no" or prohibition. The latter is typical of public signs or of teachers' and parents' talk.

12.3.1 לֹא + Infinitive

12.8 #

No talking!	לֹא לְדַבֵּר!	No smoking and no spitting!	לֹא לְעַשֵּׁן וְלֹא לִירוֹק!
No screaming!	לֹא לִצְעוֹק!	No stepping on the lawn.	לֹא לִדְרוֹךְ עַל הַדֶּשֶׁא!

12.3.2 אין + Infinitive

12.9 #

No leaving dirty dishes on the table.	**אֵין לְהַשְׁאִיר** כֵּלִים מְלוּכְלָכִים עַל הַשּׁוּלְחָן.
No scribbling on the walls.	**אֵין לְקַשְׁקֵשׁ** עַל הַקִּירוֹת.
No talking to the bus driver while the bus is moving.	**אֵין לְדַבֵּר** עִם הַנֶּהָג בִּשְׁעַת הַנְּסִיעָה.

For more about negative directives, see p. 164

12.10 #

אין להקים גדר מטעמים "מדיניים פוליטיים" שיסודם ברצון לספח שטחים למדינת ישראל ולהתוות גבול מדיני (הארץ, תאריך לא ידוע).

אין להתעלם גם מיציאתן [של נשות המרפסת] הלילית המשותפת אל הפרדס הקרוב עם היוודע דבר שילוח הספוטניק הרוסי לחלל (אבשלום קווה, "המרפסת", עמ' 25).

אופנות נוהגות לכבוש בה כל פינה ללא יוצא מהכלל, עד שהן משליטות סטנדרט ש**אין לערער** עליו (יורם מלצר, הארץ, תאריך לא ידוע).

במוקדם או במאוחר המהפכה הערבית תגיע לשטחים. כאשר הציפייה למדינה בספטמבר תתנפץ, גם השגשוג הכלכלי לא ימנע את הצונאמי. **אין לדעת** אם התרחיש יהיה תרחיש תוניס, תרחיש מצרים או תרחיש האינתיפאדה הראשונה. ואולם, השקט שממנו אנחנו נהנים כרגע הולך ומתפורר. נחשול של התקוממות יכה בישראל (ארי שביט, הארץ, 26 למרץ 2011).

12.3.3 Aphorisms with אין

The following is typical of aphorisms and idioms:

12.11 #

[Clause + אין] <<	[Clause + אין] << with Impersonal Form of the Verb	
אֵין הַנחתום מֵעיד על עיסָתו.	Literally: The baker doesn't testify to [the quality of] his own batter.	Akin to: You should not praise your own work.
	אֵין מְטילים עַל הציבור גזֵירָה שֶׁאֵינו יָכול לַעֲמוד בָּה.	Don't legislate something that most people cannot observe.

12.4 Expressions Denoting Negation

12.12 #

[לא + Noun + אַף] << [לא + Verb + כלום/שום דבר] <<	
הוא **אַף פַּעַם לא** בָּא בַּזמָן.	He never comes on time.
אַף אֶחָד לא קָרָא אֶת הסיפור.	No one read the story.
אַף סטודֶנט לא נִכשַל בַּבחינָה.	No student flunked the test.
הוא **לא אָכַל כלום.**	He didn't eat anything.
היא **לא עָשׂתָה שום דָבָר.**	She didn't do anything.

12.13 #

<< לא + verb + כלום	הוא **לא** אָכַל **כלום.**	He ate nothing.
<< לא + verb + שום דבר	הוא **לא** עָשָׂה **שום דָבָר.**	He did nothing.
	הֵם **לא** אָמרו **שום דָבָר.**	They said nothing.
<< לא + verb + אף + noun	הֵם **לא** אָמרו **אַף מילָה.**	They didn't utter a word.
<< אף אחד לא + verb	**אַף אֶחַד לא** הָיָה שָם מֵאָז המִלחמָה.	No one has been there since the war.

verb + לא + noun + שום <<	**שום** חומָה **ושום** גָּדֵר **לא** יַעַמדו לָנֶצַח.	No fence and no wall will stand forever.
	איש לא הָיָה שָׁם מֵאָז המִלְחָמָה.	No one has been there since the war.
verb + איש לא <<	רַגלו שֶׁל **איש לא** דָרְכָה שָׁם בַּשָּׁנָה הָאחרונָה.	No one has set foot there in the last year.

The above collocations differ with regard to the types of noun with which they associate, whether a mass noun or count noun, a noun used generically, etc.

12.14 #

מניין לי הביטחון הזה שהוא לא מרביץ? הלא **אף פעם לא** ראיתי אותו חוקר חשוד (מקומון 37).

איש אינו יודע בוודאות, מה תהיה בעוד 15 שנה התמונה הדמוגרפית של מדינת ישראל.

שריד הקים משרד מיוחד לטיפול בכל מי **שאינם בני אדם**, אבל הם בשר ודם. [...] **אין חלקי** עם קנאי-הקנאים, שרק רצונם הטוב מקלקל את שיקול דעתם: בלי ניסויים כלל בבעלי חיים, לצערנו אי אפשר. [...] כל עוד רודפות את המין האנושי מחלות חשוכות מרפא, ימשיכו גם המדע והמחקר לרדוף אחרי התרופה, ולניסויים מסוימים **אין עדיין** חלופות ראויות. אולם עכשו מתברר [...] שבישראל אפילו **אין מחפשים** ברצינות את החלופות (הארץ, 12 ליולי, 2004).

12.15 #

אַף פַּעַם לא [....] never	
הוּא **אַף פַּעַם לא** רוחֵץ כֵּלִים.	He never does the dishes.
אַף אֶחָד לא [....] no one, nobody	
אַף אֶחָד לא רוצֶה לָרִיב איתו.	No one wants to fight with him.
לא [....] כלום nothing	
הוּא **לא** אוכֵל **כלום**.	He eats nothing (he doesn't eat anything).
לא [....] שום דָּבָר nothing	
הִיא **לא** אוכֶלֶת **שום דָּבָר**.	She eats nothing (she doesn't eat anything).

	לא [....] אף משהו none of someone or something
They don't talk to anybody.	הֵם **לא** מְדַבְּרִים עִם **אַף אֶחָד.**
He doesn't read any newspaper.	הוּא **לא** קוֹרֵא **אַף עיתון.**
No year was there so much rain.	**אַף שָׁנָה לא** יָרַד כֹּל כָּךְ הַרְבֵּה גֶשֶׁם.
They didn't eat even one banana/any (of the) bananas.	הֵם **לא** אָכְלוּ **אַף בָּנָנָה.**
	אַף פַּעַם לא never
Something like this has never happened before.	**אַף פַּעַם לא** קָרָה דָּבָר כַּזֶּה / דבר כזה **לא קָרָה אַף פַּעַם.**
	אַף אֶחַד לא no one
No one finished the exam.	**אַף אֶחַד לא** גָּמַר אֶת הבּחינָה.
	אַף + noun + לא
No bananas were left.	**אַף בָּנָנָה לא** נִשְׁאֲרָה/**לא** נִשְׁאֲרָה **אַף** בָּנָנָה.
	שׁוּם דָּבָר לא
Nothing special happened.	**לא** קָרָה **שׁוּם דָּבָר/שׁוּם דָּבָר** לא קָרָה.
	שׁוּם + Noun + לא
No student flunked the test.	**שׁוּם** סטוּדֶנט **לא** נִכְשַׁל בַּבּחינָה.
	כּלוּם לא + Verb
Nothing happened to him.	**כּלוּם לא** קָרָה לוֹ/**לא** קָרָה לוֹ **כּלוּם.**

12.5 Particles and Words Denoting Negation

The following "little words" denote some kind of negation. They differ in meaning and in their ability to join one part of speech or another.

הוא **בִּלתי מַתאים** לַתַפקיד.

He is unqualified for the job.

אישיות **בִּלתי רְצוּיָה** היא הַגדָרָה לדיפלומט שֶרָשויות המְדינָה שֶהוא מְשַמֵש בָּה כְּנָצִיג שֶל מְדינָה אָחֶרֶת לא מְעוּנִיינות בּו.

Persona non grata is a description of a diplomat who is not welcomed by the authorities of the country in which he serves.

בּנִייה **בִּלתי חוקית** היא בּנִייה בְּלֹא רְשות. לַמרות שֶהמושָג "בּנִייה בִּלתי חוקית" מִתיַיחֵס לְכֹל מִבנֶה שֶנִבנֶה בּלי רְשות, הקונוטַציה שֶל המושָג היא בְּעיקָר פוליטית.

Illegal construction is construction without a permit. Though the term "illegal construction" refers to any structure built without a permit, the connotation of the concept is mainly political.

פקודָה **בִּלתי חוקית** בַּעליל היא פקודָה צבָאית שֶבָּרור לְכֹל אָדָם שֶהמַעֲשֶׂה שֶיֵש לְבַצֵעַ אותו הוא **בִּלתי** חוקי וְשֶהמְבַצֵעַ אותו יורשַע בַּדין אִם יְבַצֵעַ אותו.

A patently illegal order is a military order that calls for committing a blatantly illegal act, for which the person who carries it out will be put on trial and found guilty.

הם **חַסרֵי-כֹּל**.

They are penniless.

שֶמֶן סויה הוא הַשֶמֶן הַנָפוץ בְּיותר בישְרָאֵל לְבישול והוא כִּמעט **חֲסַר טַעַם** לְכשֶעַצמו.

Soy oil is the most popular cooking oil in Israel, and it is almost tasteless.

הרְחובות שֶל הֶעָרים הגדולות בּאַרצות הברית מְלֵאים **בחַסרֵי בַּיִת**.

The streets of big cities in the U.S. are full of homeless people.

הצָעַת **אי אֵמון** היא הצבָּעָה בכְנֶסֶת שֶהַמַטָרָה המוּצהֶרֶת שֶלָה היא לְהַפיל את הַמֶמשָלָה.

A non-confidence motion is a vote in the *Kenesset* the expressed aim of which is to topple the government.

אי אֶפשָר לַעֲשות כלום.

It's impossible to do anything.

מְחוסַר השׂכָּלָה

uneducated

חוסֶר בּרֵירָה

lack of choice

For more about prefixes, see "Common Prefixes," p. 91.

12.17 #

In the following example, the first sentence "בחיים אי אפשר ..." or "בחיים לא תנחש...", where the word "בחיים לא" functions as "never," is very typical of colloquial Hebrew.

לפי התמונות האלה, **בחיים אי אפשר** לנחש שהפלסטינים גרים במזרח התיכון. אף פעם לא ראיתי אצלם תמונות של ארץ ישראל, זאת הסלעית, היבשה, לא את הרי חברון הקירחים וגם לא את הגבעות הטרשיות שליד שכם, אפילו לא חורשת זיתים מזויינת, או איך שלא קוראים לזה (הארץ, 1 ליולי, 2005).

בַּחַיִּים לא תנחש את מי פגשתי היום!

בחיים לא תצליחו לנחש לְמה הפירסומת הזאת (מתוך האינטרנט).

13.0 Questions

Questions are categorized according to the following criteria: (1) yes/no questions ones that require a yes or no answer); (2) information questions (also called WH-questions in English: why, who, when, etc.); and (3) questions requiring confirmation of an assertion (tag-questions).

13.1 Yes / No Questions

The so called "yes/no" questions are questions which don't ask for information but ask for confirmation or denial of the statement included in them. Spoken Hebrew has no word order change in yes/no questions, marking them only with a rise in intonation at the end of the sentence.

13.1 #

Dani and Aviva study Hebrew.	דָנִי וַאֲבִיבָה לומדים עִבְרִית.
Do Dani and Aviva study Hebrew?	דָנִי וַאֲבִיבָה לומדים עִבְרִית?
Rina wants to drink something.	רִינָה רוֹצָה לִשְׁתּוֹת מַשֶׁהוּ.
Rina do you want to drink something?	רִינָה אַת רוֹצָה לִשְׁתּוֹת מַשֶׁהוּ?
We have coffee [literally: there is coffee].	יֵשׁ קָפֶה.
Do you have coffee [literally: is there any coffee] there any coffee?	יֵשׁ קָפֶה?

In written forms of Hebrew, a yes/no question is often marked by the question word הַאִם.

13.2 #

Does Dani study Hebrew?	**הַאִם** דָנִי לוֹמֵד עִבְרִית?
Do you live in Tel Aviv?	**הַאִם** אַתֶם גָרִים בְּתֵל אָבִיב?
Is this the physics teacher?	**הַאִם** זֹאת הַמוֹרָה לְפִיזִיקָה?

13.3 #

The scope of the question word האם is a whole clause or a whole sentence. However, it cannot be used with a non-clausal unit. For example:

Have you eaten?		האם אֲכַלְתֶּם?
Are the banks open today?		האם הבנקים פתוחים היום?
At 5:00?	*האם בחמש?	בחמש?
At the office today?	*האם היום במשרד?	היום במשרד?
Tasty?	*האם טעים?	טעים?

Note that Hebrew has no constraints for creating a question simply through a rise in intonation. Any word or sequence of words can become a question merely by raising the intonation.

13.4 #

Two more stylized and formal types of yes/no questions are used exclusively in written registers of Israeli Hebrew:

The first illustrated here one comes to us from Biblical Hebrew. It uses the question particle [-הֲ] (not to be confused with the definite article [-ה])

Are the rooms to your liking?	**הֲנָאִים** הַחֲדָרִים בְּעֵינַיִיךְ?
Would you really wish to leave us?	**כלום** תִּרְצֶה לַעֲזוֹב אוֹתָנוּ? (דירה להשכיר, לאה גולדברג)

כלום הייתי פונה לקריאת ספרו של עמוס אילון "רקוויאם גרמני" באותה להיטות שאחזה בי כשקיבלתי אותו, אלמלא הייתי בת למשפחה יוצאת גרמניה? (רות אלמוג, הארץ, 2 לפברואר 2005).

13.2 Information Questions

13.5 #

Where do you (pl.) live?	**אֵיפֹה** אַתֶּם גָּרִים?
Where are you going to? (w/verbs of motion)?	**לְאָן** אַתָּה הוֹלֵךְ?
What are you (pl.) reading?	**מַה** אַתֶּם קוראים?
Why aren't you (pl.) studying Hebrew?	**לָמָּה** אַתֶּם לא לומדים עִברית?
How is their Hebrew?	**אֵיךְ** הָעִברית שֶׁלָּהֶם?
Where are you from?	**מֵאֵיפה/מֵאַיִן** אַתָּה?
Which book (m.) do you want?	**אֵיזֶה** סֵפֶר אַתֶּם רוצים?
Which cake (f.) do you want?	**אֵיזֶה** עוּגָה אַתָּה רוצָה?
What conditions (pl.) did he offer you?	**אֵיזֶה** תְנָאִים הוא הִצִּיעַ לָכֶם?

The question word אֵיזֶה in the last three sentences has also feminine and plural alternates, אֵיזו and אֵלוּ/אֵלֶּה, respectively. When used, these question words reflect the gender or number of the noun in the question. Most speakers ignore these two alternates and use אֵיזֶה for all cases. More pedantic speakers tend to use אֵיזו with feminine nouns. The use of אֵלֶּה/אֵלוּ as question words is much more rare and is restricted to formal contexts.

13.6 #

Which cake (f.) do you want?	**אֵיזו** עוּגָה אַתָּה רוצָה?	**Stylized or Pedantic**
Which conditions did he offer you?	**אֵלֶּה/אֵלוּ** תְנָאִים הוא הִצִּיעַ לָכֶם?	**Formal**

Hebrew has a variety of ways of singling out verbs of motion. As the second example in #13.5 — לאן אתה הולך? — shows, there is a special question word for clauses containing a verb of motion.

This is analogous to the phenomenon involving the alternation of [-ל] and אֶל with verbs of motion, which you can find on page 174.

Many information questions elicit answers involving the use of prepositions. No Hebrew sentence (including questions) can end with a preposition. If a question includes a verb which requires a preposition, the preposition is placed before the question word, as in:

13.7

Who is the letter from?	מִמִי הַמִכְתָב?
What are you thinking about?	עַל מַה אַתָה חוֹשֵׁב?
What street do you live on?	בְּאֵיזֶה רְחוֹב אַתֶם גָרִים?
Which movie do you want to go to?	לְאֵיזֶה סֶרֶט אַת רוֹצָה לָלֶכֶת?
Whose husband?	בַּעֲלָה שֶׁל מִי?
The review of what?	הביקורת עַל מָה?
She was seen with whom? [They saw her with whom?]	רָאוּ אוֹתָה עִם מִי?

13.3 Confirmation Questions

The following confirmation questions present a statement which seeks the interlocutor's approval or disapproval of its content. Like yes/no questions, confirmation questions include no question word, but their structure is different. This type of question is the closest Hebrew gets to an English tag-questions (e.g. He is cute, isn't he?).

13.8

How is the cake, good? [The cake is good, isn't it?]	אֵיךְ הָעוּגָה, טוֹבָה?
The party was a total success, right?	הַמְסִיבָּה הָיתָה נוֹרָא מוּצְלַחַת, נָכוֹן?
How is the movie, interesting? [The movie is interesting, isn't it?]	אֵיךְ הַסֶרֶט, מְעַנְיֵין?
The movie is good, isn't it? [The movie is good, isn't it?]	הַסֶרֶט טוֹב, מָה? (=הַסֶרֶט טוֹב, נָכוֹן?)

13.4 Snippy Rhetorical Questions

The following sentences are not really questions, in that they don't ask for information but are a way in which the speaker tells his interlocutor that s/he is disenchanted with him/her and that s/he has no intention of accommodating him/her.

13.9 #

How dare you! (Who do you think you are?)	מָה אַתָּה חוֹשֵׁב לְךָ?!	What do you want!	מָה אַתָּה רוֹצֶה?!
What can I do?	מָה אֲנִי יְכוֹלָה לַעֲשׂוֹת?	Why are you crying!	מָה אַתָּה בּוֹכֶה?!
Why don't you ask her yourself?	לָמָּה שֶׁלֹּא תִּשְׁאַל אוֹתָהּ בְּעַצְמְךָ?	It's not my fault that he doesn't know how to write!	מָה אֲנִי אָשֵׁם שֶׁהוּא לֹא יוֹדֵעַ לִכְתּוֹב?

The questions in #13.9, which are used mostly in spoken Hebrew, are actually rhetorical questions, which, by definition, do not contain a request for information and do not require and answer. By using such questions, the speaker informs the hearer of something. Linguists and philosophers of language classify them as indirect speech acts (as opposed to direct speech acts). In a direct speech act, what the speaker says (or writes) does more than state some facts; it actually performs an act. For example, by uttering the fixed formula: "I hereby pronounce you husband and wife," a judge changes the marital status of two individuals. In an indirect speech act, a similar thing happens, but the language used to perform the act is not direct . For example, if I ask you at the dinner table, "Can you pass the salt?" I'm not asking you about your physical ability to do so; I'm actually asking you to do so. Thus, a question can be an indirect request or demand as in "מה את רוצה ממני" which is actually used to make an indirect assertive demand, like, "תעזוב אותי במנוחה" (leave me alone). There is much more to the theory of speech acts, and if you're interested in the topic, search the internet for "Speech Act Theory."

13.5 Text Illustrating Questions: "הלקט המעודכן של תשובות שאנשים משיבים ל'מה נשמע' ", מאיר שלו

קבוצת התשובות הראשונה מעידה על תחושה של ניכור והפרדה מן הכלל:

– "אני בסדר, אבל המדינה בזבל".

– "אתה שואל בספציפיות או בכלליות?"

- "מה נשמע אצלי, או מה נשמע אצל כולנו?"

הקבוצה השנייה היא של שימושים מחודשים בביטויים ישנים:

– "חָרָגִיל". תשובה זו ל"מה נשמע?" היא הכלאה של המילה "חָרָא" עם המילה "כָּרָגִיל", והיתה נפוצה מאוד בשנות החמישים והשישים. אחר כך נעלמה מן השוק, ובימים אלה שבה והתחדשה. מעניין למה.

– "סוף הדרך". ביטוי זה, שבדרך כלל מביע שבחים והתפעלות, התחיל להיאמר כ"סוף הדרך" פשוטו כמשמעו.

– "המצב בטטה". מטאפורה וגטטיבית קצרה. ייתכן שהומצאה על ידי שונא בטטות, או כנגזרת פונטית של "המצב בתחת".

הקבוצה השלישית של תשובות ל"מה שלומך?" מציגה חדירת נוסחים דתיים לפה החילוני. אולי הדבר קשור לצורך הדחוף שאנו חשים בסיעתא דשמייא – אבל עובדה היא, שגם בועלי טריפות ואוכלי נידות

התחילו משיבים ל"מה שלומך?" במילים כמו "ישתבח שמו", "השם יעזור", ו"ברוך השם". לתשובה האחרונה התפתחה גם וריאציה חביבה "ברוֹך השם".

לקבוצה הרביעית מצטרף המימד הכרונולוגי. התשובה המקובלת "יהיה טוב" התחלפה באחרונה ב"היה טוב". כמו כן אומרים: "נכון לרגע זה – בסדר", או "חיים עד הפיגוע הבא".

יש גם תשובה עם מלכודת: "יותר טוב". השואל מגיב בתמיהה: "מה יותר טוב?" ואז עונים לו: "היום יותר טוב ממחר".

התשובה השישית היא של אלה שמשיבים בשאלה נגדית:

— "בתור מה אתה שואל אותי?"

— "מה אתה רוצה לשמוע בתור תשובה?"

— ותשובה נוגעת ללב ל"מה שלומך?": "מה זה חשוב? או – "מה זה משנה?"

כך מצטרפות גם כמה תשובות מתריסות:

— "מה שלומי? אין לי מושג, עוד לא קראתי עיתון".

— "אתה רוצה תשובה דובר צה"ל או תשובה את האמת?"

וכן: "עזוב אותי מהשמאלנים", ולחלופין: "עזוב אותי משרון".

והקבוצה האחרונה היא של מי שיש להם גם כושר המצאה. על השאלה "מה שלומך?" הם ענו בתשובות הבאות:

– "תשאל את ההנהלה".

– "בסדר גמור, עם דגש על הגמור".

– "הכל בסדר, רק חסר קצת מלח בפצעים".

ואחד מחברי שזה שנים היה משיב על "מה שלומך?" ב"תודה, רע", התחיל באחרונה לענות: "סביר מינוס, נא להתקשר שוב שעה לפני הנחיתה" (מאיר שלו, הארץ, תאריך לא ידוע).

14.0 Direct and Indirect (Reported) Speech

14.1 Direct Speech

14.1 #

He is saying/says: "I study Hebrew at Berkeley."	הוּא אוֹמֵר: "אֲנִי לוֹמֵד עִברִית בְּבֶּרקלִי".
He said: "I study Hebrew at Berkeley."	הוּא אָמַר: "אֲנִי לוֹמֵד עִברִית בְּבֶּרקלִי".
He'll say: "The dog ate my paper."	הוּא יַגִיד/יֹאמַר: "הַכֶּלֶב אָכַל אֶת החיבּור שֶׁלִי".
They said: "We got a letter from your mother."	הֵם אָמרוּ: "קִיבַּלנוּ מִכתָב מֵאִמָא שֶׁלךָ".
She says: "I'll come at 5:00."	הִיא אוֹמֶרֶת: "אֲנִי אָבוֹא בְּחָמֵשׁ".
They said: "We'll come at 5:00."	הֵם אָמרוּ: "אֲנַחנוּ נָבוֹא בְּחָמֵשׁ".
They said: "We got a letter from your mother."	הֵם אָמרוּ: "קִיבַּלנוּ מִכתָב מֵאִמָא שֶׁלךָ".

14.2 Indirect (Reported) Speech

In the following sentences, the tense of the verb in the embedded clause is relative to the time indicated by the verb in the main clause. When the reported activity is concurrent with what is/was said, the verb in the embedded clause is in the present tense. When the reported activity took place prior to the time that it is/was reported, the verb in the embedded clause is in the past tense. When the reported activity will happen after it is/was spoken about, the verb in the embedded clause is in the future tense. In other words, in Hebrew the actual time of the action determines its tense; there is no "agreement of tenses" between clauses in a sentence.

14.2 #

	The Tense in the Embedded Clause and the Interpretation of the Clause	Embedded Clause	Tense in the Main Clause
			Past
He told me that he was studying Hebrew at Berkeley.	Present — the studying of Hebrew at Berkeley is concurrent with his telling me about it.	הוּא **לוֹמֵד** עִברִית בְּברקלִי.	הוּא אָמַר לִי שֶׁ

He told me that he had (once) studied Hebrew at Berkeley.	Past – at the time he told me about it, he was no longer studying Hebrew at Berkeley.	הוּא **לָמַד** עִברית בְּבּרקלי.	הוּא אָמַר לי שֶׁ
He told me that he was going to study Hebrew at Berkeley	Future – at the time he told me about it, he was planning to study Hebrew at Berkeley.	הוּא **יִלמַד** עִברית בְּבּרקלי.	הוּא אָמַר לי שֶׁ
They said that Dani was always late.	Present	דָני תָמיד **מַגיעַ** מאוחָר.	
They said that they had arrived at 5:00.	Past	הֵם **הִגיעו** בּחָמֵש.	הֵם אָמרו שֶׁ
They said that they would arrive at 5:00.	Future	הֵם **יַגיעו** בּחָמֵש.	
They told us that the university had sent them a letter.	Past	האוניבֶרסיטָה **שָׁלחָה** לָהֶם מִכתָב.	הֵם סיפּרוּ לָנוּ שֶׁ
They told us that the university would sent them a letter.	Future	האוניבֶרסיטָה **תִשלַח** לָהֶם מִכתָב.	
They told us that they got a letter from your mom.	Past – the reported event happened before the telling about it.	הֵם **קיבּלוּ** מִכתָב מֵאִמָא שֶׁלךָ.	הֵם סיפּרוּ לָנוּ שֶׁ
She said that she would come at **5:00.**	Future – the reported event will happen after the talking about it.	היא **תָבוא** בּחָמֵש.	היא אָמרָה שֶׁ
They told us that they got a letter from your mom.	Past – the reported event happened before the telling about it.	הֵם **קיבּלוּ** מִכתָב מֵאִמָא שֶׁלךָ.	הֵם סיפּרוּ לָנוּ שֶׁ
			Future
He'll claim that we don't speak enough Hebrew.	Present	אנחנו לא **מְדַבּרים** מַספיק עִברית.	הוא יִטעַן שֶׁ
He'll claim that he won't be able to come.	Present	הוא לא **יָכול** לָבוא.	
Arnon will claim that the dog has eaten his paper.	Past – the dog's alleged deed happened prior Arnon's talking about it.	הכֶּלֶב **אָכַל** אֶת החיבּור שֶׁלו.	אַרנון יַגיד/יֹאמַר שֶׁ
Arnon will claim that his mother will give him the money.	Future – both events will happen in the future.	אִמָא שֶׁלו **תיתֵן** לו אֶת הכֶּסֶף.	אַרנון יַגיד/יֹאמַר שֶׁ

15.0 Comparing

There are three basic ways of comparing things, people, phenomena, etc.: (1) saying that one thing is the same as the other, (2) saying that one thing is larger or smaller (or any other attribute referred to by an adjective) than the other; and (3) saying that one thing is the "most" — the so-called superlative. Other ways of comparing are usually done not through structures but by specific terms.

15.1 Comparing by Means of Comparison Terms

The basic way of comparing entities or activities is by means of the following structure:

a criterion + כמו <<

a criterion + כְּ <<

OR

... כך + a criterion + -כפי ש <<

... כך + a criterion + + -כשם שֶ <<

The word כמו is used to compare nouns or noun phrases, while כפי is used to compare clauses.

15.1 #

as a crazy person (would)	**כמו** מְשוּגָע
as a teacher (would)	**כמו** מורֶה
as a big boss (would)	**כמו** בּוס גָדול
He's acting like an idiot.	הוּא מִתנַהֵג **כמו** אידיוט.
They look like my troubles [i.e. they don't look that good].	הֵם נִראים **כמו** הצָרות שֶלי.
He would have liked to be able to cook as well as his mother.	הוּא הָיָה רוצֶה לָדַעַת לְבַשֵל **כמו** הָאִמָא שֶלו.
He works like a horse with the brains of a donkey [i.e. he works hard, but his abilities are poor].	הוּא עובֵד **כמו** סוּס עִם רֹאש שֶל חָמור.

He is as long as a shoelace, as stupid as a shoe, and stinks like a sock.

הוּא אָרוֹךְ **כּמוֹ** שׂרוֹךְ, טִיפֵּשׁ **כּמוֹ** נַעַל וּמַסְרִיחַ **כּמוֹ** גֶרֶב.

[political] Partners are like tissue paper. One uses them and throws them away according to the circumstance and needs of the hour.

שותָפים הם **כמו** טישיו: משתמשים וזורקים על פי הנסיבות ובהתאם לצורכי השעה (הארץ, 19 לנובמבר 2010).

15.2 #

In cases where the comparison is to spoken and written texts, the word כמו can alternate with כפי or כשם.

As I said, there is no one to talk to/nobody listens.	**כפי/כמו** שֶׁאָמַרְתִּי, אֵין עִם מִי לְדַבֵּר.	As (it is) written ...	**כפי/כמו** שֶׁכָּתוּב ..

15.3 #

הגבר הישראלי מנוהל על ידי הנשים בחייו, עלוב ונרפה - זה הגבר הטיפוסי **כפי** שהוא מצטייר בעוד ועוד סדרות קומיות ישראליות (<u>הארץ</u>, 9 ביוני 2011).

See also "Comparative Prepositions: [-כ] and כמו," p.236.

15.4 #

In the following example, כמו precedes a verb rather than a noun. In a case like this, which is quite formal, כמו denotes "as if" and is equivalent to the colloquial כאילו.

עיניה המצועפות כעס **כמו** נאחזו נואשות בטביעת רגל יחפה של ילד במשטח החול הצמוד למרפסת (אבשלום קווה, "המרפסת", עמ' 5).

15.5 #

— אתה נתקל בהרבה תלונות של אזרחים פיליפינים?

— כן, אבל לא כלפי האזרחים הישראלים. הם מתנהגים אל הפיליפינים **כבני אדם**. התלונות הן נגד משטרת ההגירה, שאנשיה מתייחסים אל הפיליפינים **כתת אדם** (<u>עיתון תל אביב</u>, 6.3.2005).

כהרף עין הונח על כתפי תיק עם כריך ופרי. הלנה נטלה ארנק עם מסמכים וכספים, נתנה מבט חטוף במראה, ומשכה את שערה בסירוק מהיר. יצאנו למסע (דורון, "למה לא באת לפני המלחמה", עמ' 1).

משרד הרישוי הוא אחד מהמשרדים הפופולריים ביותר. בכל יום מימות השבוע תראו שם אזרחים ותושבים ישראל עם חבילות של דוחו"ות חנייה בידיהם שמנסים למצוא פרוטקציה כלשהי כדי לבטל את "רוע הגזרה", כלומר, למצוא מישהו שיעזור להם להיפטר מדוח"ות החנייה מבלי לשלם את הקנס. **וכ**מספר הישראלים כן מספר השיטות (מתוך רמי רוזן, "פרוטקציה", מקור לא ידוע).

אדוארד סעיד אמר לפלסטינים, שלעולם לא יבינו את מעשי ישראל אם לא ילמדו

את תולדות השואה. זו עצה חכמה מאוד. בלי הבנת האנטישמיות בכלל והשואה בפרט, אי-אפשר להבין את התנהגות הישראלים, **כשם** שבלי הבנת הגירוש הפלסטיני והכיבוש המתמשך אי-אפשר להבין את התנהגות הפלסטינים. אי-אפשר להשוות את רצח המיליונים לגירוש מאות האלפים — אבל אסון הוא אסון וכאב הוא כאב (אורי אבנרי, מקור לא ידוע)

15.2 Expressing Sameness

Hebrew expresses notions of various objects being the same or identical by placing the pronoun אותו, or its alternates אותָה, אותָם, אותָן, before a noun. The pronoun agrees with its noun in number and gender.

15.6 #

אותָם (ה)מִכנָסַיִם	(the) same pants	אותו (ה)דָבָר	(the) same (thing)
אותָה (ה)חוּלצָה	(the) same shirt	אותָן (ה)נָשים	(the) same women

15.7 #

הַמּורֶה שֶׁלָּנו הָיָה תָמיד לובֵש (אֶת) **אותָה חוּלצָה.**	Our teacher always wore the same shirt.
הוּא כּבָר אומֵר (אֶת) **אותָם דבָרים** שלושים שָנָה.	He has been saying the same things for 30 years.
מֵאז שֶׁהֵם הִתחַתנוּ הֵם גָרים בְּ**אותו בַּיִת.**	They have lived in the same house since they got married.
הֵם כל כָּך דומים שֶׁיֵש לָהֶם אפילוּ **אותָן מַחשָבות.**	They are so much alike, they even have the same thoughts.

15.8 #

ישראלי החוזר הביתה, אפילו אחרי תקופה קצרה, מרגיש שהגיע לארץ אחרת. אך ההיפך הוא הנכון: הוא חוזר ל**אותה מציאות**, ל**אותן הבעיות**, ל**אותם דפוסי חשיבה**, ובעיקר ל**אותם פתרונות.** (הארץ, 7.28.06).

15.3 As... As... Structures

It is sometimes possible to use a noun instead of an adjective in order to compare two entities. In each of the following examples, we have an expression of sameness followed by a noun indicating a measurable property.

15.9 #

Tsili and Gili are the same height.	צילי וגילי **בְּאותו גובָה.**
Uzu and Muzu weighed the same when they were born.	אוזו ומוזו הָיוּ **בְּאותו מִשקָל** כּשֶׁהֵם נולדוּ.
You and I have the same color eyes.	לָךְ וְלַחָתוּל שֶׁלי יֵש **אותו צֶבַע** עֵינַיִים.

15.4 More Than and Less Than

In order to compare amounts or degrees, we use the words "more than," (-מ) יותֵר, or "less than," -פָּחות מ. The comparative term can come either before or after the adjective of amount or degree.

15.10 #

New York is bigger than Tel Aviv.	ניו יורק יותֵר גדולָה/גדולָה **יותֵר מִ**תֵל אָביב/ **מֵאֲשֶׁר** תֵל אָביב.
Eyal is cuter than Tsvi.	אֱיָיל יותֵר חָמוּד/חָמוּד יותֵר **מִ**צבי/**מֵאֲשֶׁר** צבי.
Books are more boring than computers.	ספָרים **יותֵר** מְשַׁעַמְמים/מְשַׁעַמְמים **יותֵר מִ**מַּחשֵׁבים/ **מֵאֲשֶׁר** מחשֵׁבים.
My motorcycle is less expensive than her motorcycle.	הָאופנוּעַ שֶׁלי **פָּחות יָקָר מֵ**הָאופנוּעַ שֶׁלָה /**מֵאֲשֶׁר** הָאופנוּע שֶׁלָה.

As we see in #15.10 above, Hebrew has two comparative prepositions (both meaning "than"): [-מ] and מאשר. The distribution of מאשר is more restricted. Two factors play a role in their use. One factor has to do with register. Generally speaking, מאשר is less colloquial than [-מ]. The other has to do with what is being compared. When the compared entities are clauses, there is a tendency to prefer מאשר over [-מ]. When the compared items are nouns or noun phrases, the use of [-מ] is more prevalent.

There are three ways to express "much more [adjective] than," arranged below according to levels of formality.

15.11 #

	More Formal	Colloquial
He is much older than her/she is.	הוּא זָקֵן מִמֶּנָּה בְּהַרְבֵּה.	הוּא הַרְבֵּה יוֹתֵר זָקֵן מִמֶּנָּה.
She is much more beautiful than Dina (is).	הִיא יָפָה מִדִּינָה בְּהַרְבֵּה.	הִיא הַרְבֵּה יוֹתֵר יָפָה מִדִּינָה.
The new show is immeasurably better than the previous one.	הַהַצָּגָה הַחֲדָשָׁה מוּצְלַחַת מִקּוֹדַמְתָּהּ לְאֵין שִׁיעוּר.	הַהַצָּגָה הַחֲדָשָׁה הַרְבֵּה יוֹתֵר מוּצְלַחַת מֵהַהַצָּגָה הַקּוֹדֶמֶת.
You better buy a new car.		מוּטָב שֶׁתִּקְנֶה מְכוֹנִית חֲדָשָׁה.
It's better to buy a new car.		מוּטָב לִקְנוֹת מְכוֹנִית חֲדָשָׁה.

15.12 #

האזור על ארבעת היישובים היהודיים שבו היה חשוף למעשי אלימות של יושבי המקום. מעשי אלימות אלה היו, כנראה, תוצאה של מאבק אנשי הארץ הערבים בכוחות הצרפתים **יותר מאשר** תוצאת עוינותם למתיישבים היהודים החדשים. (זרטל, "האומה והמוות", עמ' 32).

המליצה והנוסחה המוכנה מראש הן **האויבות הגדולות ביותר** של השאיפה לדעת את ההסטוריה היהודית. (שם, עמ' 67).

15.5 Superlatives

The superlative in Hebrew can be expressed three ways. The first is commonly used in speech, the second is used in both speech and writing, and the third, the most formal, is used mainly in written forms.

15.13 #

	הַבָּתִּים הֲכִי יָפִים		הַבַּיִת הֲכִי יָפֶה
the most beautiful houses	הַבָּתִּים הַיָּפִים בְּיוֹתֵר	the most beautiful house	הַבַּיִת הַיָּפֶה בְּיוֹתֵר
	הַיָּפִים שֶׁבַּבָּתִּים		הַיָּפֶה שֶׁבַּבָּתִּים

15.14 #

הַיַּלְדָּה **הֲכִי יָפָה** בַּגַּן,
יֵשׁ לָהּ עֵינַיִים **הֲכִי יָפוֹת** בַּגַּן.
[She is] the prettiest girl in nursery school. She has the most beautiful eyes in nursery school.

זֶה הַסֶּרֶט **הטוב בְּיוֹתֵר** שֶׁרָאִיתִי בַּזְּמַן הָאַחֲרוֹן.
This is the best movie I have seen lately.

זֶה **הטוב שֶׁבַּסְּרָטִים** שֶׁרָאִיתִי לָאַחֲרוֹנָה.
This is the best movie I have seen lately.

סַן פְרַנְסִיסְקוֹ היא **הַיָּפָה שֶׁבְּעָרֵי** אַרְצוֹת הַבְּרִית.
San Francisco is the most beautiful city in the U.S.

סַן פְרַנְסִיסְקוֹ היא **מֵהַיָּפוֹת שֶׁבְּעָרֵי** אַרְצוֹת הַבְּרִית.
San Francisco is one of the most beautiful cities in the U.S.

לְזַלְמָן יֵשׁ **הֲכִי הַרְבֵּה** מַזָּל.
Zalman is the luckiest.

לְזַלְמָן יֵשׁ **הֲכִי פָּחוֹת** כֶּסֶף.
Zalman has the least amount of money.

15.15 #

בחופש הגדול כל המשפחה תיסע לקייפטאון. אנחנו נראה שם את המקום שהאוקינוס ההודי והאטלנטי נפגשים. דרבן היא **עיר יפה** וקייפטאון **יפה עוד יותר**, אבל ארץ-ישראל היא **הכי יפה מכל הארצות** כי אנחנו העם הנבחר. (דליה רביקוביץ, "באה והלכה", עמ' 68).

The expressions in #15.16 are common and productive especially in formal contexts.

15.16 #

	Plural	Singular
the best writers	טוּבֵי הסופרים	הטוב שֶׁבַּסופרים
the best artists	טוּבֵי האוּמָנים	
the most important writers	חֲשוּבֵי הסופרים	
the greatest painter/the greatest painters	גדולֵי הצַיָּרים	גדול הצַיָּרים

The noun-adjective combination in #15.16 is in the סמיכות (N-N) structure which in some cases causes the first word in the sequence to change from the regular form of גָדול to גדול הסופרים, גדול הפילוסופים etc..

15.17 #

במטאפיסיקה ובאפיסטמולוגיה של כמה **מן המתוחכמות שבתרבויות** המזרח הרחוק הן הזמן והן ההסטוריה מוקעים כאשליות (ירושלמי, "זכור", עמ' 24).

15.5.1 Superlative Expressions

15.18 #

Run as much as you can.	תָּרוּץ **עַד כַּמָּה שֶׁ**אַתָּה יָכוֹל.
Bring as much food as you can.	תָּבִיא **מַה שֶּׁיּוֹתֵר** אוֹכֶל.
They are totally drunk.	הֵם שיכּורים **לְגַמְרֵי**.
I completely forgot that we had a meeting today.	שָׁכַחתי **לְגַמְרֵי/לַחֲלוּטִין** שֶׁהָיְתָה לָנו פגישָׁה היום.

15.19 #

הזיכרון הוא **מן השבירות והקפריזיות שב**סגולותינו (ירושלמי, זכור, עמ' 21).

דרישה **קשה ונועזת מאין כמוה.**

מאז תחילתו של הרעיון המשיחי היה גנוז בו כוח מהפכני **מסוכן עד אין שיעור** (פונקנשטיין, "טבע הסטוריה ומשיחיות אצל הרמב"ם", עמ' 13).

לדבריו של אבי דיסקין שלילת פנסיה מאדם שבגד במדינה ובעיקר אם הוא ח"כ לשעבר, היא **מוצדקת מאין כמותה** (אינטרנט, ערוץ 7).

15.6 Comparing by Degree

15.20 #

	More Formal	
Dani is too busy.	דָני עָסוק **מִדַי**.	דָני עָסוק **יותֵר מִדַי**.
Dani is quite busy.	דָני עָסוק **לְמָדַי**.	דָני **דֵי** עָסוק.
The suitcase is too heavy.	הַמִזְוָדָה כְּבֵדָה **מִדַי**.	הַמִזְוָדָה **יותֵר מִדַי** כְּבֵדָה.
The suitcase is quite heavy.	הַמִזְוָדָה כְּבֵדָה **לְמָדַי**.	הַמִזְוָדָה **דֵי** כְּבֵדָה.
There isn't enough space here.	אֵין כָּאן **דֵי** מָקום.	יֵש פֹּה **פָּחות מִדַי** מָקום.
The dress is too tight.	הַשִׂמְלָה הֲדוּקָה **מִדַי**.	הַשִׂמְלָה **יותֵר מִדַי** הֲדוּקָה.
The dress is not too tight.	הַשִׂמְלָה **לא** הֲדוּקָה **בְּיותֵר**. הַשִׂמְלָה לא הֲדוּקָה **יֶתֶר עַל הַמִידָה**.	הַשִׂמְלָה **לא יותֵר מִדַי** הֲדוּקָה.
Doron is not too bright.	דורון לא חָכָם **בְּיותֵר**.	דורון לא **יותֵר מִדַי** חָכָם.
He's quite stupid.		הוּא **דֵי** אידיוט.
He is not too smart.		הוּא **לא יותֵר מִדַי** חָכָם.

15.7 "Too Much to ..."

The structure of the sentence bearing the meaning of "too much to ..." is:

Clause + מִכְּדֵי + (מִדַי) + Adjective <<

מִכְּדֵי לִהְיות רֹאש מֶמְשָׁלָה + (מִדַי) + טִיפֵּש <<

Clause		Adjective
The clause indicates the outcome of the reason indicated by the adjective. The verb in the clause is always in the infinitive form.		The feature indicated by the adjective supplies the reason for the inaction of the subject.
His father said about him that he is too stupid to be a businessman.	מִכְּדֵי **לִהְיוֹת** אִישׁ עֲסָקִים.	אָבִיו אָמַר עָלָיו שֶׁהוּא **טִיפֵּשׁ** מִדַּי
Our house is too small to hold/ contain all the invitees.	**מִלְּהָכִיל** אֶת כֹּל המוּזמָנים.	הבית שֶׁלָּנוּ **קָטָן**

In #15.21 the first example in each pair is more formal than the second.

15.21 #

	More Formal	
He is too busy to help you.	הוא **עָסוּק מִדַּי מִכְּדֵי** לַעֲזוֹר לָךְ. הוא **עָסוּק** ø **מִכְּדֵי** לַעֲזוֹר לָךְ.	הוא יותר מִדַּי **עָסוּק** בשביל/בכדֵי לַעֲזוֹר לָךְ.
He is too stubborn to admit his mistake.	הוּא **עַקשָׁן מִדַּי מִכְּדֵי** לְהוֹדוֹת בַּשְּׁגִיאוֹת שֶׁלּוֹ. הוּא **עַקשָׁן** ø **מִכְּדֵי** לְהוֹדוֹת בַּטָּעוּתוֹ.	הוּא יוֹתֵר מִדַּי עַקשָׁן **בשביל/בכדֵי** לְהוֹדוֹת בַּשְּׁגִיאוֹת שֶׁלּוֹ.

15.22 #

הבריטים כבשו את האזור לבדם והוא היה חשוב להם **מכדי להתחלק** בו עם צרפת. ברור שאם תקום מדינה ציונית ההשפעה תהיה בריטית ולא צרפתית ("תולדות הסיכסוך הישראלי ערבי", בני מוריס).

The verb in the second part (which states the outcome) is expressed generally by the infinitive form of the verb.

The sentences on the right and left columns in #15.23 are different in form. The difference is motivated by the fact that both parts of the clauses on the right have the same subject (Ilan, Natan, David, Gila, she, respectively). Since both verbs share a subject, the first verb is conjugated and the second has the infinitive form. In the examples on the left, the verbs do not have the same subject, and, therefore, both verbs are conjugated, each agreeing with its own subject.

15.23 #

Clause + -מִכְּדֵי שֶׁ <<	**Infinitive + מִכְּדֵי <<**
הוא אָמַר יותֵר מִדַּי **מִכְּדֵי שֶׁ**היא **תיסוג**.	אילָן אָמַר יותֵר מִדַּי **מִכְּדֵי לָסֶגֶת.**
He said too much for her to retreat.	Ilan said too much to go back (on his word).
הטְענות שֶׁל דָויד הָיו חֲלָשות **מִכְּדֵי שֶׁ**בית המשפט **יְקַבֵּל** אותָן.	נָתַן צָעיר מִדַּי **מִכְּדֵי לָגור** בְּדירָה מִשֶּׁלו.
David's arguments were too weak for the court to accept them.	Natan is too young to live in an apartment of his own.
הנהָג הָיָה עַקשָׁן **מִכְּדֵי לְהודות** בְּטָעותו.	דויד הָיָה חָלָש מִדַּי **בשביל/מִכְּדֵי שֶׁ**בֵּית החולים יַרשֶׁה לו לַחזור הַבַּיתָה.
The driver was too stubborn to admit his mistake.	David was too weak for the hospital to allow him to return home.
מדינַת יִשׂראֵל קטַנָּה **מִכְּדֵי שֶׁ**יגורו בָּה שִׁבעָה מיליון איש.	גילָה הָיתָה יותֵר מִדַּי גֵאָה **בשביל/בִּכדֵי לְבַקֵּשׁ** עֶזרָה.
The State of Israel is too small for seven million people to be living there.	Gila was too proud to ask for help.
	היא הָלכָה רָחוק מִדַּי **מִכְּדֵי לְהִתחָרֵט.**
	She went too far to regret (what she did).

For a similar phenomenon of the verb form being determined by the nature of the subject (same subject or split subject), see **#10.78**, p. 177.

15.24 #

פעמים רבות טענתי באוזני חברי המועצה המפקחת על הניסויים, כי **יותר משהם מתאמצים** לחפש חלופות הם מעמידים פנים של חיפוש. הם נעלבו. הרי גם הם רחומים וחנונים, ולכל אחד מהם יש אפילו כלב (הארץ, 12 ביולי, 2004).

15.8 More Ways of Comparing

Here are more ways of comparing. The term כָּכָה (below) is somewhat more colloquial than כָּךְ.

15.25 #

I have never heard such nonsense.	עוד לֹא שָׁמַעְתִּי שטוּת **כָּזֹאת** / שטות **כָּזֹאת** עוד לא שָׁמַעְתִּי.
I have never seen such a movie.	**כָּזֶה** סֶרֶט עוד לא רָאִיתִי.
In the first year there are three times as many students as in the second year.	בְּשָׁנָה רִאשׁוֹנָה יֵשׁ **פִּי שלוֹשָׁה** סטוּדֶנְטִים יוֹתֵר מֵאֲשֶׁר בְּשָׁנָה שְׁנִיָּה.
He has never looked that way.	**כָּכָה/כָּךְ** הוּא עוד לא נִרְאָה.

15.9 Creative Ways of Comparing

15.26 #

האבא שלי, יאללה ירחמו, היה יותר ממאה וארבעים. אז מה? לא חי תשעים וחמש כמעט? חי! ואיך חי! אכל הכל. לא חשוב כמה. העיקר שיהיה מספיק. מה שבא על השולחן התנקה לתוך הבטן שלו תאמין לי, **שואב אבק היה כלב על ידו** (מנחם תלמי, "תעזבו אותי מהדיאטה").

איזה בנאדם, איזה בנאדם היה! כמעט מאה וארבעים קילו היה. **אני ילד קטן על ידו**. בקושי מאה ושמונה-עשר קילו. וזה לא נטו. זה עם הבגדים והמפתחות של הטנדר. (שם).

הסתכלתי מהחלון של הסלון שלי וחשבתי מה אנשים מחכים בתחנת אוטובוס **כמו מפגרים**, מה אנשים עומדים ברמזור אדום כמו מטומטמים, מה אנשים ככה, ומה אנשים ככה. (אורלי קסטל-בלום, "רדיקלים חופשיים", עמ' 97).

הרבה פעמים, אני עצוב **כמו פיל** שזרקו אותו מהקרקס ישר לכלבים (אבשלום קווה, "המרפסת", עמ' 14).

"רכבת ישראל לא מחזיקה כיום ברמה הנדרשת להתמודדות עם הפיתוח שעומד לפניה. אין כאן מסורת של עשרות שנים בהפעלת רכבות, אין כאן ידע נרכש. הייתי מצפה מהעובדים להבין שהרכבת לא תוכל להמשיך להתנהל **כמו מכולת**, אך לצערי זה לא קורה" (מתוך האינטרנט).

16.0 Quantifiers

What is a quantifier?

A quantifier is a determiner[31] that expresses a definite or indefinite number or amount, i.e. types of quantity. A distinction is drawn between amount quantifiers and partitive (part of) quantifiers.

16.1 Numbers

All numbers are quantifiers. Numbers precede their associated nouns and agree with them in gender.

16.1 #

156 students (f.)	מֵאָה חֲמִישִּׁים וְשֵׁשׁ סטוּדֶנטיות	Six shirts	שֵׁשׁ חולצות
95 students	תִּשעים וחֲמִישָּׁה סטודֶנטים	Five phones	חֲמִישָּׁה טֶלֶפונים

The number "1," like all adjectives, but unlike all other numbers, follows its noun.

16.2 #

F.		M.	
one woman	אישָׁה אַחַת	one bottle	בַּקבוק אֶחָד
one chocolate cake	עוּגַת שוקולָד אַחַת	one fruit tree	עֵץ פרי אֶחָד

The word for "several" is the plural form of the word "one" — אֲחָדים, אֲחָדות. This form is used as an adjective , i.e. it reflects the gender of its head noun, as in:

16.3 #

F.		M.	
several women	נָשִׁים אֲחָדות	several men	גבָרים אֲחָדים
several shows	הַצָּגות אֲחָדות	several cats	חֲתולים אֲחָדים
several hens	תרנְגולות אֲחָדות	several books	ספָרים אֲחָדים
several libraries	סִפרִיות אֲחָדות	several places	מְקומות אֲחָדים

(31) For a definition of the term "determiner," see "Determiners," p.47.

16.2 Numbers and Gender

Numbers are marked for gender. The gender of the number concurs with the gender of the noun it is associated with.

However, when counting, giving telephone numbers, clothes sizes and shoe sizes, stating the number of a bus line or mentioning a year; all of these things are done by using the feminine form of the number.

The department's phone number is **642-3757.**	הטלפון של המחלקה הוא **שֵׁשׁ, אַרְבַּע, שתַיים, שָׁלוש, שֶׁבַע, חָמֵשׁ שֶׁבַע.**
Bus number **4** goes to the beach.	**אוטובוס מִספָּר אַרְבַּע** נוסֵעַ לַיָּם.
She wears pants size **6.**	היא לובֶשֶׁת מִכְנָסַיִים **מִספָּר שֵׁשׁ.**
Noma Shilo-Schimmel, the children's book author, was born in **1952.**	נומה שילֹה-שימֶל, מְחַבֶּרֶת סִפְרֵי הַיְלָדִים, נולְדָה בשנת **אֶלֶף תשַע מֵאות חֲמישים ושתַיִים.**
Natan was born in **2005.**	נָתָן נולַד בִּשְׁנַת **אלפַיִים וְחָמֵשׁ.**
The prophet Muhammad went to Mecca in the year **622.**	הנָבִיא מוחַמָד עָבַר לְמֶכָּה בִּשְׁנַת **שֵׁשׁ מֵאות עֶשְׂרים ושתַיִים.**

16.4 #

M.	F.		M.	F.		M.	F.		M.	F.	
עֲשָׂרָה	עֶשֶׂר	10	שִׁבְעָה	שֶׁבַע	7	אַרְבָּעָה	אַרְבַּע	4	אֶחָד	אַחַת	1
			שמוֹנָה	שמוֹנֶה	8	חֲמִישָׁה	חָמֵשׁ	5	שְׁנַיים	שתיים	2
			תִשְׁעָה	תֵשַׁע	9	שִישָׁה(32)	שֵׁשׁ	6	שלושָׁה	שָׁלוש	3

(32) The unusual construct form of שִישָׁה is שֵׁשֶׁת, as in שֵׁשֶׁת יְמות השבוע and that of עֲשָׂרָה, עֲשֶׂרֶת as in עֲשֶׂרֶת בְּנֵי הָמָן (Haman's ten sons). For other nouns with similar construct form, see **#6.29**, p.83.

16.5 #

M.	F.		M.	F.		M.	F.	
שמונָה עָשָׂר	שמונֶה עֶשְׂרֵה	18	חֲמִישָׁה עָשָׂר	חֲמֵש עֶשְׂרֵה	15	אַחַד עָשָׂר	אַחַת עֶשְׂרֵה	11
תִשְעָה עָשָׂר	תְשַע עֶשְׂרֵה	19	שִישָה עָשָׂר	שֵש עֶשְׂרֵה	16	שְנֵים עָשָׂר	שְתֵים עֶשְׂרֵה	12
עֶשְׂרים		20	שִבְעָה עָשָׂר	שבַע עֶשְׂרֵה	17	שלושָה עָשָׂר	שלוש עֶשְׂרֵה	13
עֶשְׂרים ואֶחָד	עֶשְׂרים וְאַחַת	21				אַרְבָּעָה עָשָׂר	אַרְבַּע עֶשְׂרֵה	14

Note that counting uses the feminine form of the numbers, but often people use the masculine form for the number one.

one, two, three, four — אֶחָד/אַחַת, שתַיים, שָלוש, אַרבַּע

16.2.1 The Oddity of Number 2

Unlike all other numbers, the number 2 changes its form when it quantifies a noun. Note that the combination number+noun is in the form of a construct (סמיכות) (p. 80).

16.6 #

two women	שתֵי נָשים		two men	שנֵי גבָרים	
two operas (f.)	שתֵי אופֶרות	שתַיים	two mountains (m.)	שנֵי הָרים	שנַיים
two eggs (f.)	שתֵי בֵּיצים		two tables (m.)	שנֵי שולחָנות	

While all native speakers of Hebrew have an intuitive knowledge of the gender of nouns and have no problem using the correct form of an adjectives or verb associated with a noun, many Israelis, especially the younger ones, do not observe the gender distinction of numbers. The younger they are, the more they disregard the gender of numbers.

What younger Israelis do is simply to use the feminine form of the number. Needless to say, teachers and language gatekeepers shake their heads in despair.

	The Prescribed Form	The Commonly Used Form
I bought three new cabinets.	קָניתי **שלוֹשָה** ארונות חֲדָשים.	קָניתי **שָלוש** ארונות חֲדָשים.
We have three low tables in the living room.	יֵש לָנו בַּסלון **שלושָה** שולחָנות נְמוכים.	יֵש לָנו בַּסלון **שתֵי** שולחנות נְמוכים.

16.7 #

M. and F.		F.	M.	
שלושים	30	עֶשׂרים		20
אַרבָּעים	40	עֶשׂרים וְאַחַת	עֶשׂרים וְאֶחָד	21
חֲמישים	50	עֶשׂרים ושתַיִים	עֶשׂרים ושנַיִים	22
שישים	60	עֶשׂרים ושָלוש	עֶשׂרים ושלושָה	23
שִבעים	70	עֶשׂרים ואַרבַּע	עֶשׂרים ואַרבָּעָה	24
שמונים	80	עֶשׂרים וחָמֵש	עֶשׂרים וחֲמישָה	25
תִשעים	90	עֶשׂרים וָשֵש	עֶשׂרים ושישָה	26
מֵאָה	100	עֶשׂרים וָשֶבַע	עֶשׂרים ושִבעָה	27
מָאתַיִים	200	עֶשׂרים ושמונֶה	עֶשׂרים ושמונָה	28
שלוש מֵאות	300	עֶשׂרים ותֵשַע	עֶשׂרים ותִשעָה	29

The hundreds above two hundred and the thousands above two thousand have the noun-noun (construct) structure. The number indicating the hundreds is always feminine in form, since מֵאָה (hundred) is a feminine noun. The number indicating the thousands is masculine in form, since אֶלֶף (thousand) is a masculine noun.

16.8 #

The **300** pictures in the museum	**שלוש מֵאות** התמונות שבמוזיאון	שלוש מֵאות	300
The **407** seats in the hall	**אַרבַּע מֵאות ושִבעָה** המושבים בָּאולָם	אַרבַּע מֵאות וָשֶבַע	407
3,135 movies	**שלושֶת אֲלָפים מֵאָה שלושים וחֲמישָה** סרָטים	שלושֶת אֲלָפים מֵאָה שלושים וחֲמישָה	3,135

Note the use of [-ו] (and) with numbers:

16.9 #

25	עֶשרים **וְ**חָמֵש
125	מֵאָה עֶשרים **וְ**חָמֵש
645	שֵש מֵאות אַרבָּעים **וְ**חָמֵש
4,125	אַרבַּעַת אֲלָפים מֵאָה עֶשרים **וְ**חָמֵש
10,654	עֲשֶׂרֶת אֲלָפים שֵש מֵאות חֲמישים **וְ**אַרבַּע
34,125	שלושים וְאַרבַּע אֶלֶף מֵאָה עֶשרים**וְ**חָמֵש
134,125	מֵאָה שלושים וְאַרבַּע אֶלֶף מֵאָה עֶשרים **וְ**חָמֵש
1,754,125	מיליון שבַע מֵאות חֲמישים וארבַּע אֶלֶף, מֵאָה עֶשרים **וְ**חָמֵש

In numbers beyond **100**, -ו (and) is not used.

In numbers beyond **10,000**, the plural form **אֲלָפים**, reverts back to the singular form **אֶלֶף**.

16.10 #

1,000	אֶלֶף	8,000	שמונַת אֲלָפים	100,000	מֵאָה אֶלֶף
2,000	אַלפַּיִים	9,000	תִשעַת אלָפים	30,000	שלושים אֶלֶף
3,000	שלושֶת אלָפים	10,000	עֲשֶׂרֶת אלָפים	100,000	מֵאָה אֶלֶף
4,000	אַרבַּעַת אֲלָפים	20,000	עֶשׂרים אֶלֶף	200,000	מָאתַיִים אֶלֶף
5,000	חֲמֵשֶת אלָפים	30,000	שלושים אֶלֶף	300,000	שלוש מֵאות אֶלֶף
6,000	שֵשֶת אֲלָפים			900,000	תשַע מֵאות אֶלֶף
7,000	שִבעַת אלָפים				

Note that 200 and 2000 have the dual form of the noun ַיִים— which is the same for both m. and f. nouns.

תיקון המְכונית עָלָה לָהֶם **אַלפַּיִים** דולָר.

Fixing the car cost them **$2000**.

בָּקורס שֶל פרופֶסור חַנטָריש יֵש יותֵר מִ**מָאתַיִים** סטודֶנטים.

There are more than **200** students in Prof. Xantarish's class.

As noted above, numbers agree with their modified nouns in gender, and the number-noun combination is in סמיכות (construct) form. Furthermore, as #16.4 shows, the masculine numbers from three-to-ten end in *-ah*, which changes to *-at* in סמיכות.

The examples in #16.11 (below) show the sensitivity of numbers to the definiteness of the nouns they modify. When the modified noun is indefinite, numbers keep their regular form, e.g. שלושָה בָּנים (three sons). However, if the noun is definite, the number acquires a סמיכות (construct) form, e.g. שלושֶת הבָּנים (the three sons).

As usual, the vowel change in the first item of construct structures is restricted to nouns, including numbers, ending with the *-ah* sound; all other nouns and numbers do not undergo any change.

Note that the change *-ah* > *-at* (משפָחָה > משפַחַת הקופים) is the primary pradigm of first סמיכות (construct) structures, and the change of *-ah* > *-et* (מִפלָגָה > מִפלֶגֶת השִלטון) is the secondary one.

For more about סמיכות, see "Construct Nouns (סמיכות)," p. 80.

16.11 #

Definite M. Noun (A Change in the Form of the Number)		Indefinite M. Noun (No Change in the Form of the Number)	
Goldilocks and the three bears	זֶהָבָה ו**שלושֶת** הדובים	three bears	**שלושָה** דובים
the five rooms in our apartment	**חֲמֵשֶׁת** החֲדָרים בַּדירָה שֶׁלָנו	five rooms	**חֲמישָה** חֲדָרים
the six days of the week	**שֵׁשֶת** יְמות השָבועַ	five days	**שישָה** יָמים
they and their ten kids	הֵם ו**עֲשֶׂרֶת** הַיְלָדים שֶׁלָהם	ten kids	**עֲשָׂרָה** יְלָדים
the nine library books	**תִשעַת** סִפרֵי הסִפרִיָה	nine books	**תִשעָה** ספָרים
The four sons of the Hagaddah	**אַרבַּעַת** הַבָּנים בּהַגָדָה	four sons	**אַרבָּעָה** בָּנים
Fellini's eight movies	**שמונַת** הסרָטים שֶׁל פֶליני	eight movies	**שמונָה** סרָטים

16.3 Non-Specific Amounts

In the following examples, the second column has the same meaning as the first but is more formal.

16.12 #

They have lots of money.	יֵשׁ לָהֶם כֶּסֶף **רָב**.	יֵשׁ לָהֶם **הַרְבֵּה** כֶּסֶף.
They have many friends.	יֵשׁ לָהֶם חֲבֵרִים **רַבִּים**.	יֵשׁ לָהֶם **הַרְבֵּה** חֲבֵרִים.
He doesn't have much work.	אֵין לוֹ עֲבוֹדָה **רַבָּה**.	אֵין לוֹ **הֲמוֹן/הַרְבֵּה** עֲבוֹדָה.
I want only a little milk in my coffee.	אֲנִי רוֹצָה רַק **מְעַט** חָלָב בַּקָּפֶה.	אֲנִי רוֹצָה רַק **קְצָת** חָלָב בַּקָּפֶה.
He has a lot of work.	יֵשׁ לוֹ עֲבוֹדָה **רַבָּה**.	יֵשׁ לוֹ **הֲמוֹן/הַרְבֵּה** עֲבוֹדָה.
Ronit has many problems.	לְרוֹנִית יֵשׁ בְּעָיוֹת **רַבּוֹת**.	לְרוֹנִית יֵשׁ **הֲמוֹן/הַרְבֵּה** בְּעָיוֹת.
Imelda has lots of shoes.	לְאִימֶלְדָה יֵשׁ נַעֲלַיִם **רַבּוֹת**/זוּגוֹת נַעֲלַיִים **רַבִּים**.	לְאִימֶלְדָה יֵשׁ **הֲמוֹן/הַרְבֵּה** (זוּגוֹת) נַעֲלַיִם.
We don't have enough money.	אֵין לָנוּ **דַּי** כֶּסֶף.	אֵין לָנוּ **מַסְפִּיק** כֶּסֶף.

The מספיק in the example above is a "no-no" for pedantic types who claim that only the adverb דַּי should be used. According to them, מַספיק should only be used as a verb meaning "to have sufficient time to something," as in:

16.13 #

I did not have time to finish the book because Talia drove me crazy on the phone with her stories.	לֹא **הִסְפַּקְתִּי** לְסַיֵּים אֶת הַסֵּפֶר כִּי טַלְיָה בִּלְבְּלָה לִי אֶת הַמּוֹחַ בַּטֶּלֶפוֹן עִם הַסִּיפּוּרִים שֶׁלָּה.

16.4 "All," "All of," "Every" and "the Whole of"

16.4.1 "All" and "All of"

To express the notion "all," or "all of," Hebrew uses the structures in #16.14. Note that in Hebrew (as in English) "all" and "all of" are always definite.

16.14 #

Plural Noun + כֹּל ה			
all the movies	**כֹּל ה**סרָטים	all the books	**כֹּל ה**ספָרים
all the newspapers	**כֹּל ה**עיתונים	all the plans	**כֹּל ה**תוכנִיות

16.15 #

All the students in the department study Hebrew. **כֹּל ה**סטודֶנטים בַּמַחלָקָה לומדים עִברית.

All Lital's friends came to the party. **כֹּל ה**חֲברים שֶׁל ליטָל בָּאו לַמְסיבָּה.

They see all the new movies. הֵם רואים אֶת **כֹּל ה**סרָטים החדָשים.

16.4.2 The Whole Such-and-Such Noun

כל ה- also expresses the notion "the whole of," especially when combined with a singular noun.

16.16 #

Singular Noun + כֹּל ה			
the whole university	**כֹּל ה**אוניבֶרסיטָה	the whole day	**כֹּל ה**יום
the whole year	**כֹּל ה**שָׁנָה	the whole book	**כֹּל ה**סֵפֶר
all the food	**כֹּל ה**אוכֶל	the whole movie	**כֹּל ה**סֶרֶט
all the money	**כֹּל ה**כֶּסֶף	the whole pizza	**כֹּל ה**פיצָה
all of the wine	**כֹּל ה**יַיִן	all of the beer	**כֹּל ה**בירָה

16.17 #

I slept all day/all day long. יָשַׁנתי **כֹּל היום**.

They ate all of the ice cream. הֵם אָכלו אֶת **כֹּל ה**גלידָה.

We spent all the money. גָמַרנו אֶת **כֹּל ה**כֶּסֶף.

It's impossible to finish it all in one day. אי אֶפשָׁר לִגמור **(אֶת) ה**כֹּל בְּיום אֶחָד.

The whole world knows their story. **כֹּל ה**עולָם מַכּיר אֶת הסיפור שֶׁלָהֶם.

16.4.3 "Each and Every"

To express the notion of "each" and "every," כל + a singular noun is used. The modified noun, which must be a count noun, is in the singular form and cannot be made definite without changing its meaning.

16.18 #

Singular Noun + כֹּל					
every day	**כֹּל** יום	every dollar	**כֹּל** דוֹלָר	every dog	**כֹּל** כֶּלֶב
every shekel	**כֹּל** שֶׁקֶל	every student	**כֹּל** סטוּדֶנט	every piece of paper	**כֹּל** פִּיסַת נְיָיר

16.4.4 כל and -כל ה with a Time Unit

16.19 #

		Time Unit + כֹּל	
Be careful, he might come in any minute.	תיזהֲרִי, הוא עָלוּל לְהִיכָּנֵס **כֹּל רֶגַע**.	every/any minute	**כֹּל** ⌀רֶגַע
There is a bus every hour.	**כֹּל שָׁעָה** יֵש אוטובּוּס.	every hour	**כֹּל** ⌀שָׁעָה
Time Unit + -כֹּל ה			
the whole day	**כֹּל** **ה**יום	every day	**כֹּל** ⌀יום
the whole week	**כֹּל** **ה**שָׁבוּעַ	every week	**כֹּל** ⌀שָׁבוּעַ
the whole month	**כֹּל** **ה**חוֹדֶש	every month	**כֹּל** ⌀חוֹדֶש
the whole year	**כֹּל** **ה**שָּׁנָה	every year	**כֹּל** ⌀שָׁנָה

Repeating the noun expresses the notion of "each and every." Not all nouns lend themselves to such a structure.

16.20 #

Same Noun + וְ + Noun + כֹּל			
each and every day	כֹּל **יוֹם וְיוֹם**	each and every one	כֹּל **אֶחָד וְאֶחָד**
each and every student	כֹּל **סטוּדֶנט וסטוּדֶנט**	each and every year	כֹּל **שָׁנָה וְשָׁנָה**

16.5 Qualifying Quantifiers

16.21 #

They have at least five hundred books.	יֵשׁ לָהֶם **לְפָחוֹת** חָמֵשׁ מֵאוֹת סְפָרִים.
I have at most a hundred shekels in the bank.	יֵשׁ לִי **לְכֹל הַיּוֹתֵר** מֵאָה שְׁקָלִים בַּבַּנְק.
He waited for her for almost half an hour.	הוּא חִיכָּה לָהּ **כִּמְעַט** חֲצִי שָׁעָה.
They work less than three hours a day.	הֵם עוֹבְדִים **פָּחוֹת מִ**שָּׁלוֹשׁ שָׁעוֹת לְיוֹם.
Last year we worked close to twelve hours a day.	בַּשָּׁנָה שֶׁעָבְרָה עָבַדְנוּ **קָרוֹב לְ**שְׁתֵּים עֶשְׂרֵה שָׁעוֹת לְיוֹם.
A lawyer charges more than five hundred shekels an hour.	עוֹרֵךְ דִּין לוֹקֵחַ **מֵעַל לְ**חָמֵשׁ מֵאוֹת שְׁקָלִים לְשָׁעָה.

16.6 Quantifiers Denoting Part of Something (Partitive Quantifiers)

In English the noun following "most" is often indefinite while in Hebrew it is always definite.

16.22 #

Most Israelis live in apartments rather than in houses.	**רוֹב הַיִּשְׂרְאֵלִים** גָּרִים בְּדִירוֹת וְלֹא בְּבָתִּים.
Most of the food was not tasty.	**רוֹב הָאוֹכֶל** הָיָה לֹא טָעִים.
Their house is bigger than most houses in the neighborhood.	הַבַּיִת שֶׁלָּהֶם גָּדוֹל מֵ**רוֹב הַבָּתִּים** בַּשְּׁכוּנָה.

Words like רוב, חלק, מרבית in #16.22 and #16.23 are also called pre-determiners due to their position before the definite article.

16.23 #

Most Israelis speak Hebrew.	**מַרְבִּית** הַיִּשְׂרְאֵלִים מְדַבְּרִים עִבְרִית.
We painted only part of the house.	סִיַּידְנוּ רַק **חֵלֶק** מֵהַבַּיִת.
Half (of) his students got A+'s in the course.	**מַחֲצִית** הַסְּטוּדֶנְטִים שֶׁלּוֹ קִיבְּלוּ מְעוּלֶּה בַּקּוּרְס.
All students passed the test.	**כֹּל הַ**סְּטוּדֶנְטִים עָבְרוּ אֶת הַבְּחִינָה.

Three students study English; the rest of the students study Hebrew.	שלושָׁה סטודֶנטים לומדים אַנגלית, **יֶתֶר** הסטודֶנטים לומדים עִברית. שלושָׁה סטודֶנטים לומדים אַנגלית, **וְהַיֶּתֶר** לומדים עִברית. שלושָׁה סטודֶנטים לומדים אַנגלית, **יִתְרָם** לומדים עִברית.
We ate three of the cakes in the cafe; what remained/the rest of the cakes we took home.	שָׁלוש מֵהָעוּגות אָכַלנוּ בַּקָּפֶה וְאֶת **שְׁאַר** העוּגות לָקַחנוּ הַבַּיְתָה. שָׁלוש מֵהָעוּגות אָכַלנוּ בַּקָּפֶה וְאֶת **הַשְּׁאָר** לָקַחנוּ הַבַּיְתָה.

16.7 Quantifying Time with Time Expressions

16.24 #

Sometimes he doesn't know what he is talking about.	**לִפעָמים** הוּא לא יודֵעַ עַל מַה הוּא מְדַבֵּר.
At times he forgets to tell me who has called.	**מִידֵי פַּעַם** הוּא שוכֵחַ לומַר לי מי טילפֵּן.
He always loses something.	**תָּמיד** הוּא מְאַבֵּד מַשֶּׁהוּ.
He never gets to work on time.	הוּא **אַף פַּעַם לא** מַגִּיעַ לַעֲבודָה בַּזְּמַן.
They travel to the U.S. frequently.	הֵם נוסעים לְאַרצות הברית **לְעִיתים קרובות**.
It rarely snows in Israel.	בְּיִשׂרָאֵל יורֵד שֶׁלֶג לְעִיתים רְחוקות.
Have you ever thought that he is capable of doing such a thing?	**אֵי פַּעַם** חָשַׁבתָּ שֶׁהוּא מְסוּגָל לַעֲשׂות מַשֶּׁהוּ כָּזֶה?
For the time being there is no news.	**לְעֵת עַתָּה** אֵין שום חֲדָשׁות.
There are times when it doesn't rain for months.	**יֵשׁ** וְלֹא יורֵד גֶּשֶׁם חודָשים.

16.8 Two Types of "Only"

16.25 #

I have only one sister / I have but one sister.	יֵשׁ לי **רַק** אָחות אַחַת. יֵשׁ לי אָחות אַחַת **בִּלְבַד**.

The word **בִּלְבָד** is restricted both syntactically and stylistically. It can occur only at the end of a noun phrase and generally occurs in more formal speech or in written texts.

16.26 #

We know only a little Hebrew.	אֲנַחנו יודעים **רַק** קְצָת עִברית.
He told me he'd have time only after **5:00**.	הוּא אָמַר לי שֶׁיִּהְיֶה לו זמָן **רַק** אחרֵי חָמֵשׁ.
I have only one week to finish the paper for Prof. Xantarish's class.	יש לי **רַק שָׁבוּעַ** לסַיֵּים את העֲבודָה לפרופֶסור חַנטָריש. יש לי **שָׁבוּעַ בִּלְבָד** לסיים את העבודה לפרופסור חַנטָריש.
This lecture is for Hebrew speakers only.	ההַרצָאָה הזאת היא **רַק** לדוברי עִברית. ההַרצָאָה הזאת היא לְדוברֵי עִברית **בִּלְבָד**.
The word *bilvad* can only be used at the end of a noun phrase.	אֶפשָׁר לְהִשתמֵשׁ בַּמילָה "**בִּלְבָד**" **רַק** בְּסוף צֵירוּף שֵׁמָנִי. אֶפשָׁר לְהִשתמֵשׁ בַּמילָה "**בִּלְבָד**" בְּסוף צֵירוּף שֵׁמָנִי **בִּלְבָד**.
The book costs only **$25**.	הסֵפֶר עולֶה **רַק** עֶשׂרים וַחֲמישָׁה דולָר. מְחיר הסֵפֶר הוּא עֶשׂרים וַחֲמישָׁה דולָר **בִּלְבָד**.

16.27 #

In the example above, we have עֶשׂרים וַחֲמישָׁה דולָר where we would expect עֶשׂרים וַחֲמישָׁה דולָרים. It is quite common for speakers, when talking about numbers (and in a few other cases), to revert back to the singular form of the counted object beyond ten, as in:

שִׁבעים איש, מיליון דולָר, אֶלֶף שֶׁקֶל, חֲמישים שָׁנָה, שישים יום

This is evidenced already in the Bible, as in:

וַיֹּאמֶר יְהוָה אֶל־מֹשֶׁה אֶסְפָה־לִּי שִׁבְעִים אִישׁ מִזִּקְנֵי יִשְׂרָאֵל (במדבר, יא 16).

16.28

במסחר בניירות ערך, מוכרים **בלבד** הוא מצב שבו אין ביקוש לנייר ערך מסוים, גם לא בירידה המרבית המותרת, לפי כללי המסחר, ביום אחד. במקרה זה נרשמת בשערו של נייר הערך הירידה המרבית המותרת, מבלי שמתקיים בו מסחר באותו יום. לפי כללי הבורסה לניירות ערך בתל אביב, לאחר שני ימי מסחר רצופים שבהם נרשם נייר ערך כמוכרים **בלבד** (מתוך ויקיפדיה).

אם הציונות היא הרעיון הגורס שהפתרון למצוקת העם היהודי הוא בהקמת מדינה יהודית, אני חושב שזאת אינה התשובה הנכונה. אני לא חושב שלקבוצת מיעוט יש סיכוי רב לשרוד על בסיס כוחה ועוצמתה **בלבד**, מפני שמעצם הגדרתו מיעוט אינו יכול להתחרות בגודלו בסביבה (<u>הארץ</u>, מוסף "אנטישמיות").

הפונדמנטליזם של האיסלאם הרדיקלי אינו איפוא יוצא דופן לעומת הדתות המונותיאיסטיות האחרות. לא באיסלאם **בלבד** ישנה התביעה לשלטון מוחלט בעולם, אלא זוהי גם שאיפת הנצרות, ובעצם גם היהדות ("כי מציון תצא תורה, ודבר ה' מירושלים", וגו'). (<u>הארץ</u>, מוסף "אנטישמיות", תאריך לא ידוע).

מי שמוצא פגמים **בלבד** בעם היהודי, במדינה היהודית ובפעולות הריבונות היהודית, ולעולם אינו מוצא בהם דבר חיובי - הוא אנטישמי במסווה של אנטי-ציוני ואנטי-ישראלי (<u>הארץ</u>, מוסף "אנטישמיות", תאריך לא ידוע).

17.0 Modes of Emphasis

17.1 Exclamation

17.1 #

How I hate going to work!	**כַּמָה** שֶׁלֹּא בָּא לִי לָלֶכֶת לַעֲבוֹדָה.	
How stupid he is!	**כַּמָה** שֶׁהוּא טִיפֵּשׁ!	**כַּמָה**
How unintelligent she is!	**כַּמָה** שֶׁהִיא לֹא חֲכָמָה!	**אוֹ:**
How I dislike him!	**כַּמָה** שֶׁאֲנִי לֹא אוֹהֶבֶת אוֹתוֹ!	**כַּמָה שֶׁ-**
How sad!	**כַּמָה** עָצוּב.	
A big man my father was. How he'd eat! How he'd drink!	בנאָדָם גָדול הָיָה האַבָּא שלי. **אֵיךְ** הָיָה אוכֵל! **אֵיךְ** הָיָה שותֶה! (מנחם תלמי, מקור לא ידוע).	**אֵיךְ**
What a man! What a man he was! Almost a 140 kilos he was.	**אֵיזֶה** בנאדם, **אֵיזֶה** בנאָדָם הָיָה! כִּמעַט מֵאָה ואַרבָּעים קילו הָיָה (שם).	**אֵיזֶה**

The first four sentences are good examples of the roundabout, understated and often ironic or sarcastic way in which native speakers of Hebrew express emotions. This seems to be much more effective — and more culturally idiomatic — than "how stupid she is," or "how I hate him."

17.2 #

How beautiful is the world, and yet how dysfunctional! How despicable! How boring! How small Israel is! How tiny it is! One earthquake [...] destroys it all. And how lackadaisical her inhabitants are! Nevertheless, how charming! how daring! And yet how corrupt! How pitiful!	**כַּמָה** יָפֶה הָעולָם! וְעִם זֹאת **כַּמָה** מְשוּבָּשׁ! **כַּמָה** נֶאֱלָח! כַּמָה מְשַׁעֲמֵם! **כַּמָה** קטַנָה יִשׂרָאֵל! **כַּמָה** זְעִירָה היא! רְעִידַת-אֲדָמָה אַחַת [...] מְחַסֶלֶת אֶת כּוּלָה. **וְכַמָה** שַׁאֲנָנִים תושָׁבֶיהָ! עִם זֹאת **כַּמָה** מַקסימים, **כַּמָה** נועֲזים. וְעִם זֹאת כַּמָה מוּשׁחָתים, **כַּמָה** עֲלוּבים.
How smart is Israel! Small and smart. Smart this Israel is. Stocks a bomb, stocks many bombs [...]. Smart, this Israel. Smart big time. Huge. How so tiny, so huge!	**כַּמָה** חֲכָמָה יִשׂרָאֵל! קטַנָה וַחֲכָמָה. חֲכָמָה יִשׂרָאֵל. מְאוד. מַחזיקָה פצָצָה, מַחזיקָה הַרבֵּה פצָצות [...] חֲכָמָה יִשׂרָאֵל, חֲכָמָה. גדולָה. עֲנָקית יִשׂרָאֵל. **כַּמָה** זְעִירָה **כָּכָה** עֲנָקית (אורלי קסטל-בלום, "רדיקלים חופשיים", עמ' 7).

17.3 #

אנחנו האנשים הפשוטים לא קוראים כל-כך הרבה ספרים, גם כן לא הולכים קונצרטים. אבל יודעים מה צריך לתת לאישה. אתם האינטליגנטים, גומרים אוניברסיטה, הולכים קונצרטים, שוברים עיניים על ספרים ומה אתם משאירים בשביל הנשים שלכם? קצת חיי מין. בלי פלפל. בלי סחוג. חיי מין! אללה יוסתור! מילה של בית-מרקחת עם ריח של בית-מרקחת. בעד זה, תסלח לי, ככה נראות הנשים של האינטליגנטים. תעשה לי טובה, תסתכל על הנשים שלנו, **איך** שמנות, **איך** מבסוטות. **איך** הבשר שלהם צוחק כל הזמן (מנחם תלמי, "תעזבו אותי מהדיאטה").

17.4 #

אֵיזֶה	How [lit. Which? What kind?]	**אֵיזֶה** בַּיִת יָפֶה.	What a nice house!
אֵיזֶה יופי!	How nice!	**אֵיזֶה/אֵיזוֹ** תמונָה יָפָה.	What a beautiful picture!

17.5 #

The use of איזו תמונה יפה rather than איזה תמונה יפה expresses an effort to adhere to rules of agreement in colloquial speech. Colloquial Hebrew also fails to differentiate between איזה as a question term and איזה as an exclamation.

17.2 Repetition

Repetition is used in a few different ways.

17.2.1 Using Similar Sounds

17.6 #

תילֵי תילים שֶׁל הֲלָכָה — piles upon piles of religious laws

פִּלאֵי פלָאים — wonder of wonders

בָּרֹאש ובָרִאשונָה — first and foremost

התורָה הזו חוקֶיהָ ומִשפָּטֶיהָ **לְעולָם ולְעולמֵי עולָמים.** — The laws and rules of this Torah are forever and ever.

הוא תָמיד לָבוש **בְּקרָעֵי קרָעים.** — He is always dressed in tattered rags.

הפוליטיקָאים עושים את עִסקותיהֶם המְלוּכלָכות **בְּחַדרֵי-חֲדָרים.** — Politicians make their dirty deeds behind closed doors.

The Berkeley basketball team beat Stanford hands down.	נִבְחֶרֶת הכדורסַל של בֶּרקלי ניצחָה את הנִבחֶרֶת שֶׁל סטֶנפורד **בְּקַלֵּי-קָלוּת**.
We bought these books for next to nothing.	קָנינו אֶת הספָרים הָאֵלֶּה **בְּזיל הזול**.
They cleaned the room in no time.	הֵם ניקו אֶת הַחֶדֶר **בְּצ'יק צָ'ק**.
His theory was completely demolished.	לא נותַר מִן התֵיאורְיָיה שֶׁלו, אֶלָּא **עָפָר וָאֵפֶר**.

17.7 #

בני אל-סנא לא קיבלו את ההצעה, ואז ביקשו בני אלעוקבי שזוהי אדמתם **מדורי דורות** לקבל את השטח חזרה לידיהם (הודעה לעיתונות, 5.15.05 אי-מייל).

וכך מתגנבת לה הצנזורה **ללב לבו** של הממסד האקדמי בטיעוני הבל של "הקדשנו מקום נרחב למדי" (מקור לא ידוע).

17.2.2 Using Words of Similar or Identical Meaning

17.8 #

rejoicing and merry making	שָׂשׂון וְשִׂמְחָה	awfully bad	אָיום וְנורָא
above and beyond	מֵעַל ומֵעֵבֶר	disgrace, darn shame	בּושָׁה וכלימָה
first and foremost	בְּרֹאש ובְרִאשונָה	disgrace, darn shame	בּושָׁה וְחֶרְפָּה

17.2.3 Using the Same Root

Using two successive verbs of the same root, the first an infinitive absolute and the other conjugated, is very formal and is found almost exclusively in written registers of Hebrew.

17.9 #

It does, indeed, move.	וְאַף עַל פִּי כֵן **נוֹעַ תָּנוּעַ**.	I was angry indeed about what was said.	**כָּעֹס כָּעַסתי** על הַנֶּאֱמָר.

Indeed, you will go to his house and tell him that you are sorry.	**הָלוֹך תֵּלֵך** אֵלָיו הַבַּיתָה **וְאָמור תֹּאמַר** לו שֶׁאַתָּה מִצטַעֵר.

For more about the infinitive absolute, see pp. 169.

17.2.4 Using Syntactic Duplication

17.10 #

There are those who say that the current U.S. policy is what is going to bring about more and more violence and bloodshed.	יֵש אומרים שֶהמדיניות הָעַכשָווית של אַרצות הבּרית **היא זֹאת** שֶתָביא לְעוד וְעוד אֲלימוּת ושפיכוּת דָמים.
It was also a *fait accomplis* that I was the one who had to take her for a walk at a speed of one meter per hour, and one could only guess what a crazy [situation] it was to help her cross the street.	זאת גַם הָיתָה עובדָה מוּגמֶרֶת שֶאֲני **היא** שֶצריכָה לָקַחַת אותָה לְטַייל בָּרֶגֶל בְּקֶצֶב הִתקַדמוּת שֶל מֶטֶר לְשָעָה ואֶפשָר לְנַחֵש אֵיזֶה שיגָעון זֶה הָיָה לְהַעֲביר אותָה כּביש (אורלי קסטל-בלום "המינה ליזה", עמ' 9)

We often find sentences in which the personal pronoun is used for emphasis. In such cases, the non-obligatory pronoun gets the primary stress in the sentence. It is both the pronoun and the primary stress that draw extra attention to the referent.

17.3 Accentuating Part of a Sentence

17.3.1 Stressing by Adding a Subject Pronoun

In #17.11 the main content of the sentence is expressed by a subordinate clause.

17.11 #

	Non-Accentuated Sentence	Non-Accentuated Sentence
She got the prize. She is the one who got the prize (and not you).	**היא היא** שֶקיבּלָה את הפרָס (וְלֹא אַת).	היא קיבּלָה את הפרָס.
I got the prize. I am the one who got the prize (and not you).	**אֲני היא** שֶקיבַּלתי את הפרָס (וְלֹא אַת).	אֲני קיבַּלתי את הפרָס.

17.3.2 Accentuating by Lexical Means

17.12 #

Even Bush agreed that Sharon was out of line.	**אָפילו בּוש** הִסכּים שֶשָרון עָבַר אֶת הגבול.

Such a scandal (as this) has never occurred before.	**כַּזאת שָׁערוּריָה** עוד לֹא הָיְתָה.
There is such a mess there that it's impossible to find anything.	יֵש שָׁם **כַּזֶה אי סֵדֶר** עַד שֶׁאי אפשָׁר לִמצוא שָׁם שוּם דָבָר.

17.3.3 Accentuating by Pattern

17.13 #

כמה + Adj + כָּכָה + Adj >>

So tiny, yet huge.	**כַּמָה** זְעירָה **כָּכָה** עֲנָקית.
So big, so foul (stinking)	**כַּמָה** גָדול **כָּכָה** מַסריחַ.

17.3.4 Accentuating by Duplicating the Possessive

The combination of suffixed noun forms followed by stand-alone pronoun can be found in formal and mainly written forms of the language.

17.14 #

In her own house, things are done according to her wishes and desires. בְּבֵיתָ**ה היא**, עַל פּיהָ יִישַׁק דָבָר.

17.15 #

לא אחת יש מתחים, מאבקי כוח וגם סיכסוכים בין השותפים השונים ליצירת הסרט, "המושכים" איש-איש לכיוונו שלו (אילן אבישר, "אומנות הסרט", עמ' 13).

17.16 #

A similar duplication is found only in Song of Songs (late Biblical Hebrew). Biblical Hebrew uses mostly the suffixed form of the possessive pronoun.

אַל-תִּרְאוּנִי שֶׁאֲנִי שְׁחַרְחֹרֶת שֶׁשֱּׁזָפַתְנִי הַשָּׁמֶשׁ בְּנֵי אִמִּי נִחֲרוּ-בִי שָׂמֻנִי נֹטֵרָה אֶת-הַכְּרָמִים **כַּרְמִי שֶׁלִּי** לֹא נָטָרְתִּי (שיר השירים, א-16).

18.0 Types of Hebrew Sentences

What is a Sentence?

A sentence is a grammatical unit that is composed of one or more clauses. The term "sentence" may also include elliptical material, such as: "After lunch" (in reply to "When does the class start?"), "Yes," "Hello," or "F— it."

18.1 Two Ways to View a Sentence

As stated above, a sentence is a grammatical unit that is generally composed of one or more clauses. Sentences can be analyzed from a variety of perspectives: a logical perspective, in which the main parts of the sentence are subject and predicate; a thematic perspective, in which the various parts of the sentence are differentiated by the role they have vis-a-vis the verb; and an informational perspective, in which the parts of the sentence are analyzed according to whether they contain old or new information with respect to the previous text or conversation.

The subject is a grammatical relation that, typically, is the agent of transitive verbs or the single argument of intransitive verbs. It controls the number and gender agreement with the verb.

The predicate is the part of a clause or sentence traditionally seen as representing what is said, or predicated, of the subject of the sentence. The Hebrew predicate may, but does not have to, include a verb.

The main building blocks of sentences are phrases (צירוף) and clauses (פסוקית).

A phrase is the minimal syntactic unit. There are four types of phrases: noun phrase, verb phrase, adjectival phrase and prepositional phrase. The name of the phrase reflects its main component.

Clauses are related to each other syntactically or semantically.

18.1 #

	Predicate	Subject
Natan is the son of my neighbor.	הוא הבן של השכנה שלי.	נָתָן

	Direct Object	Indirect Object	Verb	
Natan sent a letter to Rina.	מִכְתָּב.	לְרִינָה	שָׁלַח	נָתַן

The same sentence can be analyzed semantically (by meaning), as follows:

Patient/Undergoer	Beneficiary/Goal	Action	Actor
מִכתָב.	לְרִינָה	שָׁלַח	נָתַן
Beneficiary/Goal	**Patient/Undergoer**		
לְרִינָה.	מִכתָב	שָׁלַח	נָתַן

In this section we look at Hebrew sentences from the point of view of their structure. The main divisions are between non-verbal (nominal) sentences and verbal ones, and between simple sentences and complex ones. All nominal sentences can be simple or coordinated. Verbless sentences can be simple, coordinated or complex.

18.2 Verbless (Nominal) Sentences

Nominal (verbless) sentences are interpreted as present-tense sentences, since they are marked neither for past tense nor for future tense. In other words, the content of such sentences is interpreted as valid at the time in which they are written or uttered.

18.2 #

	Predicate: Location Identity	Subject: Noun Phrase
Uri is at home.	בַּבַּיִת.	אורי
Uri is a student at Berkeley.	סטודֶנט בבֶּרקלי.	אורי
Ephraim is Rutie's father.	הוא הָאַבָּא שֶׁל רותי.	אֶפרַיִים
This is Uri's father.	(הָ)אַבָּא של אורי.	זֶה
This book is not mine.	(הוא) לא שֶׁלי.	הספֶר הזֶה

	Predicate: Adjective Phrase	Subject: Noun Phrase
He is rich.	עָשִׁיר.	הוּא
It's a complicated matter.	מְסוּבָּךְ.	הָעִנְיָן
The course is boring.	מְשַׁעֲמֵם.	הקוּרס

	Predicate: Prepositional Phrase	Subject: Noun Phrase
Dani is in the office.	בַּמִּשְׂרָד.	דָּנִי
The bookcase is by the window.	עַל יַד החַלּוֹן.	הכּוֹנָנִית
The books are on the shelf.	עַל המָדָף.	הספָרים

	Predicate: Noun Phrase	Subject: Noun Phrase
Natan is a student.	סטוּדֶנט.	נָתָן
Moshe is a soccer player.	הוּא שַׂחְקָן כּדוּרֶגֶל.	משֶׁה
He is a philosophy teacher.	מוֹרֶה לְפִילוֹסוֹפְיָה.	הוּא

	Subject: Noun Phrase	Predicate: Existential Particle
There are students who are smart	סטוּדֶנטים חֲכָמים	יֵשׁ
and there are ones who are not so smart.	סטוּדֶנטים לא כל כָּךְ חֲכָמים.	וְיֵשׁ
There is no good Middle Eastern restaurant in Berkeley.	מסעָדָה מִזרָחִית טוֹבָה בְּבֶּרקלי.	אֵין

18.2.1 Linking Words in Verbless Sentences

Quite often, verbless sentences include a word which links the subject and the predicate of a sentence. Such a word (often referred to as a copula) serves as a demarcation between the subject and predicate. A linking word usually shows up in verbless sentences or verbless clauses; in other words, you can't have both a linking word and a predicate verb in the same sentence.

18.3 #

	Predicate (NP)	Link	Subject
Amir's restaurant is our usual meeting place.	מְקוֹם הַמִּפְגָּשׁ הַקָּבוּעַ שֶׁלָּנוּ.	**הִיא**	הַמִּסְעָדָה שֶׁל עָמִיר
Samir's cafe is the best cafe in Berkeley.	בֵּית הַקָּפֶה הֲכִי נָעִים בְּבֶּרְקְלִי.	**הוּא**	בֵּית הַקָּפֶה שֶׁל סָאמִיר נָאסָאר
Haaretz is the best newspaper in Israel.	הָעִיתוֹן הַטּוֹב בְּיוֹתֵר בְּיִשְׂרָאֵל.	**הוּא**	עִיתוֹן הָאָרֶץ
Erez's rolls are the best rolls in the world.	הַלַּחְמָנִיּוֹת הֲכִי טוֹבוֹת בָּעוֹלָם.	**הֵן**	הַלַּחְמָנִיּוֹת שֶׁל אֶרֶז

18.2.1.1 The Use of Subject Pronouns as Linking Words in Verbless Sentences (Copula)

Linking words (copulas) come in two garden varieties: (1) the third-person subject pronoun הוּא and its variants הִיא, הֵם, הֵן; and (2) the demonstrative זֶה. Linking words are most common in sentences in which both the subject and the predicate are noun phrases.

The use of a linking word (copula) is motivated by the length of the subject or predicate and by the definiteness or indefiniteness of the subject or predicate. When both subject and predicate are identical in definiteness (either both are definite or both are indefinite), the link is obligatory.

The longer the subject or the predicate is, the greater the chances a linking word will be used.

18.4 #

Eitan is an actor.	אֵיתָן שַׂחְקָן.
All his friends are basketball players.	כָּל הַחֲבֵרִים שֶׁלּוֹ (**הֵם**) שַׂחְקָנֵי כַּדּוּרְסַל.
Dalia's father is a theater actor.	אַבָּא שֶׁל דַּלְיָה (**הוּא**) שַׂחְקַן תֵּיאַטְרוֹן.

In some verbless sentences the subject and predicate are paraphrases of each other; namely, they can be used interchangeably to uniquely identify the referent. In

others, the predicate is a subset of, or an elaboration of, the subject. In all such identity statements (a=b), the linking word (copula) is obligatory.

18.5 #

Achad Ha'am is Asher Ginzburg.	אַחַד הָעָם **הוּא** אֲשֶׁר גינזבּוּרג.
Beniamin Harshav is Beniamin Hrushovski.	בִּנְיָמִין הַרשָׁב **הוּא** בִּנְיָמִין הָרושובסקי.
Idit's ex-husband is a well-known crook.	הַבַּעַל לְשֶׁעָבַר שֶׁל עִידית **הוּא** רַמַּאי יָדוּעַ.

18.6 #

על הצביעות בזיווג שבין מפא"י השלטת לרבנות הראשית נוהג היה לייבוביץ לומר שהמדינה **היא** הידועה בציבור של הרבנים (שולמית אלוני, הארץ, 15 לספטמבר, 2004).

18.2.1.2 Linking Words and Grammatical Agreement

Linking words can agree in gender with either the subject or the predicate. If the linking word used is הוּא or its alternates הֵם, היא, הֵן, then the agreement tends to be with the subject noun in both gender and number.

18.7 #

	Predicate	Linking Word	Subject
The Golden Gate is the jewel of San Francisco.	הפנינָה שֶׁל סַן פרַנסיסקו.	**הוּא**	גֶשֶׁר הַזָּהָב
Hutzpa is the defining feature of Israelis.	סימַן ההֵיכֵּר שֶׁל הִישׂרְאֵלים.	**היא**	החוּצפָּה

In informal Hebrew, if the linking word used is זֶה, then the agreement can be with either the subject noun or the predicate noun, depending on whether the subject or the predicate, or both, are definite, and whether the subject has a generic (general) reference. In many cases the invariable form of זֶה is used to override both gender and number agreement. In cases where the subject is sentential, only the invariable form of זֶה is used.

When the subject noun is indefinite, the tendency is to use זֶה as the linking word.

In formal Hebrew the linking word has to agree in number and gender with the subject of the sentence.

18.8 #

	Predicate	Linking Word	Subject
Cancer is a disease.	מַחֲלָה.	**זֶה/זאת/הוא**	סַרטָן
Cancer is both a disease and a Zodiac sign.	גַם מַחֲלָה וְגַם מַזָל.	**זֶה/הוא**	סַרטָן
		היא	*סַרטָן[33]
Spinach is cow food.	אוֹכֶל שֶׁל פָּרוֹת.	**זֶה/הוא**	תֶרֶד
War is a disaster.	אָסוֹן.	**זֶה/היא**	מִלְחָמָה
The war in the Middle East is a disaster.	אָסוֹן.	**זֶה/היא**	המִלְחָמָה בַּמִזרָח התיכון
Israel is a developing country in the Middle East.	מְדִינָה מִתפַּתַחַת בַּמִזרַח התיכון.	**היא/זאת**	יִשׂרָאֵל
Tel Aviv is the largest city in Israel.	הָעִיר הגדולָה בְּיוֹתֵר בְּיִשׂרָאֵל.	**היא/זאת**	תֵל אָבִיב
The second apartment on the left is my parents' apartment.	הדירָה שֶׁל ההורים שֶׁלִי.	**היא/זאת**	הדירָה השנִיָה מִשְׂמֹאל
The Modern Art Museum is a magnificent building.	בִּנְיָין מַקסים.	**הוא/זֶה**	המוזיאון לְאוּמָנוּת חֲדָשָׁה
Yaron's kinds are the sweetest kids on earth.	הַיְלָדִים הֲכִי חֲמוּדִים בָּעוֹלָם.	**הֵם/אֵלֶה**	הַיְלָדִים שֶׁל יָרוֹן
Philip Roth's latest book is a real gem.	מַמָשׁ פנינָה.	**הוא/זֶה/זאת**	הסֵפֶר הָאחרון שֶׁל פיליפ רות
Life is not a picnic.	לא פיקניק.	**זֶה**	החַיִים

(33) Reminder: a sentence or phrase marked with * is an unacceptable phrase or sentence.

Israel's problems are not a simple matter.	לא דָבָר פָּשׁוּט.	**הֵן/זֶה**	הבעיות שֶׁל יִשׂרָאֵל
To lie on the beach in Tel Aviv is an incredible pleasure.	תַּעֲנוּג לא נורמָאלִי.	**זֶה**	לִשׁכַּב עַל החוף בְּתֵל אָבִיב

18.9 #

התעמלות **זה** דבר מסוכן, התעמלות עם דיאטה **זה** כמו הזמנה למלאך המוות. (...) בא הרופא ואמר לו באוזן, שאנחנו לא נשמע. ואז אבא שלי אמר לו באוזן: זה שטויות. אתה צוחק עלי, אמר הרופא לאבא שלי (מנחם תלמי, "תעזבו אותי מהדיאטה").

In the examples in #18.10, the linking word is obligatorily זֶה, generally in its invariable form.

18.10 #

What I don't like are misers.	קַמצָנִים.	**זֶה**	מַה שֶׁאֲנִי לא אוהֶבֶת
What he claims is sheer nonsense.	סתַם שטויות.	**זֶה**	מַה שֶׁהוּא טוֹעֵן

The part of the sentence that follows the linking word can be an embedded clause, as in:

18.11 #

The interesting thing is that the Israeli left is getting smaller by the year.	שֶׁהַשׂמֹאל הַיִשׂרְאֵלִי מִצטַמְצֵם מִשָּׁנָה לְשָׁנָה.	**הוּא**	המְעַניֵין
Amela is the one who betrayed her friends' trust.	שֶׁמָעֲלָה בָּאֵמוּן שֶׁל הַחֲבֵרִים שֶׁלָּה.	**היא** **היא זאת**	עֲמֵלָה
The police are the ones who disconnected the phone.	שֶׁניתקָה אֶת הַטֶלֶפוֹן.	**היא** **היא זאת**	המִשטָרָה

18.12 #

קריאתו של הרב הראשי לשעבר אליהו בקשי-דורון לבטל את המונופול הדתי על נישואים בישראל ולהתיר חופש בחירה בנישואים, **היא** ביטוי יוצא דופן של תעוזה ציבורית (<u>הארץ</u>, יולי 2004).

18.2.2 A Formal Alternative to the Copula

The following is a more formal alternative to הוּא, *et al.* in their function as linking words. This form is the presentative הִינֵּה joined by a pronominal suffix. These forms can also be used in other persons in formal, often judicial and/or declarative settings.

(הוּא) הִינו , (היא) הִינָּה, (הֵם) הִינָּם, (הֵן) הִינָּן

A sale of such a magnitude in a shop that is so prestigious is something rare.	מִבצָע בְּסֵדֶר גודֶל כַּזֶה בחָנוּת כֹּה יוקרָתית **הינו** נָדיר (אורלי קסטל-בלום, "רדיקלים חופשיים", עמ' 93).
The chances of [finding] a medication for Alzheimer's disease are quite low.	הסיכוי לתרופה נגד אלצהיימר בטווח הקרוב **הינם** נמוכים ביותר.
55% of the workers in his office are women.	55% מכלל העובדים במשרד שלו הינן נשים.

The same lexeme can also be used as an alternative to a subject pronoun in formal speech.

Do you admit that you threatened to kill your wife?	האם **הינך** (אתה) מודה שאיימת לרצוח את אשתך?
I hereby declare that ...	**הנני** (אני) מצהיר בזה ש....

18.2.2.1 Verbless Sentences in Past and Future Tenses

Hebrew simple sentences include verbless sentences, sentences containing just one verb or coordinated sentences, where each clause contains but one verb.

In coordinated structures (phrases, clauses and sentences), the various parts are joined by a coordinating word like "and," "but," "or," etc. Each part of the sentence can stand alone. Nominal (verbless) sentences acquire a verb — the verb "to be" לִהיות, when they refer to past or future events.

18.13 #

	Predicate	Subject
Yoram was a student.	**הָיָה** סטוּדֶנט.	יוֹרָם
Dalit was a student.	**הָיְתָה** סטוּדֶנטית.	דָלית
Uri will be a student next year.	**יִהְיֶה** סטוּדֶנט בַּשָּׁנָה הַבָּאָה.	אוּרי
Ronen was a soccer player once.	**הָיָה** פַּעַם שַׂחקָן כַּדוּרֶגֶל.	רוֹנֶן
Talia will be prime minister one day.	**תִּהְיֶה** פַּעַם רֹאשׁ מֶמשָׁלָה.	טַלְיָה
Yoram wasn't in the office.	לֹא **הָיָה** בַּמִּשׂרָד.	יוֹרָם
Noga won't be in the office today.	לֹא **תִּהְיֶה** היוֹם בַּמִּשׂרָד.	נוֹגָה
Levi will be the director of Nisim Aloni's play "The King's Clothes."	**יִהְיֶה** הַבַּמַּאי שֶׁל הַהַצָּגָה "בִּגדֵי הַמֶּלֶך" מֵאֵת ניסים אָלוֹני.	לֵוִי

18.3 Sentences Containing Verbs

18.14 #

	Predicate VP	Subject NP
Miriam lives in a nice apartment.	**גָּרָה** בְּדירָה יָפָה.	מִרְיָם
They study music.	**לוֹמדים** מוּסיקָה.	הֵם
We work (fem.) at UC Berkeley.	**עוֹבדוֹת** בָּאוּניבֶרסיטָה שֶׁל בֶּרקלי.	אֲנַחנוּ

18.4 Impersonal (Omni-Referential) Sentences

Hebrew has a way of making general statements without referring to anybody in particular. This is similar to the use of "one" in British English or "they" in American English. The verb form used in such a case is the third person plural form. The verb may be of any tense.

18.15 #

In Israel they speak Hebrew and Arabic.	בְּיִשׂרָאֵל ø **מְדַבּרים** עִברית וְעַרָבית.
In the Second Temple period they spoke Aramaic in Judea.	בִּתקוּפַת בַּיִת שֵׁני ø **דיבּרוּ** אֲרָמית בִּיהוּדָה.
In Israel people listen to the news every hour.	בְּיִשׂרָאֵל ø **שׁוֹמעים** חֲדָשׁוֹת כֹּל שָׁעָה.
In Israel people work only half a day on Friday.	בְּיִשׂרָאֵל ø **עוֹבדים** בְּיוֹם שישי רַק חֲצִי יוֹם.

In Israel in the summer, people go to the beach every Saturday.	בְּיִשְׂרָאֵל בַּקַּיִץ ø **הולכים** כֹּל שַׁבָּת לַיָּם.
One shouldn't behave this way.	כָּכָה לֹא ø **מִתנַהֲגים**.
Have they finished painting your house?	ø **גָמרו** לִצבּוֹעַ לָכֶם אֶת הבַּית?

In cases where Hebrew uses the impersonal, English typically uses the passive.

18.16 #

Her new car was stolen.	**גָנבו** לָה אֶת המְכונית החֲדָשָׁה שֶׁלָּה.
My office finally got cleaned.	סוֹף סוֹף **ניקו** לי אֶת המִשׂרָד.

18.5 Topicalized Sentences

The function of topicalized sentences is to focus on a non-subject element of the sentence. A topicalized sentence is characterized by two things: (a) a noun or a noun phrase does not appear in its regular sentential position, but rather at the beginning of the sentence; and (b) a "copy" of the noun appears in pronoun form at the slot from which the noun was extracted.

18.17 #

Topicalized Version of the Default Sentences		Sentences with Default Word Order	
The kitchen table, there are many things on it.	**השולחָן בַּמִטבָּח**, יֵשׁ עָלָיו הֲמון דבָרים.	There are many things on the kitchen table.	יֵשׁ הֲמון דבָרים עַל **השולחָן** בַּמִטבָּח/**עַל השולחָן** בַּמִטבָּח יֵשׁ הֲמון דבָרים.
The department chair, it's impossible to talk to him.	**ראש המַחלָקָה**, אי אֶפשָׁר לְדַבֵּר איתו.	It's impossible to talk to the chair of the department.	אי אֶפשָׁר לְדַבֵּר עם **ראש המַחלָקָה**.
This house, you can't live in it.	**הבַּית הזֶה**, אי אֶפשָׁר לָגור בּוֹ.	It's impossible to live in this house.	אי אֶפשָׁר לָגור **בַּבַּית הזֶה**.
This movie, everybody has already seen it.	**הסֶרֶט הזֶה**, כּולָם כּבָר רָאו אותו.	Everybody has already seen this movie.	כּולָם כּבָר רָאו אֶת **הסֶרֶט הזֶה**.

18.6 Passive Sentences

What does it mean for a sentence to be passive? When do we use passive sentences? What does using passive sentences get us from the point of view of information packaging? Can every active sentence have a passive counterpart?

The main communicative function of passive sentences is to highlight the entity affected by the action and downplay its agent or doer. This is done by opting to delete the agent/doer altogether or by demoting it to an indirect object position usually marked by על ידי or בידי (by).

While the subject of active sentences is also its agent — the "doer" of the activity or process indicated by the verb, in passive ones the "doer" or agent does not occupy the subject position of the sentence.

In order for an active sentence to potentially become a passive one, its potential subject must be the direct object of the active sentence. In other words, objects associated with prepositions cannot become subjects of passive sentences.

While in active sentences the verb agrees with the agent in gender and number, in passive ones, There is no agreement between the agent/doer and the verb, because the agent is not the subject.

All passive sentences have passive verb forms. There are two, so called, internal passive paradigms: פועל, the passive counterpart of פיעל and הופעל the passive counterpart of הפעיל. There are also passive verbs in נפעל that are passive counterparts of פעל. However, while all פועל and הופעל verbs are passive, not all נפעל verbs are. That's the reason why נפעל is not considered an internal passive *binyan*.

It is very common for passive sentences in Hebrew not to mention the agent or doer. This is one way in which Hebrew allows speakers to avoid mentioning the entity responsible for the action. These sentences are sometimes referred to as agentless.

The passive verb patterns of פועל and הופעל are much less productive as verbs than the other five verb patterns — namely, פעל, נפעל, פיעל, הפעיל, התפעל.

18.6.1 The Distribution of Passive Sentences

The main purpose of passive sentences is to highlight the affected entity (patient) and to downplay the affecting one (agent). This is achieved by omitting the agent or by making it into the object of a preposition such as "by." The same purpose can be accomplished in IH by impersonal sentences (p. 299). In fact, impersonal sentences are widespread, and favored over passive ones in all but very formal, registers.

Many passive-verb forms and passive sentences in **פועל** and **הופעל** exclude the 1st and 2nd person and use only the 3rd person. The use of verbs in **פועל** and **הופעל** have the following distribution (presented below in decreasing order of frequency).

For פּוּעַל and הוּפעל present tense verbs as predicate adjectives, see **#8.6**, p. 114.

18.18 #

		בניין
The refrigerator was fixed yesterday.	הַמְקָרֵר **תּוּקַן** אֶתמול.	פועל
The earthquake was felt all over the country.	רְעִידַת הָאֲדָמָה **הוּרגְשָׁה** בְּכֹל רחֲבֵי הָאָרֶץ.	הופעל
All budgets will be cut next year.	כֹּל התקציבים **יְקוּצְצוּ** בַּשָּׁנָה הַבָּאָה.	פועל

18.19 #

Israelis divide Jewish history into three "houses," i.e. temples. According to the myth, the first temple was built by King Solomon and was destroyed by Nebuchadnezzar, the Babylonian king in **586** BCE.

בְּיִשׂרָאֵל מְחַלקים אֶת כל ההיסטוריָה היהודית לשלושָׁה "בַּתים", כשֶׁהכַּוָונָה היא לְבָתֵי-מִקדָשׁ. לְפי המיתוס, הבַּית הרִאשון **הוּקַם עַל-יְדֵי** שלֹמֹה המלך, וְ**נֶחרַב עַל-יְדֵי** נְבוּכַדנֶצָר, מֶלֶך בָּבֶל, ב-586 לִפנֵי הספירָה.

The Jews spent about **50** years in Babylon until they were allowed to return and rebuild their temple. The second temple was completed in **516** BCE, refurbished by king Herod and destroyed by Titus in **70** CE (Uri Avneri, September **18, 2004**).

היהודים הָיו בְּגָלוּת בָּבֶל כ-50 שָׁנָה עַד שֶׁ**הוּתַר לָהֶם** לַחזור לָאָרֶץ ולְהָקים אֶת בֵּית-המִקדָשׁ מחָדָשׁ. ב-586 לִפנֵי-הספירָה **הוּשלַם** הבַּית השֵׁני. הוא **שׁוּפַּץ עַל-יְדֵי** המֶלֶך הורדוס ו**נֶהֱרַס עַל-יְדֵי** טיטוס ב-70 לַספירָה.

18.6.2 Passive Sentences with פּועל and הופעל Verbs

18.20 #

After stormy arguments, we were forced to leave the meeting.

אַחֲרֵי ויכּוּחים סוּעֲרים **הוּכרַחנוּ** לַעֲזוב אֶת הַיְשִׁיבָה.

I was not invited to the party.	(אֲני) לֹא **הוּזמַנתי** לַמְסִיבָּה.
They were not in on the decision.	הֵם לֹא **שוּתפוּ** בַּהַחלָטָה.
After stormy argument, it was decided to expel the student	אַחֲרֵי ויכּוּחים סוֹעֲרים **הוחלַט** לְגָרֵש אֶת הסטוּדֶנט.

Note that verbs in פּוּעל and הופעל do not take direct objects. Also, they do not have an infinitive or a imperative (command) form. All of these verbs are passive or agentless in meaning.

While in #18.20 only the affected entities (patients) are mentioned (but not the agents), in #18.21 the patients are present and connected to their agents, syntactically and semantically, via the prepositions בִּידֵי and עַל יְדֵי (by).

18.21 #

	Passive Sentence	Active Sentence
The police beat Dani and Dina . Dani and Dina were beaten up by the police.	דָני ודינָה **הוכּו עַל יְדֵי** השוטרים (בניין הופעל).	השוטרים **היכּו** את דָני וְדינָה (בניין הפעיל).
It was not Nitsan who invited me to the party. I was invited to the party by Nitsan's wife.	אֲני **הוזמַנתי** למסיבָּה **עַל יְדֵי** אִשתו של ניצָן (בניין הופעל).	לא ניצָן הוא ש**הִזמין** אותי לַמְסיבָּה (בניין הפעיל).
The carpenter fixed the chair. The chair was fixed by the carpenter.	הכּיסֵא **תוקַן עַל יְדֵי** הנַגָר (בניין פועל).	הנַגָר **תיקֵן** את הכּיסֵא (בניין פיעל).

18.6.3 On Passive Sentences and Impersonal Ones

It seems that speakers of IH have two strategies in regard to passive sentences and impersonal ones. If the main purpose of the sentence is to hide the agent, then the impersonal form is used, and if the purpose is to highlight the patient while still mentioning the agent, then a passive sentence is used.

18.6.4 Unusual Examples of Passivization

18.22 #

The above statement that an indirect object cannot be the subject of passive sentence requires a qualification. There a few active verbs with a governed-indirect object which have a passive counter part.

Passive sentences			Active Sentences		
The economic crisis in the U.S. was caused by the banks.	המצב הכלכלי הגרוע בארה"ב **נגרם** על ידי הבנקים.	1b	The banks caused the economic crisis in the US.	הבנקים **גרמו ל**משבר הכלכלי בארצות הברית.	1a
Obama was elected with a big majority.	אובאמה **נבחר ב**רוב גדול.	2b	A great majority voted for Obama.	רוב גדול **בחר ב**אובמה.	2a
Dan is helped by Deborah.	דן **נעזר ב**דבורָה.	3b	Deborah helps Dan.	דבורָה **עוזרת ל**דָן.	3a
The matter has not yet been taken care of.	הנושא עדיין לא **טופל**.	4b	They still have not taken care of the matter.	הֵם עֲדַיִן לא **טיפלו ב**נושא.	4a

In all the above sentences, we have a change typical of active-passive pairs — namely, the object of one sentence becomes the subject of the other.

These examples point to the fact that Hebrew has a limited number of cases where indirect objects can become subjects of passive sentences. Note, however, that this phenomenon is restricted to cases where the verb shift is from פעל to נפעל.

Note that it is also debatable whether 3b is a passive sentence.

18.6.5 "יזכור", צבי עצמון

יִזכּור
בְּאֶרֶץ יִשרָאֵל קָם הָעָם הַיְהודי
שֶׁ**הָגלָה** מֵאַרצו בְּכוחַ הַזרועַ ו**הָיָה לִמְשיסָה**(34)
וְנִרדַף **וְעוּנָה** **וְנִמכַּר** לַעֲבדות, **וְגורַש** מִצרפת, פורטוגל,
מִבְּריטַנְיָה,
וְנָדַד לְצפון ולְתימן וְאוקראִינָה, מָרוקו וְסִין וְעִירָאק, יָוָון
ופולין וְגֶרמַנְיָה;
נֶאֱנַס, **וְהוּכָּה**, **הָעֳלָה** לַמוקֵד, **וְהָטבַּע** וקִידֵש אֶת דָתו.
ונִרצַח לְאור יום בְּמַסָע צלָב, בַּמַגֵפָה הַשחורָה, בְּמרידות
הַקוזָקים ובַמַחשָך אִינקוויזיצְיָה,
וְנֶחטַף, **ונִכלָא**, **וְנִטבַּח**, **וְנִסקַל**
וְחולַל בפוגרומים **ואָרור** הָיָה עַל רֶצַח הָאֵל
ושתִיַית דַם יְלָדים
גַם **הואֲשַם** בִּבגידָה, וְהָשפַּל, **וְנִשלַל** **וְנִרדַף**, אך הָיְתָה, אִם
תִרצו כּבָר תקוַות אֲגָדָה,
אָז הובַל וְנֶחנַק וְהָרעַב וְהָרעַל וְנִשׂרַף וְנִשחַט וְנִתלָה וְנודָה
וְנִקרַע וְנִקבַּר חיים **וְרוטַש וְרוסַק**
ונִקמַת כּל יֶלֶד קָטָן לו תִזעַק,
ופִתאום
קָם בַּבּוקֶר, רואֶה
יְלָדים שֶׁ**נורו** כּשֶׁהַשֶׁמֶש זָרחָה,
וְדָם אֲמיתי הַשָבועַ, זו אֵינָה עֲלילָה,
ילָדים עֲרָבים בּלי חֲצי נֶחָמָה.
בְּאֶרֶץ יִשׂרָאֵל קָם הָעָם הַיְהודי
עַל הַהסטורְיָה שֶׁלו שנות אַלפַיים
וְכל עוד בַּלֵבָב פנימָה נֶפֶש: אֲני **נֶאֱשָם!**

(צבי עצמון, מתוך "ואין תכלה לקרבות ולהרג: שירה פוליטית ממלחמת לבנון", בעריכת חנן חבר ומשה רון).

---

(34) Though not passive in form, the expression "היה למשיסה" is passive in meaning.

18.7 Complex Sentences

A complex sentence is a sentence which includes at least one main clause, and at least one subordinate clause. Hebrew subordinate clauses are typically introduced with the relative particles [-שֶׁ] ,אשר and כי.

18.23 #

I think that Ilan isn't in the office.	אֲנִי חוֹשֶׁבֶת **שֶׁ**אִילָן לֹא בַּמִּשְׂרָד.
It seems that he won't come.	כַּנִּרְאֶה **שֶׁ**הוּא לֹא יָבוֹא.
He says that he hasn't had time.	הוּא אוֹמֵר **שֶׁ**לֹּא הָיָה לוֹ זְמַן.
We hope (that) it won't rain tomorrow.	אֲנַחְנוּ מְקַוִּים **שֶׁ**מָּחָר לֹא יֵרֵד גֶּשֶׁם.

Note that while the English subordinator "that" is at times optional, the Hebrew one, [-שֶׁ] , is always obligatory.

18.7.1 The Relative Particle כי

In literary and journalistic styles, when the main verb denotes "saying something," "discussing something," "thinking something," namely, speech and cognition verbs, the word כי is often used as the link between the main clause and the embedded one.

18.24 #

The Prime Minister announced that he would come to the U.S. next month.	רֹאשׁ הַמֶּמְשָׁלָה **הוֹדִיעַ כִּי** (הוּא) יְבַקֵּר בְּאַרְצוֹת הַבְּרִית בַּחוֹדֶשׁ הַבָּא.
Informed sources report that the Prime Minister would visit Cairo next month.	**נִמְסַר** מִמְּקוֹרוֹת יוֹדְעֵי דָּבָר **כִּי** רֹאשׁ הַמֶּמְשָׁלָה יְבַקֵּר בְּקָהִיר בַּחוֹדֶשׁ הַבָּא.

18.25 #

בית המשפט **קבע כי** הזרמת כספים למוסדות שאינם מקיימים את התנאים שעוגנו בחוק מהווה פגיעה בעקרון השוויון. תוכנית הליבה כוללת, בין השאר, לימוד מקצועות יסוד למשל, חשבון ועברית, ולימוד תכנים וערכים שמשותפים לכל מגזרי החינוך. ח"כ אברהם רביץ (יהדות התורה) **הצהיר כי** בכוונת החרדים לפעול לחקיקת חוק "עוקף בג"ץ". מנהל תלמוד תורה

"המסורה" בירושלים **אמר כי** אין לו שום כוונה לשנות את תוכנית הלימודים במוסד שלו. [הוא] **הוסיף כי** אם ההחלטה תיושם, רבנים ומורים במוסדות חרדיים יעדיפו לנתק מגע עם הגורמים הממשלתיים (הארץ, 16 לדצמבר 2004).

13 שופטי בג"ץ **קבעו כי** על הממשלה להתחשב בהשלכות החוקתיות של התיקון המונע איחוד משפחות של ערביי ישראל ופלשתינאים. בג"ץ קורא לממשלה להתחשב בהשלכות החוקתיות וההשפעה על זכויות אדם של התיקון לחוק האזרחות, האוסר על פלסטינים תושבי השטחים לקבל מעמד בישראל מכוח נישואים לאזרחי המדינה.

מתנגדי החוק **טוענים כי** הוא פוגע באלפי משפחות של אזרחים ישראלים הנשואים לתושבי השטחים (הארץ, 16 לדצמבר, 2004).

18.7.2 Heads of Embedded Clauses

18.7.2.1 Verbs as Heads

18.26 #

They said that they would arrive at 5:00.	הֵם **אָמרוּ שֶׁ–/כִּי** הֵם יַגיעוּ בחָמֵש.
The government announced that taxes would not go up.	הֶממשָׁלָה **הודיעָה שֶׁ-/כִּי** המיסים לא יַעֲלוּ.
I wanted to hear what had happened.	רָציתי **לִשמוע** מַה קָרָה.
I wanted you to hear what had happened.	רָציתי **שֶׁתִשמְעוּ** מַה קָרָה.

18.7.2.2 Adjectives as Heads

Adjectival heads (#18.27) of subordinate and embedded clauses are always masculine in form.

18.27 #

It's funny that he didn't want to tell you what happened.	**מַצחיק שֶׁ**הוּא לא רָצָה לְסַפֵּר לָך מַה קָרָה.
It's strange that we have not yet received an answer to our letter of complaint.	**מוּזָר שֶׁ**עֲדַיִין לא קיבַּלנו תשובָה עַל מִכתָב התלונָה שֶׁלָנו.
It's amazing that there is such a big difference between men and women on the road.	**מַדהים שֶׁ**יש הֶבדל כֹּל כָּך גָדול בֵּין גבָרים לְנָשים עַל הכּביש.

18.28 #

מדהים כמה חזקה ובולטת החלוקה בין גברים לנשים על הכביש. השלט "נהגת חדשה" מעורר מיד זעם, והנהגים-הנשים סובלים מבחינה זו מיחס מתנשא ומשפיל (מתוך: "דגש קל, אבן שפה", אורי מור).

18.7.2.3 Nouns as Heads (Relative Clauses)

18.29 #

We liked very much the house we saw last week.	הַבַּיִת **שֶׁרָאִינוּ בְּשָׁבוּעַ שֶׁעָבַר** מְאוֹד מָצָא חֵן בְּעֵינֵינוּ.
The announcement that the budget was still not approved, caused a scandal.	הוֹדָעָה שֶׁ**הַתַּקְצִיב לֹא אוּשַּׁר עֲדַיִין** גָּרְמָה לְשַׁעֲרוּרִיָּה.

For relative clauses, see p. 317

18.7.2.4 Prepositions or Discourse Ties as Heads

18.30 #

Instead of talking so much, do something.	**בִּמְקוֹם** לְדַבֵּר כל כָּךְ הַרְבֵּה תַּעֲשׂוּ מָשֶׁהוּ.
It's impossible to decide without knowing all the details.	**אִי אֶפְשָׁר** לְהַחליט בלי לָדַעַת אֶת כל הפרָטים.
He went to the U.S. to study.	הוּא נָסַע לְאַרצות הברית **כְּדֵי** ללמוד.
They called us so that we know what was happening.	הֵם טילפְנוּ אלינו **כְּדֵי שֶׁנֵּדַע** מַה קורֶה.

18.7.3 Syntactic Classification of Embedded Texts

18.7.3.1 Full Sentence

18.31 #

Wait until I open the door for you.	חַכֵּה עַד שֶׁאֲנִי **אֶפְתַּח לְךָ אֶת הַדֶּלֶת**.

18.7.3.2 Infinitival Phrase

18.32 #

The conference participants started arriving at the hotel already on Thursday.	הַמִשתתפים בַּכִּינוּס הִתחילו **לְהַגִּיעַ** לַמָּלון כְּבָר ביום חֲמישי.

18.7.3.3 Participle

Participial head are mainly possible with with verbs of perception.

18.33 #

We heard them going wild all night.	**שָׁמַעְנוּ** אוֹתָם **מִשְׁתּוֹלְלִים** כֹּל הַלַּיְלָה.
We saw them crossing the street.	**רָאִינוּ** אוֹתָם **חוֹצִים** אֶת הַכְּבִישׁ.

18.7.3.4 Verbal Noun

18.34 #

They waited for the plane to land (lit.: for the landing of the plane).	הֵם חִיכּוּ **לִנְחִיתַת הַמָּטוֹס**.
They did not expect such a big price hike.	הם לֹא צִיפּוּ לַ**עֲלִיַּית מְחִירִים** כֹּה גדוֹלָה.

18.7.3.5 Gerund

18.35 #

They waited until sunrise (lit.: the rising of the sun).	הֵם חִיכּוּ עַד **עֲלוֹת** הַשַּׁחַר.
The family waited for his return from the U.S. (lit.: for his returning from the U.S.).	הַמִּשְׁפָּחָה חִיכְּתָה **לְשׁוּבוֹ** מֵאַרְצוֹת הַבְּרִית.

For more about gerunds, see p. 169.

18.8 Existential Sentences

Hebrew expresses the notion of "there is/there exists something somewhere" or "there isn't/something doesn't exist somewhere" with the invariable particles יֵשׁ and אֵין. Sentences which contain these particles are called existential sentences. Hebrew existential sentences in the present tense are also verbless sentences.

Note that the subject of this type of sentence (the thing whose existence the sentence asserts) is usually indefinite.

In the past or future tense, the verb to be, לִהְיוֹת, replaces the particles יֵשׁ and אֵין.

18.36 #

	Future Tense	Past Tense	Present Tense
There is/was/will be enough room.	**יִהְיֶה** מַספיק מָקום.	**הָיָה** מַספיק מָקום.	**יֵש** מַספיק מָקום.
There are/were/will be no butterflies there.	**לא יִהיוּ** פַּרפָּרים שָׁם.	**לא הָיו** פַּרפָּרים שָׁם.	**אֵין** פַּרפָּרים שם.
There is/was/will be a lot of noise here.	**יִהְיֶה** שָׁם הַרבֵּה רַעַש.	**הָיָה** שָׁם הַרבֵּה רַעַש.	**יֵש** שם הַרבֵּה רַעַש.
There are no/never were/never will be good CDs in this store.	בַּחָנוּת הזאת לְעולָם **לא יִהיו** דיסקים טובים.	בַּחָנוּת הזאת מֵעולָם **לא הָיו** דיסקים טובים.	בַּחָנוּת הזאת **אֵין** דיסקים טובים.
Where is there/was there/will there be good coffee?	אֵיפה **יִהְיֶה** קָפֶה טוב?	אֵיפה **הָיָה** קָפֶה טוב?	אֵיפה **יֵש** קָפֶה טוב?
There is/was/will be no such thing!	**לא יִהְיֶה** דָבָר כַּזֶה!	**לא הָיה** דָבָר כַּזֶה!	**אֵין** דָבָר כַּזֶה!
There always are/will be many corrupt politicians.	תָמיד **יִהיו** הַרבֵּה פוליטיקָאים מוּשחָתים.	תָמיד **הָיו** הַרבֵּה פוליטיקָאים מוּשחָתים.	**יֵש** הַרבֵּה פוליטיקָאים מוּשחָתים.
Is/was/will there be any news?	**יִהיו** חֲדשות?	**הָיו** חֲדשות?	**יֵש** חֲדשות?
There is/wasn't/won't be a public phone here.	**לא יִהְיֶה** שָׁם טֶלֶפון ציבּורי.	**לא הָיה** פּה טֶלֶפון ציבּורי.	**אֵין** פּה טֶלֶפון ציבּורי.
As usual, there isn't/wasn't/won't be anyone to talk to.	כָּרָגיל, **לא יִהְיֶה** עִם מי לְדַבֵּר.	כָּרָגיל, **לא הָיָה** עִם מי לְדַבֵּר.	כָּרָגיל, **אֵין** עם מי לְדַבֵּר.
There is/was/will be nothing to do (about it)!	**לא יִהְיֶה** מַה לַעֲשׂות!	**לא הָיָה** מַה לַעֲשׂות!	**אֵין** מַה לַעֲשׂות!
There won't be any more tickets? what are you talking about?	מָה **לא יִהיו** יותֵר כַּרטיסים, לא יכול לִהיות.	מָה? **לא הָיוּ** יותֵר כַּרטיסים?	מָה? **אֵין** יותֵר כַּרטיסים?

Speakers of IH "circumvent" the "impossibility" of a definite noun being the grammatical subject of a predicate containing an existential particle by two (very common) strategies: (1) omitting the existential particle altogether, or (2) adjoining it with a pronominal suffix: יֶשנו, יֶשנָה, יֶשנָם, יֶשנָן.

18.37 #

Is Chomsky on the list?	חומסקי בָּרְשימָה?
Is Chomsky included on the list?	חומסקי יֶשנו בָּרְשימָה?
All the guests are already here [the speaker's location].	כֹּל הָאורחים כבָר יֶשנָם.

18.38 #

It seems that the paradigmatic pressure for attaching a pronominal suffix to the existential particle יֵש comes from an analogy between אֵינו and יֶשנו as in:

The keys are not on the table.	הַמַפתְחות **אינם/לא** עַל השולחָן.
The keys are on the table (colloq).	הספָרים **ישנם** עַל השולחָן.

The subject of existential sentences is generally indefinite.

There are/aren't any books on the table.	**יש/אין** ספרים על השולחן.

When the subject is definite, the existential particle acquires a pronominal suffix, which agrees with the subject in number and gender.

The books are/are not on the table.	הספרים **ישנם/אינם** על השולחן.
The plates are/are not on the table.	הצַלחות **ישנן/אינן** על השולחן.

An obvious alternative to the above is:

The books are/are not on the table.	הספרים ø על השולחן/לא על השולחן.

There is, of course, a difference in meaning between the definite and indefinite alternatives. The definite subject indicates that the books are already part of the discourse. In the case of an indefinite subject, this is not the case; and in fact, the existential particle is what introduces the books into the discourse. The introduction of something into the discourse by using an existential particle is very much like the use of the demonstrative for such a function.

Paraphrasing the definite and indefinite sentences, we get in the indefinite case that there are no books on the table, but there might be something else on the table; the focus is on the table. In the case of the definite subject the books we were talking about are not on the table, but they may be somewhere else; the focus is on the book.

In the following sentence the existential particle behaves like a verb, and as such it licenses a definite subject and the definite direct object marker **אֶת**.

Is Chomsky OM on the list?	יֵשׁ **אֶת** חומסקי בָּרְשִׁימָה?
Is Chomsky on the list?	חומסקי בָּרְשִׁימָה?

18.8.1 "משחק מילים: נאסף אל אבותיו", אהוד אשרי

לאסקימואים **יש** המון מלים נרדפות ל"שלג". **ל**ישראלים **יש** המון מלים נרדפות ל"מוות": "מת", "נפטר", "הסתלק", "נלקח", "נפל", "איננו", "הלך לעולמו", "הלך לבית עולמו" [...], "נאסף אל אבותיו", "השיב נשמתו לבוראו", "הלך לעולם שכולו טוב"

ובטח **יש** עוד כמה. חלק מהמגוון הזה נוצל השבוע בקשר למחלתו המסתורית של ערפאת. האלוף עמוס גלעד, למשל, אמר: "כאשר ערפאת ייאסף אל אבותיו", ועורר את חמתו של אליקים העצני.

העצני סבור שזה ביטוי חיובי מדי בשביל אחד כמו ערפאת. הוא חושב שערפאת צריך "למות", לא "להיאסף אל אבותיו". אפשר להבין אותו. כל הביטויים שלמעלה (חוץ מ"מת") שואבים מהמסורת יהודית ומציינים בדרך כלל מוות של יהודים. זה מה שמפריע לאוזן של העצני. למוות של ערבים **אין** הרבה מלים בעברית. בקושי שלוש. או שהם "מתים", או שהם "נהרגים" או שהם "מתאבדים" (אהוד אשרי, הארץ, 5 לנובמבר, 2004).

18.9 Ambiance Sentences

There is a type of Hebrew sentence in which the semantic (but not the syntactic) subject of the sentence has the thematic content of an Experiencer. In these cases, the (thematic) subject of the sentence is not marked by a subject pronoun such as אֲנִי, אַתְּ

etc., but rather by the indirect object pronoun לִי, לךָ, לנו, etc.

All sentences in #18.39 have to do with the feeling of the Experiencer about his or her environment or circumstances. The verb or adjective in these sentences — generally in the initial position — remains invariable, independently of the gender and number of the experiencer(s).

18.39 #

Are you cold?	קַר **לָכֶם**?	I am cold.	**קַר לִי.**
I am sad.	עָצוּב **לִי.**	I am bored.	מְשַׁעֲמֵם **לִי.**
Aren't you hot?	לא חַם **לךָ**?	I am hot.	חַם **לִי.**
I feel awful.	רַע **לִי.**	It's difficult for her.	קָשֶׁה **לָהּ.**
You had it coming!	טוב **לךָ!**	I don't feel well.	לא טוב **לִי.**
I feel like going to the beach.	מִתחַשֵׁק **לִי** לָלֶכֶת לַיָם.	Life is good to me.	הולֵךְ **לִי** בַּחַיים.
I feel like going to a movie.	בָּא **לִי** לָלֶכֶת לְסֶרֶט.	It is worth your while to study Hebrew.	כְּדַאי **לךָ** ללמוד עִברית.
I don't feel comfortable telling him that he's not invited.	לא נָעִים **לִי** לְהַגִיד לו שֶׁהוּא לא מוּזמָן.	They don't have it easy.	לא קַל **לָהֶם.**
Do you mind opening the window?	אִכפַּת **לךָ** לפתוחַ אֶת החַלון?	I don't care/I don't give a hoot.	לא אִכפַּת **לִי.**

18.40 #

The following sentences are good examples of how far the notion of ambiance can be carried.

Poor thing (f.), her son was killed (lit.: a son died on her) in the Lebanon war .

מסכנה, **נהרג לה/הלך לה** בן במלחמת לבנון.

I, as a mother, have to fight all the troubles; I must defend this kid from innumerable afflictions and natural disasters. I must guard him so that thunder won't strike him, so that the earth won't swallow him up.

אֲני כאם חייבת להילחם בכל הצרות, אֲני חייבת להגן על הילד הזה מפני אינספור רעות חולות ופגעי טבע. אֲני חייבת לשמור עליו שלא יכה בו הרעם, **שהאדמה לא תִבלַע לי אותו** (אורלי קסטל בלום, "דולי סיטי", עמ' 18).

In the above examples the use of the ambiance preposition [-לְ] marks the party the speaker thinks is most affected — this does not necessarily reflect "reality."

אבל סבינה לא רוצה לחשוב על ארוחת הערב. היא מנסה לאחוז בזנבו של השיר הקטן ש**ברח לה**. השיר הקטן כמו עכבר לבן. איפה הוא מתחבא לה עכשו? (רביקוביץ, "באה והלכה", עמ' 89).	But Sabina does not want to think about dinner. She is trying to hold on to the tail of the little poem that ran out on her — the little poem, like a white mouse. Where is it hiding on her now?

The following expressions contain another noun besides the experiencer. The "other noun" is considered the grammatical subject of the expression and therefore the verb agrees with it.

18.41 #

כּוֹאֵב לִי **הרֹאש**.	I have a headache.
כּוֹאֶבֶת לִי **הבֶּטֶן**.	I have a stomachache.
כּוֹאֲבוֹת לִי **הרַגלַיים**.	My legs hurt.
כּוֹאֵב לִי **הלֵב** עֲלֵיהם.	I feel for them (lit.: my heart hurts me for them).

18.10 Contrastive Sentences

Contrastive sentences of the type "not a but b" contain a negation element — either לא, אַל, אֵין — in the first part, and a contrast-marking term, אלא, in the second part. Other negating elements such as the prefixes בְּלתי or אי are not licensed in these positions.

18.42 #

מִפעָל שֶׁל בינוי-אוּמָה זָקוּק **לא** רק לזיכָּרוֹן **אֶלָא** גם לְשִׁכְחָה (מקור לא ידוע).	Nation-building requires not only memory but forgetfulness, too.
הוא **לא** הָלַךְ **אֶלָא** רָץ.	He did not walk but run.
הוא **לא/אֵינו** חָכָם **אֶלָא** טיפש.	He is not smart but stupid.
אַל תשלַח לו מֵייל **אֶלָא** תְטַלפֵן אֵליו.	Don't send him email, but call him.

Another type of contrastive sentence is "not p unless q":

18.43 #

Don't come unless you are called.	**אַל** תָבוא **אֶלָא אִם כֵּן** יְטַלפְנו אלֶיךָ.
He claims that Israel won't return to the 1967 borders unless the U.S. threatens her with sanctions.	הוא טוען שישראֵל לא תַחזור לגבולות 1967 **אֶלָא אִם כֵּן** אַרצות הברית תְאַיֵים עָליה בסַנקציות.
She won't finish the exam unless a miracle happens.	היא **לא** תִגמור אֶת הבחינָה **אֶלָא אִם כֵּן** יִקרֶה נֵס.

18.44 #

In the following sentences, the two parts of the sentence must be related semantically:

It is not the professors who are on strike but the lecturers.	**לא** הפרופסורים שובתים, **אלא** המרצים.
*The professors are not on strike, but the children are going to school.	*הפרופסורים **לא** שובתים, **אלא** הילדים הולכים לגָן.
The fact remains that except for this text, this is just a local history of Tel Katsir.	העובדה נשארת בעינה, **שפרט** לטקסט הזה, **זאת אינה אלא** היסטוריה מקומית של תל קציר.
It's not enough that he did nothing for the party, but he also brought his stupid girlfriend along.	**לא די ש**הוא לא עשה שום דבר לקראת המסיבה **אלא ש**הוא גם הביא איתו את החברה המטומטמת שלו.
It's true that I had a bathing suit, but it was old already.	**אומנם** היה לי בגד ים **אלא ש**הוא היה כבר ישן.
Do you think that he really cares what's going on in the department? However, this year he has been nominated for a prize, and he's trying to look as good as possible.	את חושבת שבאמת מעניין אותו מה קורה במחלקה? **אלא ש**השנה הוא מועמד לפרס והוא מנסה להיראות כמה שיותר טוב.
You deceive no one but yourself.	אתה **מרמה** רק את עצמך. אתה **אינך** מרמה **אלא** את עצמך.
This man is nothing but a crook.	האיש הזה **אינו אלא** רמאי.

He drank nothing but water.	הוא **לא** שתה **אלא** מים. הוא **לא** שתה כלום, **רק** מים.
She disconnected the water only to annoy her neighbor.	היא **לא** ניתקה את המים **אלא** כדי להרגיז את השכנה שלה. היא ניתקה את המים **רק** כדי להרגיז את השכנה שלה.
I saw him again only many years later (formal).	**לא** חזרתי לראותו **אלא** כעבור שנים רבות.

Another excluding use is "not *p* אלא אם כן *q*" (not p unless q)

I won't come unless I get a formal invitation.	אני **לא** אבוא **אלא אם כן** אקבל הזמנה רשמית.

Same argument scale	It is not certain but possible.	**זה לא ודאי אבל אפשרי.**
Not the same argument scale	It is not possible but certain.	*זה **לא** אפשרי **אבל** ודאי.
Denial of expectation	Dani is a member of the Likud, but he is a decent person.	דני הוא ליכודניק, **אבל** הוא אדם הגון.

Note the two types of "but" in Hebrew: אבל (but) and אלא (but rather).

אבל is much less restricted than אלא. It can be used in the beginning of a sentence, it does not have to be contiguous with what it is 'butting." It can bring up a whole new topic (almost like א-פרו-פו) or introduce a new direction in the conversation.

תביאי לי בבקשה קפה, **אבל** מהר.

Note also that **אלא**, (but not -אלא ש) must always be accompanied by a term of negation:

ממשלת ישראל, במלוא הכבוד הראוי, **אינה** מייצגת את העם היהודי, **אלא** את אזרחי מדינת ישראל שבחרו בה (עדיין דמוקרטיה? שולמית אלוני, הארץ 11.15.2007).

מדינת הלאום **אינה** מדינת כל אזרחיה **אלא** דווקא המדינה של עם הרוב, או הקולקטיב הלאומי החי בה (רות גביזון, הארץ 11.18.2007).

גביזון **לא** חידשה כאן דבר, **אלא** חזרה על המנטרות השגויות, שנהפכו למרבה הצער לקונסנסוס בקהילה האקדמית והמשפטית בישראל (דן תמיר, מהדורת האינטרנט הארץ 16.3.10).

18.11 Sentences with Relative Clauses (משפט זיקה)

> What is a relative clause?
>
> A relative clause is a clause which describes the referent of a head noun or pronoun. It often restricts the reference of the head noun or pronoun.
>
> A relative clause is not necessarily a constituent of the noun phrase containing the head noun it modifies.

Relative clauses supply information about nouns or noun phrases they modify, the same way that adjectives and other modifiers do.

Hebrew relative clauses, like Hebrew adjectives, follow the nouns or noun phrases they modify. They can modify subjects of sentences, direct objects and indirect objects of verbs, and prepositional phrases.

The relative clause is generally introduced with the particles [-שֶׁ], אֲשֶׁר or [-ה].

The particles [-שֶׁ] and אֲשֶׁר can modify clauses independent of tense and referent, while [-ה] can only be associated with present-tense clauses, where the verb refers to the head noun in the main clause and is co-referential with it.

18.45 #

		*האיש **הרואים אותו** מִכָּאן הוא נָמוּךְ.
Since the head noun is singular and the verb plural, the [-ה] cannot be used, only [-שֶׁ] or אֲשֶׁר.	The man you see from here is short.	האיש **שֶׁרוֹאִים** אותו מִכָּאן הוא נָמוּךְ.
		האיש **אֲשֶׁר** רואים אותו מִכָּאן הוא נָמוּךְ.
		האיש **הַנִּרְאֶה** מִכָּאן הוא נָמוּךְ.
		*האיש **הֲהָיָה** כָּאן הוא דוד שלי.
Since the verb in the relative clause is in the past tense, only [-שֶׁ] and אֲשֶׁר, but not [-ה], can be used.	The man who was here is my uncle.	האיש **שֶׁהָיָה** כָּאן הוא דוד שלי.
		האיש **אֲשֶׁר** הָיָה כָּאן הוא דוד שלי.

18.11.1 Relative Clauses Modifying the Subject of a Sentence

18.46 #

Level of Formality		
Regular	The guy who is sitting by the window is my teacher.	הבָּחור **שֶׁ**יושֵׁב עַל יָד החַלון **הוּא** המורֶה שֶׁלי.
Formal, Written		הבָּחור **ה**יושֵׁב עַל יָד החַלון **הוּא** המורֶה שֶׁלי.
Formal, Written	The guy who is sitting by the window is my teacher.	הבָּחור **אֲשֶׁר** יושֵׁב עַל יָד החַלון **הוּא** המורֶה שֶׁלי.

The הוא in #18.46 (above) functions as a copula.

For more copula, see "Linking Words in Verbless Sentences," p. 294.

18.11.2 Relative Clauses Modifying the Direct Object of a Sentence

Unlike other types of relative clauses which require a resumptive pronoun, the direct object pronoun may often, but not always, be omitted.

18.47 #

The movie that we saw yesterday was awfully boring.	הסֶרֶט **שֶׁ**רָאינוּ (**אותו**) אֶתמול הָיָה נורָא מְשַׁעֲמֵם.

18.11.3 Relative Clauses Modifying the Indirect Object of a Sentence

Relative clauses contain a resumptive pronoun (pronominal copy) which refers back to its antecedent, namely to the noun or noun phrase it modifies. The pronoun is, in effect, a preposition with a pronominal suffix. The suffix agrees with its antecedent (the noun or noun phrase it modifies) in gender and number.

18.48 #

Here is the student whom I gave the book to.	הינֵה הסטודֶנט **שֶׁ**נָתַתי **לו** אֶת הסֵפֶר.
The house that I used to lived in no longer exists.	הבַּיִת **שֶׁ**גַרתי **בּו** כְּבָר לא קַיָים.
The houses that I lived in always had a yard.	לַבָּתים **שֶׁ**גַרתי **בָּהֶם** תָמיד הָיתָה גינָה.
The house that we live in was built a hundred years ago.	הבַּיִת (**שֶׁ**)**בּו** אֲנַחנו גָרים נִבנָה לִפנֵי מֵאָה שָׁנים.
The woman (that) I spoke to is	הָאישָׁה **שֶׁ**דיבַּרתי **איתָהּ** היא ......
The women (that) I spoke to are ...	הַנָשים **שֶׁ**דיבַּרתי **איתָן** הֵן ....

The pronoun which is used to refer to the antecedent depends on the preposition associated with the verb.

18.49 #

	לַעֲזוֹר לְ- help
The student we helped took us out to dinner	הסטוּדֶנטית שֶׁ**עָזַרנו לָה** לָקחָה אותָנו לַאֲרוּחַת עֶרֶב.
	לָשֶׁבֶת **עַל** sit
The cat peed on the sofa you're sitting on.	הֶחָתוּל הִשתין על הַסַפָּה שֶׁאתָה **יושֵׁב עָלֶיהָ**.
	לְהִשתַמֵשׁ **בְּ**- use
Rina gave me a spoon, but I didn't use it.	רינָה נָתנָה לי כַּפית אֲבל לא **הִשתַמַשתי בָּה**.

18.11.4 Can the Relative Particle be Omitted?

18.50 #

While English relative clauses license the omission of "who," "which," or "that" in relative clauses (1&2 below), formal IH, until recently, required [-ה], [-ש] or **אשר** to precede all relative clauses (1-3, below).

Lately however, there are more and more speakers and writers who prefer to omit [-ש] and **אשר** in their relative clauses wherever possible (4-7, below).

Note that in such cases, the resumptive pronoun has to immediately follow the head noun.

Passengers ø leaving on Flight 738 ...	נוסעים **שֶׁ**טָסים/**ה**טָסים בטיסָה 738.....	1.
The house ø I bought needed much repair.	הבַּיִת **שֶׁ**קָניתי היה זקוק להרבה שיפוצים.	2.
Following the events, there was also a political commotion which encompass the whole Israeli political establishment.	בעקבות האירועים התחוללה גם מהומה פוליטית, **אשר** הקיפה את המערכת הפוליטית הישראלית כולה.	3.
The house ø we live in was built 100 years ago.	הבַּיִת ø**בּו** אֲנַחנו גָרים/גַרנו/נָגור נִבנָה לִפנֵי מֵאָה שָׁנים.	4.

The store I work in was broken into yesterday.	אֶתמול פָּרצו לַחָנות ø**בָּה** אֲני עובֵד.	5.
The city about which the book was written is Tel Aviv.	העיר ø **עָלֶיהָ** נִכתַב הסֵפֶר היא תֵל אָביב.	6.
The teacher we hated when we were in the 6th grade became a member of the Kenesset.	המורה ø**אותו** שנאנו כשהיינו בכיתה ו' הפך לחבר כנסת.	7.
Relative clauses modifying subjects of sentences do require a relative-clause particle.		
The characters in the story, who were all born in Berlin, told the story of the war from their own personal point of view.	הדמויות בסיפור, **שכולן** כאחת נולדו בברלין, סיפרו את סיפור המלחמה מנקודת המבט האישית שלהן. *הדמויות בסיפור, ø**כולן** כאחת נולדו בברלין, סיפרו את סיפור המלחמה מנקודת המבט האישית שלהן.	8.

18.12 Cleft Sentences

The reformulated sentence (below) is called a cleft sentence, because a sentence with an unmarked, regular word order is divided, split (or "cleft") into two clauses, e.g. "It was Galit who studied Hebrew at UC Berkeley." Cleft sentences are used to emphasize one or more parts of a declarative sentence by rearranging them.

The structurally unmarked, declarative sentence:

18.51 #

Galit studied Hebrew at UC Berkeley.	גָלית לָמדָה עִברית בָּאוניבֶרסיטָה שֶׁל בֶּרקלי.

The examples in **#18.52** are reformulated to shift the focus on the various parts of **#18.51.**

18.52 #

It was Galit [rather than someone else] who studied Hebrew at UC Berkeley.	זֹאת הָיתָה **גָלית** שֶׁלָמדָה עִברית בָּאוניבֶרסיטָה שֶׁל בֶּרקלי.
It was Hebrew [rather than any other language] that Galit studied at UC Berkeley.	**עִברית** זֶה מה שגָלית לָמדָה בָּאוניבֶרסיטָה שֶׁל בֶּרקלי.

בֶּרקלי היא הָאוניבֶרסיטָה שֶׁבָּה גָלית לָמדָה עִברית.	It was at UC Berkeley [rather than any other university] in which Galit studied Hebrew.

There are cleft sentences in which one part of the sentence begins with -מה שֶׁ or -מי שֶׁ.

18.53 #

מַה שֶׁהוּא עָשָׂה הָיָה אָסון גָדול.	What he did was a major disaster.
מַה שֶׁאֲני לא סובֶלֶת זֶה צַדקָנות.	What I can't stand is self-righteousness.

In #18.54 the order of the two units of the sentence is reversed (these are so called "pseudo-cleft" sentences).

18.54 #

זֶה הָיָה אָסון גָדול **מַה שֶׁ**הוּא עָשָׂה.	It was a major disaster, what he did.
מַה שֶׁבּוּש נָתַן לְאַרצות הבּרית הָיָה גֵירָעון גָדול ומִלחָמָה בּעירָאק.	What Bush gave the U.S. was a big deficit and a war in Iraq.
גֵירָעון גָדול ומִלחָמָה בּעירָאק זֶה **מַה שֶׁ**בּוּש נָתַן לְאַרצות הבּרית.	A big deficit and a war in Iraq, that's what Bush gave the U.S.

18.13 Conditional Sentences

The possibility or impossibility for a condition to materialize (i.e. real or hypothetical conditional) is the main determining factor in the structure of Hebrew conditional sentences.

18.13.1 Real Conditionals

Such sentences state that under such and such circumstances, something will happen. Whatever is talked about can still happen.

18.55 #

אִם תְטַלפֵן אֱלַי הָעֶרֶב, (אֲני) **אֶתֵן** לךָ אֶת מִספַּר הטֶלֶפון שֶׁל סָמיר.	If you call me tonight, I'll give you Samir's telephone number.
אִם הֵם יַגיעוּ מוּקדָם, **ניקַח** אותָם לַמְסיבָּה.	If they arrive early, we'll take them to the party.
אִם אוכלים הַרבֵּה שוקולד, **מַשמינים**.	If you eat a lot of chocolate, you gain weight.

18.13.2 Hypothetical Conditionals

In hypothetical condition sentences, the speaker perceives the condition to be no longer possible, if it ever was. Such sentences state that had certain circumstances prevailed, something would have happened (but it didn't, can't or probably won't happen).

18.56 #

	More Formal	Not Formal
Had you called me last tonight, I would have given you Samir's telephone number.	אילוּ **טילפַנתָ** אֵלַי אֶתמוֹל בָּעֶרֶב (אֲנִי) **הָיִיתִי נוֹתֶנֶת** לְךָ אֶת מִספַּר הַטֶלֶפוֹן שֶׁל סָמִיר.	אִם/אִילוּ הָיִיתָ **מְטַלפֵּן** אֵלַי אֶתמוֹל בָּעֶרֶב (אֲנִי) **הָיִיתִי נוֹתֶנֶת** לְךָ אֶת מִספַּר הַטֶלֶפוֹן שֶׁל סָמִיר.
Had I won the lottery, I would have bought a new car.	אילוּ **הִרווַחתִי** בְּמִפעַל הַפַּיִס, **הָיִיתִי קוֹנָה** מְכוֹנִית חֲדָשָׁה.	אִילוּ/אִם הָיִיתִי **מַרוִויחָה** בְּמִפעַל הַפַּיִס, הָיִיתִי קוֹנָה מְכוֹנִית חֲדָשָׁה.

18.13.3 Counterfactual Conditionals

In counterfactual condition sentence, the speaker states what would be the case if the antecedent were true.

18.57 #

If granny had wheels, she'd be a bus.	**אילוּ/אִם** לְסַבתָא הָיוּ גַלגַלִים, הִיא **הָיתָה** אוֹטוֹבּוּס.
If I knew you were interested/had I known you were interested, I would have called.	**אילוּ/לוּ יָדַעתִי** שֶׁאַתָה מְעוּניָין, **הָיִיתִי** מְטַלפֶּנֶת אֵלֶיךָ.
If you lived in Israel/had you lived in Israel, you would have gone crazy.	**אילוּ/אִם** הִיִיתָ חַי בָּאָרֶץ, הָיִיתָ מִשתַגֵעַ.
If you lived in Israel/had you lived in Israel, you too would listen to the news on the hour.	**אילוּ חָיִיתָ בָּאָרֶץ הָיִיתָ** גַם אַתָה רוֹאֶה כָּל שָעָה חֲדָשוֹת.
If you lived in Israel/had you lived in Israel, you would have learned how to get along/manage.	**אִם/אִילוּ הָיִיתָ** חַי בָּאָרֶץ **הָיִיתָ** לוֹמֵד לְהִסתַדֵר.

In the case of a real condition, the verb in both parts of the sentence has the future tense form (or present tense in the case of generics), since both the fulfillment of the condition and the result of that fulfillment may yet happen, and if they do, this will happen after the moment of speech.

In the case of a hypothetical condition (*irrealis*), the part of the sentence which expresses the condition can be expressed either by a verb in the past tense or by a complex verb form, which is a combination of the past tense form of the verb "to be" (לִהיות) plus the present tense of the main verb. The "condition" word for "if" in this case is **אם** in colloquial, spoken Hebrew or אילוּ in more formal forms of the language. In colloquial Hebrew, the verb in the result clause is invariably the complex verb form.

18.13.4 The Negative Conditionals: אילו לא, לולא, אילמלא

18.58 #

If I didn't have a computer, I wouldn't have written the book.	**אילולֵא הָיָה לי** מַחשֵב, לא הָייתי כּותֶבֶת אֶת הסֵפֶר.
If you hadn't called, I wouldn't have woken up.	**לוּלֵא טילפַנת** אלַי, לא הָייתי מִתעורֶרֶת.

The conditional אילמָלֵא (if not for) is the only one which can be followed by both a noun or a clause. It is not, strictly speaking, hypothetical but involves a presupposition that the condition which might have not obtained — in fact did.

18.59 #

If not for the rain, all the flowers would have wilted.	**אילמָלַא** הגֶשֶם, כֹּל הפרָחים הָיו נובלים.
Had you not been there, they would have made Xalfon department chair.	**אילמָלַא** הָיִיתָ שָם, הֵם הָיו מַצבּיעים בְּעַד חַלפון כְּרֹאש חוג.
Had you not been there, the meeting wouldn't have been a success.	הִישיבָה לא הָיתָה מַצליחָה, **אילמָלֵא** בָּאת.

The simple past tense (e.g. אָכַלתי, below) is used generally with the conditional אילו and not with **אִם**. The use of the simple past tense in the condition clause is rarer than the use of the complex past-tense form of the verb (e.g. הייתי אוכֶלֶת, below).

18.60 #

	More Formal	Less Formal
If I didn't eat so much chocolate, I wouldn't have gained over twenty pounds.	**אילוּ לא אָכַלְתִּי** כל כָּךְ הַרְבֵּה שוקולָד, לא **הָייתִי** מַשמִינָה בְּעֲשָׂרָה קילו.	**אילוּ/אִם לא** הָיִיתִי אוכֶלֶת כל כָּךְ הַרְבֵּה שוקולָד, לא **הָייתִי** מַשמִינָה בְּעֲשָׂרָה קילו.
Had I known, I would have come.	**אילוּ יָדַעְתִּי**, **הָייתִי** בָּאָה.	אילוּ/אִם **הָייתִי** יודַעַת, **הָייתִי** בָּאָה.
Had Israel returned all the Occupied Territories, there would have been peace long ago in the Middle East.	**אילוּ הֶחזירָה** יִשׂרָאֵל אֶת השטָחים, **הָיָה** כּבָר מִזמָן שָׁלום בַּמִזרָח התיכון.	**אילוּ/אִם** יִשׂרָאֵל **הָיתָה מַחזירָה** אֶת השטָחים, **הָיָה** כּבָר מִזמָן שָׁלום בַּמִזרָח התיכון.

Note the difference in the pairs of sentences in #18.60. The sentences in the left-hand column are more formal due to the use of אילו + past tense, which in turn triggers a word order of verb-subject. However, in the less formal version, on the right-hand side, both אילו and אם are used, and the word order is usually subject-verb.

18.61 #

Had we not bought the house, we would have been able to buy the yacht.	**לו לא** קָנינו אֶת הבַּית, **הָיינוּ יְכולים** לקנות אֶת הַיַכטָה.
If you were a mensch, you would have done something about it.	**אילוּ הָיִיתָ** בֶּנאָדָם, **הָיִיתָ עושֶׂה** מָשֶׁהו בַּנושֵׂא.

18.13.5 Quasi-Conditionals

The following sentences are conditionals in form, but are actually used to register one's disenchantment with some situation. The speaker chastises the addressee for something the addressee could have done better.

18.62 #

If you knew, why didn't you tell [me] about it?	**אִם** יָדַעת לַמָה לא סיפַּרת?
If you went to the grocery store, it's a shame you didn't tell me; you could have gotten me some cigarettes.	**אם כּבָר** הָלַכת לַמַכּולֶת, חֲבָל שֶׁלא אָמַרת לי, **הָיִיתָ יָכול** לִקנות לי סיגָריות.

18.13.6 "As If" Clauses

18.63 #

He behaves as if everybody owes him something.	הוּא מִתְנַהֵג **כְּאִילוּ** כּוּלָּם חַיָּיבִים לוֹ מָשֶׁהוּ.
You look like you haven't slept in three days.	אַתְּ נִרְאֵית **כְּאִילוּ** לֹא יָשַׁנְתְּ שְׁלוֹשָׁה יָמִים.
You look like you have been on vacation.	אַתֶּם נִרְאִים **כְּאִילוּ** הֱיִיתֶם בְּחוּפְשָׁה.

18.13.6.1 A Word about כאילו

המילה העברית '**כאילו**' אמורה להביע: מה שאנחנו רואים איננו מה שיש, מה שנגלה לעין מתחלף במראית עין חדשה, ובקיצור, **כאילו**.

בסדר פסח, למשל, אנחנו אומרים כל שנה: "בכל דור ודור חייב אדם לראות את עצמו **כאילו** הוא יצא ממצרים".

בעברית הישראלית יש **ל'כאילו**' שימושים רבים. למשל: בן גוריון אמר שבועיים אחרי פרוץ מלחמת העולם השנייה "עלינו לעזור לבריטים כאילו אין ספר לבן, ולעמוד נגד הספר הלבן כאילו אין מלחמה". בכך יצר בן גוריון דפוס לשוני שבו השתמשו מנהיגים ישראלים אחרים.

בעברית קיים גם הביטוי 'כאילו כלום' שבא מהעברית הגששית שהפכה את הביטוי '**כאילו**' לתמצית הקיום הישראלי. "אני מבין", אומר השליח בבנק, "אני מקבל ספרות מקצועית **כאילו** אני יודע לקרוא". '**כאילו**', שנאמר במקרה בהדגשה ערמומית, הוא האח של הביטוי הנפוץ ביותר של הגששים: "ישראבלוף".

יש גם '**כאילו**' חדשה שהיא מה שקוראים לו באנגלית filler ובעברית "קשר ריק". הכוונה למילה או ביטוי שאמורים להקל על שטף הדיבור. ה"כאילו" הזאת התגלגלה לעברית לתפקיד הזה ישר מן האנגלית האמריקנית שבה like היא מילת "קשר ריק" (על פי "החיים המתוקים של **כאילו**", רוביק רוזנטל).

18.14 Word Order in Hebrew Sentences

18.14.1 Subject-Verb and Verb-Subject Word Order

In #18.64, we have the unmarked word order of Hebrew sentences.

18.64 #

	Object	Verb	Subject
Aviva lives in Berkeley.	בְּבֶּרקלי	גָּרָה	אֲבִיבָה

In more formal contexts, we find a more versatile word order. Sentences may start with the object, have the verb precede the subject, or have the adjective precede the copula.

18.65 #

(1) את כל השירים ב"כינוס דומיות" — להוציא שלושה שערים — **כתב משורר היידיש** אברהם סוצקבר בישראל (הארץ, תאריך לא ידוע).

All the poems in "Assembly of Silences" — except for three sections — were written in Israel by the Yiddish poet Avraham Sutskover.

(2) הזמן החלומי שבו העולם **חדש היה**, הסבל לא נודע ובני-האדם התהלכו עם האלים (ירושלמי, "זכור", עמ' 23).

That was [the dreamy time when the world was new, suffering was unknown, and humans walked about with the gods.

18.66 #

Object	Subject	Verb	PP	Object	Subject	Verb	PP
לְהַמשיך לְהִתְקַיֵּם כְּיֵשׁוּת נִפְרֶדֶת.	הַיְּהוּדִים	הִצְלִיחוּ	רק בִּזכוּת האַנְטִישֶׁמִיּוּת	כִּי	שפִּינוֹזָה	טָעַן	>> בַּמֵּאָה ה-17
to maintain their existence as a separate entity.	the Jews	managed	only due to anti-Semitism	that [new clause]	Spinoza	argued	In the 17th century

In the seventeenth century, Spinoza argued that only due to anti-Semitism, did the Jews manage to maintain their existence as a separate entity.

18.14.2 Word Order of Objects

When both objects are full nouns — rather than pronouns — their order is optional. The direct object can be either definite or indefinite.

When a verb (generally these are verbs from the semantic domain of giving, delivering etc.) has two objects , and both of them are full nouns (not pronouns), the unmarked order is indirect object-direct object. The reverse order is also quite common. The order mainly depends on the speaker's perception of what is the most informative part of the sentence. Usually, "old information" comes first.

18.67 #

	D.O.	I.O.	
Uri sent his girlfriend a book.	ø סֵפֶר.	לַחֲבֵרָה שֶׁלּוֹ	אורי שָׁלַח
Uri sent his girlfriend Rutie's book.	**אֶת הספר** של רותי.	לַחֲבֵרָה שֶׁלּוֹ	אורי שָׁלַח

	I.O	D.O.	
Uri sent a book to his girlfriend.	לַחֲבֵרָה שֶׁלּוֹ.	ø סֵפֶר	אורי שָׁלַח
Uri sent Rutie's book to his girlfriend.	לַחֲבֵרָה שֶׁלּוֹ.	**אֶת הַ**סֵּפֶר שֶׁל רותי	אורי שָׁלַח

	D.O.	I.O	
Yair bought Smadar a car.	ø מְכוֹנִית.	לִסְמָדָר	יָאִיר קָנָה
Yair bought Smadar the white car.	**אֶת הַ**מְּכוֹנִית הַלְּבָנָה.	לִסְמָדָר	יָאִיר קָנָה

	I.O.	D.O.	
Yair bought a car for Smadar.	לִסְמָדָר.	ø מְכוֹנִית	יָאִיר קָנָה
Yair bought Smadar the white car.	לִסְמָדָר.	**אֶת הַ**מְּכוֹנִית הלבנה	יָאִיר קָנָה

	D.O.	I.O.	
Moshe gave Dani money.	ø כֶּסֶף.	לְדָנִי	מֹשֶׁה נָתַן
Moshe gave Dani the money.	**אֶת הַ**כֶּסֶף.	לְדָנִי	מֹשֶׁה נָתַן

	I.O.	D.O.	
Moshe gave money to Dani.	לְדָנִי.	ø כֶּסֶף	מֹשֶׁה נָתַן
Moshe gave the money to Dani.	לְדָנִי.	**אֶת הַ**כֶּסֶף	מֹשֶׁה נָתַן

When a sentence includes both a direct and an indirect object, if one of them is a pronoun, the pronoun precedes the full noun.

18.68 #

	D.O.	I.O. Pronoun	
They wrote us a/the letter.	ø מִכְתָּב/אֶת הַמִּכְתָּב.	לָנוּ	הֵם כָּתְבוּ
She bought me a/the new sofa.	ø סַפָּה חֲדָשָׁה/אֶת הַסַּפָּה הַחֲדָשָׁה.	לִי	הִיא קָנְתָה

לְדַלְיָה היה אתמול יום הולֶדֶת ואורי קָנָה	לָה	ø מַתָּנָה מַדהימָה	Dalia had a birthday yesterday, and Uri got her an amazing gift.
לְדַלְיָה היה אתמול יום הולֶדֶת ואורי קָנָה	לָה	אֶת המַתָּנָה המַדהימָה שֶעַל השולחָן.	Dalia had a birthday yesterday, and Uri got her an/the amazing gift which is on the the table.

18.69 #

היא כָּתבָה לו מִכתָב. — She wrote him a letter.

גילי קָנתָה שוקולָד ונָתנָה אותו לַבֵּן שֶלָה. — Gili bought chocolate and gave it to her son.

When a verb (generally verbs of the semantic domain of giving, delivering etc.) has two objects, and both of them are pronouns, the usual order is indirect object pronoun before direct one, though the order can be reversed #18.70 to emphasize the referent of the indirect object.

18.70 #

	I.O. Pronoun	D.O. Pronoun	
המַחלָקָה קָנתָה מַחשֵב ונָתנָה	לי	אותו.	The department bought a computer and gave it to me.
	D.O. Pronoun	**I.O. Pronoun**	
המַחלָקָה קָנתָה מַחשֵב ונָתנָה	אותו	לי.	The department bought a computer and gave it to me (and not to anyone else).

In cases where a verb has two objects and both are pronouns, but only one of them obligatory, the obligatory object precedes the optional one.

18.71 #

טובית אָמרָה שֶהכַּתָבָה הבָּאָה שֶלָה תִהיֶה עַל חֶברון, אָמרתי לָה שֶתיקַח **אותי איתָה**, אבָל רק בִּתנַאי שֶהיא נוסַעַת אַחַר-הצהֳריים (רביקוביץ, "באה והלכה", עמ' 90).

Tovit said that her next news report would be about Hebron. I told her to take me along with her, but only if she was going in the afternoon.

18.72 #

The word order of two object pronouns is not clear-cut. A few variables come into play: the nature of the indirect object, whether it is governed or not, what the speaker wants to stress, and the nature of the preposition itself.

David and Yonatan sent him to me.	*דויד ויונתן שָׁלחו **אלי אותו**.	דויד ויונתן שָׁלחו **אותו אלַי**.
Roni invited us to her place.	*היא הִזמינָה **אליה אותנו**.	רוני הִזמינָה **אותנו אֱליהָ**.

אחרי זמן מה אני מרגיש שהיא מכריחה אותי לשמור על הילדים שלה, במקום שהיא בעצמה תשגיח עיהם. כל הזמן אני יותר ויותר מתמלא כעס עליה רוצה לצעיק: "בהמה שכמותך, למה את שקטה כל כך? ומה תעשי אם יסחבו **לך אותם** עכשיו?"/ ***אותם לך** עכשיו?" (בנימין תמוז, "הזיקית והזמיר", עמ' 32)

18.14.3 Word Order in Noun Phrases

In a noun phrase, modifiers follow the noun they modify.

18.73 #

	Adjective	Noun
an interesting book	מְעַנְיֵן	סֵפֶר
an awesome show/play	מַדהימָה	הַצָּגָה

If the noun phrase includes a demonstrative adjective, the demonstrative is generally the last item in the noun phrase. Note that adjectives agree with their nouns in gender, number and definiteness.

18.74 #

This beautiful new car belongs to my sister. הַמְכונית הַחֲדָשָׁה וְהַיָּפָה **הַזֹּאת** שַׁיֶּיכֶת לַאֲחותי.

See also "Adjectival Use of הזה," p. 59.

18.14.4 Word Order and the "Packaging" of Information

In the above section, we concentrated on the word order of subjects and non-subject units in a sentence from a structural point of view. We asked: when a unit has a subject, a direct object and an indirect object, what is its regular word order. Speakers of the language can choose to package the information they wish to convey, be it in speech or in writing. We cannot string single words or sentences any way we want; syntactic structures (combinatory rules of languages) tell us that, in Hebrew, for example, the adjective must follow the noun. However, in terms of the constituents of sentences — subject noun phrases, direct and indirect objects, prepositional phrases, etc. — we are free to string them according to what we think is the best way to deliver our message. We, the speakers, decide what we want our single sentences or whole discourse to be about, and what we consider (based on what was already mentioned and what we think our addressee knows) to be "old information" and "new information and we arrange the linear order of our sentences accordingly.

The two Hebrew sentences in #18.75, below, are the same in English. The content is the same, but the Hebrew speaker would use a different word order in the second sentence, when his interlocutor (the person he is speaking to) has already said something about his sisters, namely when the topic of "sisters" is already part of the conversation. Note that the English speaker can acknowledge this fact only in speech by placing an intonational stress on the pronoun.

18.75

	Stressing the Possessor or Experiencer	Default Word Order
I have three sisters.	לִי יֵשׁ שָׁלוֹשׁ אֲחָיוֹת.	יֵשׁ לִי שָׁלוֹשׁ אֲחָיוֹת.
He has no problems.	לוֹ אֵין בְּעָיוֹת.	אֵין לוֹ בְּעָיוֹת.

18.15 Coordination of Clauses

Coordinate phrases and clauses are joined by coordinating words such as the following.

18.76

but	אֲבָל	also, too	גַם	
			and	וְ-
but (formal)	אַךְ	also, too (formal)	אַף	

Only structures of a similar type may be coordinated: for example: noun (phrase) and noun (phrase), verb (phrase) and verb (phrase), adjective (phrase) and adjective (phrase), etc.

18.15.1 Adjective and Adjective

18.77

הסיפּוּר **קָצָר וְמַצחיק.** — The story is short and funny.

הוּא איש יְשַׁר דֶּרֶך, **חָכָם וְלֹא פַּלצָן.** — He is an honest man, wise and not pompous.

הָאוֹפֶּרָה הָיְתָה **אֲרוּכָּה וְלֹא מְשַׁעֲשַׁעַת.** — The opera was long and not entertaining.

18.78

קולות הקצה ברורים וחזקים, **אך** מוטעים ומסוכנים (רות גביזון, yNet, 1.30.2005).

18.15.1.1 Verb M. Sg. and Verb M. Sg.

18.79

הוּא **עוֹבֵד וְלוֹמֵד.** — He works and goes to school.

הוּא **מָכַר בַּיִת וְקָנָה** סִירָה. — He sold a house and bought a boat.

18.15.1.2 Infinitive+Object and Infinitive+Object

18.80

הוּא רוֹצֶה **לִנסוֹעַ** לישׂרָאֵל **וְלִלמוֹד** שָׁם עִברית. — He wants to go to Israel and study Hebrew there.

הוּא רוֹצֶה **לִנסוֹעַ** לישׂרָאֵל **וְלָנוּחַ.** — He wants to go to Israel and rest.

18.15.1.3 Object of the Verb and Object of the Verb

18.81

הֵם **שׁוֹתִים** קָפֶה **וְאוֹכלים** גלידָה. — They are drinking coffee and eating ice cream.

אַתָּה רוֹצֶה לָלֶכֶת **לְהַצָּגָה אוֹ לְסֶרֶט?** — Do you want to go to a play or to a movie?

18.82

הציונות היא הכוח המניע מאחורי הקמת המדינה. כיום, הציונות היא תנועה המחזקת **את** ההגדרה העצמית היהודית בישראל **ואת** הקשר בין הקהילות היהודית בישראל ובתפוצות (רות גביזון, yNet, 1.30.2005).

When two verb phrases are coordinated, the verbs in each phrase have to be of the same form; namely, you may coordinate either two (or more) infinitives or two (or more) conjugated verbs, but you cannot mix them up.

* He wants to drink coffee and eats ice-cream. — *הוּא **רוֹצֶה לִשְׁתּוֹת** קָפֶה **וְאוֹכֵל גלידָה.**

18.15.1.4 Coordinating Nouns of Different Types

It is usually a bad idea to coordinate nouns of different types, unless you do this intentionally for special effects.

18.83 #

Yesterday I had guests and a headache. — אֶתמול הָיוּ לי אורחים וּכְאֵב רֹאש.

18.16 Text Illustrating Coordinated Structures: "קולות הקצה ברורים וחזקים", רות גביזון

קולות הקצה **ברורים וחזקים, אך מוטעים ומסוכנים**. חיוני להשמיע את קול האמצע.

החלטת מזוז בעניין קרקעות הקק"ל, הוויכוח על חוק האזרחות, **המחלוקת הגוברת בעניין ההתנתקות והגוון הדתי** הניתן לה לפרקים, מחדדים כולם את הסוגיות הקיומיות ביותר שלישראל: האם מוצדק ומעשי לצפות כי זו תמשיך להתקיים כמדינה שבה ממש העם היהודי את זכותו להגדרה עצמית, תוך קיום **משטר דמוקרטי ושמירת זכויות האדם** של כל האזרחים והתושבים? ואם כן, מה מתחייב מכל אלה.

בכל אחת מן הסוגיות נשמעים קולות קצה **ברורים וחזקים: של אלה** הסבורים כי כל ניסיון לשמר את הייחוד של מדינת הלאום היהודית הוא צורה של גזענות, **ושל אלה** הסבורים כי **כל נכונות** לוותר על שליטה בחלקי ארץ-ישראל **וכל עמידה** על עקרון אי-ההפליה כלפי לא יהודים הן הרס הציונות והמדינה היהודית. שני הקולות **מוטעים ואף מסוכנים**.

ישראל אכן אינה מדינה דמוקרטית ליברלית, בורר נייטרלי של האינטרסים של כל **תושביה ואזרחיה**. היא המקום האחד והיחיד בעולם שבו יהודים מממשים את זכותם להגדרה עצמית, המאפשרת להם שליטה על הביטחון וההגירה והתרבות הציבורית בארצם. היעדר היכולת לממש זכות זו אפשר את הזוועות של אושוויץ, שפסקו בדיוק לפני 60 שנה.

זכותם של יהודים למדינה בארץ ישראל הוכרה **בהחלטת עצרת האו"ם** ב-1947 **ובשורת החלטות ארוכה** מאז ועד היום. זו אכן זכות שיש לה משמעות **לא רק ליהודים** בארץ, **אלא לכל** בני העם היהודי באשר הם, ויהודים לא יוותרו עליה בקלות. המשך מימושה של הזכות יכול לחייב צעדים המחזקים את הקיום היהודי בישראל. הקביעה כי השאיפה

הזו, מעצם טיבה, היא צורה של גזענות עושה למדינה היהודית דה-לגיטימציה מסוכנת. מצד אחר, ישראל מחויבת, בדין, לזכויותיהם השוות של כל אזרחיה.

הציונות היא הכוח המניע מאחורי הקמת המדינה. כיום, הציונות היא תנועה המחזקת **את ההגדרה** העצמית היהודית בישראל **ואת הקשר** בין הקהילות היהודית בישראל ובתפוצות. למוסדות הציוניים **יש וצריך להיות** קיום עצמאי מזה של מדינת הלאום היהודית. להבדיל מישראל, החבה כבוד ושוויון לכל אזרחיה, המנדט שלהם הוא קידום האינטרס של העם היהודי באשר הוא. קידום כזה יכול לכלול **רכישת קרקעות** בארץ ישראל לשימושו של העם היהודי, **או גיוס כספים** לפיתוח אינטרסים יהודיים אחרים בישראל. קיומה של המדינה היהודית **אינו מייתר את** המוסדות של העם היהודי, **ואינו הופך אותם** לגזעניים. אלא שהמדינה אינה יכולה להיפטר מחובת אי-ההפליה שלה באמצעות העברת פונקציות ממלכתיות לגופים של העם היהודי.

ולבסוף, ישראל איננה תיאוקרטיה יהודית, הנשלטת על-ידי תורת ישראל. גם אם ההלכה אוסרת זאת (ועל כך יש ויכוח גדול) – מותר למדינה היהודית לוותר על חלקי ארץ ישראל. למעשה, היא חייבת לעשות כך כדי לא לשלוט בעם אחר.

ואם לא תעשה זאת, היא נידונה להיות **לא יהודית ולא דמוקרטית** כאחת. קריאה לסירוב להחלטות מוסמכות בשם ההלכה היא איום **על המשטר הדמוקרטי, על סמכות המדינה, ועל לכידות האומה**. חלקים חשובים בעם היהודי אינם רואים את יהדותם **כקבלת עול תורה וכמחויבות לשלמות הארץ**. נוסף לכך, לחלקים חשובים בעם היהודי יש קיום יהודי מחוץ למדינה **והם רוצים להמשיך בו ולחזקו**.

נכון שכל זה מורכב יותר מקולות הקצה **הברורים והפשוטים**. אבל סיסמאות אינן פותרות בעיות אמיתיות. חשוב לגשת לסוגיות החשובות האלה מתוך השקפת עולם שלמה **המכילה את המורכבות ובנויה עליה**. חיוני להשמיע **בעוצמה ובנחישות** של קול האמצע. (רות גביזון, 30 לינואר 2005 yNet):

19.0 Modality

What is Modality?

The term modality refers to the various ways by which speakers can express their attitudes toward the proposition contained in the sentence they are using or toward an event, situation or character(s) described by the sentence. The term also refers to the general intent of the speaker, or the speaker's degree of commitment to the expressed proposition's believability, obligatoriness, desirability or reality. The expression of modality stands in contrast to the expression of categorical assertions.

Modality in English is expressed by words such as: (im)possible, (im)probable, perhaps, maybe, for sure, necessary, able to, should, must, etc. The following is a partial list of words expressing similar notion in Hebrew.

19.1 Frequently Used Expressions of Modality

19.1 #

לְצַעֲרִי לְדאֲבוני	regrettably	אֲני מְקַווה ש- אני תִקְוָוה ש-	I hope that
יָכול מְסוּגָל יש לאל יָדי	can, able	צָריך חַיָיב מוכרָח	must
לְרוּעַ המָזָל חָבָל ש-	unfortunately	עָשׂוּי עָלוּל ייִתָכֵן ש-	may
יָכול לְהיות שֶ-	it's possible that	נִראֶה לי שֶ- נִדמֶה לי שֶ- נִראֶה שֶ-	it seems that

19.2 Types of Modality

19.2.1 Obligation and Necessity

19.2 #

	Informal
You have to talk to her.	אַתָּה **צָרִיךְ** לְדַבֵּר אִיתָּה.
Something must be done.	**צריכים** לַעֲשׂוֹת משהו.
They must pass the test.	הם **חַיָּיבִים** לַעֲבוֹר את הבחינָה.
I have to finish this book.	אֲנִי **מוכרָחָה/צריכָה/חָיֶיבֶת** לִגמור אֶת הֵספֶר הַזֶה.
You ought to/must talk to him.	אַת **מוּכרָחָה** לְדַבֵּר איתו.
	Formal
We must do everything so that he won't be elected.	**עֲלֵינוּ** לַעֲשׂוֹת הכֹּל כְּדֵי שֶהוּא לא יִיבָּחֵר.
You ought to compromise.	**שׁוּמָה עֲלֵיכֶם** לְהַגִיעַ לפשָׁרָה.
It's necessary to pay attention to all details.	**יֵש לָשִׂים לֵב** לכל הפרָטים.

19.2.2 Ability

19.3 #

	Informal
He can't come tomorrow.	הוּא לא **יָכוֹל** לָבוֹא מָחָר.
You can't/It's not OK to call him at this hour.	לא **יְכוֹלִים** לְטַלפֵן אֶלָיו בשָׁעָה כַּזֹאת.
I can't fall asleep.	אֲנִי לא **יְכוֹלָה** לְהֵירָדֵם.
He is incapable of telling the truth.	הוא לא **מְסוּגָל** לומַר את האֱמֶת.
	Formal
They are unable to reach an agreement that is acceptable to all.	**אֵין לאֵל יָדָם** לְהַגִיעַ לְהֶסכֵּם שֶיִהְיֶה מקוּבָּל על כּוּלָם.

19.4 #

אל יתפתה משרד החינוך או שר החינוך להעלים מספרי הלימוד קטעים העוסקים בנקודת המבט של האחר. מהלך כזה לא יהפוך את התלמיד לציוני יותר, אלא לבור יותר. (הארץ, 20 לאוקטובר 2009).

אַל־יִתְהַלֵּל חֹגֵר כִּמְפַתֵּחַ (מלכים א, כ:11).

19.2.3 Possibility and Probability

Some use עָלוּל to indicate a bad event of the future and עָשׂוּי for neutral or positive events.

19.5 #

הוּא **עָלוּל** לְאַחֵר.	He might be late.
עָלוּל לָרֶדֶת גֶּשֶׁם.	It may rain.
יָכוֹל לִהְיוֹת שֶׁיֵּרֵד גֶּשֶׁם.	It may rain.
יִיתָּכֵן שֶׁיֵּרֵד גֶּשֶׁם.	It may rain.
מְחִיר הבית שֶׁלָּנוּ **עָשׂוּי לַעֲלוֹת.**	The price of our house may go up.

19.2.3.1 "ביטוי מרגיז", רות אלמוג

ביטוי מרגיז: "**עלול**, או **עשוי**, תלוי איך מסתכלים על זה", והיפוכו: "**עשוי**, או **עלול**, תלוי איך מסתכלים על זה". מנהג הלשון הזה מרגיז משני טעמים: ראשית מחמת השחיקה וחוסר המקוריות שבו, ושנית מפני שחבויה בו הבחנה שאין לה בסיס של ממש: "**עשוי**" משמעו בלשון חכמים — שמטבע ברייתו הוא כך. למשל: "כל פתח שאינו **עשוי** להכניס ולהוציא אינו פתח", אומר התלמוד במסכת שבת. כלומר, כל פתח שבשל דרך עשייתו אי אפשר לעבור בו, אינו נחשב פתח. המלה "**עשוי**" אין בה לא מן החיוב ולא מן השלילה, אלא היא נייטרלית ומשמעה "**עשוי** ממש", "בנוי". ואילו המלה "**עלול**" משמעה 'ייתכן'. בדרך כלל אין היא משמשת לחיוב, ובפרט הזה, ורק בו, "האמירה הציבורית" מתיישבת עם מקורותיה של העברית. אין כל מניעה ליצור היום ניגוד וסימטריה בין "**עשוי**" **ל"עלול**", אבל כדאי לדעת שיש בכך מן החידוש, ובוודאי מיותר ללוות כל שימוש באחת המלים האלה ב"תלוי איך מסתכלים על זה" (רות אלמוג, הארץ, 16 באפריל 2002).

19.3 More about Modality

19.6 #

The two main types of modality are deontic and epistemic. Deontic modality covers speakers' expressions of non-linguistic notions of permission, prohibition, obligation, requirement, wishes and desire toward what is stated in the sentence (the proposition of the sentence), as in: "you may eat the whole cake" or "all fascists shall be shot at dawn." Epistemic modality covers speakers' expression of confidence or non-confidence in the truth or factuality of a proposition. Modality can be expressed by modal auxiliaries, modal or sentential adverbs, and by evaluative adjectives and adverbs. The study of modality focuses on the semantics of language (meaning) rather than its syntax .

A term often used in conjunction with modality is mood. The term is used to distinguish among three sentence types (moods) — indicative (statements), imperative (directives) and subjunctive (wishes).

Indicative	It's raining.	יורֵד גֶשֶם.
Imperative	Sit next to Noga.	שֵב על יד נוגָה.
	Take out the garbage (please).	תוריד אֶת הזֶבֶל (בבקשה).

In the second example of an imperative, the verb has the future tense form, but the mood is imperative.

Subjunctive	I wish I were on the beach now.	הלְוַואי שֶהָייתי / מי ייתֵן וְהָייתי על חוף הָים עכשו.

19.4 Referential and Non-Referential Uses of Modality

Some expressions have non-referential use only and as such, they refer to no one in particular. Non-referentiality is often expressed impersonally — without a subject and with the plural form of the verb.

19.7 #

Referential Use of Modality	Non-Referential Use of Modality
אַתֶם צריכים/חַיָבים לְהַגיד לְדָן לָבוא יותֵר מְאוּחָר.	**צָריך/צריכים/חַיָבים** לְהַגיד לְדָן לָבוא יותֵר מְאוּחָר.
You (pl.) have to tell Dan to come later.	[We] ought to tell Dan to come later.

מַה צָרִיךְ לִקְנוֹת?	מַה אֲנִי צְרִיכָה לִקְנוֹת?
צָרִיךְ לִקְנוֹת לֶחֶם, חֶמְאָה וְרִיבָּה.	תִּקְנִי לֶחֶם, חֶמְאָה וְרִיבָּה.
What [do we] need to get? [We] need to get bread, butter and jam.	What shall I get? Get get bread, butter and jam.
צָרִיךְ/צְרִיכִים/מוּכְרָחִים/חַיָּיבִים לְסַפֵּר לוֹ שֶׁאַבָּא שֶׁלּוֹ בְּבֵית חוֹלִים.	אַתָּה צָרִיךְ/מוּכְרָח/חַיָּיב לְסַפֵּר לוֹ שֶׁאַבָּא שֶׁלּוֹ בְּבֵית חוֹלִים.
[Someone] must tell him that his dad is in the hospital.	You (m. sing) have to tell him that his dad is in the hospital
קַר פֹּה, צָרִיךְ לִסְגּוֹר אֶת הַחַלּוֹן.	אֲנַחְנוּ צְרִיכִים לִסְגּוֹר אֶת הַחַלּוֹן.
It's cold in here; [we/you] need to close the window.	We need to close the window.
צָרִיךְ לְנַקּוֹת אֶת הַבַּיִת.	אֲנַחְנוּ חַיָּיבִים/מוּכְרָחִים/עָלֵינוּ לְנַקּוֹת אֶת הַבַּיִת.
[Someone/we] needs/need to clean the house.	We should/must clean the house.
צָרִיךְ לְקַצֵּץ בַּתַּקְצִיב.	עֲלֵיהֶם לְקַצֵּץ בַּתַּקְצִיב.
[Someone/we] must cut the budget.	They must cut the budget.
צָרִיךְ לְהִשְׁתַּדֵּל לִפְתּוֹר אֶת הַבְּעָיָה.	עֲלֵיכֶם לְהִשְׁתַּדֵּל לִפְתּוֹר אֶת הַבְּעָיָה.
An effort must be made to solve the problem	You (pl.) need to make an effort to solve the problem.
יֵשׁ לַעֲשׂוֹת כֹּל מַה שֶׁאֶפְשָׁר כְּדֵי לִפְתּוֹר אֶת הַבְּעָיָיה.	אַתֶּם חַיָּיבִים/צְרִיכִים/מוּכְרָחִים לַעֲשׂוֹת כֹּל מַה שֶׁאֶפְשָׁר כְּדֵי לִפְתּוֹר אֶת הַבְּעָיָיה.
One must do everything possible in order to solve the problem.	You (pl.) must do everything possible in order to solve the problem.
חַיָּיבִים לְפַטֵּר אוֹתוֹ.	שׁוּמָה עָלֵינוּ לְפַטֵּר אוֹתוֹ. (formal)
[We] must fire him.	We must fire him.
אִי אֶפְשָׁר לְהָבִין אוֹתוֹ.	אֲנַחְנוּ לֹא יְכוֹלִים לְהָבִין אוֹתוֹ.
It's impossible to understand him.	We can't understand him.

אָסוּר לְעַשֵּׁן כָּאן.

Smoking is prohibited here.

אָסוּר לִי לְעַשֵּׁן.

I am not allowed to/shouldn't/mustn't smoke.

בְּשִׁיעוּר עִברית **מוּתָּר** לְדַבֵּר רַק עִברית.

In Hebrew class [you're] allowed to speak only Hebrew.

מוּתָּר לָנוּ לְהַבִּיעַ דֵּעָה.

We have the right to voice an opinion.

יֵשׁ לַעֲשׂוֹת כֹּל מַה שֶּׁאֶפשָׁר כְּדֵי לָצֵאת מֵהַבּוֹץ.

[We/you] must do everything possible to get [us] out of the quagmire.

עַל הַמֶּמשָׁלָה לַעֲשׂוֹת כֹּל מַה שֶּׁאֶפשָׁר כְּדֵי לָצֵאת מֵהַבּוֹץ.

It is incumbent upon the government to do everything possible in order to get out of the quagmire.

19.4.1 "צריך להחזיר את הכל", רמי סערי

צָרִיך לְהַחזִיר אֶת הַכֹּל:
אֶת כֹּל הַחִיבּוּרִים לַתַּלמִידִים,
אֶת הַדָּם שֶׁנִּשׁפַּך לַוְּרִידִים,
לְהַחזִיר אֶת הַשְּׁטָחִים לָאֲדָמָה
וְאֶת כֹּל הַקָּרבָּנוֹת לַמִּלחָמָה,
וְשׁוּב לְהַחזִיר אֶת הַכֹּל:
[...]

כִּי עָדִיף לְהַחזִיר אֶת הַכֹּל:
לַכְּתִיב הַמָּלֵא את החוֹלָם,
לֵאֱלוֹהִים אֶת כֹּל הָעוֹלָם,
לְהַחזִיר אֶת הַשְּׁטָחִים לָאֲדָמָה
וְלַשְּׁמָמוֹת לְהָשִׁיב אֶת הַשְּׁמָמָה.
[...]

צָרִיך לְהַחזִיר את הַכֹּל:
לַמִּדבָּר אֶת הַקּוֹל הַקּוֹרֵא,
לְהָשִׁיב נשָׁמָה לַבּוֹרֵא,
וְאֶת תֵּבֵל, אֶת כֹּל הַשֶּׁטַח,
לַזְּמַן הָעֶצוּם שֶׁבַּפֶּתַח.

(הארץ, 5 לספטמבר, 1997)

19.8 #

הוא טען ש**אין לאמץ** הגדרה כה נוקשה של המונח אלגוריה, לשים גבול כה ברור בין זו לבין הסמל הקבלי, ו**שאין גם לקבל ברצינות** רבה מדי את הדוגמה הנוצרית בדבר מעמדה החוץ-אלוהי של הבתולה, **ויש להתחשב** כאן גם במציאות הדתית הלכה למעשה (הארץ, יוני 2004).

For more about "Impersonal Sentences," see p. 299.

19.4.2 More Examples of Referential Modality

ראש הממשלה **עשוי** להזמין בקרוב את יו"ר מפלגת העבודה לשיחה על שיתוף פעולה עתידי - אך הוא לא ימהר להכניס את העבודה לממשלתו.

הם נענשים על שהם **עלולים** להזיק למדינה.

הכנסת **צפויה** הלילה לאשר את התקציב.

למחרת בבוקר הודיע לי הסרג'נט שיש לגרשם לאזור הבריטי, והוסיף שהבחור, עריק מהצבא האדום, **עלול** להיות מוסגר לרוסים, ואת סופו אין לדעת (הארץ, 26 למאי, 2005).

[כש]שישה שופטים של בית המשפט העליון לא מצאו לנכון להרשות לאמן אוסאמה זעתר מרמאללה להתאחד עם אשתו הישראלית יסמין החמודה, בתואנה שהוא **עלול** לסכן את ביטחון המדינה, הבנתי עד כמה המיתוס הזה בדבר ההומניות של בית המשפט העליון הוא אכן אגדה שטופחה על ידי טיפשים, כמו כל המיתוסים בעצם. [...] והכל מפני שאחד מבני המשפחות הקרועות האלה הוא פלסטיני מהשטחים. והם לא רצחו אף אחד ולא עשו רע לאף אחד, אבל הם נענשים על שהם עלולים להזיק למדינה ועל שום שהם זוג מעורב ישראלי פלסטיני. כי כל פלשתינאי באשר הוא, אי אפשר לסמוך עליו לפי תקנות החוק הישראליות, כי הוא **עלול** להיות מחבל (בני ציפר, הארץ, 15 למאי 2006).

19.5 Use of Modality in Editorializing

19.9 #

It's clear that he's made a mistake.	**בָּרוּר** שֶׁהוּא טָעָה.
It seems that he won't show up.	**נִרְאֶה** שֶׁהוּא כְּבָר לֹא יָבוֹא.
It's sure to rain.	**בָּטוּחַ** שֶׁיֵּרֵד גֶּשֶׁם.
It's strange that they haven't gotten here yet.	**מוּזָר** שֶׁהֵם עֲדַיִין לֹא הִגִּיעוּ.
They probably don't like us/it seems like they don't like us.	**כַּנִּרְאֶה** שֶׁהֵם לֹא אוֹהֲבִים אוֹתָנוּ.
Interest rates most probably will not go up this year.	**קָרוֹב לְוַדַּאי** שֶׁהָרִבִּית לֹא תַּעֲלֶה הַשָּׁנָה.

20.0 Expressions of Politeness

20.1 Asking Permission

The structure of these sentences is: politeness term + verb (inf.). In cases where there is an overt addressee, s/he is referred to by the indirect object [-ל], which is typical of ambiance expressions.

20.1 #

May I/we come in?	**אֶפשָׁר** לְהִיכָּנֵס?
May I/we bother you for a minute?	**אֶפשָׁר** לְהַפרִיעַ לָךְ רֶגַע?
May I/we talk to Professor Xantarish?	**אֶפשָׁר** לְדַבֵּר עִם פרוֹפֶסוֹר חַנטָרִיש?
Do you mind if I/someone smokes?	**אִכפָּת לָךְ** אִם מְעַשנִים?
Do you mind opening a window?	**אִכפָּת לָךְ** לִפתוֹחַ חַלוֹן?

See also "Ambiance Sentences," p. 312.

20.2 Making Suggestions

20.2 #

It's worthwhile checking if the mail has arrived.	**כְּדַאי** לִראוֹת אִם הדוֹאָר כּבָר הִגִיעַ.
You should [it's worth your while to] come on time.	**כְּדַאי** לָכֶם לָבוֹא בַּזמָן.
You should [it's a good idea for you to] see the new Israeli movie.	**כְּדַאי** לָךְ לִראוֹת אֶת הסֶרֶט הישראֵלִי החָדָש.

20.2.1 "למה אי אפשר קטשופ", יורם מלצר

יושבת משפחה ישראלית לארוחה. השניצלים מחולקים, הפירה עובר מיד ליד. פתאום מרגיש אחד הילדים שמשהו חסר לו. הוא נושא את קולו ואומר: "**אפשר** קטשופ?" לכולנו ברור מה הילד רוצה. בדרך כלל,משמעותם של משפטי "**אפשר** X?" זהה ל"**אפשר** לקבל X?" אלא שהצורה הקצרה נפוצה בעברית הישראלית רק בשנים האחרונות, ובאוזני היא צורמת מאוד. אחרי אינסוף "**אפשר** קטשופ?", "**אפשר** קולה?" ו"**אפשר** חשבון?" הגיע הזמן לחשבון נפש. המשפטים הללו נשמעים בוטים, חותכים, מדולדלים ומכוערים. אבל הם עובדות אמפיריות בתחביר של העברית המדוברת. הראיות בשטח מצביעות על כך שהצורה הזאת חיה ומתפשטת כאש בשדה קוצים.

ההגינות מחייבת לומר שמעבר לפסילה האסתטית, **אי אפשר** לשלול את קיום הצורה מפני שכמו יתוש מציק או חרק מכוער, היא קיימת בעולם הלשון. זאת ועוד: היא קרובה מאוד למבנים מסוג "**צריך** X". כמה פעמים ביום מוצאים אנו את עצמנו מודיעים לזולת ולסביבה **שצריך** דבר כזה או אחר? בהרבה הזדמנויות אנו מודיעים ש"**צריך** לעשות סדר" אבל לא פחות מכך ש"**צריך** שינוי", כלומר בלי מקור פועל בין "**צריך**" לאותו "X" **שצריך**. האמת היא ש"**צריך**"-במידה רבה כמו "יש" ו"אין" ורשימה של צורות אחרות - גיבש לעצמו קיום של מעין-פועל בצורה אימפרסונלית בלי נטייה שלמה. קרובי משפחה שלו הם חברי הקבוצה "סבורני", "כמדומני" ואחרים, שגם הם מגלים סימני זהות של פעלים, אך אינם פעלים במלוא מובן המלה ואין להם כל האפשרויות שיש לפועל.

ולא זו בלבד: כפי ש"**צריך**" מופיע במשפטים מסוג "**צריך** את האחראי כדי להחליט מה לעשות", מתגלה לנו קיומם של משפטים כגון "**אפשר** את שני הטעמים ביחד, לא חייבים רק אחד"-והנה גם "חייבים" מזכיר לנו שהוא צורת פועל שמתייחסת לגוף כללי, אף שבבית הספר מלמדים מאז ומעולם שקיימים רק גוף ראשון, שני ושלישי. גם "**אפשר**" **ו"צריך**" מתייחסים לאותו גוף כללי, שמתפענח מההקשר או נותר כללי, לא מסוים. ישנם מי שכינו את הגוף הזה "גוף רביעי", אבל המושג לא פרץ מן המחקר אל תודעת הציבור.

"**אפשר** X?" ו"**צריך** X" דומים גם באופן שהם מקבלים X מיודע: "**אפשר** את המברג רגע?" ו"**צריך** את הבנאדם שמבין בזה". הצורה "**אפשר** X" קיימת גם שלא במשפטי שאלה. בעברית המדוברת **אפשר** בהחלט להיתקל במשפטים כגון "**צריך** משהו בקור הזה. **אפשר** אולי רק סוודר אבל בכל מקרה כדאי משהו, ליתר ביטחון". אם כך, עלי לשוב לחשבון הנפש ולשאול את עצמי מדוע אני חש צמרמורת בכל פעם שנשלח לחלל האוויר משפט מהצורה "**אפשר** קטשופ?" צמרמורת שאינה מופיעה כמעט כלל כשאין מדובר במשפט שאלה.

הסיבה לכך כפולה. ראשית, בניגוד למשפטי מסוג "**צריך** מים", "**אפשר** קטשופ?" הוא מבע של בקשה, כשהדובר פונה לזולתו ורוצה לקבל משהו, או בכל אופן לגרום לכך שמשהו ייעשה כתוצאה מבקשתו. המבנה "**אפשר** קטשופ?" פשוט מוחק את בן השיח, מתעלם בדיוק ממי שאנו זקוקים להיענותו כדי שלמשל נזכה לאכול את השניצל עם קצת קטשופ. לטעמי זו תופעה גסה. הסיבה השנייה אינה נזקקת להסברים מיוחדים. כפי שלא כל מה שיש בטבע מוצא חן בעינינו באותה מידה, כך לא כל דבר שקיים בלשון, ובוודאי בלשון החיה המשתנה ללא הפוגה, חייב לעורר בנו חיבה מעצם קיומו. אגב, אני לא אוכל שניצל עם קטשופ. עדיף חרדל. (יורם מלצר, הארץ, תאריך לא ידוע).

21.0 Ways of Expressing Vagueness and Approximation

The use of the following words adds a flavor of vagueness to what is talked about, as in:

21.1 #

approximately, about	אֵיזֶה
Do you have any reason to say that?	יֵש לך **אֵיזֶה/אֵיזו** סִיבָּה לוֹמַר אֶת זֶה?
There were about twenty people there.	הָיוּ שָׁם אֵיזֶה עֶשׂרים איש.
	about, approximately בְּעֶרֶךְ
There were about thirty students there.	הָיוּ שָׁם **בְּעֶרֶךְ** שלושים סטוּדֶנטים.
	about, approximately בִּסביבות
There were approximately thirty students there.	הָיוּ שָׁם **בִּסביבות** שלושים סטוּדֶנטים.
any, about	אֵיזֶשֶהוּ
Do you have any idea?	יֵש לָך **אֵיזֶשֶהוּ** רַעיון?
any	כֹּלשֶהוּ
Do you have any [trace of] idea?	יֵש לָך מוּשָׂג **כֹּלשֶהוּ**?
all kinds of, all sorts of	כֹּל מִינֵי
He always has all kinds of strange ideas.	תָמיד יֵש לו **כֹּל מִינֵי** רַעיונות מְשוּנים.
sort of, kind of	מֵעֵין
It's kind of a story, but not exactly (a story).	זֶה **מֵעֵין** סיפּוּר, אֲבָל לא בְּדיוּק.
some kind of	מין
He bought some kind of an old car.	הוּא קָנָה **מין** אוטו יָשָׁן.
several, a few	כַּמָּה
I have a few ideas.	יֵש לי **כַּמָּה** רעיונות.

כַּזֶה, כַּזֹאת, כָּאֵלֶה	this/some kind of
הוּא לָבַשׁ **כַּזֶה** מְעִיל שָׁחוֹר **ומין** כּוֹבַע מַצחיק.	He wore this [some kind of] black coat and sort of funny hat.
קָניתי **כַּזֹאת** עוּגָה וקְצָת עוּגיות.	I bought this [some sort of] cake and some cookies.

21.2 #

[אבא] היה שותק **איזה חצי שעה**, אחר כך שואל אותה, "תגידי אישה, מי זה בכלל גדליה?" (מנחם תלמי, "תעזבו אותי מהדיאטה", מקור לא ידוע).

אבא שלי היה אומר, אדון מצליח, זה לא חוכמה מה שאתה עושה. אתה מתמלא שומנים ואלה יסתמו לך את הלב, יהרגו אותך. אם תמשיך ככה, אני לא יודע אם תחיה עוד שלוש שנים." האבא שלי היה אז בן שישים וחמש אולי, ד"ר ניסן היה אולי בן חמישים. והוא באמת מת אחרי **איזה** שלוש שנים. לא האבא שלי. הרופא. (שם).

טוב, אני בברלין. בדיוק הגעתי. יש לי חדר יפה ומרווח בשרלוטנבורג. מהחלון אני יכול לראות כמה רעפים אדומים, **ואיזה** חצי קתדרלה עם כיפה ירוקה (סייד קשוע, הארץ, 26 למאי 2011).

Appendix I

The Israeli Hebrew Verb System

Hebrew has seven verb paradigms; two of them -- פוּעַל and הוּפעַל -- are nowadays used mainly in the present tense and mainly as adjectives.

The names of the verb paradigms are:

Passive only	Active & passive	Active only
	נִפעַל	פָּעַל
פוּעַל		פִיעֵל
הוּפעַל		הִפעִיל
		הִתפָּעֵל

The names of the binyanim is a traditinal nemonic device by which the verbal form of הוא in the past tense, of the root פ,ע,ל becomes the name of the binyan. Verbs can have three to five root letters.

בניין פָּעַל

שם הפועל: לִגמור משהו finish

Future זמן עתיד				Present זמן הווה		Past זמן עבר			
Suffixed stem		Non-suffixed stem				3rd person		1st & 2nd persons	
		אֶגמור	אני	גומֵר	הוא	גָמַר	הוא	גָמַרתי	אני
תִגמְרי	את			גומֶרֶת	היא	גָמרָה	היא	גָמַרתָ	אתה
תִגמְרוּ	את/ן	תִגמור	אתה, היא	גומרים/-ות	הם/ן	גָמרוּ	הם/ן	גָמַרת	את
יִגמְרוּ	הם/ן	יִגמור	הוא					גָמַרנוּ	אנחנו
		נִגמור	אנחנו					גָמַרתֶם/תֶן	אתם/ן
תִגמורנָה	אתן/הן[1]								

1. The אתן/הן form is almost non existent in today's speech.

בניין נִפעַל

שם הפועל: לְהיכָּנֵס ל-/אל enter into

זמן עבר Past				זמן הווה Present		זמן עתיד Future			
1st & 2nd persons		3rd person				Non- suffixed stem		Suffixed stem	
אני	נִכנַסתי	הוא	נִכנַס	הוא	נִכנָס	אני	אֶכָּנֵס		
אתה	נִכנַסתָ	היא	נִכנְסָה	היא	נִכנֶסֶת			את	תִיכָּנסי
את	נִכנַסת	הם/ן	נִכנְסוּ	הם/ן	נִכנָסים/-ות	אתה, היא	תִיכָּנֵס	אתם/ן	תִיכָּנסוּ
אנחנו	נִכנַסנוּ					הוא	יִיכָּנֵס	הם/ן	יִיכָּנסוּ
אתם/ן	נִכנַסתֶם/תֶן					אנחנו	נִיכָּנֵס		
								אתן/הן	תִיכָּנַסנָה

בניין פיעל

שם הפועל: לְדַבֵּר talk with, speak

זמן עבר Past				זמן הווה Present		זמן עתיד Future			
1st & 2nd persons		3rd person				Non-suffixed stem		Suffixed stem	
אני	דיבַּרתי	הוא	דיבֵּר	הוא	מְדַבֵּר	אני	אֲדַבֵּר		
אתה	דיבַּרתָ	היא	דיבּרָה	היא	מְדַבֶּרֶת			את	תְדַברי
את	דיבַּרת	הם/ן	דיברוּ	הם/ן	מְדַברים/ות	אתה, היא	תְדַבֵּר	אתם/ן	תְדַברוּ
אנחנו	דיבַּרנוּ					הוא	יְדַבֵּר	הם/ן	יְדַברוּ
אתם/ן	דיבַּרתֶם/תֶן					אנחנו	נְדַבֵּר		
								אתן/הן	תְדַבֵּרנָה

Appendix I
The Israeli Hebrew Verb System

בניין פוּעַל

שם הפועל: No infinitive form

Future זמן עתיד				Present זמן הווה		Past זמן עבר			
Suffixed stem		Non- suffixed stem				3rd person		1st & 2nd persons	
		אֲשׁוּתַף	אני	מְשׁוּתָף	הוא	שׁוּתַף	הוא	שׁוּתַפְתִי	אני
תְשׁוּתְפִי	את			מְשׁוּתֶפֶת	היא	שׁוּתְפָה	היא	שׁוּתַפְתָ	אתה
תְשׁוּתְפוּ	אתם/ן	תְשׁוּתַף	אתה, היא	משותָפים/-ות	הם/ן	שׁוּתְפוּ	הם/ן	שׁוּתַפְת	את
יְשׁוּתְפוּ	הם/ן	יְשׁוּתַף	הוא					שׁוּתַפְנוּ	אנחנו
		נְשׁוּתַף	אנחנו					שׁוּתַפְתֶם/תֶן	אתם/ן
תְשׁוּתַפְנָה	אתן/הן								

בניין הפעיל

שם הפועל: לְהַרגיש (טוב או לא טוב) feel well or not well

Future זמן עתיד				Present זמן הווה		Past זמן עבר			
Suffixed stem		Non-suffixed stem				3rd person		1st & 2nd persons	
		אַרגיש	אני	מַרגיש	הוא	הִרגיש	הוא	הִרגַשתי	אני
תַרגישי	את			מַרגישָה	היא	הִרגישָה	היא	הִרגַשתָ	אתה
תַרגישו	אתם/ן	תַרגיש	אתה, היא	מַרגישים/ות	הם/ן	הִרגישו	הם/ן	הִרגַשת	את
יַרגישו	הם/ן	יַרגיש	הוא					הִרגַשנו	אנחנו
		נַרגיש	אנחנו					הִרגַשתֶם/תֶן	אתם/ן
תַרגֵשנָה	אתן/הן								

בניין הופעל

שם הפועל: No infinitive form

זמן עבר Past				זמן הווה Present		זמן עתיד Future			
	1st & 2nd persons		3rd person				Non-suffixed stem		Suffixed stem
אני	הוּזמַנתי	הוא	הוּזמָן	הוא	מוּזמָן	אני	אוּזמַן		
אתה	הוּזמַנתָ	היא	הוּזמְנָה	היא	מוּזמֶנֶת			את	תוּזמְני
את	הוּזמַנת	הם/ן	הוּזמְנוּ	הם/ן	מוּזמָנים/-ות	אתה, היא	תוּזמַן	אתם/ן	תוּזמְנוּ
אנחנו	הוּזמַנוּ					הוא	יוּזמַן	הם/ן	יוּזמְנוּ
אתם/ן	הוּזמַנתֶם/תֶן					אנחנו	נוּזמַן		
								אתן/הן	תוּזמַנָה

בניין התפעל

שם הפועל: לְהִתלַבֵּש get dressed

זמן עבר Past				זמן הווה Present		זמן עתיד Future			
	1st & 2nd persons		3rd person				Non-suffixed stem		Suffixed stem
אני	הִתלַבַּשתי	הוא	הִתלַבֵּש	הוא	מִתלַבֵּש	אני	אֶתלַבֵּש		
אתה	הִתלַבַּשתָ	היא	הִתלַבְּשָה	היא	מִתלַבֶּשֶת			את	תִתלַבְּשי
את	הִתלַבַּשת	הם/ן	הִתלַבְּשוּ	הם/ן	מִתלַבְּשים/ות	אתה, היא	תִתלַבֵּש	אתם/ן	תִתלַבְּשוּ
אנחנו	הִתלַבַּשנוּ					הוא	יִתלַבֵּש	הם/ן	יִתלַבְּשוּ
אתם/ן	הִתלַבַּשתֶם/תֶן					אנחנו	נִתלַבֵּש		
								אתן/הן	תִתלַבֵּשנָה

						בניין פעל
ג-מ-ר	I.0 [2]	אני	גָמַרתי		אֶגמור	
		הוא	גָמַר	גומֵר	יִגמור	finish לִגמור
		היא	גָמרָה	גומֶרֶת	תִגמור	
		הם	גָמרו	גומרים	יִגמְרו	
ל-מ-ד	אפעל I.0	אני	לָמַדְתי		אֶלמַד	
		הוא	לָמַד	לומֵד	יִלמַד	study, learn לִלמוד
		היא	לָמְדָה	לומֶדֶת	תִלמַד	
		הם	לָמדו	לומדים	יִלמְדו	

---

2. The second column may help you with understanding the underlying reasons for variations in Hebrew verbs by drawing your attention to בניין and גיזרה (root type).

The בניין of a given verb is indicated by the Roman numerals as follows: I=פעל, II= נפעל, III= פיעל, IV=פועל, V=הפעיל, VI=הופעל, VII=התפעל.

In פעל, X.0.1, X.0.2 & X.0.3 indicate roots containing ב, כ, or פ and give their position in the root, 1st, 2nd or 3rd.

In התפעל, the metathesis caused by ז, ס, צ, ש is indicated as follows: ז > להזדקן=VII.0.1.7; ס > להסתדר=VII.0.1.15; צ > להצטדק=VII.0.1.18; ש > להשתמש=VII.0.1.21.

X.2 verbs have one or more guttural letter in their root. The digit following the 2 gives the location of the guttural in the root, namely, X.2.1 means that R1 is guttural; X.2.2, means that R2 is guttural; X.2.3, means that R3 is guttural. The 4th digit of X.2.x.x verbs indicates which specific guttural it is: 22=ר ,16=ע ,8=ח ,5=ה ,1=א.

X.3 = last letter of the root is [ה].

X.4 = first letter of the root is [י].

X.5 = middle letter of the root is [ו] or [י].

X.6 = first letter of the root is [נ].

X.7 = R2 and R3 are the same.

X.8 = four-letter roots.

ש-כ-ב	אפעל I.0	אני	שָׁכַבתי		אֶשכַּב	
		הוא	שָׁכַב	שוכֵב	יִשכַּב	lie down לִשכַּב
		היא	שָׁכבָה	שוכֶבֶת	תִשכַּב	
		הם	שָׁכבו	שוכבים	יִשכְּבו	
ג-ד-ל	אפעל I.0	אני	גָדַלתי		אֶגדַל	
		הוא	גָדֵל	גָדַל	יִגדַל	grow up לִגדול
		היא	גָדלָה	גדֵלָה	תִגדַל	
		הם	גָדלו	גדֵלים	יִגדְלו	
ב-ד-ק	I.0.1.2	אני	בָּדַקתי		אֶבדוק	
		הוא	בָּדַק	בודֵק	יִבדוק	check, examine לִבדוק
		היא	בָּדקָה	בודֶקֶת	תִבדוק	
		הם	בָּדקו	בודקים	יִבדְקו	
כ-ת-ב	I.0.1.11	אני	כָּתַבתי		אֶכתוב	
		הוא	כָּתַב	כותֵב	יִכתוב	write ST לִכתוב
		היא	כָּתבָה	כותֶבֶת	תִכתוב	
		הם	כָּתבו	כותבים	יִכתְבו	
פ-ג-ש	I.0.1.17	אני	פָּגַשתי		אֶפגוש	
		הוא	פָּגַש	פוגֵש	יִפגוש	meet לִפגוש
		היא	פָּגשָה	פוגֶשֶת	תִפגוש	
		הם	פָּגשו	פוגשים	יִפגְשו	

ש-ב-ר	I.0.2.1	אני	שָברתי		אֶשבּור	
		הוא	שָבַר	שובֵר	יִשבּור	
		היא	שָברָה	שובֶרֶת	תִשבּור	break לִשבּור
		הם	שָברו	שוברים	יִשבְּרו	
מ-כ-ר	I.0.2.1	אני	מָכַרתי		אֶמכּור	
		הוא	מָכַר	מוכֵר	יִמכּור	
		היא	מָכרָה	מוכֶרֶת	תִמכּור	sell לִמכּור
		הם	מָכרו	מוכרים	יִמכְּרו	
ת-פ-ר	I..0.2.1	אני	תָפַרתי		אֶתפּור	
		הוא	תָפַר	תופֵר	יִתפּור	
		היא	תָפרָה	תופֶרֶת	תִתפּור	sew לִתפּור
		הם	תָפרו	תופרים	יִתפְּרו	
א-כ-ל	I.2.1.1	אני	אָכַלתי		אוכַל	
		הוא	אָכַל	אוכֵל	יֹאכַל	
		היא	אָכלָה	אוכֶלֶת	תֹאכַל	eat לֶאֱכול
		הם	אָכלו	אוכלים	יֹאכלו	
ה-ר-ג	I.2.1.5	אני	הָרַגתי		אֶהֱרוג	
		הוא	הָרַג	הורֵג	יַהֲרוג	
		היא	הָרגָה	הורֶגֶת	תַהֲרוג	kill לַהֲרוג
		הם	הָרגו	הורגים	יַהַרגו	

	אֶחשוב		חָשַבתי	אני	I.2.1.8	ח-ש-ב
think לַחשוב	יַחשוב	חושֵב	חָשַב	הוא		
	תַחשוב	חושֶבֶת	חָשבָה	היא		
	יַחשְבוּ	חושבים	חָשבוּ	הם		
	אֶעֱבוד		עָבַדתי	אני	I.2.1.16	ע-ב-ד
work לַעֲבוד	יַעֲבוד	עובֵד	עָבַד	הוא		
	תַעֲבוד	עובֶדֶת	עָבדָה	היא		
	יַעַבדוּ	עובדים	עָבדוּ	הם		
	אֶאֱסוף		אָסַפתי		I.2.1.1.b	א-ס-פ
collect, gather לֶאֱסוף	יֶאֱסוף	אוסֵף	אָסַף	הוא		
	תֶאֱסוף	אוסֶפֶת	אָספָה	היא		
	יֶאֶספוּ	אוספים	אָספוּ	הם		
	אֶשאַל		שָאַלתי	אני	I.2.2.1	ש-א-ל
ask a question לִשאול	יִשאַל	שואֵל	שָאַל	הוא		
	תִשאַל	שואֶלֶת	שָאֲלָה	היא		
	יִשאֲלוּ	שואֲלים	שָאֲלוּ	הם		
	אֶנהַג		נָהַגתי	אני	I.2.2.5	נ-ה-ג
drive, conduct oneself לִנהוג	יִנהַג	נוהֵג	נָהַג	הוא		
	תִנהַג	נוהֶגֶת	נָהֲגָה	היא		
	יִנהֲגוּ	נוהֲגים	נָהֲגוּ	הם		
	אֶצחַק		צָחַקתי	אני	I.2.2.8	צ-ח-ק
laugh לִצחוק	יִצחַק	צוחֵק	צָחַק	הוא		
	תִצחַק	צוחֶקֶת	צָחֲקָה	היא		
	יִצחֲקוּ	צוחֲקים	צָחֲקוּ	הם		

צ-ע-ק	I.2.2.16	אני	צָעַקתי		צָעַקתי	
		הוא	צָעַק	צועֵק	יִצעַק	לִצעוק על scream, yell
		היא	צָעֲקָה	צועֶקֶת	תִצעַק	
		הם	צָעֲקוּ	צועֲקים	יִצעֲקוּ	
ק-ר-א	I.2.3.1	אני	קָראתי		אֶקרָא	
		הוא	קָרָא	קורֵא	יִקרָא	לִקרוא משהו read
		היא	קָראָה	קורֵאת	תִקרָא	
		הם	קָראוּ	קוראים	יִקרְאוּ	
ג-ב-ה	I.2.3.5a	אני	גָבַהתי		אֶגבַּה	
		הוא	גָבַה	גובֵהַ	יִגבַּה	לִגבוהַ grow taller
		היא	גָבהָה	גובַהַת	תִגבַּה	
		הם	גָבהוּ	גובהים	יִגבְּהוּ	
פ-ת-ח	I.2.3.8	אני	פָּתַחתי		אֶפתַח	
		הוא	פָּתַח	פותֵחַ	יִפתַח	לִפתוחַ open
		היא	פָּתחָה	פותַחַת	תִפתַח	
		הם	פָּתחוּ	פותחים	יִפתְחוּ	
ש-מ-ע	I.2.3.16	אני	שָמַעתי		אֶשמַע	
		הוא	שָמַע	שָמַע	שָמַע	לִשמוּעַ hear
		היא	שָמעָה	שומַעַת	תִשמַע	
		הם	שָמעוּ	שומעים	יִשמְעוּ	

ק-נ-ה[3]	I.3	אני	קָניתי		אֶקְנֶה	
		הוא	קָנָה	קָנָה	יִקְנֶה	buy, purchase לִקְנוֹת
		היא	קָנתָה	קוֹנָה	תִקְנֶה	
		הם	קָנוּ	קוֹנים	יִקְנוּ	
ע-שׂ-ה	I.3.1.16	אני	עָשׂיתי		אֶעֱשֶׂה	
		הוא	עָשָׂה	עוֹשֶׂה	יַעֲשֶׂה	do, make לַעֲשׂוֹת
		היא	לַעֲשׂוֹת	עוֹשָׂה	תַעֲשֶׂה	
		הם	עָשׂוּ	עוֹשׂים	יַעֲשׂוּ	
א-פ-ה	I.3.1.1	אני	אָפיתי		אוֹפֶה	
		הוא	אָפָה	אוֹפֶה	יֹאפֶה	bake לֶאֱפוֹת
		היא	אָפתָה	אוֹפָה	תֹאפֶה	
		הם	אָפוּ	אוֹפים	יֹאפוּ	
ה-י-ה	I.3.1.5	אני	הָייתי		אֶהְיֶה	
		הוא	הָיָה		יִהְיֶה	to be לִהְיוֹת
		היא	הָיתָה		תִהְיֶה	
		הם	הָיוּ		יִהְיוּ	
ח-י-ה	I.3.1.8	אני	חָייתי		אֶחְיֶה	
		הוא	חַי	חַי	יִחְיֶה	be alive, live at לִחְיוֹת
		היא	חָיתָה	חַיָּה	תִחְיֶה	
		הם	חָיוּ	חַיִּים	יִחְיוּ	

3. All X.3 verbs have [ה] as the last letter of the root.

	אֵרֵד		יָרַדְתִּי	אני	I.4	י-ר-ד
	יֵרֵד	יוֹרֵד	יָרַד	הוא		
descend, go down לָרֶדֶת	תֵּרֵד	יוֹרֶדֶת	יָרְדָה	היא		
	יֵרדוּ	יורדים	יָרדוּ	הם		
	אֵצֵא		יָצָאתִי	אני	I.4.3.1	י-צ-א[4]
	יֵצֵא	יוֹצֵא	יָצָא	הוא		
exit, go out לָצֵאת	יוצֵאת	יוֹצֵאת	יָצאָה	היא		
	יֵצאוּ	יוצאים	יָצאוּ	הם		
	אֵדַע		יָדַעתִי	אני	I.4.3.16	י-ד-ע
	יֵדַע	יוֹדֵעַ	יָדַע	הוא		
know a fact לָדַעַת	תֵּדַע	יוֹדַעַת	יָדעָה	היא		
	יֵדעוּ	יודעים	יָדעוּ	הם		
	אֶקַח		לָקַחתִי	אני	I.4.3.8	ל-ק-ח
	יִיקַח	לוֹקֵחַ	לָקַח	הוא		
take לָקַחַת	תיקַח	לוקַחַת	לָקחָה	היא		
	יִקחוּ	לוקחים	לָקחוּ	הם		
	אֶזוֹם		יָזַמתִי	אני	I.4.b	י-ז-מ
	יִיזוֹם	יוֹזֵם	יָזַם	הוא		
initiate ליזום	תיזום	יוֹזֶמֶת	יָזמָה	היא		
	יִיזמוּ	יוזמים	יָזמוּ	הם		

4. All X.4 verbs have [י] in the first letter of the root.

	אִישַׁן		יָשַׁנְתִּי	אני	I.4.c	י-ש-נ
sleep לִישׁוֹן	יִישַׁן	יָשֵׁן	יָשַׁן	הוא		
	תִּישַׁן	יְשֵׁנָה	יָשְׁנָה	היא		
	יִישְׁנוּ	יְשֵׁנִים	יָשְׁנוּ	הם		
	אִירַשׁ		יָרַשְׁתִּי	אני	I.4.d	י-ר-ש
inherit לָרֶשֶׁת	יִירַשׁ	יָרֵשׁ	יָרַשׁ	הוא		
	תִּירַשׁ	יוֹרֶשֶׁת	יָרְשָׁה	היא		
	יִירְשׁוּ	יוֹרְשִׁים	יָרְשׁוּ	הם		
	אָקוּם		קַמְתִּי	אני	I.5	ק-ו-מ[5]
get up לָקוּם	יָקוּם	קָם	קָם	הוא		
	תָּקוּם	קָמָה	קָמָה	היא		
	יָקוּמוּ	קָמִים	קָמוּ	הם		
	אָשִׂים		שַׂמְתִּי	אני	I.5.2.10	ש-י-מ
put on, put in לָשִׂים	יָשִׂים	שָׂם	שָׂם	הוא		
	תָּשִׂים	שָׂמָה	שָׂמָה	היא		
	יָשִׂימוּ	שָׂמִים	שָׂמוּ	הם		
	אָבוֹא		בָּאתִי	אני	I.5.3.1	ב-ו-א
come to a place לָבוֹא	יָבוֹא	בָּא	בָּא	הוא		
	תָּבוֹא	בָּאָה	בָּאָה	היא		
	יָבוֹאוּ	בָּאִים	בָּאוּ	הם		
	אָנוּחַ		נַחְתִּי	אני	I.5.3.8	נ-ו-ח
rest לָנוּחַ	יָנוּחַ	נָח	נָח	הוא		
	תָּנוּחַ	נָחָה	נָחָה	היא		
	יָנוּחוּ	נָחִים	נָחוּ	הם		

5. All the verbs of the X.5 group have [ו] or [י] in the middle letter of the root.

	אָנוּעַ		נַעתִי	אני	I.5.3.16	נ-ו-ע
move [self] לָנוּעַ	יָנוּעַ	נָע	נָע	הוא		
	תָנוּעַ	נָעָה	נָעָה	היא		
	יָנוּעוּ	נָעִים	נָעוּ	הם		
	אָמוּת		מָתְתִי/מַתִי	אני	I.5.b	מ-ו-ת
die לָמוּת	יָמוּת	מֵת	מֵת	הוא		
	תָמוּת	מֵתָה	מֵתָה	היא		
	יָמוּתוּ	מֵתִים	מֵתוּ	הם		
	אֶפּול		נָפַלתִי	אני	I.6	נ-פ-ל[6]
fall לִפּול	יִיפּול	נופֵל	נָפַל	הוא		
	תִיפּול	נופֶלֶת	נָפלָה	היא		
	יִיפּלוּ	נופלים	נָפלוּ	הם		
	אֶשָּׂא		נָשָׂאתִי	אני	I.6.3.1	נ-ש-א
bear, carry לָשֵׂאת	יִישָּׂא	נושֵׂא	נָשָׂא	הוא		
	תִישָּׂא	נושֵׂאת	נָשׂאָה	היא		
	יִשׂאוּ	נושׂאים	נָשׂאוּ	הם		
	אֶסַּע		נָסַעתִי	אני	I.6.3.16	נ-ס-ע
ride [vehicle] לִנסוּעַ	יִיסַּע	נוסֵעַ	נָסַע	הוא		
	תִיסַּע	נוסַעַת	נָסעָה	היא		
	יִיסעוּ	נוסעים	נָסעוּ	הם		
	אוּכַל		יָכולתִי	אני		י-כ-ל
be able to לִהיות יָכול	יוּכַל	יָכול	הָיָה יָכול	הוא		
	תוּכַל	יְכולָה	יָכלָה	היא		
	יוּכלוּ	יְכולים	יָכלוּ	הם		

6. All X.6 verbs have [נ] in the first letter of the root.

נ-ת-נ	I.6.a	אני	נָתַתִי		אֶתֵן	give לָתֵת
		הוא	נָתַן	נותֵן	יִיתֵן	
		היא	נָתְנָה	נותֶנֶת	תיתֵן	
		הם	נָתנוּ	נותנים	יִיתנוּ	

בניין נפעל

כ-נ-ס	II.0.1.11	אני	נִכנַסתי		אֶכָּנֵס	enter come in לְהִיכָּנֵס
		הוא	נִכנַס	נִכנָס	יִיכָּנֵס	
		היא	נִכנְסָה	נִכנֶסֶת	תיכָּנֵס	
		הם	נִכנְסוּ	נִכנָסים	יִיכָּנסוּ	
מ-ס-ר	II.0	אני	נִמסַרתי		אֶמָסֵר	be given to לְהִימָסֵר
		הוא	נִמסַר	נִמסָר	יִימָסֵר	
		היא	נִמסְרָה	נִמסֶרֶת	תימָסֵר	
		הם	נִמסְרוּ	נִמסָרים	יִימָסרוּ	
ב-ד-ק	II.0.1.2	אני	נִבדַקתי		אֶבָּדֵק	be examined לְהִיבָּדֵק
		הוא	נִבדַק	נִבדָק	יִיבָּדֵק	
		היא	נִבדְקָה	נִבדֶקֶת	תיבָּדֵק	
		הם	נִבדְקוּ	נִבדָקים	יִיבָּדקוּ	
פ-ג-ש	II.0.1.17	אני	נִפגַשתי		אֶפָּגֵש	meet לְהִיפָּגֵש
		הוא	נִפגַש	נִפגָש	יִיפָּגֵש	
		היא	נִפגְשָה	נִפגֶשֶת	תיפָּגֵש	
		הם	נִפגְשוּ	נִפגָשים	יִיפָּגשוּ	

	אֶשָבֵר		נִשבַּרתִי	אני	II.0.2.2	ש-ב-ר
break down לְהִישָבֵר	נִשבָּר	נִשבָּר	אֶשָבֵר	הוא		
	תִישָבֵר	נִשבֶּרֶת	נִשבְּרָה	היא		
	יִישָבְרוּ	נִשבְּרוּ	נִשבְּרוּ	הם		
	אֶזָכֵר		נִזכַּרתִי	אני	II.0.2.11	ז-כ-ר
recall לְהִיזָכֵר	יִיזָכֵר	נִזכָּר	נִזכַּר	הוא		
	תִיזָכֵר	נִזכֶּרֶת	נִזכְּרָה	היא		
	יִיזָכרוּ	נִזכָּרִים	נִזכְּרוּ	הם		
	אֶשָפֵט		נִשפַּטְתִי	אני	II.0.2.17	ש-פ-ט
be judged, be sentenced לְהִישָפֵט	יִישָפֵט	נִשפָּט	נִשפַּט	הוא		
	תִישָפֵט	נִשפָּטָה	נִשפְּטָה	היא		
	יִישָפטוּ	נִשפָּטִים	נִשפְּטוּ	הם		
	נֶאֱלַצתִי		נֶאֱלַצתִי	אני	II.2.1.1	א-ל-צ
have to לְהֵיאָלֵץ	נֶאֱלָץ	נֶאֱלָץ	נֶאֱלַץ	הוא		
	תֵיאָלֵץ	נֶאֱלֶצֶת	נֶאֶלצָה	היא		
	יֵיאָלצוּ	נֶאֱלָצִים	נֶאֶלצוּ	הם		
	אֶהָרֵג		נֶהֱרַגתִי	אני	II.2.1.5	ה-ר-ג
be killed לְהֵיהָרֵג	יֵיהָרֵג	נֶהֱרָג	נֶהֱרַג	הוא		
	תֵיהָרֵג	נֶהֱרֶגֶת	נֶהֶרגָה	היא		
	יֵיהָרגוּ	נֶהֱרָגִים	נֶהֶרגוּ	הם		
	אֶחָשֵב		נֶחשַבתִי	אני	II.2.1.8	ח-ש-ב
be considered as לְהֵיחָשֵב	יֵיחָשֵב	נֶחשָב	נֶחשַב	הוא		
	תֵיחָשֵב	נֶחשֶבֶת	נֶחשְבָה	היא		
	יֵיחָשבוּ	נֶחשָבִים	נֶחשְבוּ	הם		

	אֶעָצֵר		נֶעֱצַרתי	אני	II.2.1.16	ע-צ-ר
be stopped, be detained לְהֵיעָצֵר	יֵיעָצֵר	נֶעֱצָר	נֶעֱצַר	הוא		
	תֵיעָצֵר	נֶעֱצֶרֶת	נֶעֶצְרָה	היא		
	יֵיעָצְרוּ	נֶעֱצָרִים	נֶעֶצְרוּ	הם		
	אֶרָדֵם		נרדַמתי	אני	II.2.1.20	ר-ד-מ
fall asleep לְהֵירָדֵם	יֵירָדֵם	נִרדָם	נִרדַם	הוא		
	תֵירָדֵם	נִרדֶמֶת	נִרדְמָה	היא		
	יֵירָדמוּ	נִרדָמים	נִרדְמוּ	הם		
	אֶשָאֵל		נִשאַלתי	אני	II.2.2.1	ש-א-ל
be asked לְהישָאֵל	יִישָאֵל	נִשאָל	נִשאַל	הוא		
	תישָאֵל	נִשאֶלֶת	נִשאֲלָה	היא		
	יִישָאֲלוּ	נִשאָלים	נִשאֲלוּ	הם		
	אֶבָּהֵל		נִבהַלתי	אני	II.2.2.5	ב-ה-ל
get scared לְהיבָּהֵל	יִיבָּהֵל	נִבהָל	נִבהַל	הוא		
	תיבָּהֵל	נִבהֶלֶת	נִבהֲלָה	היא		
	יִיבָּהֲלוּ	נִבהָלים	נִבהֲלוּ	הם		
	אֶבָּחֵר		נִבחַרתי	אני	II.2.2.8	ב-ח-ר
be elected לְהיבָּחֵר	יִיבָּחֵר	נִבחָר	נִבחַר	הוא		
	תיבָּחֵר	נִבחֶרֶת	נִבחֲרָה	היא		
	יִיבָּחֲרוּ	נִבחָרים	נִבחֲרוּ	הם		

ש-ע-ן	II.2.2.16	אני	נִשְׁעַנְתִּי		אֶשָּׁעֵן	
		הוא	נִשְׁעַן	נִשְׁעָן	יִישָּׁעֵן	lean on לְהִישָּׁעֵן
		היא	נִשְׁעֲנָה	נִשְׁעֶנֶת	תִישָּׁעֵן	
		הם	נִשְׁעֲנוּ	נִשְׁעָנִים	יִישָּׁעֲנוּ	
מ-צ-א	II.2.3.1	אני	נִמְצֵאתִי		אֶמָּצֵא	
		הוא	נִמְצָא	נִמְצָא	יִימָּצֵא	be located at לְהִימָּצֵא
		היא	נִמְצְאָה	נִמְצֵאת	תִימָּצֵא	
		הם	נִמְצְאוּ	נִמְצָאִים	יִימָּצְאוּ	
פ-ת-ח	II.2.3.8	אני	נִפְתַּחְתִּי		אֶפָּתַח	
		הוא	נִפְתַּח	נִפְתָּח	יִיפָּתַח	open up לְהִיפָּתַח
		היא	נִפְתְּחָה	נִפְתַּחַת	תִיפָּתַח	
		הם	נִפְתְּחוּ	נִפְתָּחִים	יִיפָּתְחוּ	
מ-נ-ע	II.2.3.16	אני	נִמְנַעְתִּי		אֶמָּנַע	
		הוא	נִמְנַע	נִמְנָע	יִימָּנַע	avoid לְהִימָּנַע
		היא	נִמְנְעָה	נִמְנַעַת	תִימָּנַע	
		הם	נִמְנְעוּ	נִמְנָעִים	יִימָּנְעוּ	
ת-ל-ה	II.3	אני	נִתְלֵיתִי		אֶתָּלֶה	
		הוא	נִתְלָה	נִתְלֶה	יִיתָּלֶה	be dependent לְהִיתָּלוֹת
		היא	נִתְלְתָה	נִתְלֵית	תִיתָּלֶה	
		הם	נִתְלוּ	נִתְלִים	יִיתָּלוּ	
ע-שׂ-ה	II.31.16	אני	נַעֲשֵׂיתִי		אֵעָשֶׂה	
		הוא	נַעֲשָׂה	נַעֲשֶׂה	יֵיעָשֶׂה	be done, be made of לְהֵיעָשׂוֹת
		היא	נֶעֶשְׂתָה	נַעֲשֵׂית	תֵיעָשֶׂה	
		הם	נַעֲשׂוּ	נַעֲשִׂים	יֵיעָשׂוּ	

Appendix I

ר-א-ה	II.3.1.20	אני	נִראֵיתי		אֶרָאֶה	seem, look לְהֵירָאוֹת
		הוא	נִראָה	נִראֶה	יֵירָאֶה	
		היא	נִראֲתָה	נִראֵית	תֵירָאֶה	
		הם	נִראוּ	נִראים	יֵירָאוּ	
י-ל-ד	II.4	אני	נולַדתי		אֶוָלֵד	be born לְהיוָלֵד
		הוא	נולַד	נולָד	יִיוָלֵד	
		היא	נולדָה	נולֶדֶת	תיוָלֵד	
		הם	נולדוּ	נולָדים	יִיוָלדוּ	
י-ד-ע	II.4.3.16	אני	נודַעתי		אֶוָודַע	become known לְהיוָודַע
		הוא	נודַע	נודָע	יִיוָודַע	
		היא	נודעָה	נודַעַת	תיוָודַע	
		הם	נודעוּ	נודָעים	יִיוָודעוּ	
נ-ס-ג	II.6	אני	נָסוגתי		אֶסוג	retreat לָסֶגֶת
		הוא	נָסוג	נָסוג	יִיסוג	
		היא	נָסוגָה	נְסוגָה	תִיסוג	
		הם	נָסוגוּ	נְסוגים	יִיסגו	
נ-ג-ש	II.6	אני	ניגַשתי		אֶגַש	approach לָגֶשֶת
		הוא	ניגַש	ניגָש	יִיגַש	
		היא	ניגשָה	ניגֶשֶת	תִיגַש	
		הם	ניגשוּ	ניגָשים	יִיגשוּ	

בניין פיעל

ד-ב-ר	III.0	אני	דיבַּרתי		אֲדַבֵּר	
		הוא	דיבֵּר	מְדַבֵּר	יְדַבֵּר	speak, talk לְדַבֵּר
		היא	דיברָה	מְדַבֶּרֶת	תְדַבֵּר	
		הם	דיברו	מְדַברים	יְדַברו	
ת-א-ר	III.2.2.1	אני	תֵיאַרתי		אֲתָאֵר	
		הוא	תֵיאֵר	מְתָאֵר	יְתָאֵר	describe לְתָאֵר משהו
		היא	תֵיאֲרָה	מְתָאֶרֶת	תְתָאֵר	
		הם	תֵיאֲרו	מְתָאֲרים	יְתָאֲרו	
מ-ה-ר	III.2.2.5	אני	מיהַרתי		אֲמַהֵר	
		הוא	מיהֵר	מְמַהֵר	יְמַהֵר	hurry, rush לְמַהֵר
		היא	מיהֲרָה	מְמַהֶרֶת	תְמַהֵר	
		הם	מיהֲרו	מְמַהֲרים	יְמַהֲרו	
ש-ח-ק	III.2.2.8	אני	שׂיחַקתי		אֲשַׂחֵק	
		הוא	שׂיחֵק	מְשַׂחֵק	יְשַׂחֵק	play a game לְשַׂחֵק
		היא	שׂיחֲקָה	מְשַׂחֶקֶת	תְשַׂחֵק	
		הם	שׂיחֲקו	מְשַׂחֲקים	ישַׂחֲקו	
ש-ע-ר	III.2.2.16	אני	שיעַרתי		אֲשַעֵר	
		הוא	שיעֵר	מְשַעֵר	יְשַעֵר	assume לְשַעֵר
		היא	שיעֲרָה	מְשַעֶרֶת	תְשַעֵר	
		הם	שיעֲרו	מְשַעֲרים	יְשַעֲרו	

	אֲבָרֵךְ		בֵּירַכתי	אני	III.2.2.20	ב-ר-כ
bless לְבָרֵךְ	יְבָרֵךְ	מְבָרֵךְ	בֵּירֵךְ	הוא		
	תְּבָרֵךְ	מְבָרֶכֶת	בֵּירְכָה	היא		
	יְבָרכוּ	מְבָרכים	בֵּירכוּ	הם		
	אֲמַלֵּא		מילֵאתי	אני	III.2.3.1	מ-ל-א
fill up לְמַלֵּא	יְמַלֵּא	מְמַלֵּא	מילֵא	הוא		
	תְּמַלֵּא	מְמַלֵּאת	מילְאָה	היא		
	יְמַלאוּ	מְמַלאים	מילאוּ	הם		
	אֲגַלֵּחַ		גילַחתי	אני	III.2.3.8	ג-ל-ח
shave לְגַלֵּחַ	יְגַלֵּחַ	מְגַלֵּחַ	גילֵחַ	הוא		
	תְּגַלֵּחַ	מְגַלַּחַת	גילְחָה	היא		
	יְגַלחוּ	מְגַלחים	גילחוּ	הם		
	אֲבַצֵּעַ		ביצַעתי	אני	III.2.3.16	ב-צ-ע
carry out לְבַצֵּעַ	יְבַצֵּעַ	מְבַצֵּעַ	ביצֵעַ	הוא		
	תְּבַצֵּעַ	מְבַצַּעַת	ביצְעָה	היא		
	יְבַצעוּ	מְבצעים	ביצעוּ	הם		
	אֲחַכֶּה		חיכּיתי	אני	III.3	ח-כ-ה
wait for לְחַכּוֹת	יְחַכֶּה	מְחַכֶּה	חיכָּה	הוא		
	תְּחַכֶּה	מְחַכָּה	חיכְּתָה	היא		
	יְחַכּוּ	מְחַכּים	חיכּוּ	הם		
	אֲעודֵד		עודַדְתי	אני	III.5	ע-ו-ד
encourage לְעודֵד	יְעודֵד	מְעודֵד	עודֵד	הוא		
	תְּעודֵד	מְעודֶדֶת	עודְדָה	היא		
	יְעודְדוּ	מְעודְדים	עודְדוּ	הם		

	אֲשׂוחֵחַ		שׂוחַחתי	אני	III.5.3.8	שׂ-י-ח
converse לְשׂוחֵחַ	יְשׂוחֵחַ	מְשׂוחֵחַ	שׂוחֵחַ	הוא		
	תְּשׂוחֵחַ	מְשׂוחַחַת	שׂוחֲחָה	היא		
	יְשׂוחֲחוּ	מְשׂוחֲחִים	שׂוחֲחוּ	הם		
	אֲצַלצֵל		צילצַלתי	אני	III.8	צ-ל-צ-ל
ring, buzz לְצַלצֵל	יְצַלצֵל	מְצַלצֵל	צילצֵל	הוא		
	תְּצַלצֵל	מְצַלצֶלֶת	צילצְלָה	היא		
	יְצַלצְלוּ	מְצַלצְלים	צילצְלוּ	הם		
	אֲשַׁעֲמֵם		שיעֲמַמתי	אני	III.8	ש-ע-מ-מ
bore לְשַׁעֲמֵם	יְשַׁעֲמֵם	מְשַׁעֲמֵם	שיעֲמֵם	הוא		
	תְּשַׁעֲמֵם	מְשַׁעֲמֶמֶת	שיעַמְמָה	היא		
	יְשַׁעַמְמוּ	מְשַׁעֲמְמִים	שיעַמְמוּ	הם		
	אֲשַׁכנֵעַ		שיכנַעתי	אני	III.8.4.16	ש-כ-נ-ע
convince לְשַׁכנֵעַ	יְשַׁכנֵעַ	מְשכנֵעַ	שיכנֵעַ	הוא		
	תְּשַׁכנֵעַ	מְשַׁכנַעַת	שיכנְעָה	היא		
	יְשַׁכנְעוּ	מְשַׁכנְעִים	שיכנְעוּ	הם		

בניין פועל

	אֲנוּצַל		נוּצַלתי	אני	IV.0	נ-צ-ל
be exploited	יְנוּצַל	מְנוּצָל	נוּצַל	הוא		
	תְּנוּצַל	מְנוּצֶלֶת	נוּצְלָה	היא		
	יְנוּצלוּ	מְנוּצָלִים	נוּצלוּ	הם		

בִּנְיָן הִפְעִיל

ר-ג-ש	V.0	אני	הִרגַשתי		אַרגיש	
		הוא	הִרגיש	מַרגיש	יַרגיש	
		היא	הִרגישָה	מַרגישָה	תַרגיש	לְהַרגיש feel
		הם	הִרגישו	מַרגישים	יַרגישו	
א-כ-ל	V.2.1.1	אני	הֶאֱכַלתי		אַאֲכיל	
		הוא	הֶאֱכיל	מַאֲכיל	יַאֲכיל	
		היא	הֶאֱכילָה	מַאֲכילָה	תַאֲכיל	לְהַאֲכיל feed
		הם	הֶאֱכילו	מַאֲכילים	יַאֲכילו	
ח-ל-ט	V.2.1.8	אני	הֶחלַטתי		אַחליט	
		הוא	הֶחליט	מַחליט	יַחליט	
		היא	הֶחליטָה	מַחליטָה	תַחליט	לְהַחליט decide
		הם	הֶחליטו	מַחליטים	יַחליטו	
ע-ב-ד	V.2.1.16	אני	הֶעֱבַדתי		אַעֲביד	
		הוא	הֶעֱביד	מַעֲביד	יַעֲביד	
		היא	הֶעֱבידָה	מַעֲבידָה	תַעֲביד	לְהַעֲביד employ
		הם	הֶעֱבידו	מַעֲבידים	יַעֲבידו	
מ-צ-א	V.2.3.1	אני	הִמצֵאתי		אַמציא	
		הוא	הִמציא	מַמציא	יַמציא	
		היא	הִמציאָה	מַמציאָה	תַמציא	לְהַמציא invent
		הם	הִמציאו	מַמציאים	יַמציאו	

	אַצליח		הִצלַחתי	אני	V.2.3.8	צ-ל-ח
succeed לְהַצליחַ	יַצליחַ	יַצליחַ	הִצליחַ	הוא		
	תַצליחַ		הִצליחָה	היא		
	יַצליחו	מַצליחים	הִצליחוּ	הם		
	אַשפיעַ		הִשפַּעתי	אני	V.2.3.16	ש-פ-ע
influence לְהַשפיעַ	יַשפיעַ	מַשפיעַ	הִשפיעַ	הוא		
	תַשפיעַ	מַשפיעָה	הִשפיעָה	היא		
	יַשפיעוּ	מַשפיעים	הִשפיעוּ	הם		
	אַרשֶׁה		הִרשֵׁיתי	אני	V.3	ר-ש-ה
allow לְהַרשות	יַרשֶׁה	מַרשֶׁה	הִרשָׁה	הוא		
	תַרשֶׁה	מַרשָׁה	הִרשְׁתָה	היא		
	יַרשוּ	תַרשֶׁה	הִרשוּ	הם		
	אַחנֶה		הֶחנֵיתי	אני	V.3.1.8	ח-נ-ה
park a car לְהַחנות	יַחנֶה	מַחנֶה	אַחנֶה	הוא		
	תַחנֶה	מַחנָה	הֶחנְתָה	היא		
	יַחנוּ	מַחנים	הֶחנוּ	הם		
	אַעֲלֶה		הֶעֱלֵיתי	אני	V.3.1.16	ע-ל-ה
raise לְהַעֲלות	יַעֲלֶה	מַעֲלֶה	הֶעֱלָה	הוא		
	תַעֲלֶה	מַעֲלָה	הֶעֱלתָה	היא		
	יַעֲלוּ	מַעֲלים	הֶעֱלוּ	הם		

ר-א-ה	V.3.1.20	אני	הֶראֵיתי		אַראֶה	
		הוא	הֶראָה	מַראֶה	יַראֶה	show לְהַראות
		היא	הֶראֲתָה	מַראָה	תַראֶה	
		הם	הֶראוּ	מַראים	יַראוּ	
נ-כ-ה	V.3.1.14	אני	היכּיתי		אַכֶּה	
		הוא	היכָּה	מַכֶּה	יַכֶּה	beat up לְהַכּות
		היא	היכְּתָה	מַכָּה	תַכֶּה	
		הם	יַכּוּ	מַכּים	יַכּוּ	
י-ס-פ	V.4	אני	הוסַפתי		אוסיף	
		הוא	הוסיף	מוסיף	יוסיף	add לְהוסיף
		היא	הוסיפָה	מוסיפָה	תוסיף	
		הם	הוסיפוּ	מוסיפים	יוסיפוּ	
י-צ-א	V.4.3.1	אני	הוצֵאתי		אוציא	
		הוא	הוציא	מוציא	יוציא	take out לְהוציא
		היא	הוציאָה	מוציאָה	תוציא	
		הם	הוציאוּ	מוציאים	יוציאוּ	
י-כ-ח	V.4.3.8	אני	הוכַחתי		אוכיחַ	
		הוא	הוכיחַ	מוכיחַ	יוכיחַ	prove that לְהוכיחַ
		היא	הוכיחָה	מוכיחָה	תוכיחַ	
		הם	הוכיחוּ	מוכיחים	יוכיחוּ	

	אודיעַ		הודַעתי	אני	V.4.3.16	י-ד-ע
announce לְהודיעַ	יודיעַ	מודיעַ	הודַעתי	הוא		
	תודיעַ	מודיעָה	הודיעָה	היא		
	יודיעוּ	מודיעים	הודיעוּ	הם		
	אודֶה		הודֵיתי	אני	V.3.1.10	י-ד-ה
thank לְהודות	יודֶה	מודֶה	הודָה	הוא		
	תודֶה	מודָה	הודְתָה	היא		
	יודוּ	מודים	הודוּ	הם		
	אָבין		הֲבַנתי	אני	V.5	ב-ו-נ
understand לְהָבין	יָבין	מֵבין	הֵבין	הוא		
	תָבין	מְבינָה	הֵבינָה	היא		
	יָבינוּ	מְבינים	הֵבינוּ	הם		
	אָריחַ		הֵרַחתי	אני	V.5.3.8	ר-י-ח
smell לְהָריחַ	יָריחַ	מֵריחַ	הֵריחַ	הוא		
	תָריחַ	מְריחָה	הֵריחָה	היא		
	יָריחוּ	מְריחים	הֵריחוּ	הם		
	אָביא		הֵבֵאתי	אני	V.5.3.1	ב-ו-א
bring לְהָביא	יָביא	מֵביא	הֵביא	הוא		
	תָביא	מְביאָה	הֵביאָה	היא		
	יָביא	מְביאים	הֵביאוּ	הם		

	אַכִּיר		הִכַּרתי	אני	V.6	נ-כ-ר
recognize לְהַכִּיר	יַכִּיר	מַכִּיר	הִכִּיר	הוא		
	תַכִּיר	מַכִּירָה	הִכִּירָה	היא		
	יַכִּירוּ	מַכִּירים		הם		
	אַגיעַ		הִגַעתי	אני	V.6.3.16	נ-ג-ע
arrive לְהַגִיעַ	יַגיעַ	מַגיעַ	הִגיעַ	הוא		
	תַגיעַ	מַגיעָה	הִגיעָה	היא		
	יַגיעוּ	מַגיעים	הִגיעוּ	הם		
	אָגֵן		הֲגַנתי	אני	V.7	ג-נ-נ
defend לְהָגֵן	יָגֵן	מֵגֵן	הֵגֵן	הוא		
	תָגֵן	מְגִינָה	הֵגֵנָה	היא		
	יָגֵנוּ	מְגִינים	הֵגֵנוּ	הם		

	בִּנָיָן הוּפעַל					
	אוּזמַן		הוּזמַנתי	אני	VI.0	ז-מ-נ
be invited	יוּזמַן	מוּזמָן	הוּזמַן	הוא		
	מוּזמֶנֶת	מוּזמֶנֶת	הוּזמְנָה	היא		
	יוּזמְנוּ	מוּזמָנים	הוּזמְנוּ	הם		

בניין התפעל

	אֶתלַבֵּש		הִתלַבַּשתי	אני	VII.0	ל-ב-ש
get dressed לְהִתלַבֵּש	יִתלַבֵּש	מִתלַבֵּש	הִתלַבֵּש	הוא		
	מִתלַבֶּשֶת	מִתלַבֶּשֶת	הִתלַבְּשָה	היא		
	יִתלַבּשו	מִתלַבּשים	הִתלַבּשו	הם		
	אֶזדַקֵן		הִזדַקַנתי	אני	VII.0.1.7	ז-ק-נ
grow old לְהִזדַקֵן	מִזדַקֵן	מִזדַקֵן	אֶזדַקֵן	הוא		
	תִזדַקֵן	מִזדַקֶנֶת	הִזדַקנָה	היא		
	יִזדַקנו	תִזדַקֵן	תִזדַקֵן	הם		
	אֶסתַדֵר		הִסתַדַרתי	אני	VII.0.1.15	ס-ד-ר
get along לְהִסתַדֵר	יִסתַדֵר	הִסתַדֵר	הִסתַדֵר	הוא		
	תִסתַדֵר	מִסתַדֶרֶת	הִסתַדרָה	היא		
	יִסתַדרו	מִסתַדרים	הִסתַדרו	הם		
	אֶצטַדֵק		הִצטַדַקתי	אני	VII.0.1.18	צ-ד-ק
apologize לְהִצטַדֵק	יִצטַדֵק	מִצטַדֵק	הצטַדֵק	הוא		
	תִצטַדֵק	מִצטַדֶקֶת	הִצטַדקָה	היא		
	יִצטַדקו	מִצטַדקים	הִצטַדקו	הם		
	אֶשתַמֵש		הִשתַמַשתי	אני	VII.0.1.21	ש-מ-ש
use לְהִשתַמֵש	יִשתַמֵש	מִשתַמֵש	הִשתַמֵש	הוא		
	תִשתַמֵש	מִשתַמֶשֶת	הִשתַמשָה	היא		
	יִשתַמשו	מִשתַמשים	הִשתַמשו	הם		

	אֶתְפָּאֵר		הִתְפָּאַרְתִּי	אני	VII.2.2.1	פ-א-ר
boast לְהִתְפָּאֵר	יִתְפָּאֵר	מִתְפָּאֵר	הִתְפָּאֵר	הוא		
	תִּתְפָּאֵר	מִתְפָּאֶרֶת	הִתְפָּאֲרָה	היא		
	יִתְפָּאֲרוּ	מִתְפָּאֲרִים	הִתְפָּאֲרוּ	הם		
	אֶתְנַהֵג		הִתְנַהַגְתִּי	אני	VII.2.2.5	נ-ה-ג
behave לְהִתְנַהֵג	יִתְנַהֵג	מִתְנַהֵג	הִתְנַהֵג	הוא		
	תִּתְנַהֵג	מִתְנַהֶגֶת	הִתְנַהֲגָה	היא		
	יִתְנַהֲגוּ	מִתְנַהֲגִים	הִתְנַהֲגוּ	הם		
	אֶתְרַחֵץ		הִתְרַחַצְתִּי	אני	VII.2.2.8	ר-ח-צ
wash oneself לְהִתְרַחֵץ	יִתְרַחֵץ	מִתְרַחֵץ	הִתְרַחֵץ	הוא		
	תִּתְרַחֵץ	מִתְרַחֶצֶת	הִתְרַחֲצָה	היא		
	יִתְרַחֲצוּ	מִתְרַחֲצִים	הִתְרַחֲצוּ	הם		
	אֶתְכָּעֵר		הִתְכָּעַרְתִּי	אני	VII.2.2.16	כ-ע-ר
become ugly לְהִתְכָּעֵר	יִתְכָּעֵר	מִתְכָּעֵר	הִתְכָּעֵר	הוא		
	תִּתְכָּעֵר	מִתְכָּעֶרֶת	הִתְכָּעֲרָה	היא		
	יִתְכָּעֲרוּ	מִתְכָּעֲרִים	הִתְכָּעֲרוּ	הם		
	אֶתְפַּלֵּא		הִתְפַּלֵּאתִי	אני	VII.2.3.1	פ-ל-א
be surprised לְהִתְפַּלֵּא	יִתְפַּלֵּא	מִתְפַּלֵּא	הִתְפַּלֵּא	הוא		
	תִּתְפַּלֵּא	מִתְפַּלֵּאת	הִתְפַּלְּאָה	היא		
	יִתְפַּלְּאוּ	מִתְפַּלְּאִים	הִתְפַּלְּאוּ	הם		

ג-ל-ח	VII.2.3.8	אני	הִתגַלַחתי		אֶתגַלֵח	shave oneself לְהִתגַלֵחַ
		הוא	הִתגַלֵחַ	מִתגַלֵחַ	יִתגַלֵחַ	
		היא	הִתגַלחָה	מִתגַלַחַת	תִתגַלֵחַ	
		הם	הִתגַלחוּ	מִתגַלחים	יִתגַלחוּ	
ש-ג-ע	VII.2.3.16	אני	הִשתַגַעתי		אֶשתַגֵעַ	go crazy לְהִשתַגֵעַ
		הוא	הִשתַגֵעַ	מִשתַגֵע	יִשתַגֵעַ	
		היא	הִשתַגעָה	מִשתַגַעַת	תִשתַגֵעַ	
		הם	הִשתַגעוּ	מִשתַגעים	יִשתַגעוּ	
מ-נ-ה	VII.3	אני	הִתמַנֵיתי		אֶתמַנֶה	be nominated לְהִתמַנות
		הוא	הִתמַנָה	מִתמַנֶה	יִתמַנֶה	
		היא	התמַנתָה	מִתמַנָה	תִתמַנֶה	
		הם	הִתמַנוּ	מִתמַנים	יִתמַנוּ	
י-ס-פ	VII.4	אני	הִתוַוספתי		אֶתוַוסֵף	be added to לְהִתוַוסֵף
		הוא	הִתוַוסֵף	מִתוַוסֵף	הִתוַוסֵף	
		היא	הִתוַוספָה	מִתוַוסֶפֶת	תִתוַוסֵף	
		הם	הִתוַוספוּ	מִתוַוספים	יִתוַוספוּ	
י-כ-ח	VII.4.3.8	אני	הִתוַוכַּחתי		אֶתוַכֵּחַ	argue, debate לְהִתוַוכֵּחַ
		הוא	הִתוַוכֵּחַ	מִתוַוכֵּחַ	יִתוַוכֵּחַ	
		היא	הִתוַוכּחָה	מִתוַוכַּחַת	הִתוַוכּחָה	
		הם	הִתוַוכּחוּ	מִתוַוכּחים	יִתוַוכּחוּ	

י-ד-ע	VII.4.3.16	אני	הִתְוַדַעְתִי		אֶתְוַדֵעַ	get acquainted לְהִתְוַדֵעַ
		הוא	הִתְוַדֵעַ	מִתְוַדֵעַ	יִתְוַדֵעַ	
		היא	הִתְוַודעָה	מִתְוַדַעַת	תִתְוַדֵעַ	
		הם	הִתְוַודעוּ	מִתְוַודעים	יִתְוַדועוּ	
ע-ו-ר	VII.5	אני	הִתעורַרתי		אֶתעורֵר	wake up לְהִתעורֵר
		הוא	הִתעורֵר	מִתעורֵר	יִתעורֵר	
		היא	התעורְרָה	מִתעורֶרֶת	תִתעורֵר	
		הם	הִתעורְרוּ	מִתעורְרים	יִתעורְרוּ	
פ-ל-ל	VII.7	אני	הִתפַּלַלתי		אֶתפַּלֵל	pray לְהִתפַּלֵל
		הוא	הִתפַּלֵל	מִתפַּלֵל	יִתפַּלֵל	
		היא	הִתפַּלְלָה	מִתפַּלֶלֶת	תִתפַּלֵל	
		הם	הִתפַּלְלוּ	מִתפַּלְלים	מִתפַּלְלים	
פ-ר-ס-מ	VII.8	אני	הִתפַּרסַמתי		אֶתפַּרסֵם	become known לְהִתפַּרסֵם
		הוא	הִתפַּרסֵם	מִתפַּרסֵם	יִתפַּרסֵם	
		היא	הִתפַּרסְמָה	מִתפַּרסֶמֶת	תִתפַּרסֵם	
		הם	הִתפַּרסְמוּ	הִתפַּרסְמוּ	יִתפַּרסְמוּ	
ג-ע-ג-ע	VII.8.3.16	אני	התגַעֲגַעתי		אֶתגַעֲגֵעַ	long for, miss לְהִתגַעֲגֵעַ
		הוא	הִתגַעֲגֵעַ	מִתגַעֲגֵעַ	יִתגַעֲגֵעַ	
		היא	הִתגַעַגְעָה	מִתגַעֲגַעַת	תִתגַעֲגֵעַ	
		הם	התגַעַגְעוּ	מִתגַעַגְעים	יִתגַעַגְעוּ	

Appendix II
Discourse Ties[1]

Addition	**הוספה על מה שנאמר**
in addition to this	(ב)נוסָף לְכָך/על כָּך
also	אָף
too, also	גָּם, גָּם כֵּן
too, also	וגומֵר (וגו')
& the like	וְכַדומֶה (וכו')
& the like	וְכֵיוצֵא בַּזה (וכיוב')
moreover	זאת וְעוד' יְתֵירָה מִזאת
moreover	יֶתֶר עַל כֵּן
such & such....... inclusive	כך וכך....... וְעד בִּכְלָל
in addition, as well	כּמו כֵן, וכמו כֵן, וְכֵן
not only ..... but also	לֹא זו בלבָד שֶ-.... אֶלָּא ...
all the more so	לֹא כל שֶׁכֵּן
in addition (to)	נוסָף, נוסָף על/ל-
all the more so	על אַחַת כַּמָּה וְכַמָּה
Although & Co.	**בניגוד למה שנאמר**
even though	אִם כִּי
even though	אָף כִּי, אָף שֶׁ-
although	אָף עַל פִּי שֶׁ-, עַל אָף שֶׁ-
nonetheless, for all that	בְּכל זאת
in spite of, despite	לַמרות [+ שם עצם]
in spite of, despite	לַמרות שֶׁ-.... [+ פועל] (בעברית מדוברת)
all the more so	עַל אַחַת כַּמָּה וְכַמָּה, לֹא כל שֶׁכֵּן
despite his/her protest	עַל אַפּו ועַל חֲמתו (עַל אַפָּה ועל חֲמָתָהּ וכו')

---

(1) Thanks to Prof. Chana Kronfeld for her kind permission to use this list which was compiled and prepared by her.

Causality	**סיבתיות**
1. Neutral Causality	**סיבתיות נייטרליות**
for, since	בַּאֲשֶׁר
due to, on account of	בְּגִין
on account of	בִּגְלָל [+ שם עצם]
because	בגלָל שֶׁ- [+ פועל] (עברית מדוברת)
because of such & such	בְּשֶׁל [+ שם עצם]
cause, bring about	הואיל וכך וכך, הֱיות שכך וכך
since	הֱיות שֶׁ-
for, because	כי
because	כֵּיוָון שֶׁ-, מִכֵּיוָון שֶׁ-
to bring about	לִגרום ל-, לִגרום לְכָך שֶׁ-
cause to, bring about	להָביא לידֵי
for	לפי שכך וכך
since, because	מֵאַחַר שֶׁ-
for reasons of	מִטעָמֵי [+ שם עצם]
because such & such	מִפּנֵי שכך וכך, מִשּׁום שכך וכך
because, since such & such	מִתוך שכך וכך
because	שֶׁכֵּן

Causality	**סיבתיות**
1. Neutral Causality	**סיבתיות נייטרליות**
for, since	בַּאֲשֶׁר
due to, on account of	בְּגִין
on account of	בִּגְלָל [+ שם עצם]
because	בגלָל שֶׁ- [+ פועל] (עברית מדוברת)
because of such & such	בְּשֶׁל [+ שם עצם]
cause, bring about	הואיל וכך וכך, הֱיות שכך וכך
since	הֱיות שֶׁ-
for, because	כי

because	כֵּיוָון שֶׁ-, מִכֵּיוָון שֶׁ-
to bring about	לִגרום ל-, לגְרום לְכָך שֶׁ-
cause to, bring about	להָביא לידֵי
for	לפי שכך וכך
since, because	מֵאַחַר שֶׁ-
for reasons of	מִטעָמֵי [+ שם עצם]
because such & such	מִפְּנֵי שכך וכך, מִשום שכך וכך
because, since such & such	מִתוך שכך וכך
because	שֶׁכֵּן

2. Favorable Reasons — 2. סיבתיות חיובית

thanks to such & such	בזכות כך וכך, הודות לכך וכך

3. Negative Reasons — 3. סיבתיות שלילית

because of someone's fault/oversight	בְּעֶטיו, בעטיו של (בעטיה של, וכו')
due to	מַחמַת, עֵקֶב

Clarification & Emphasis — הבהרה והדגשה

if (for hypothetical conditions only)	אילו, לוּ
if such & such .... might as well such	אם כבר
then, so, if so	אִם כֵּן
in other words	בּמילים אחֵרות
in the full sense of the word	בִּמלוא מוּבָן הַמילָה
it's clear that	בָּרוּר כי/שֶׁ-
it goes without saying	בָּרוּר מאליו
that is to say	גָלוּי וידוּעַ שֶׁ-
that is to say	דְהַיינוּ
that is to say	הֱוֵוה אומֵר
which clearly is	הֲלֹא [הוא, היא, הם/הן]
i.e., namely	זאת אומֶרֶת (ז"א)
it's common knowledge that	יָדוּעַ שֶׁ-
as everybody know	כַּידוּעַ

that is, i.e.	כלומַר
needless to say, it goes without saying	לְמותָר לְצַיֵין
it goes without saying that	מובָן מֵאלָיו שֶ-
of course, its's clear that	מובָן שֶ-, כַּמוּבָן
naturally, in the nature of things	מטֶבַע הַדבָרים
it turns out that	מסתבר שֶ-

Condition — תנאי

if not (hypothetical conditions only)	אילולֵא, לולֵא
if not, unless (hypothetical conditions only)	אילמָלֵא
unless, unless the case was that	אֶלָא אִם כֵּן
if	אִם
if .....then	אִם ..... אז .....
if it is the case that, if indeed	אִם אומנָם
if such & such .... might as well such & such	אם כבר
on condition that	בִּתנַאי שֶ-
even if	גם אִם
conditionally, on condition (also: on probation)	עַל תנַאי
lest	פֶּן [+ פסוקית]

Consequence — תוצאה

hence, therefore	אי לָזאת
hence, therefore	אי לְכָך
consequently (see also temporal relations)	בְּדיעֲבַד
it does not necessarily follow	לֹא נובע בְּהֶכרָח
in light of (the aforementioned)	לאור הדבָרים (האלה), לאור זאת
therefore	לָכֵן
therefore	לפיכָך
in vain, of no consequence	לָריק
in vain	לָשָוא

it follows that	מִכָּאן שֶׁ-
it follows that	מכך יוצא שֶׁ-
it turns out that	מִסתַבֵּר שֶׁ-
consequently, thence	משום כך
consequently, thence	מתוך כָּך, בתוך כָּך
it follows that	נובֵעַ שֶׁ-
this leads to the conclusion that	ניתָן לְהָסיק מִכָּך שֶׁ-
therefore	עַל כֵּן

Either ... or, Neither ... nor, etc. — או ש... או ש..

either ...... or	או [+ שם עצם] או [+ שם עצם]
either ...... or	או שֶׁ- [+ פועל] או שֶׁ- [+ פועל]
this way or the other	בין שֶׁ- ...... ובין שֶׁ- ......
this way or the other	לֹא .... ולֹא

Evaluation & Judgement — הערכה ושיפוט

undoubtedly	בלי סָפֵק, אין סָפֵק שֶׁ-
it's a pity that	חֲבָל, חֲבָל שֶׁ-
it's a good thing that	טוב שֶׁ-
well, as is fit	כָּרָאוּי
attach importance to	לְיַיחֵס חֲשיבוּת ל-
undoubtedly	לְמַרבֵּה הַמָזָל
unfortunately	לְמַרבֵּה הַצַעַר
unfortunately	לְרוֹעַ הַמָזָל
worthy, worthwhile	רָאוּי
noteworthy	רָאוּי לציון

Exclusion & Specification — הפרדה וייחודיות

only, just, exclusively	אַך, אַך וְרַק
there not being, without	בְּאֵין [+ שם עצם]
especially, since	בייחוד, בְּמיוחד

without	בְּלֹא, לְלֹא
without	בלי, מִבלי
without	בלעדֵי [+ שם עצם]
without this	בלעדֵי זאת
to a certain extent, in a limited sense	בְּמידָה ידוּעָה
mainly, generally speaking	בְּעיקָר, בעיקָרו של דָבָר
especially	בִּפרָט
especially, since	וּמָה גַם שֶ-
apart from, except for	חוּץ מ-
especially, since	יוֹצֵא מִן הַכְּלָל
especially, since	יָחיד בְּמינו, מיוּחָד
separately, alone	לְחוּד
outside of	מִחוּץ ל-
especially, since	מִלְבָד, לְבָד מ-

Exemplification & Elaboration — הדגמה והרחבה

that is	דְהַיינוּ
such as	כְּגון
that is, i.e.	כלומַר
like, such as	כמו
such as the following, as for example	כמו לְמָשָל
like, as	כפי שֶ-
for example	לדוּגמָא
such as	למָשָל

Hypothetical Relation — יחסים היפוטטיים

if	אילוּ, לוּ
if not	אילוּלֵא/אילמָלֵא
perhaps, it's possible that	ייתָכֵן, ייתָכֵן שֶ-
as if	כְּאילוּ
as it were, seemingly	כִּבְיָכול

outwardly, on the face of it	כלַפֵּי חוּץ
seemingly, apparently, as it seem	כַּנִרְאֶה, כפי הַנִרְאֶה
on the face of it, seemingly	לְכאורָה
apparently, most probably	לְמַראית עַיִן
apparently, most probably	מן הסתָם [+ פסוקית]
Manner	**אופן**
by the way	אָגָב
by the way	אָגָב אורחָא
so that, in a way that	באופֶן שֶ-
by chance, accidently	בְּאַקרַאי
openly, overtly	בגָלוּי
by heart	בְּעַל פֶּה
by the way	דֶרֶך אָגָב, בּדֶרֶך אָגָב
quickly, immediately	כְּהֶרֶף עין
so that	כָּך, כָּך שֶ-
off h&edly, casually	כּלְאַחַר יָד
according to, by	לפי, על פי (עפ"י)
suddenly	לְפֶתַע
suddenly, all of a sudden	לְפֶתַע פִּתאום
to the point that, till	עד כְּדֵי
so much so that	עד כְּדֵי כך שֶ-
Mutuality & Simultaneity	**הדדיות ובו-זמניות**
simultaneously, at once	בְּבַת אַחַת
simultaneously	בָּד בְּבָד
at the same time, simultaneously	בו בַּזמָן
on the very same day	בו בַּיום
together	בְּיַחַד
while	בְּעוד, בעוד שֶ-
simultaneously	בעֵת ובעונָה אַחַת

at all once	בְּפַעַם אַחַת
together	גורם מְשׁוּתָף
both A & B	גַּם יַחַד (א' וב' גם יחד)
one another, each other	זֶה אֶת זֶה/ זו אֶת זו
at the same time	יַחַד עִם זאת
alike, both	כְּאֶחָד
common denominator	מְכַנֶּה מְשׁוּתָף
unanimously	פֶּה אֶחָד
within	תוך
Means & Agency	**הסוכן או הגורם למצב**
by means of	בְּאֶמְצָעוּת
by this, in this	בְּכָךְ
in the name of	בְּשֵׁם
on behalf of, in the name of	מִטַּעַם
through, by, by means of	על ידֵי [+ שם עצם]
thereby	על ידֵי כך
Modifiers of Opinion & Editorial Comments	**הבעת דעה**
I think, I surmise	אני סָבוּר/-ה שֶׁ-
similarly, to the same extent	באותָהּ מידָה
generally, usually	בדֶרֶךְ כְּלָל
in any case, anyhow	בין כֹּה וָכֹה
in any case, anyhow	בין כָּךְ וָכָךְ, בין כָּךְ ובין כָּךְ
at any rate, in any case	בְּכֹל אופֶן
to a large extent	במידָה רַבָּה
to the extent that (colloquially use also as a condition)	במידָה שֶׁ-
to a certain extent, somewhat	במידַת מָה
it seems to me that	דומֶני שֶׁ-
actually, as a matter of fact, the truth is that	הָאֱמֶת היא
a kind of, something like	כְּעֵין, מֵעֵין

actually, as a matter of fact	לַאֲמִיתוֹ של דָבר
in my opinion	לְדַעתי, לְפִי דַעתי
at most/least	לְכֹל היותֵר/הפָּחות
actually, as a matter of fact	לְמַעֲשֶׂה
to the best of my knowledge	לפי מֵיטַב יְדִיעָתי
in my humble opinion	לפי עֲנִיוּת דַעתי, לְעֲנִיוּת דַעתי
mostly, in most case	לָרוב
in a sense, in one respect	מבחינָה מְסוּיֶמֶת
in all respects	מִכֹּל הבחינות
anyway, at any rate	מִכֹּל מָקום
really, actually	מָמָש
it seems that	נִדמֶה שֶ-
one might say that	ניתָן לומַר כי/שֶ-
it seems to me that	נראֶה לי שֶ-
it seems that	נראֶה שֶ-
it's reasonable to assume that	סָביר להָניחַ שֶ-
as far as, as much as	עד כַּמָה שֶ-

Part–Whole Relations — יחסי חלק-שלם

as a whole .... & in particular	...... בכלָל, ו...... בפרָט
one of	אחד ה-, אחד מ-
some, not many	אי אֵילוּ
some, not many	בְּאופֶן חֶלקי
partially	חֶלקית
each & every one	כֹּל אֶחָד (מ-)
some of	כַּמָה מ-
as a whole .... & in particular, deducing	מֵהַכלָל אֶל הַפּרָט
from the particular to the general, inducing	מהַפּרָט אֶל הַכּלָל

Modality	**מודאליות**
must	חובָה על מישֶהו לַעֲשות מָשֶהו
must	יֵש + שם הפועל
one could say that	ניתָן לומַר שֶ-
one must do	על מישֶהו לַעֲשות מָשֶהו
must	צָריך + שם הפועל
Negation & Contrast	**שלילה וניגוד**
but	אֲבָל, אולָם
but rather, but on the other side	אין .... אלָא
but, only	אַך
but	אלָא ש-
whereas	בּזמַן ש-
unlike, in contrast to	בְּניגוד ל-
whereas	בְּעוד שֶ-
the difference between .... &.....	ההֶבדֵל(ים) בֵּין ... לבֵין....
.on the other side	ואילו..
one against/contrasted with the other	זה לעומַת זה
in spite of	חֵרֶף
but rather, but on the other side	לא .... אלָא
but rather, but only	לא/אין ....כי אִם
not necessarily	לאו דַווקָא
not at all, absolutely not	לְגַמרֵי לא
absolutely not, not at all	לַחֲלוטין לא
in contrast to, opposing	לְעומַת, לְעומַת זאת
on the one h& ... & on the other	מֵחַד (גיסָא) .... (ו)מֵאידַך (גיסָא)
on the one h& .... & on the other	מִצַד אֶחָד .... מִצַד שני
be in contrast to	עומֵד בִּסתירָה ל-/עם
Possibility & Impossibility	**אפשרות ואי אפשרות**
it's impossible to	אי אֶפשָר ל-

it's possible to	אֶפשָׁר ל-
it's possible that	אֶפשָׁר שֶׁ-
possible	בְּגֶדֶר האֶפשָׁר/בְּגֶדֶר האֶפשָׁרות
as much/as far as possible	במידַת האֶפשָׁר
it's possible that	ייתָּכֵן, ייתָּכֵן שֶׁ-
as much/as far as possible	כְּכֹל האֶפשָׁר
it's not possible that	לֹא ייתָּכֵן, ייתָּכֵן שֶׁ-
it's impossible to	מן הַנִּמנָע ל-

Process | תהליך

come to the point of	בָּא לידֵי
come/reach the point of	בָּא לכלל
come/reach the point of	הִגיעַ לידֵי
come/reach the point of	הִגיעַ לִכלָל
become, is in the process of	הולֵך ו-
increases, is on the increase	הולֵך וְגָדֵל
declines, is on the decrease, diminishes	הולֵך וְקָטֵן
intermittently	לסירוגין
is about to	עומֵד ל- [+ פועל]
in the course of, whilst	תוך כדי

Purpose | מטרה

unintentionally	(ש)לֹא בְּכָוָונה, שלא בְּמכוּוָן/במתכַּוֵון
intentionally	בכַוָונָה, במכוּון, בְּמִתכָּוון
for the benefit of	בִּשביל
in order, in order to/that	כְּדֵי, בִּכדֵי ל-/שֶׁ-
for the sake of (generally noble)	לְמַעַן
for the purpose of	לצורֶך
for, for the purpose of	לשֵׁם, לשֵׁם כך
in order to/that	על מְנַת, על מְנַת שֶׁ-

Repetition	**חזרה**
the same, that same	אותו (אותה, אותם, אותן)
& so on, & so forth	(ו)חוזר חֲלִילָה
recurs	חוזֵר ונשנֶה
repeats itself	חוזֵר על עצמו
not once, many times	לֹא אחת
anew, all over again	מֵחָדֵש
again & again	שוּב ושוּב

Spatial Relations	**יחסים במרחב**
somewhere	אֵי שָׁם
by, near	לְיַד
in front of, facing	מוּל, ממוּל
in front of, facing	נוֹכַח, לנוֹכַח
close to	סמוּך ל-
on, on the surface of, on top of	על פְּנֵי
by, near	על-יַד
there, thence (lit. to that place)	שמה/לשם [+ פועל תנועה]

Succession & Order	**חזרה וסדר**
one after the other	אחָד אחרי הַשֵּׁנִי
after, following, behind	אחַר, אחרי
one after the other	בזה אחר זה
first & foremost	בראש וּ(ב)ראשוֹנָה
in the beginning	בראשוֹנָה
in the beginning (formulaic beginning)	בתחילָה
on, onward	הָלְאָה
below, as follows	לְהָלָן
in closing (formulaic for conclusion)	לְסיום, לְסיכום
above, aforementioned	לְעֵיל
behind	מֵאחור, מֵאחוֹרֵי

from here on, heretofore	מִכָּאן וְאֵילָךְ
from here on, heretofore	מִכָּאן וַהלְאָה
from the start, in the first place	מִלְּכַתחִילָּה
see above	רְאֵה לְעֵיל
in the first place (formulaic beginning)	רֵאשִׁית, רֵאשִׁית כֹּל
Temporal Relations	**זמן**
then (in written Hebrew only in temporal sense)	אָז
after, following	אַחַר, אַחַר כָּךְ
after the fact, in retrospect	בְּדִיעֲבַד
on time	בזמָן
when, at the time that	בזמַן שֶׁ-
in the time of	בימי + שֵׁם עֶצֶם
meanwhile	בֵּינתַיִים
in the course of time	במרוצַת הזמָן
not long ago	זה לֹא כבָר, זה לֹא מכבָר
long since	זה מִכבָר
not long ago	זה מקָרוב [+ פועל]
when	כַּאֲשֶׁר, כשֶׁ-
already	כבָר
no longer	כבָר לֹא
immediately after	כְּהֶרֶף עַיִן
whenever	כֹּל אֵימַת שֶׁ-
as long as	כֹּל זמַן שֶׁ-
afterwards	לאַחַר מכָּן, אַחַר כָּךְ
after the fact, post facturm	לְאַחַר מַעֲשֶׂה
in the future, from now on	לְהַבָּא
at the latest	לְכֹל המאוּחָר
at the soonest	לְכֹל המוּקדָם
for ever	לְעוֹלָם

Appendix II
Discourse Ties

never (from moment of speech on)	לְעוֹלָם לֹא
at times, from time to time	לְעִיתִים
often	לְעִיתִים מְזוּמָנוֹת, לְעִיתִים קְרוֹבוֹת
seldom	לְעִיתִים רְחוֹקוֹת
some time ago, short time ago	לִפְנֵי זְמַן מָה
since	מֵאָז [+ביטוי זמן או נקודת זמן]
a long time ago	מִזְּמָן
from time to time, occasionally	מִזְּמָן לִזְמָן
immediately	מִיָּד
never (prior to moment of speech)	מֵעוֹלָם לֹא
from now on	מֵעַתָּה
till now	עַד כֹּה
till now	עַד עַכְשָׁיו, עַד עַתָּה
still	עֲדַיִין
not yet	עוֹד לֹא, עֲדַיִין לֹא
now	עַתָּה, עַכְשָׁיו, כָּעֵת
when, while	שָׁעָה שֶׁ-, בְּשָׁעָה שֶׁ-
while	תּוֹךְ

Hebrew Terms with no English Equivalents	**ביטויים מיוחדים לעברית שאין לה מקבילה באנגלית**
	אַדְּרַבָּא
	דַּוְקָא
	הִנֵּה
	הֲרֵי
	מִמֵּילָא

Bibliography

Alter, Robert, Hebrew and Modernity, Indiana University Press, 1994

Alter, Robert, The Invention of Hebrew Prose: Modern Fiction and the Language of Realizm, University, of Washington Press, 1988

Berman, Ruth, Modern Hebrew Structure, Tel-Aviv: University Publishing Projects, Ltd., 1978

Harshav, Benjamin, Language in Time of Revolution, University of California Press, 1993

Kuzar, Ron, Hebrew and Zionisam: A Discourse Analytic Cultural Study, Mouton de Gruyter, 2001

Rosen, Haiim B., Contemporary Hebrew, Mouton, 1977

אגמון-פרוכטמן, מאיה, בנתיבי תחביר, מפעלים אוניברסיטאים הוצאה לאור, 1980

צדקה, יצחק, תחביר העברית‡בימינו, קרית ספר ירושלים, 1981

רוזן, חיים, עברית טובה: עיונים בתחביר, קרית ספר, 1977

רוזנטל, רוביק, חדוות הלשון - שיחות על העברית הישראלית, עם עובד, 2004

רוזנטל, רוביק, הזירה הלשונית, עם, עובד, 2001

INDEX

Adjective(s), adjectival, 2, 13-15, 21, 26-27, 59-61, 69, 71, 80-84, 86-88, 91, 93, 102, 108, 111-121, 123, 126-130, 144, 146, 151, 154, 168, 193, 198-199, 262, 265-266, 269-270, 273, 275, 291, 293, 302, 307, 313, 317, 325, 329-331, 337

Adverb(s), adverbial(s), 14, 45, 91, 117-118, 126-133, 176, 204, 206, 279, 337

Agreement, 21-24, 59-60, 107, 118, 171, 199, 260, 287, 291, 295, 301

Amount, 85, 91, 265, 273, 279

Analytic, 13, 31, 39, 90, 139, 141-142

Anaphor(s), anaphoric, 41-43, 48, 56-57, 61

Aspect, aspectual, 17, 134, 161, 203-204, 206, 208-209

Binyan (בניין), 15, 114, 134, 136, 139, 143, 145-147, 171, 187, 301-305

Cleft sentences, 320-321

Command form, *see imperative*

Conditions, conditionals, 157, 160, 212, 321-324

Construct noun(s) (*smixut***), (Noun-noun),** 13, 50-51, 79-84, 82n, 86-91, 94, 112, 116, 154-155, 169, 170-172, 193, 195, 222, 274n., 275, 278

Coordination, coordinate, 2, 13, 26, 187, 206, 292, 298, 330, 332

Copula, 14, 58, 112-113, 214, 294-295, 298, 318, 325

Definite, definiteness, 34-36, 35n., 47-52, 54, 60, 66n., 81-82, 84, 86-88, 91, 98-100, 102, 106, 112, 121, 174, 179-181, 184, 222, 228-230, 254, 273, 273n., 278-279, 281-282, 294-295, 311-312, 326, 329

Definite direct object, 34-36, 35n., 106, 179-181, *see also direct object*

Demonstrative(s), 14, 26, 31, 47, 55-56, 58-59, 60-63, 65-66, 126, 294, 312, 329

Determiner(s), 47, 55, 90-91, 273, 273n., 282

Direct & indirect (reported) speech 260

Direct object, 26, 34-36, 35n., 41, 61-62, 106, 134fn, 140, 174, 179-182, 184-185, 184n., 220, 301, 303, 312, 317-318, 326, 329

Dual, dual noun(s), 70, 73, 73n., 77-78, 277

Emphasis, emphasize, 39-40, 118, 286, 289, 320, 328

Endings, 70-74, 76, 79, 83-84, 93, 100-101, 157, 205, 218, 222, 278, *see also suffix(es)*

Gender, 2, 2n., 21-22, 27-30, 35, 55-56, 58-60, 63, 69-72, 74, 79, 80, 86-87, 89, 98, 107-108, 111-112, 115, 117-118, 122, 128, 134, 149, 155, 162, 165, 170, 193, 206, 245, 255, 264, 273-275, 278, 291, 295-296, 301, 311, 313, 318, 329

Generic, 47, 49, 50, 69, 74-75, 249, 295, 323

Gerund, 78, 169, 171-172, 192, 309

Habitual, 153, 190, 204, 206-207, 209

Indefinite, 47-49, 52, 81-82, 86-88, 100, 118, 179, 181, 184n., 222, 273, 278, 282, 294-295, 309, 311-312, 326

Imperative (command), 148, 154, 159-160, 162-165, 201, 303, 337

Impersonal, 154, 248, 299-300, 302-303, 337, 339

Indirect object, 26, 36-37, 68, 179, 182-183, 199-200, 292, 304, 313, 317-318, 326-330, 341

Infinitive, infinitival 13-14, 129, 131-132, 146-147, 156, 160, 165-166, 168-172, 177, 179, 187-188, 195, 202, 207-208, 247, 270-271, 288, 303, 308, 331-332

Internal object, (מושא פנימי), 181

Israeli Hebrew, IH 5, 5n., 8, 10-11, 15, 147, 237, 254

Lexicon, 7, 14-15, 94

Linking words, 58, 174, 293-298, *see also Copula*

Modality, 203-204, 204n., 334-335, 337, 340, 342

Negation, 104, 164, 244-246, 248, 250, 314

Noun(s), 1, 2, 14-15, 21, 23, 26, 34-35, 38-39, 39n., 41-42, 47-52, 55, 57-58, 60-61, 63, 68-89, 90-92, 94, 98-102, 105-107, 110-113, 115-118, 120-121, 127, 132, 139, 146, 148-149, 151, 154-155, 162, 169, 171, 174, 179-180, 184, 192-193, 195-197, 200, 204, 218-219, 222-223, 227-231, 248-250, 255, 262-266, 268, 273-278, 274n., 280-282, 290, 295, 300, 308, 311, 314, 317-319, 323, 326-327, 329-332, *see also verbal noun(s), noun phrase(s)*

Noun phrase, 3, 26, 38, 48, 61, 90, 98, 111-112, 178-179, 184, 196, 203-204, 218, 231, 262, 266, 284, 291-294, 300, 317-318, 329-330

Number(s), 2, 2n., 21-22, 27, 29-30, 35, 47, 55-56, 58-60, 63, 78, 87-89, 98, 106-108, 111-112, 115, 117-118, 121, 128, 134, 137, 139, 148, 162, 165-166, 170, 206, 245, 255, 264, 273-278, 284, 291, 295, 301, 311, 313, 318, 329

Object(s), 3, 14, 26, 33-38, 33n., 35n., 41, 43, 47, 59, 61-63, 68, 77, 106, 117, 134n., 137, 139-140, 143-145, 169, 171-172, 174, 178-185, 184n., 189, 196, 199-200, 218-221, 223-224, 242, 264, 284, 292, 301-304, 312-313, 317-318, 325-331, 341

Particle(s), 13, 104, 174, 176, 188, 230-231, 250, 254, 293, 306, 309, 311-312, 317, 319-320

Pattern, 14, 15, 72, 79, 114, 119, 134, 147, 218-219, 222-223, 290, 301

Passive, 114, 134-137, 142n., 144, 179, 182, 197, 300-304

Person, 2n., 14, 22, 27-35, 98, 105, 107, 109, 134, 135n., 148, 155-157, 162-163, 165-166, 170, 219, 222, 246, 294, 299, 302, 304

Possessives, possession, 13, 26, 38, 47, 49, 66n., 89-90, 98-100, 102, 104-105, 108-109, 174, 199-200, 218, 222, 266n., 290

Prefix(es), 14-15, 31, 39, 47, 91-94, 148, 156, 165, 251, 314

Preposition(s), prepositional, 2, 3, 28, 36-39, 45, 66, 66n., 68, 91, 102, 104, 106, 115, 117, 126-127, 132, 169, 171-172, 174-175, 179-180, 182-184, 186, 196-200, 216, 218-239, 242-243, 243n., 256, 266, 291, 293, 301-303, 308, 314, 317-319, 329-330

Pronoun(s), 14, 21, 26-43, 55, 57-58, 60-63, 66, 76, 98, 105-106, 133, 139, 141, 174, 186, 200, 218, 227, 242, 257, 264, 289-2902, 294, 298, 300, 312, 317-319, 326-330

Pronominal, 33, 36-37, 39, 45, 89, 98, 100, 121, 169, 171-172, 174, 180, 195, 199, 218, 222, 229-230, 236, 242, 298, 311, 318

Quantifiers, quantity 47, 52, 85, 91, 103,118, 273, 275, 282-283

Question(s), 36, 47, 103, 166, 230-231, 244, 255-258, 287

Reciprocity, reciprocal, 143, 185, 187

Reflexive, 26, 38-41, 139-142

Root, 3, 14-16, 114, 117, 134, 136, 141, 143, 145-148, 159n., 163, 171-172, 181, 195, 205-206, 237, 288

Sentence(s), 2-3, 5, 7, 26-27, 29-34, 33n., 36, 38, 40-42, 44, 49, 55, 57-59, 57n., 61-62, 82, 106-107, 112, 114-115, 117-118, 126, 128, 136-138, 143, 148, 152, 155, 157, 166, 175, 178-179, 182, 184-185, 187-189, 195-200, 202-204 206, 209, 218, 225, 230, 232, 236-237, 244-245, 252-257, 260, 269-270, 286, 289, 291-295, 297-304, 306, 308-309, 311-318, 320-327, 329-330, 334, 337, 339, 341

Smixut, *see Construct*

Subject(s), 2, 14, 21-22, 24, 26, 29-30, 32-34, 33n., 36-41, 47, 57-58, 68, 106, 112, 117-118, 128, 131, 139, 141, 142n., 143, 148-149, 162, 166, 169, 171-172, 175, 177, 181-183, 187-189, 197, 199-200, 204, 214, 226, 245, 270-71, 289, 291-296, 298-301, 304, 309, 311-312, 314, 317, 320, 324-326, 329-330, 337

Suffix(es), 14-15, 26, 31, 33, 35-37, 39, 45, 47, 79, 89-90, 100-102, 118, 148, 156, 158, 169 171-172, 174, 180, 199, 218, 222, 229-230, 236, 290, 298, 311, 318

Superlative(s), 262, 267-268

Synthetic 31, 39, 139-142

Tense, 1-2, 2n., 14, 22, 28, 30-32, 104, 107, 113-115, 131, 134, 134n., 146-149, 151-152, 154-163, 165-166, 177, 190, 199, 201-204, 206- 212, 245-246, 260, 292, 298-299, 302, 309-310, 317, 323-324, 337

Topicalized sentences, 300

Transitive, transitivity, 134, 137-138, 145, 291

Verb(s), 1-2, 14, 15-17, 21-22, 24, 26, 28, 30-34, 36-39, 43, 57, 68-69, 78-79, 104-107, 114-115, 117-118, 126, 128-129, 131, 134-217, *see also verb pattern*

Verb paradigm, verb pattern, 15, 39, 134, 136, 139, 143-147, 156, 165, 203, 205-206, 301, *see also binyan*

Verbal noun(s), 78-79, 179, 192-193, 195, 309

Verbless sentences, 114, 142n., 152, 198, 292, 294-295, 298, 309

Verb(s) of motion, 43, 174-177, 206, 242, 346, 255

Vowel(s), 3, 11-12, 79, 84, 114, 118-119, 144, 146-147, 156, 278

Voice, 134-137, 142, 142n., 144

www.ingramcontent.com/pod-product-compliance
Lightning Source LLC
Chambersburg PA
CBHW081147290426
44108CB00018B/2472
* 9 7 8 1 6 2 0 3 2 4 9 5 0 *